Edition KWV

Die „Edition KWV" beinhaltet hochwertige Werke aus dem Bereich der Wirtschaftswissenschaften. Alle Werke in der Reihe erschienen ursprünglich im Kölner Wissenschaftsverlag, dessen Programm Springer Gabler 2018 übernommen hat.

Weitere Bände in der Reihe http://www.springer.com/series/16033

Eva M. Brüning

Ressourcenausstattung als strategischer Erfolgsfaktor der Regionalentwicklung

Eine Analyse am Beispiel der Europäischen Metropolregion Rhein-Neckar

Eva M. Brüning
Nußloch, Deutschland

Bis 2018 erschien der Titel im Kölner Wissenschaftsverlag, Köln
Dissertation Universität Mannheim, 2012

Edition KWV
ISBN 978-3-658-23404-1   ISBN 978-3-658-23405-8   (eBook)
https://doi.org/10.1007/978-3-658-23405-8

Die Deutsche Nationalbibliothek verzeichnet diese Publikation in der Deutschen Nationalbibliografie; detaillierte bibliografische Daten sind im Internet über http://dnb.d-nb.de abrufbar.

Springer Gabler
© Springer Fachmedien Wiesbaden GmbH, ein Teil von Springer Nature 2012, Nachdruck 2018
Ursprünglich erschienen bei Kölner Wissenschaftsverlag, Köln, 2012
Das Werk einschließlich aller seiner Teile ist urheberrechtlich geschützt. Jede Verwertung, die nicht ausdrücklich vom Urheberrechtsgesetz zugelassen ist, bedarf der vorherigen Zustimmung des Verlags. Das gilt insbesondere für Vervielfältigungen, Bearbeitungen, Übersetzungen, Mikroverfilmungen und die Einspeicherung und Verarbeitung in elektronischen Systemen.
Die Wiedergabe von Gebrauchsnamen, Handelsnamen, Warenbezeichnungen usw. in diesem Werk berechtigt auch ohne besondere Kennzeichnung nicht zu der Annahme, dass solche Namen im Sinne der Warenzeichen- und Markenschutz-Gesetzgebung als frei zu betrachten wären und daher von jedermann benutzt werden dürften.
Der Verlag, die Autoren und die Herausgeber gehen davon aus, dass die Angaben und Informationen in diesem Werk zum Zeitpunkt der Veröffentlichung vollständig und korrekt sind. Weder der Verlag noch die Autoren oder die Herausgeber übernehmen, ausdrücklich oder implizit, Gewähr für den Inhalt des Werkes, etwaige Fehler oder Äußerungen. Der Verlag bleibt im Hinblick auf geografische Zuordnungen und Gebietsbezeichnungen in veröffentlichten Karten und Institutionsadressen neutral.

Springer Gabler ist ein Imprint der eingetragenen Gesellschaft Springer Fachmedien Wiesbaden GmbH und ist ein Teil von Springer Nature
Die Anschrift der Gesellschaft ist: Abraham-Lincoln-Str. 46, 65189 Wiesbaden, Germany

Geleitwort

Die Metropolregion Rhein-Neckar (MRN) belegt in nationalen und internationalen Vergleichen von Metropolregionen lediglich mittlere Plätze. Sie will aber langfristig eine der attraktivsten Metropolregionen werden. Deshalb stellt sich die Frage nach den strategischen Erfolgsfaktoren, die eine derartige langfristige Entwicklung ermöglichen sollen. Das Ziel der vorliegenden Arbeit besteht zum einen in der Identifikation der kritischen Erfolgsfaktoren, die einen Einfluss auf die Standortwahl von Unternehmen besitzen und der Analyse der regionalen Bedingungen. Zum anderen werden die Faktoren ermittelt, die einen Einfluss auf den Anteil der Hochqualifizierten bzw. Selbstständigen am Arbeits- und Wohnort haben. Die Identifikation dieser Faktoren ermöglicht es, Handlungsempfehlungen zur Steigerung der regionalen Attraktivität und folglich der Wettbewerbsfähigkeit der Metropolregion Rhein-Neckar abzuleiten.

Der theoretische Ansatz der Arbeit ist der sogenannte Resource-Based-View. Dieser Ansatz wird ausgehend von der Humankapitalausstattung von Unternehmen über deren Einfluss auf die Transformationsprozesse in Unternehmen bis zu deren Zusammenarbeit in Netzwerken und in Form von Clustern weitergeführt. Der Vollständigkeit halber werden auch noch Selbstständige in die Analyse mit einbezogen.

Auf dieser Basis werden dann drei empirische Untersuchungen durchgeführt, die alle eine unterschiedliche methodische Basis haben. Die erste Untersuchung stellt eine Analyse des Arbeitsmarktes mit Blick auf Arbeitsangebot und -nachfrage dar, womit Informationen über die Ressourcenausstattung gewonnen werden. Die zweite Studie ist eine Expertenbefragung zur Attraktivität der MRN für Unternehmen, bei der kritische Standortfaktoren und Zukunftsbranchen der MRN erhoben werden. Die dritte Erhebung besteht aus der Entwicklung eines ökonometrischen Modells zur Schätzung von Faktoren der Attraktivität der Region für Hochqualifizierte und Selbstständige.

Als Ergebnis werden Handlungsbedarfe in mehreren Bereichen identifiziert, die von der Bindung der in der MRN ausgebildeten Hochqualifizierten bis zur Pflege von Standortfaktoren reichen.

Mannheim, im Juni 2012

Prof. Dr. Walter A. Oechsler

Danksagung

Die vorliegende Arbeit entstand im Rahmen des von der Heinrich-Vetter-Stiftung geförderten Drittmittelprojektes „Die Entwicklung des Arbeitsmarktes in Mannheim und der Metropolregion Rhein-Neckar" am Lehrstuhl für ABWL, Personalwesen und Arbeitswissenschaft der Universität Mannheim. Besonderer Dank gilt meinem Doktorvater, Herrn Prof. Dr. Walter A. Oechsler, dessen wertvolle Hinweise und Diskussionen maßgeblich zum Gelingen der Arbeit beigetragen haben. Von ihm habe ich zu jeder Zeit die nötige Freiheit und das absolute Vertrauen in meine Arbeit erfahren. Auch bedanke ich mich bei Herrn Prof. Dr. Paul Gans für die Übernahme des Koreferates und seine hilfreichen Anmerkungen.

Im Zuge meiner empirischen Analysen zur Entwicklung der regionalen Betriebs- und Beschäftigungsstrukturen habe ich die Daten des schwach anonymisierten Betriebs-Historik-Panels des IAB ausgewertet. In diesem Zusammenhang bedanke ich mich bei allen Mitarbeitern, insbesondere bei Tanja Hethey-Maier und Anja Spengler für die fortwährende Unterstützung und den sehr angenehmen Gastaufenthalt am FDZ in Nürnberg. Um eine Prognose potenzieller Einflussfaktoren auf die unternehmerische Standortwahl treffen zu können, wurden zudem Primärdaten durch eine zweistufige Expertenbefragung erhoben. Mein Dank gilt allen Teilnehmern an unserer Studie „Potenzial und Entwicklungstendenzen unterschiedlicher Branchen in der Europäischen Metropolregion Rhein-Neckar". Ebenfalls bedanken möchte ich in diesem Zusammenhang bei den Mitarbeitern der MRN GmbH - insbesondere bei Frau Dr. Karl und Herrn Huber - für die wertvollen Hinweise zur inhaltlichen Gestaltung des Fragebogens.

Über ein Jahr habe ich zusammen mit Philipp Deschermeier an unserem gemeinsamen Projekt zur Analyse der Einflussfaktoren auf den Anteil Hochqualifizierter am Wohn- und Arbeitsort gearbeitet. Für diese sehr angenehme Zeit und vor allem für seine Gelassenheit und Ruhe (auch während meiner Gitarrenstunden) danke ich ihm. Auch bedanke ich mich bei allen meinen Kolleginnen und Kollegen am Lehrstuhl, insbesondere bei Herrn Dr. Marco Güde für die anregenden Diskussionen und den kollegialen Austausch. Ein ganz besonderer Dank gebührt Frau Gabriele Eberhard und Frau Susanne Quincke, die mich mit viel Lebensfreude und Esprit durch so manche Durststrecke begleitet haben. Für die Unterstützung bei meiner Recherche und die vielen wertvollen Diskussionen danke ich darüber hinaus Jessica Schmalhofer, Tanja Heinz, Jennifer Hilgers Andreas Wiencke und Richard Hossiep.

Besonderer Dank gebührt meinen Eltern, Angelika und Werner Müller, deren fortwährende Unterstützung maßgeblich zum Gelingen dieser Arbeit beigetragen hat. Ganz besonders bedanke ich mich bei meinem „Mann", der mir in jeder Lebenslage beratend zur Seite steht und es geschafft hat, meine Motivation auch in schwierigen Phasen aufrecht zu erhalten.

Eva Müller

Nußloch im Juni 2012

Inhaltsverzeichnis

Geleitwort V

Danksagung VI

Inhaltsverzeichnis VII

Abbildungsverzeichnis X

Tabellenverzeichnis XI

Abkürzungsverzeichnis XIII

1   Einleitung 1

    1.1   Die Bedeutung des Humankapitals im Wettbewerb der Regionen 1

    1.2   Metropolregionen im Vergleich 3

    1.3   Europäische Metropolregion Rhein-Neckar als Untersuchungsgegenstand 5

    1.4   Aufbau der Arbeit 9

2   Theoretische Grundlagen zur Bestimmung von regionalen Wettbewerbsvorteilen 13

    2.1   Der Resource-Based-View im Kontext regionaler Wettbewerbsvorteile 13

        2.1.1   Die Grundidee des Resource-Based-View 13

        2.1.2   Der RBV im regionalen Kontext 16

        2.1.3   Voraussetzungen zur Generierung nachhaltiger Wettbewerbsvorteile 18

        2.1.4   Strategisch wertvolle Ressourcen für eine Region 21

            2.1.4.1   Humankapital als strategisch relevanter Inputfaktor 21

            2.1.4.2   Betriebe, Unternehmen und Cluster als Stätten der Transformation und Produktion 25

            2.1.4.3   Selbstständige 29

        2.1.5   Kritische Beurteilung des Resource-Based-View 30

    2.2   Faktoren der Standortwahl strategisch wertvoller Ressourcen 32

        2.2.1   Arbeits- und Wohnortwahl von Hochqualifizierten 32

        2.2.2   Standortwahl von Unternehmen 36

        2.2.3   Standortwahl von Unternehmensgründern 39

    2.3   Zusammenfassung 42

3   Entwicklung strategisch wertvoller Ressourcen in der Metropolregion Rhein-Neckar – Deskriptive Analyse des Arbeitsmarktes 45

    3.1   Methodisches Vorgehen und Datengrundlage 45

	3.1.1	Kennzahlen der Arbeitsmarktentwicklung	45
	3.1.2	Datengrundlagen	47
3.2		Entwicklung des Inputfaktors Humankapital	52
	3.2.1	Bevölkerungsentwicklung	52
	3.2.2	Entwicklung von Erwerbstätigkeit und Selbstständigkeit	55
	3.2.3	Entwicklung der Qualifikationen – Schulabschlüsse und Studierende	60
3.3		Entwicklung der Nachfrage nach Humankapital – Analyse der Betriebs- und Beschäftigungsstruktur	64
	3.3.1	Veränderungen der Wirtschafts- und Betriebsstrukturen	64
	3.3.2	Betriebliche Nachfrage nach Humankapital	73
	3.3.3	Veränderung in der Qualifikationsstruktur	81
3.4		Strategische Ausrichtung der Region – Unternehmen und Cluster in der MRN	89
3.5		Zusammenfassung: Entwicklung regionaler Ressourcen	94

4 Die Attraktivität der Region für Unternehmen – Kritische Standortfaktoren und Zukunftsbranchen der MRN ... 97

4.1		Delphi-Studie	97
	4.1.1	Grundidee und Bedeutung der Delphi-Methode	97
	4.1.2	Kritische Beurteilung der Delphi-Methode	99
	4.1.3	Fragebogendesign	100
	4.1.4	Methodisches Vorgehen	102
4.2		Bedeutung und Bedingungen unternehmensrelevanter Standortfaktoren aus Expertensicht	105
	4.2.1	Standortfaktor Arbeitsmarkt	105
	4.2.2	Standortfaktor Öffentliche Hand	111
	4.2.3	Standortfaktor F&E-Infrastruktur	118
4.3		Zukunftsbranchen der MRN	122
4.4		Zusammenfassung: Erfolgskritische Standortfaktoren und Zukunftsbranchen	130

5 Attraktivität der Region für Hochqualifizierte und Selbstständige – Ökonometrische Analyse der Einflussfaktoren ... 133

5.1		Methodisches Vorgehen und Datengrundlage	133
	5.1.1	Bestimmung der Untersuchungsregion – Grundlagen regionaler Arbeitsmärkte	133

	5.1.2	Faktorenanalyse	134
	5.1.3	Räumliche Ökonometrie	135
	5.1.3.1	Räumliche Abhängigkeit	135
	5.1.3.2	Räumliche Heterogenität	137
	5.1.3.3	Modelle der räumlichen Ökonometrie	138
	5.1.4	Datengrundlage	140
5.2	Abgrenzung der Untersuchungsregion		141
5.3	Räumliche Verteilung der Hochqualifizierten und Selbstständigen		144
	5.3.1	Regionale Verteilung der Hochqualifizierten	144
	5.3.2	Regionale Verteilung der Selbstständigen	146
5.4	Die Arbeits- und Wohnortwahl Hochqualifizierter – Identifikation wichtiger Einflussfaktoren		149
	5.4.1	Verdichtung der Datengrundlage zu den Faktoren Bildung und Erreichbarkeit	149
	5.4.2	Einflussfaktoren auf den Anteil der Hochqualifizierten am Arbeits- und Wohnort	152
	5.4.3	Einflussfaktoren auf den Anteil der Selbstständigen	158
5.5	Zusammenfassung		163
6	**Implikationen zur Steigerung der regionalen Attraktivität der MRN**		**165**
6.1	Steigerung der regionalen Attraktivität für den Inputfaktor Humankapital		165
6.2	Steigerung der regionalen Attraktivität für Unternehmen und Selbstständige		168
	6.2.1	Implikationen für Unternehmen im Allgemeinen	168
	6.2.2	Implikationen für Selbstständige im Besonderen	171
7	**Schlussbetrachtung**		**173**
Anhang			**XV**
Literaturverzeichnis			**XXXIX**

Abbildungsverzeichnis

Abbildung 1: Aufteilung der MRN in Kreistypcluster 8
Abbildung 2: Struktur der vorliegenden Arbeit 11
Abbildung 3: Einflussfaktoren auf die regionale Wettbewerbsfähigkeit. 43
Abbildung 4: Wachstumsraten der Bevölkerung zwischen 1980 und 2009. 53
Abbildung 5: Wachstumsraten der Bevölkerung in Kreistyp I und III zwischen 1980 und 2009. 54
Abbildung 6: Pendlersaldo der 15 Kreise der Metropolregion Rhein-Neckar. 57
Abbildung 7: Entwicklung der Schulabschlüsse zwischen 1995 und 2009. 61
Abbildung 8: Schulabschlüsse der kreisfreien Städte des Kreistyps I im Jahr 2009. 63
Abbildung 9: Anzahl und jährliches Wachstum der Betriebe in der MRN zwischen 1999 und 2005. 67
Abbildung 10: Betriebsentwicklung im tertiären Bereich zwischen 2003 und 2004. 69
Abbildung 11: Entwicklung der Betriebe nach Wirtschaftszweigen zwischen 1999 und 2005. ... 70
Abbildung 12: Beschäftigungswachstum im produzierenden Sektor zwischen 1999 und 2005. .. 75
Abbildung 13: Beschäftigungswachstum im DL-Sektor zwischen 1999 und 2005. 77
Abbildung 14: Entwicklung der Geringqualifizierten zwischen 1999 und 2005 nach Branchen. 83
Abbildung 15: Entwicklung der Mittelqualifizierten zwischen 1999 und 2005 nach Branchen. 85
Abbildung 16: Entwicklung der Hochqualifizierten zwischen 1999 und 2005 nach Branchen. 87
Abbildung 17: Wertschöpfungskette des Clusters „Forum Organic Electronics". 93
Abbildung 18: Zusammensetzung der Expertengruppe in Runde 1 (links) und Runde 2 (rechts). 104
Abbildung 19: Bedeutung und Bedingungen des Standortfaktors „Arbeitsmarkt". 111
Abbildung 20: Bedeutung und Bedingungen des Standortfaktors „Öffentliche Hand". 117
Abbildung 21: Bedeutung und Bedingungen des Standortfaktors „F&E-Infrastruktur". 121
Abbildung 22: Zukunftscluster – Matrixdarstellung. 125
Abbildung 23: Zukunftsfähige Branchenkombinationen. 126
Abbildung 24: Die Funktionalräume der Regionen Rhein-Main, Rhein-Neckar und Stuttgart ... 142
Abbildung 25: Anteil der Hochqualifizierten an den sozialversicherungspflichtig Beschäftigten. 145
Abbildung 26: Moran Scatterplot für den Anteil der Hochqualifizierten am Arbeits- und Wohnort. 146
Abbildung 27: Anteil der Selbstständigen an allen Erwerbstätigen in den Kreisen der MRN. ... 147
Abbildung 28: Anteil der Selbstständigen an den sozialversicherungspflichtig Beschäftigten... 148
Abbildung 29: Moran Scatterplots für den Anteil der Selbstständigen. 149

Tabellenverzeichnis

Tabelle 1: Stärken- Schwächenprofile der Europäischen Metropolregionen in Deutschland. 5
Tabelle 2: Die Kreise der Metropolregion Rhein-Neckar. 6
Tabelle 3: Funktionen der Metropolregion Rhein-Neckar. 7
Tabelle 4: Faktoren der Arbeits- und Wohnortwahl von Hochqualifizierten. 35
Tabelle 5: Unternehmensrelevante Indikatoren zur Beurteilung der Standortattraktivität. 38
Tabelle 6: Indikatoren der Standortwahl von Selbstständigen. 42
Tabelle 7: Arbeitsmarktindikatoren. 48
Tabelle 8: Vergleich der Stichproben. 50
Tabelle 9: Zusammenfassung der Wirtschaftszweige für regionale Auswertungen. 51
Tabelle 10: Bevölkerungsentwicklung in der MRN. 52
Tabelle 11: Erwerbs- und Beschäftigtenquote der MRN zwischen 2001 und 2008. 56
Tabelle 12: Entwicklung der Beschäftigungsstruktur in der MRN zwischen 2000 und 2008. 58
Tabelle 13: Entwicklung der Selbstständigen, Arbeitnehmer und Erwerbstätigen in der MRN. ...58
Tabelle 14: NUI Ranking der Gewerbeanmeldestatistik für die MRN. 60
Tabelle 15: Entwicklung der Bruttowertschöpfung nach Sektoren und Kreistypen. 65
Tabelle 16: Anzahl der Betriebe nach Wirtschaftszweigen in den Jahren 1999 und 2003. 68
Tabelle 17: Entwicklung der Betriebsstruktur nach Kreistypen 72
Tabelle 18: Verteilung der Beschäftigung im sekundären Sektor im Jahr 1999. 74
Tabelle 19: Verteilung der Beschäftigung im Tertiären Sektor im Jahr 1999. 76
Tabelle 20: Beschäftigte in kreativen und wissensintensiven Bereichen im Jahr 2008. 79
Tabelle 21: Beschäftigungsentwicklung in unternehmensbezogenen Dienstleistungen
zwischen 2003 und 2008. 80
Tabelle 22: Beschäftigte nach Wirtschaftszweig und Qualifikation im Jahr 1999. 82
Tabelle 23: Megatrends und ihre Bedeutung. 101
Tabelle 24: Expertenmeinungen zum Arbeitskräfteangebot. 107
Tabelle 25: Expertenmeinungen zur Qualifikation der Arbeitskräfte. 108
Tabelle 26: Expertenmeinungen zur Attraktivität der Region für Fach- und Führungskräfte. 109
Tabelle 27: Expertenmeinungen zur regionalen Steuerbelastung. 112
Tabelle 28: Expertenmeinungen zu regionalen Förderprogrammen. 113
Tabelle 29: Expertenmeinungen zur Dauer von Genehmigungsverfahren. 114
Tabelle 30: Expertenmeinungen zu Umweltschutzauflagen. 115
Tabelle 31: Expertenmeinungen zur Serviceorientierung der Verwaltung. 116
Tabelle 32: Expertenmeinungen zur Nähe zu Hochschulen. 118

Tabelle 33: Expertenmeinungen zur Nähe zu Forschungseinrichtungen. 119
Tabelle 34: Expertenmeinungen zur Nähe zu anderen Betrieben. 120
Tabelle 35: Bedeutung der Branchen aus Expertensicht. 122
Tabelle 36: Potenzial zukünftiger Branchenkombinationen. 124
Tabelle 37: Informationstechnologie als Querschnittbranche. 127
Tabelle 38: Relevanz der Biotechnologie (keine Wirkungsrichtung). 128
Tabelle 39: Relevanz der Medizintechnik 129
Tabelle 40: Die Untersuchungsregion. 144
Tabelle 41: Ergebnisse der Faktorenanalyse zum Bildungsfaktor. 150
Tabelle 42: Ergebnisse der Faktorenanalyse zum Faktor Erreichbarkeit. 152
Tabelle 43: Lagrange Multiplier Test zur Modellspezifikation für die Modelle am Arbeits- und Wohnort. 152
Tabelle 44: Einflussfaktoren auf den Anteil der Hochqualifizierten am Arbeitsort. 153
Tabelle 45: Einflussfaktoren auf den Anteil der Hochqualifizierten am Wohnort. 156
Tabelle 46: Einflussfaktoren auf den Anteil der Selbstständigen an allen Erwerbstätigen. 159
Tabelle 47: Anteil der Selbstständigen an allen Erwerbstätigen mit Bezug auf Stadtkreise und Industriequoten. 160
Tabelle 48: Einflussfaktoren auf den Anteil der Selbstständigen an den sozialversicherungspflichtig Beschäftigten. 162

Abkürzungsverzeichnis

AIC	Akaike's Information Criterion
ALG	Arbeitslosengeld
AO	Arbeitsort
B	Beschäftigung
BBSR	Bundesinstitut für Bau-, Stadt- und Raumforschung
BHP	Betriebs-Historik Panel
BIP	Bruttoinlandsprodukt
BWS	Bruttowertschöpfung
DÜW	Kreis Bad Dürkheim
F & E	Forschung und Entwicklung
HQ	Hochqualifizierte
IAB	Institut für Arbeitsmarkt- und Berufsforschung
IFM	Institut für Mittelstandsforschung
JD	Jahresdurchschnitt
KMO	Kaiser-Meyer-Olkin-Kriterium
KMU	Kleine und mittlere Unternehmen
KT	Kreistyp
LISA	Local Indicators of Spatial Association
LM	Lagrange-Multiplier
MB	Maschinenbau
MBV	Market Based View
MRN	Metropolregion Rhein-Neckar
MSA	Prüfgröße „measure of sampling adequacy"
NOK	Neckar-Odenwald-Kreis
NUI	Neue Unternehmerische Initiative
OLS	Ordinary Least Squares
PP	Prozentpunkte
RBV	Resource-Based-View
RNK	Rhein-Neckar-Kreis

RPK	Rhein-Pfalz-Kreis
Sozvb.	Sozialversicherungspflichtig Beschäftigte
SP	Stichprobe
SÜW	Kreis Südliche Weinstraße
VRIO	valuable, rare, inimitable, organization
WO	Wohnort
WR	Jährliche Wachstumsrate

1 Einleitung

1.1 Die Bedeutung des Humankapitals im Wettbewerb der Regionen

In Zeiten der Globalisierung stehen Regionen – ebenso wie Unternehmen – zur Erreichung ihrer Wachstumsziele im Wettbewerb um Ressourcen,[1] der sich nicht nur international, sondern auch innerhalb Deutschlands zwischen den einzelnen Bundesländern und Regionen zusehends verschärft.[2] Besonders betroffen sind hierbei ländliche Gebiete, in denen sich die wirtschaftlichen Bedingungen verschlechtern.[3] Zusätzlich zu den Auswirkungen der Globalisierung werden Unternehmen und Regionen in den kommenden Jahrzehnten verstärkt durch den demografischen Wandel betroffen sein,[4] der eine „umfassende[..] Veränderung der Bevölkerungsstruktur und der Zahl der Einwohner"[5] bewirkt. Auch wenn die Bevölkerung absolut nur geringfügig sinken wird,[6] ist gerade für die Anzahl der Personen im erwerbsfähigen Alter ein starker Rückgang zu erwarten.[7] Hinzu kommt die voranschreitende Tertiarisierung der Wirtschaftsstruktur, die zu einer steigenden Nachfrage nach höher qualifizierten Arbeitskräften führt.[8]

Diese Fachkräfte bestimmen und sichern die Wettbewerbsfähigkeit sowohl der einzelnen Unternehmen als auch die einer ganzen Region. Der Strukturwandel und die erwartete demographische Entwicklung führen zu einem zukünftigen Mangel an Fachkräften,[9] aus dem ein Wettbewerb um hochqualifizierte Arbeitskräfte entsteht.[10] Dieser „War for Talents"[11] vollzieht sich regional sehr heterogen und zwingt Regionalplaner[12] schon heute, die Stärken der eigenen Region zu identifizieren und ein attraktives Image zu kreieren, um Anreize für zuwandernde (hochqualifizierte) Erwerbstätige zu setzen. Dies erfordert neben ansprechenden Arbeitgebern auch ein individuelles Standortimage,[13] das sich aus einem guten Bildungs-, Kultur- und Freizeitangebot[14] sowie einer hohen Umweltqualität und einem attraktiven Wohnungsangebot zusammensetzt.[15] Denn diese Faktoren fließen neben den Chancen am Arbeitsmarkt in die Standortwahl mit ein.[16]

---

[1] Gemäß Meincke reicht es in einer Wettbewerbssituation für eine Region nicht aus, eine gute Politik anzustreben, sondern die Identifikation von komparativen Vorteilen voranzutreiben und somit eine bessere Politik zu betreiben als andere Regionen (vgl. Meincke (2008), S. 73).
[2] Vgl. Berthold et al. (2007), S. 9; Altenmeyer-Bartscher (2009), S. 40.
[3] Vgl. Rohr-Zänker (2001), S. 47.
[4] Die nachfolgenden Abschnitte sind (teils wörtlich) entnommen aus Deschermeier/Müller (2012), S. 1.
[5] Schmitz-Veltin (2009), S. 15.
[6] Vgl. Statistisches Bundesamt (2009) zur Prognose der Bevölkerungsentwicklung.
[7] Vgl. Börsch-Supan/Wilke (2009), S. 36-38; Fuchs et al. (2011).
[8] Vgl. Meißner/Becker (2007), S. 394; Borrmann et al. (2007), S. 127.
[9] Vgl. Backes-Gellner et al. (2000), S. 1.
[10] Vgl. Buch et al. (2010), S. 1.
[11] Der Ausdruck „War for Talents" wurde Ende der 1990er Jahre von der amerikanischen Beratungsgesellschaft McKinsey & Company geprägt (vgl. Michaels et al. (2006), S. 3).
[12] Aus Gründen der besseren Lesbarkeit wird auf die gleichzeitige Verwendung der männlichen und weiblichen Form verzichtet. Die männliche schließt die weibliche mit ein.
[13] Vgl. Grabow/Becker (2009), S. 289-290.
[14] Vgl. Bertelsmann Stiftung (2002), S. 11.
[15] Vgl. Teufer (1999), S. 56.
[16] Einem, v. (2009), S. 60.

Da gerade Hochqualifizierte einen wichtigen Faktor der Regionalentwicklung darstellen,[17] besteht ein großes Interesse der Politik herauszufinden, welche Faktoren Fachkräfte motivieren, sich in einer Region niederzulassen oder dort nach der Ausbildung beziehungsweise dem Studium zu bleiben. Aus theoretischer Sicht betont insbesondere die endogene Wachstumstheorie[18] die Bedeutung von Fachkräften, da sie das Wachstum einer Region „von innen heraus", vor allem durch Innovationen anstoßen, von denen durch Spillover-Effekte nicht nur einzelne Unternehmen, sondern die ganze Region profitieren.[19] Die Humanressourcen einer Region werden folglich als kritischer und somit strategisch wertvoller Erfolgsfaktor angesehen.[20]

Neben dem Humankapital, das als Inputfaktor in den betrieblichen Transformations- und Produktionsprozess eingeht, tragen auch die regionalen Unternehmen und Cluster sowie Selbstständige zu einer prosperierenden Regionalentwicklung bei.[21] Auch Porter betont, dass insbesondere Unternehmen eine wertvolle Ressource für eine Region darstellen, wenn sie sich zu Clustern zusammenfinden. Einem Cluster werden positive Auswirkungen sowohl auf das Wachstum von Unternehmen als auch auf die Schaffung von Arbeitsplätzen[22] und somit auch auf das regionale Wachstum und die Attraktivität einer Region zugeschrieben. Dies kann zum einen auf eine Reduktion der Transaktionskosten und zum anderen auf die besseren Möglichkeiten, in einem Verbund Wissen zur Entwicklung von Innovationen zu nutzen, zurückgeführt werden.[23]

Berlemann/Tilgner betonen jedoch, dass eine Region im Wettbewerb um die erforderlichen Ressourcen nur dann bestehen kann, wenn die angebotenen Standortbedingungen attraktiv für Unternehmen sind.[24] Eine Voraussetzung der regionalen Attraktivität ist hierbei die Fähigkeit, sich flexibel an veränderte Rahmenbedingungen anzupassen.[25] Diese zügige Anpassung an wirtschaftliche oder gesellschaftliche Veränderungen setzt jedoch die Lernfähigkeit der Region („learning regions"[26]) voraus, die auch als Innovationsfähigkeit verstanden wird.[27] Die Lernfähigkeit stellt eine endogene Größe dar, die regionales Wachstum bedingt.[28]

Mellander/Palmberg definieren regionale Attraktivität hierbei als die Fähigkeit einer Region, Unternehmen und Haushalte anzuziehen und in der Region zu halten, um einen dynamischen Markt mit einem großen Wachstumspotenzial zu schaffen.[29] Folglich stellen die regionalen Strukturen die Grundlage einer nachhaltigen Regionalentwicklung dar, die durch das verfügbare Humanka-

---

[17] Vgl. Haas/Möller (2001), S. 140.
[18] Vgl. Lucas, Jr. (1988); Romer (1990).
[19] Vgl. Arntz (2009), S. 424. Dies verdeutlicht, dass das regionale Wachstum kein exogenes oder unabhängiges Phänomen ist (Vgl. Cornett (2010), S. 238; Goldstone (2009), S. 42).
[20] Vgl. Huselid (1995), S. 636.637; Liebel/Oechsler (1994), S. 46; Borrmann et al. (2007), S. 127; Wright et al. (1994), S. 301; Hervás-Olivier/Albors-Garrigós (2007), S. 116; Festing et al. (2010), S. 16.
[21] So identifiziert beispielsweise auch Eraydın in ihrer Untersuchung zum regionalen Wachstum Cluster, Innovationen und Humankapital als relevante Wachstumstreiber (Vgl. Eraydın (2003), S. 103).
[22] Vgl. Porter (2000), S. 18; Festing et al. (2010), S. 166.
[23] Vgl. Blien/Maier (2008), S. 5.
[24] Vgl. Berlemann/Tilgner (2007), S. 14.
[25] Vgl. Berthold et al. (2007), S. 21; Buch et al. (2010), S. 1; Niebuhr/Stiller (2004), S. 233.
[26] Vgl. Blotevogel (1999); Morgan (1997).
[27] Vgl. Meincke (2008), S. 75.
[28] Vgl. Cornett (2010), S. 238; Goldstone (2009), S. 42.
[29] Vgl. Mellander/Palmberg (2010), S. 148.

pital, die Unternehmenslandschaft, Cluster und Innovationen weiter vorangetrieben werden kann.[30] Was unter einer Metropolregion zu verstehen ist und inwiefern sich diese voneinander unterscheiden, wird im nachfolgenden Abschnitt erläutert.

1.2 Metropolregionen im Vergleich

Unter Metropolregionen werden räumliche und funktionale Standorte verstanden,[31] die sich durch eine Konzentration von ökonomischen, politischen, kulturellen und sozialen Funktionen auszeichnen.[32] Im Wesentlichen handelt es sich hierbei um stark verdichtete Agglomerationsräume mit mindestens einer Million Einwohnern, die hinsichtlich ökonomischer Kriterien wie Wettbewerbsfähigkeit, Wertschöpfung, Wirtschaftskraft und Einkommen eine dynamische Entwicklung aufweisen.[33] Die Integration in das internationale Städtesystem, die Größe dieser Standorte[34] und eine überdurchschnittlich gute Infrastruktur[35] sind weitere Merkmale von Metropolregionen. Das Bundesamt für Bauwesen bezeichnet diese Regionen als „bedeutende Motoren der gesellschaftlichen, wirtschaftlichen, sozialen und kulturellen Entwicklung, die die Leistungs- und Konkurrenzfähigkeit Deutschlands und Europas erhalten und dazu beitragen, den europäischen Integrationsprozess zu beschleunigen."[36]

Eine der insgesamt elf Europäischen Metropolregionen in Deutschland[37] ist die Metropolregion Rhein-Neckar (MRN), deren Zielsetzung es ist, „bis 2025 als eine der attraktivsten und wettbewerbsfähigsten Regionen in Europa bekannt und anerkannt"[38] zu sein. Um diese zu erreichen, muss die Region langfristig nachhaltige Wettbewerbsvorteile erzielen und sich hierdurch von anderen Regionen abheben.[39] Wie die Region im Vergleich zu ausgewählten deutschen und europäischen Metropolregionen aufgestellt ist und in welchen Bereichen ihre Stärken und Schwächen liegen, haben Egeln et al.[40] in ihrer vergleichenden Studie analysiert. Eine Untersuchung aller Europäischen Metropolregionen in Deutschland hat das Bundesinstitut für Bau-, Stadt- und Raumforschung (BBSR) durchgeführt. Die Ergebnisse dieser beiden Studien werden nachfolgend mit Blick auf die Stärken und Schwächen der Metropolregion Rhein-Neckar, der jüngsten der insgesamt elf Europäischen Metropolregionen in Deutschland, vorgestellt.

---

[30] Vgl. Meincke (2008), S. 75.
[31] Vgl. Knieling (2009), S. 27.
[32] Vgl. Adam/Göddecke-Stellmann (2002), S. 513; Bundesministerium für Raumordnung, Bauwesen und Städtebau (1995), S. 10. Zum Begriff der Metropolregion vgl. auch Priebs (2006), S. 3.
[33] Vgl. Dicken/Lloyd (1999), S. 318.
[34] Vgl. Adam/Göddecke-Stellmann (2002), S. 513; Dicken/Lloyd (1999), S. 318.
[35] Vgl. Egeln et al. (2009), S. 21; Adam (2006), S. 15.
[36] Bundesministerium für Raumordnung, Bauwesen und Städtebau (1995), S. 35.
[37] Weitere Metropolregionen in Deutschland sind: Rhein-Ruhr, Berlin/Brandenburg, Frankfurt/Rhein-Main, Stuttgart, Hamburg, Hannover-Braunschweig-Göttingen, Sachsendreieck, München, Nürnberg sowie Bremen-Oldenburg (vgl. Initiativkreis Europäische Metropolregionen in Deutschland (IKM) (2011)).
[38] Metropolregion Rhein-Neckar (2011d).
[39] Vgl. Meincke (2008), S. 73.
[40] Vgl. Egeln et al. (2009).

Hinsichtlich der ökonomischen Leistungsfähigkeit, die durch das Bruttoinlandsprodukt (BIP) pro Kopf, das Einkommen pro Einwohner und die Arbeitslosenquote operationalisiert wird, nimmt die MRN nur einen mittleren Rang – sowohl im innerdeutschen[41] als auch europäischen Regionenvergleich – ein.[42] Die Stärken der MRN liegen laut Egeln et al. vor allem in deren endogenen Potenzialen. So sind die Anzahl an Patenten pro Erwerbsperson und die wirtschaftlichen sowie öffentlichen Aufwendungen für Forschung und Entwicklung (F&E) überdurchschnittlich gut. Auch das BIP-Wachstum weist überdurchschnittliche Werte auf.[43] Diese Ergebnisse relativieren sich jedoch, sobald die MRN nicht nur mit den ausgewählten deutschen Metropolregionen, sondern ebenfalls mit den europäischen Regionen verglichen wird. Vor allem mit Blick auf das BIP-Wachstum und die wirtschaftlichen Forschungsaufwendungen verliert die MRN ihre überdurchschnittliche Positionierung.[44] Als kritisch erachten Egeln et al. den lediglich durchschnittlichen Anteil der Studierenden je Einwohner, der sich zudem nur unzureichend in den für die Wirtschaft zukünftig relevanten technischen Bereichen niederschlägt. Dieser Mangel hat zur Folge, dass gleichfalls die Gründungen in F&E- und wissensintensiven Bereichen nur durchschnittlich sind, was sich negativ auf die zukünftige Innovationsfähigkeit und folglich auch auf das Wirtschaftswachstum auswirken kann.[45]

Das BBSR hat die Europäischen Metropolregionen in Deutschland hinsichtlich der Kriterien Bevölkerungskonzentration, Bevölkerungsdynamik, wirtschaftliche Konzentration, wirtschaftliche Dynamik und Umweltqualität miteinander verglichen.[46] In Tabelle 1 ist das Ranking der innerdeutschen Metropolregionen auf Basis der analysierten Indikatoren dargestellt.

In Einklang mit den Ergebnissen von Egeln et al. weist die Metropolregion Rhein-Neckar in keinem Bereich eine Spitzenposition oder einen stark unterdurchschnittlichen Wert auf. Positiv hervorzuheben ist jedoch der dritte Rangplatz in der Kategorie der wirtschaftlichen Dynamik. Dieser ergibt sich vor allem durch die Beschäftigten im F&E-Bereich sowie die Patentanmeldungen. Schwächen hat die Region jedoch in den Bereichen der Großforschungsinstitute, Sonderforschungsbereichen und Exzellenzinitiativen, die ebenfalls zur Kategorie der wirtschaftlichen Dynamik gezählt werden.[47] Während im innerdeutschen Vergleich insbesondere die Metropolregion München hervorsticht (diese wurde nicht in die Analyse von Egeln et al. mit einbezogen), die mit Ausnahme der Bevölkerungskonzentration in allen Bereichen Spitzenplätze belegt, weisen vor allem die ostdeutschen Regionen Berlin/Brandenburg und Halle/Leipzig (Sachsendreieck) große Defizite in Bezug auf die Wirtschaftsindikatoren auf.

---

[41] Vgl. Egeln et al. (2009), S. 167-168; Bundesinstitut für Bau-, Stadt- und Raumforschung (2009), S. 8.
[42] Vgl. Egeln et al. (2009), S. 172.
[43] Vgl. Egeln et al. (2009), S. 167-168.
[44] Vgl. Egeln et al. (2009), S. 172-173.
[45] Vgl. Egeln et al. (2009), S. 169-171.
[46] Vgl. im Folgenden Bundesinstitut für Bau-, Stadt- und Raumforschung (2009). Die Liste der in die Berechnung eingeflossenen Indikatoren kann Tabelle Tab. A 1 im Anhang entnommen werden.
[47] Vgl. Bundesinstitut für Bau-, Stadt- und Raumforschung (2009), S. 9.

	Rangplatz				
	Bevölkerungs-konzentration	Bevölkrungs-dynamik	Wirtschafts-konzentration	Wirtschaftl. Dynamik	Umwelt-qualität
Berlin/Brandenburg	2	10	11	11	1
Bremen/Oldenburg	10	3	9	7	8
Frankfurt/Rhein-Main	4	5	3	6	9
Sachsendreieck	7	11	10	10	3
Hamburg	3	2	5	8	4
Hannover/Braunschweig	9	8	8	5	6
München	6	1	1	1	2
Nürnberg	11	7	7	4	5
Rhein-Neckar	8	4	6	3	7
Rhein-Ruhr	1	9	2	9	11
Stuttgart	5	6	4	2	10

Tabelle 1: Stärken- Schwächenprofile der Europäischen Metropolregionen in Deutschland.[48]

Die Studien haben ergeben, dass die Metropolregion Rhein-Neckar in den meisten der analysierten Bereichen eine mittlere Positionierung im nationalen und europäischen Vergleich einnimmt. Um jedoch Wettbewerbsvorteile gegenüber anderen Regionen erzielen zu können, muss die Region zunächst sowohl Unternehmen als auch hochqualifizierte Personen an sich binden.[49] Das Ziel der vorliegenden Dissertation besteht somit zum einen in der Identifikation der kritischen Erfolgsfaktoren, die einen Einfluss auf die Standortwahl von Unternehmen besitzen und der Analyse deren regionaler Bedingungen. Zum anderen werden die Faktoren ermittelt, die einen Einfluss auf den Anteil der Hochqualifizierten bzw. Selbstständigen am Arbeits- und Wohnort haben. Die Identifikation dieser Faktoren ermöglicht es, Handlungsempfehlungen zur Steigerung der regionalen Attraktivität und folglich der Wettbewerbsfähigkeit der Metropolregion Rhein-Neckar abzuleiten. Im nachfolgenden Abschnitt wird die Untersuchungsregion näher vorgestellt.

1.3 Europäische Metropolregion Rhein-Neckar als Untersuchungsgegenstand

Die Metropolregion Rhein-Neckar (MRN), ehemals Rhein-Neckar-Dreieck, bezeichnet eine Region um das Dreiländereck Baden-Württemberg, Rheinland-Pfalz und Hessen und zählt seit 28. April 2005 zu den Europäischen Metropolregionen. Die Region kann jedoch bereits seit den 50er Jahren auf eine enge Kooperation zwischen den drei Ländern zurückblicken. So wurde 1951 die "Kommunale Arbeitsgemeinschaft Rhein-Neckar" (KAG) gegründet, der unter anderem die Städte Mannheim, Ludwigshafen, Heidelberg und Viernheim angehörten.[50] Heute stellt die Region mit ihren gut 2,3 Millionen Einwohnern den siebtgrößten Ballungsraum Deutschlands dar. Unter den rund 134.000 Unternehmen der Region befinden sich vor allem in den Branchen Chemie,

---

[48] Quelle: In Anlehnung an Bundesinstitut für Bau-, Stadt- und Raumforschung (2009), S. 11.
[49] Vgl. Lowack (2007), S. 132.
[50] Vgl. Schmitz (2005), S. 360.

Maschinenbau und Informatik weltweit führende.[51] Ferner haben sieben[52] der hundert umsatzstärksten produzierenden deutschen Unternehmen ihren Hauptsitz in der Region und „allein BASF SE, SAP AG und Heidelberg Cement AG machen über 13% der Marktkapitalisierung des DAX-30 aus."[53] Aber nicht nur wirtschaftlich, sondern ebenfalls wissenschaftlich genießt die Metropolregion Rhein Neckar mit ihren 22 Hochschulen und zahlreichen außeruniversitären Forschungseinrichtungen, die regelmäßig internationale Spitzenplätze belegen, einen exzellenten Ruf.[54] Die zur Metropolregion Rhein-Neckar zugehörigen acht kreisfreien Städte und sieben Landkreise sind in Tabelle 2, nach Bundesländern gegliedert, dargestellt.

Bundesland	Landkreise	Stadtkreise
Baden-Württemberg	Rhein-Neckar Kreis, Neckar-Odenwald-Kreis	Mannheim, Heidelberg
Hessen	Bergstraße	
Rheinland-Pfalz	Rhein-Pfalz-Kreis, Bad Dürkheim, Germersheim, Südliche Weinstraße	Ludwigshafen am Rhein, Frankenthal, Landau, Neustadt an der Weinstraße, Speyer, Worms

Tabelle 2: Die Kreise der Metropolregion Rhein-Neckar.[55]

Metropolregionen – und somit auch der Metropolregion Rhein-Neckar - werden als führenden Wirtschaftsstandorten in ökonomischer Hinsicht unter anderem ein großes Arbeits- und Beschäftigungspotenzial beigemessen,[56] was durch die Aussage von Brandt et al., die Metropolregionen im Hinblick auf hoch qualifizierte Arbeitskräfte als „Ressourcenpool" bezeichnen,[57] untermauert wird. Dieser Ressourcenpool und eine hohe Dichte an Forschungs- und Entwicklungseinrichtungen sowie die Vielfalt des kulturellen Lebens tragen zu einer hohen Innovations- und folglich Wettbewerbsfähigkeit der Region bei.[58] Auch die zunehmende Globalisierung und weltweite Vernetzung der Regionen kann sowohl Chancen als auch Risiken mit sich bringen. Obschon die andauernde Verschärfung des Wettbewerbs um mobile Ressourcen und hochqualifizierte Arbeitskräfte die Wettbewerbsfähigkeit einer Region nachhaltig schwächen kann, sieht Blotevogel in dieser Vernetzung eher Effizienzvorteile sowie Wachstumschancen.[59]

---

[51] Vgl. Metropolregion Rhein-Neckar (2011a). Eine Übersicht international führender Großkonzerne, namhafter mittelständischer Unternehmen sowie innovativer Neugründungen kann der Homepage der Metropolregion Rhein-Neckar entnommen werden.
[52] BASF SE, Phoenix AG, HeidelbergCement AG, SAP AG, Bilfinger Berger SE, Südzucker AG, Freudenberg & Co. KG.
[53] Metropolregion Rhein-Neckar (2011a).
[54] Vgl. Metropolregion Rhein-Neckar (2009a), S. 16-17; Metropolregion Rhein-Neckar (2011e), S. 6.
[55] Quelle: Vgl. Oechsler/Müller (2010), S. 16.
[56] Vgl. Adam/Göddecke-Stellmann (2002), S. 513.
[57] Vgl. Brandt et al. (2008), S. 1.
[58] Vgl. Adam (2006), S. 15; Brandt et al. (2008), S. 1.
[59] Vgl. Blotevogel (2002), S. 346.

Im Allgemeinen werden den Metropolregionen hinsichtlich der zu erbringenden wirtschaftlichen Leistung drei Funktionen zugeschrieben: die Innovations- und Wettbewerbsfunktion, die Entscheidungs- und Kontrollfunktion sowie die Gateway-Funktion. Ergänzt werden kann dieses Spektrum durch die Symbolfunktion. Während die Innovations- und Wettbewerbsfunktion Merkmale wie die Anzahl der in der Forschung und Entwicklung tätigen Personen, die Hochschullandschaft, das Angebot an wissensintensiven Dienstleistern und das Kulturangebot umfasst, wird unter der Entscheidungs- und Kontrollfunktion unter anderem das Vorhandensein von Hauptsitzen großer nationaler oder internationaler Unternehmen verstanden. Vor allem die Infrastruktur und hier im Besonderen das ICE-Netz, die Nähe zu Autobahnen oder Logistikzentren, sind die Merkmale der Gateway-Funktion. In der Symbolfunktion werden kulturelle Angebote, Freizeiteinrichtungen, aber auch Tagungen und Hochschulen subsummiert.[60] Blotevogel geht davon aus, dass eben diese Orte einen Attraktivitätsfaktor darstellen, der hoch qualifizierte Arbeitskräfte in die Region lockt und sie an diese bindet.[61] In Tabelle 3 sind die Funktionen, die Metropolregionen zugeschrieben werden und die abgeleiteten Merkmale für die Metropolregion Rhein-Neckar dargestellt.

Funktionen von Metropolen	Abgeleitete Merkmale
Entscheidungs- und Kontrollfunktion	
Privatwirtschaft	10 der 100 größten Unternehmen haben in der MRN ihren Hauptsitz; Drittwichtigste MDAX-Region; Entscheidungszentren bedeutender Weltmarktführer wie SAP, BASF und HD Druckmaschinen in der Region ansässig
Innovations- und Wettbewerbsfunktion (Generierung und Verbreitung von Wissen, Einstellungen, Werten, Produkten)	
Wirtschaftlich-technische Innovationen	Enge Verknüpfung von Wissenschaft und Wirtschaft; Innovative Netzwerke (Spitzencluster „Forum Organic Electronic" und „BioRN")
Soziale und kulturelle Innovationen	Kulturelle Einrichtungen (u. a. Mannheimer Nationaltheater, Heidelberger, Schwetzinger und Hambacher Schloss); Orte sozialer Kommunikation (z. B. SAP Arena; Rhein-Neckar Arena Fußballstadion)
Gateway-Funktion	
Zugang zu Menschen	Große ICE-Bahnhöfe (bspw. Mannheim); Hafen; sehr gute Autobahnanbindungen (BAB 5; BAB 6; BAB 61; BAB 565)
Zugang zu Wissen	Medien (Radio Regenbogen; Duden Verlag), Bibliotheken
Zugang zu Märkten	Mannheimer Maimarkt

Tabelle 3: Funktionen der Metropolregion Rhein-Neckar.[62]

---

[60] Vgl. Blotevogel/Danielzyk (2009), S. 25-27.
[61] Vgl. Blotevogel/Danielzyk (2009), S. 27.
[62] Quelle: In Anlehnung an Blotevogel (2002), S. 346; Schmitz (2005), S. 363-364.

Trotz einer gemeinsamen Vision und Regionalstrategie unterscheiden sich die einzelnen Kreise und kreisfreien Städte der Metropolregion Rhein-Neckar hinsichtlich wirtschaftlicher Kennzahlen teilweise sehr stark voneinander. Einen ersten Überblick gibt hierzu die Einteilung der Bundesagentur für Arbeit nach Kreistypclustern.[63] Wie Abbildung 1 entnommen werden kann, lässt sich die Region in fünf unterschiedliche Kreistypcluster aufteilen.[64]

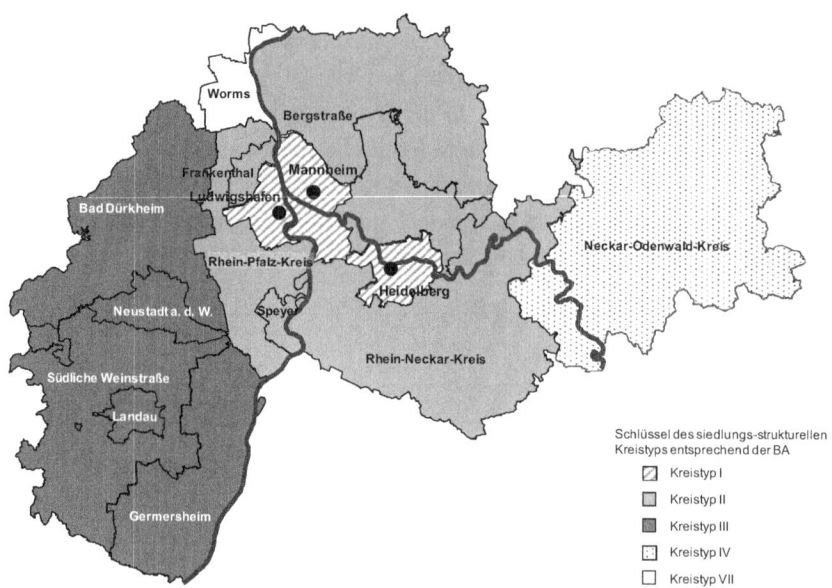

Abbildung 1: Aufteilung der MRN in Kreistypcluster[65]

Die verschiedenen Kreistypen untergliedern die MRN hinsichtlich ihrer Arbeitsmarktlage sowie dem Bruttoinlandsprodukt (pro Kopf) und dem Anteil Langzeitarbeitsloser.[66] So geht aus Abbildung 1 hervor, dass die drei Oberzentren Mannheim, Ludwigshafen und Heidelberg dem Kreistypcluster I zugeordnet und somit durch eine durchschnittliche Arbeitsmarktlage, ein hohes BIP pro Kopf und eine hohe Anzahl an Langzeitarbeitslosen gekennzeichnet sind. Die Region um dieses Ballungsgebiet, Kreis Bergstraße, der Rhein-Neckar-Kreis und der Rhein-Pfalz-Kreis weist eine überdurchschnittliche Arbeitsmarktlage auf. Im Gegensatz hierzu sind der Neckar-Odenwald-Kreis und die Südpfalz (Germersheim, Landau, Südliche Weinstraße, Neustadt und Landkreis Bad Dürkheim) durch eine vergleichsweise schwache Wirtschaftsstruktur gekennzeichnet.

---

[63] Es handelt sich hierbei um die Kennzahlen für interregionale Vergleiche im Rechtskreis SGB II. Eine ähnliche Darstellung findet sich in Oechsler/Müller (2010), S. 16-17.
[64] Eine Definition der einzelnen Kreistypen kann Tabelle Tab. A 2 im Anhang entnommen werden. Vgl. zur Einteilung der Stadt- und Landkreise der MRN auch die Klassifizierung des Bundesinstituts für Bau-, Stadt- und Raumforschung (2012).
[65] Quelle: Eigene Darstellung.
[66] Unter Langzeitarbeitslosen werden Personen verstanden, deren Arbeitslosigkeitsdauer 12 oder mehr Monate beträgt.

Diese Einteilung in unterschiedliche Arbeitsmarktcluster verdeutlicht, dass die Metropolregion Rhein-Neckar hinsichtlich der Bedingungen auf dem Arbeitsmarkt und der gegenwärtigen Arbeitsmarktlage sehr heterogen ist. Aus dieser Heterogenität folgt die Notwendigkeit, die Metropolregion nicht nur als Ganzes zu analysieren, sondern ebenfalls die Entwicklungen auf Kreisebene oder der Ebene der Kreistypen zu untersuchen.

1.4 Aufbau der Arbeit

Nach einer Einführung in die Thematik regionaler Wettbewerbsfähigkeit und der Vorstellung der Untersuchungsregion findet in **Kapitel zwei** die theoretische Fundierung der Arbeit statt. Da Humankapital als Inputfaktor, Betriebe, Unternehmen und Cluster als Stätten der Transformation und Produktion sowie Selbstständige endogene regionale Ressourcen darstellen, bildet der Resource-Based-View (RBV) die Grundlage zur Erklärung nachhaltiger regionaler Wettbewerbsvorteile. In Kapitel 2.1 werden zunächst die Grundgedanken des RBV dargestellt und auf regionale Fragestellungen angewendet. Den Kern der theoretischen Überlegungen bildet die Darstellung der strategisch wertvollen Ressourcen und die Prüfung der Voraussetzungen des ressourcenökonomischen Ansatzes für den Inputfaktor Humankapital. Anschließend wird in Kapitel 2.2 aus theoretischer Perspektive diskutiert, welche Faktoren einen Einfluss auf die Arbeits- und Wohnortwahl von Hochqualifizierten und auf die Standortwahl von Unternehmen sowie Selbstständigen besitzen. Um anschließend die erfolgskritischen Standortfaktoren für die regionalen Ressourcen identifizieren zu können, ist eine mehrstufige empirische Analyse notwendig.

Im **dritten Kapitel** werden zunächst die Veränderungen hinsichtlich des Angebots an Humankapital (Kapitel 3.2) und der betrieblichen Nachfrage nach diesem Inputfaktor (Kapitel 3.3) deskriptiv untersucht. Im Rahmen der Analyse des Humankapitalangebots wird insbesondere auf die Bevölkerungsentwicklung, die Entwicklung Erwerbstätiger und Selbstständiger sowie auf die Schul- und Studienabschlüsse in der Region eingegangen. Der Fokus der betrieblichen Nachfrage nach Humankapital liegt hierbei auf der Analyse der Entwicklung regionaler Betriebs- und Beschäftigungsstrukturen. Neben sektoralen Nachfrageveränderungen sind insbesondere auch die Struktur der nachgefragten Qualifikationen sowie deren zeitliche Entwicklung von Bedeutung. Um Unterschiede zwischen den einzelnen Kreisen der MRN identifizieren zu können, wird die Untersuchung getrennt nach Wirtschaftsbereichen, Betriebsgrößen und Kreisen durchgeführt. Aufbauend auf der Analyse der Betriebsstrukturen wird in Kapitel 3.4 die strategische Ausrichtung der Region auf Grundlage der identifizierten Branchenschwerpunkte und Clusterinitiativen der MRN dargelegt.

Die Identifikation der erfolgskritischen unternehmensrelevanten Standortfaktoren erfolgt in **Kapitel 4** auf Basis einer Expertenbefragung. Kapitel 4.1 leitet in die Methode der Delphi-Studie ein und stellt das Fragebogendesign vor. In der anschließend dargestellten Befragung werden die Experten gebeten, die heutige und zukünftige Bedeutung unterschiedlicher Standortfaktoren einzuschätzen und die derzeitigen Bedingungen in der Metropolregion Rhein-Neckar zu beurteilen (Kapitel 4.2). Da eine solche Prognose nicht losgelöst von globalen Entwicklungen betrachtet werden kann, werden ergänzend die Auswirkungen ausgewählter „Megatrends" auf den Standort MRN analysiert. Um einen Ausblick auf potenzielle Zukunftsbranchen der MRN geben zu können, werden die Experten abschließend gebeten (Kapitel 4.3), sowohl die heutige und zukünftige Relevanz unterschiedlicher Branchen der MRN zu beurteilen als auch Aussagen über zukunftsfähige cross-sektorale Verbindungen zu treffen.

Der dritte Teil der empirischen Untersuchung in **Kapitel 5** umfasst die ökonometrische Analyse zur Bestimmung der Einflussfaktoren auf die Arbeits- und Wohnortwahl der Hochqualifizierten und die Standortwahl der Selbstständigen. In Kapitel 5.1 wird das methodische Vorgehen beschrieben. Neben den Erläuterungen zur Abgrenzung funktionaler regionaler Arbeitsmärkte und den Grundgedanken der Faktorenanalyse wird insbesondere auf die Methoden der räumlichen Ökonometrie eingegangen. Da regionale Analysen die Berücksichtigung vorhandener räumlicher Verflechtungen bedingen, wird zusätzlich zu den 15 Kreisen der MRN auf Basis von Pendlerverflechtungen der funktionale Arbeitsmarkt der MRN bestimmt. Die Abgrenzung dieser Untersuchungsregion erfolgt in Kapitel 5.2. Um mögliche räumliche Abhängigkeiten der endogenen Variablen (Hochqualifizierte und Selbstständige) zu eruieren, werden in Kapitel 5.3 die Verteilungen dieser dargestellt und statistisch analysiert. Die ökonometrischen Schätzungen des Einflusses kritischer Faktoren auf den Anteil der Hochqualifizierten am Arbeits- und Wohnortwahl und auf den Anteil der Selbstständigen finden in Kapitel 5.4 statt. Den ökonometrischen Schätzverfahren vorgeschaltet ist die Verdichtung der Variablen mittels Faktorenanalysen.

Im anschließenden **sechsten Kapitel** werden auf Basis der empirischen Erkenntnisse Handlungsempfehlungen für die regionalen Akteure abgeleitet. Diese leiten sich aus den identifizierten kritischen Standortfaktoren für Unternehmen und Selbstständige sowie den Bestimmungsfaktoren auf den Anteil der Hochqualifizierten am Arbeits- und Wohnort ab und werden mit den Ergebnissen der deskriptiven Analysen abgeglichen. Die Arbeit schließt in **Kapitel 7** mit einem Fazit und dem Ausblick auf den zukünftigen Forschungsbedarf. Die Struktur der Arbeit ist in Abbildung 2 zusammenfassend dargestellt.

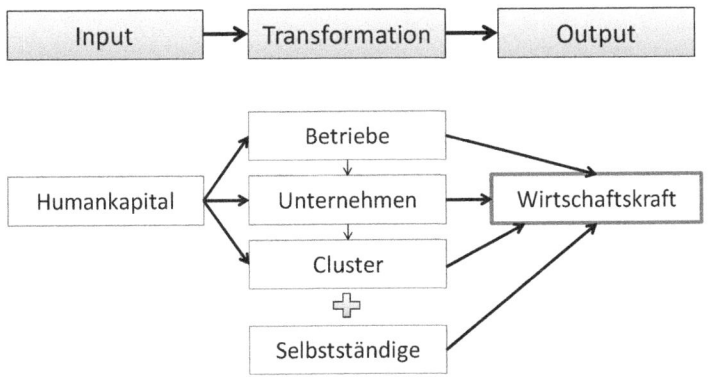

Abbildung 2: Struktur der vorliegenden Arbeit.[67]

---

[67] Quelle: Eigene Darstellung.

2 Theoretische Grundlagen zur Bestimmung von regionalen Wettbewerbsvorteilen

2.1 Der Resource-Based-View im Kontext regionaler Wettbewerbsvorteile

2.1.1 Die Grundidee des Resource-Based-View

Der Fokus des ressourcenbasierten Ansatzes, dessen Wurzeln unter anderem in der Arbeit von Edith Penrose[68] zu finden sind, liegt auf den durch interne Ressourcen erzielten nachhaltigen Wettbewerbsvorteilen eines Unternehmens.[69] Dadurch soll erklärt werden, warum spezielle Unternehmen dauerhaft wettbewerbsfähiger sind als andere, obwohl die äußeren Faktoren für beide Unternehmen identisch sind und sie sich im gleichen Industriezwieg befinden.[70] Diese Innenansicht unterscheidet den Resource-Based-View (RBV) von den traditionellen Managementansätzen, die sich eher mit den äußeren Einflussfaktoren als den internen Ressourcen des Unternehmens beschäftigen. Der RBV kann somit als Gegenströmung zum extern orientierten Market-Based-View (MBV) angesehen werden, der die Unterschiede in der Profitabilität von Unternehmen aufgrund externer Einflüsse analysiert.[71] Besonders relevant ist der RBV für den Bereich der strategischen Managementforschung,[72] da eine solche Analyse der Unternehmensführung hilft, die vorhandenen Wettbewerbsvorteile zu verstehen, um sie dann wahren und ausweiten zu können.[73]

Erweitert wurde der ressourcenökonomische Ansatz unter anderem von Birger Wernerfelt, der die Möglichkeit, ein Unternehmen nicht nur von der Produktseite, sondern ebenfalls von der Ressourcenseite zu betrachten, in den Vordergrund stellt. Das Ziel seiner Arbeit sieht er in der Entwicklung einfacher ökonomischer Instrumente, mit deren Hilfe die unternehmerische Ressourcenausstattung gemessen und darauf aufbauend strategische Empfehlungen gegeben werden können.[74] Dieser Gedanke des RBV soll im Folgenden auf regionales Wachstum und eine nachhaltige Regionalentwicklung angewendet und erweitert werden. Hierzu wird zunächst erläutert, was unter Ressourcen im Rahmen des RBV zu verstehen ist und welche Voraussetzungen diese erfüllen müssen, um zu nachhaltigen Wettbewerbsvorteilen führen zu können.

Der Begriff der Ressource

Während in der Volkswirtschaftslehre Ressourcen in Boden, Arbeit und Kapital untergliedert werden, versteht man in der Betriebswirtschaftslehre hierunter im Wesentlichen Inputfaktoren, die in die Produktion eingehen. Da der Ressourcenbegriff des Resource-Based-View jedoch er-

---

[68] Vgl. Penrose (2009). Hierbei handelt es sich um einen Nachdruck des 1959 erschienenen Originals.
[69] Vgl. Wernerfelt (1984), S. 171; Barney (1991), S. 99-104; Wright/McMahan (1992), S. 300-30; Wright et al. (1994), S. 362. Erweitert wurde dieser Ansatz auch durch Barney (1991) und Peteraf (1993).
[70] Vgl. Peteraf (1993), S. 186.
[71] Vgl. Porter (1993), S. 93-154.
[72] Vertreter sind beispielsweise Powell (2001); Priem/Butler (2001); Newbert (2007).
[73] Vgl. Peteraf (1993), S. 186.
[74] Vgl. Wernerfelt (1984), S. 171.

heblich von diesen traditionellen Definitionen abweicht, wird im Folgenden geklärt, was unter einer Ressource bzw. einem Ressourcenbündel im Rahmen dieses Ansatzes verstanden wird.

Während Wernerfelt unter Unternehmensressourcen *„anything which could be thought of as a strength or weakness of a given firm"*[75] versteht, unterteilt Penrose diese in physische und humane Ressourcen.[76] Barney erweitert Penrose's Einteilung und definiert Unternehmensressourcen als *„all assets, capabilities, organizational processes, firm attributes, information, knowledge, etc. controlled by a firm that enable the firm to conceive of and implement strategies that improve its efficiency and effectiveness."*[77] Zusammenfassend können Unternehmensressourcen demnach in die folgenden drei Kategorien untergliedert werden: Physisches Kapital, Humankapital und organisationales Kapital. Physisches Kapital umfasst hierbei gemäß Barney Produktionsfaktoren, Betriebsstätten, Anlagen der Unternehmung, den Zugang zu Rohstoffen sowie den Standort des Unternehmens. Unter Humankapital subsumiert er die Ausbildung, Erfahrung, das Urteilsvermögen und vorhandene Beziehungen der Beschäftigten und unter dem organisationalen Kapital die Planung, Kontroll- und Koordinationssysteme sowie informelle Beziehungen zwischen den Gruppen im Unternehmen und mit der Umwelt.[78]

Bezogen auf den regionalen Kontext können unter dem physischen Kapital neben den Betriebsstätten auch Unternehmen, Selbstständige und Cluster verstanden werden. Die Definition des Humankapitals kann gleichfalls auf die Ausstattung der Region mit Humankapital bezogen werden und als Pendant zum organisationalen Kapital seien die regionalen Akteure wie beispielsweise die MRN GmbH, die Städte Mannheim, Heidelberg und Ludwigshafen genannt, die im Kontext der MRN eine planerische, ordnende und kontrollierende Funktion einnehmen. Es ist jedoch darauf hinzuweisen, dass die genannten Ressourcen zwar alle wichtig, jedoch nicht zwingend strategisch relevant sind.[79]

Nach Freiling kann von Ressourcen gesprochen werden, wenn „Inputgüter durch Veredelungsprozesse zu unternehmungseigenen Merkmalen für Wettbewerbsfähigkeit weiterentwickelt worden sind und die Möglichkeit besteht, Rivalen von der Nutzung dieser Ressourcen in nachhaltiger Weise auszuschließen."[80] Im regionalen Kontext kann das Humankapital als Input-Gut einer Wertschöpfungskette angesehen werden, das durch eine Profilschärfung (z.B. Ausbau vorhandener Kompetenzen; Aufbau von tacit-knowledge[81]) zu einem neuen Ganzen (Umstrukturierung in Unternehmen, Netzwerken und Clustern) zusammengefügt und somit veredelt wird. Durch den Ausbau der Kompetenzen und die Nutzung vorhandener Schnittstellen (cross-sektorale Verbindungen) kann die Wettbewerbsfähigkeit der Region gestärkt werden. Da die Ressourcen standortgebunden sind und ein funktionales (regionales) Netzwerk aufgebaut haben, kann eine Nutzung durch Rivalen ausgeschlossen werden, wenngleich im regionalen Kontext zu überlegen ist,

---

[75] Wernerfelt (1984), S. 172.
[76] Vgl. Penrose (2009), S. 22.
[77] Barney (1991), S. 101.
[78] Vgl. Barney (1991), S. 101.
[79] Vgl. Barney (1991), S. 102.
[80] Freiling (2001), S. 22.
[81] Unter dem „tacit knowledge" wird implizites Wissen verstanden, das an Personen gebunden ist (vgl. hierzu Polanyi (1985)).

ob durch den Einbezug interregionaler „Rivalen" nicht doch eventuell Synergie-Effekte genutzt werden können.

Eine weitere Einteilung der Ressourcen kann durch die Unterscheidung in tangible, also greifbare und intangible, nicht greifbare Ressourcen vorgenommen werden. Während physische Ressourcen greifbar sind, stellen nicht beobachtbare oder nicht quantifizierbare Ressourcen die intangiblen Ressourcen eines Unternehmens dar.[82] Freiling kritisiert jedoch diese Ressourceneinteilung, da Ressourcen entweder materieller oder immaterieller Natur sind und „durch die Nennung beider Ausprägungen keinerlei Eingrenzung mehr vorgenommen werden [kann]."[83]

Im Rahmen der Diskussion um den Ressourcenbegriff ist jedoch zu beachten, dass es nicht auf die bloße Verfügbarkeit der Ressource ankommt, sondern vielmehr auf die Leistungen, die mit diesen Ressourcen erzielt werden können. Penrose schreibt hierzu:

„*Strictly speaking, it is never the resources themselves that are the inputs to the production process, only the services that the resources can render. The services yielded by resources are a function of the way in which they are used – exactly the same resource when used for different purposes or in different ways and in combination with different types or amounts of other resources provides a different service or set of services.*"[84]

Mahoney/Pendian erläutern in diesem Zusammenhang den Begriff der "capabilities". Hierbei bestehen Ressourcen aus einem Bündel potenzieller Leistungserbringer, wohingegen capabilities als Leistung, Aktivitäten oder Funktionen selbst bezeichnet werden können, die durch die Ressourcen ausgeführt werden.[85] Diese „capabilities" oder Kompetenzen zeigen somit, ob ein Unternehmen in der Lage ist, seine Ressourcen sinnvoll zu nutzen und die vorhandenen Potenziale auszuschöpfen, um Wettbewerbsvorteile zu erzielen.[86] Die notwendigen Kompetenzen einer Region spiegeln sich hierbei beispielsweise im Einsatz des Humankapitals in den Unternehmungen oder in der Identifikation und Nutzung unternehmensübergreifender Synergien wider. Auch die Ansiedlung neuer Unternehmen und deren Einbindung in den regionalen Kontext sowie deren Zusammenschluss zu Netzwerken und Clustern kann als Kompetenz der Region verstanden werden.

Im Zuge der sich immer schneller wandelnden Märkte haben Teece et al. den RBV um den Gedanken der dynamic capabilities erweitetert. Hierunter verstehen sie „the firm's capability to integrate, build and reconfigure internal and external competences to address rapidly changing environments"[87]. Gemäß Teece kann die bloße Ressourcenfülle nicht für einen langfristigen Unternehmensvorteil verantwortlich sein, sodass weitere Faktoren - die dynamic capabilities - eine Erklärung für diesen leisten müssen.[88] Auch Schirmer/Ziesche erachten die Einführung der dynamic capabilities als notwendig, da gerade immaterielle Ressourcen im Rahmen des RBV zu wenig

---

[82] Vgl. de Oliveira Wilk/Fensterseifer (2003), S. 997.
[83] Freiling (2001), S. 17. Für eine kritische Diskussion des Ressourcenbegriffes vgl. Freiling (2001), S. 14-19.
[84] Penrose (2009), S. 22.
[85] Vgl. Mahoney/Pandian (1992), S. 366.
[86] Vgl. Freiling (2001), S. 23.
[87] Teece et al. (1997), S. 516.
[88] Vgl. Teece (2007), S. 1319-1320.

Berücksichtigung finden. Der Fokus der dynamic capabilities liegt ihrer Ansicht nach weniger auf dem Vorhandensein der Ressourcen denn auf deren Anwendung und Nutzung innerhalb des Unternehmens.[89] Die dynamic capabilities tragen somit, auch unabhängig von den Ressourcen eines Unternehmens, zum Unternehmenserfolg bei und sorgen dafür, dass sich insbesondere in dynamischen Märkten ein Wettbewerbsvorteil realisieren lässt.[90]

Trotz der Bedeutung des ressourcenökonomischen Ansatzes, der die Entwicklungsgrundlage der dynamic capabilities bildet, ist deren Konzept selbst und auch speziell der Begriff „Fähigkeit(en)" (capability) einer Firma, stark kritisiert worden. Die Kritik reicht hierbei von empirisch nicht nachweisbar, über nicht vorhanden bzw. nicht relevant bis zu tautologisch und vage.[91] Einen Vorschlag zur Lösung dieses Problems unterbreitet Barreto, indem er dynamic capabilities als "the firm's potential to systematically solve problems, formed by its propensity to sense opportunities and threats, to make timely and market-oriented decisions, and to change its resource base"[92] definiert.

2.1.2 Der RBV im regionalen Kontext

Der RBV erfreut sich seit den 1990er Jahren – vor allem in der strategischen Management Forschung[93] - einer immer größeren Beliebtheit. In dieser Zeit wurde der unternehmenszentrierte Ansatz auch auf die aggregierte Ebene der Cluster erweitert.[94] Grundlegend für diese Erweiterungen sind hierbei die Arbeiten von Foss (1996) und Maskell/Malmberg (1999). Foss identifiziert in seiner konzeptionellen Arbeit sogenannte „*higher-order capabilities*", die zur Wettbewerbsfähigkeit einer Region beitragen. Hierunter versteht er Kompetenzen, die nicht nur in einem bestimmten Unternehmen vorhanden sind, sondern solche, die charakteristisch für die Unternehmen in der entsprechenden Region sind.[95] Weiterhin zeigen Maskell/Malmberg, dass gerade die Nähe zwischen Unternehmen und somit der regionale Kontext eine wichtige Rolle bei Lernprozessen und somit der Akkumulation und Generierung von Wissen spielt.[96] Während das nicht-kodifizierbare Wissen durch die Globalisierung überall erworben werden kann, trägt vor allem das tacit knowledge zu einer wettbewerbsfähigen Position der Unternehmen bei.[97] Die quantitative Vergleichsstudie von Molina-Morales zeigt, dass es hinsichtlich der unternehmerischen Leistungsfä-

---

[89] Vgl. Schirmer/Ziesche (2010), S. 19.
[90] Vgl. Teece (2007), S. 1320. Ob die dynamic capabilities als Weiterentwicklung des RBV, bzw. dessen Erweiterung auf dynamische Märkte, ebenfalls die VRIN-Kriterien (diese besagen, dass eine Ressource wertvoll (valuable), selten (rare), nicht imitierbar und nicht ersetzbar (nonsubstitutable) muss, um nachhaltige Wettbewerbsvorteile zu erzielen (vgl. Barney (1991), S. 105-106) erfüllen müssen, ist nicht abschließend geklärt. So nehmen beispielsweise Eisenhardt/Martin an, dass Ressourcen eine geringere Heterogenität aufweisen als die Grundkonzeption des RBV dies erfordert, und somit den dynamic capabilities eine größere Bedeutung zukommt (vgl. Eisenhardt/Martin (2000) S.1108).
[91] Für eine ausführlichere Auflistung siehe Eisenhardt/Martin (2000), S. 1106; Barreto (2010), S. 257
[92] Barreto (2010), S. 217.
[93] Als Vertreter seien unter anderem Powell (2001); Priem/Butler (2001); Newbert (2007) zu nennen.
[94] Vgl. z.B. Foss (1996); Maskell/Malmberg (1999), S. 176.
[95] Vgl. Foss (1996), S. 17-18.
[96] Vgl. Maskell/Malmberg (1999), S. 168.
[97] Vgl. Maskell/Malmberg (1999), S. 172.

higkeit Unterschiede zwischen Unternehmen, die sich in einem industriellen District[98] und solchen, die sich außerhalb dieser Agglomeration befinden, gibt.[99]

Die Erweiterung des Resource-Based-View um eine regionale Komponente wurde indes erst im Jahr 2003 von Oliveira-Wilk/Fensterseifer zum ersten Mal am Beispiel eines südbrasilianischen Weinclusters empirisch überprüft. Ihr Ziel liegt hierbei zum einen in der Identifikation der Ressourcen und Capabilities, die von allen Unternehmen im Cluster geteilt werden und zum anderen in der Analyse der Interaktionen und der daraus resultierenden nachhaltigen Wettbewerbsvorteile.[100] Für sie stellt jedes Unternehmen eine einzigartige Sammlung an Ressourcen und Capabilities dar, deren Potenziale aufgrund der Managementtätigkeiten eventuell jedoch nicht vollständig genutzt werden, sodass eine Zusammenarbeit in einem Cluster von Vorteil sein kann.[101] Eine weitere Studie zu Clustern liefern Hervás-Olivier/Albors-Garrigós im Jahr 2007, in der sie die Wettbewerbsfähigkeit der spanischen (Castellon) und italienischen (Emilia Romagna) Keramik-Industrie miteinander vergleichen.[102] Sie kommen zu dem Ergebnis, dass jedes analysierte Cluster einen individuellen Bestand an „architectural knowledge" generiert hat, was auf Pfadabhängigkeiten, Unterstützung seitens regionaler Behörden und auf die Unternehmensstrategien zurückgeführt werden kann.[103]

Für die vorliegende Arbeit werden die Annahmen des Resource-Based-View auf regionaler Ebene angewendet. Ziel ist die Identifikation des Humankapitals (insbesondere Hochqualifizierte) als strategisch wertvolle Ressource der Regionalentwicklung, um im späteren Verlauf Handlungsempfehlungen zur Steigerung der Attraktivität der Metropolregion Rhein-Neckar für deren wertvolle Ressourcen abzuleiten. Bisher haben sich einige Vertreter der Geographie mit nachhaltigen Wettbewerbsvorteilen von Regionen befasst,[104] jedoch betrachten diese die Wettbewerbsfähigkeit einer Region nicht aus einer ressourcenökonomischen und somit unternehmerischen Sicht. Allerdings postuliert Foss: „a theory of national competitiveness should begin on the firm level."[105]

Um die Wettbewerbsvorteile einer Region zu analysieren und die Ressourcen zu identifizieren, die zu einem nachhaltigen Wettbewerbsvorteil führen können, hat Windsperger den Ansatz des RBV auf die regionale Ebene erweitert. Hierzu verbindet er das Diamond-Model von Porter[106] mit dem ressourcenökonomischen Ansatz. Er betont, dass regionsspezifische Ressourcen die Attraktivität von Standorten für multinationale Unternehmen beeinflussen und somit die Grundlage für Wettbewerbsvorteile darstellen, sofern sie weder übertragbar noch imitierbar sind.[107]

---

[98] Der Begriff des „Industrial District" geht auf Alfred Marshall zurück. Vgl. Marshall (1890), S. 222-231.
[99] Vgl. Molina-Morales (2001). Einer ähnlichen Fragestellung gehen auch Giner/Santa Maria (2002) nach.
[100] Vgl. de Oliveira Wilk/Fensterseifer (2003), S. 995.
[101] Vgl. de Oliveira Wilk/Fensterseifer (2003), S. 1008.
[102] Vgl. Hervás-Olivier/Albors-Garrigós (2007), S. 114.
[103] Vgl. Hervás-Olivier/Albors-Garrigós (2007), S. 132.
[104] Vgl. z.B. Glaeser (1999); Ellison/Glaeser (1999); Glaeser/Saiz (2004); Berry/Glaeser (2005); Florida (2002).
[105] Foss (1996), S. 2. Er bezieht sich mit dieser Aussage auf Chandler (1990).
[106] Vgl. Porter (1993), S. 95-97.
[107] Vgl. Windsperger (2006), S. 20.

Windsperger stellt zwei Behauptungen auf, die den Ausgangspunkt der nachfolgenden Analysen darstellen:

(1) Ein Standort kann einen nachhaltigen Wettbewerbsvorteil erzielen, wenn Standortfaktoren angeboten werden, die mit den unternehmensspezifischen Ressourcen und Capabilities abgestimmt sind.
(2) Die lokale Politik ist effektiv, falls sie die regionalen Entwicklungen positiv beeinflusst und die lokalen Standortfaktoren ausbaut und aufwertet.[108]

Für die vorliegende Arbeit bedeutet dies, dass im Rahmen der empirischen Analysen die Standortfaktoren zu identifizieren sind, die für wettbewerbsrelevante Ressourcen der Metropolregion Rhein-Neckar von Bedeutung sind. Unter regional wertvollen Ressourcen werden Humankapital als Inputfaktor, Betriebe und Unternehmen als Stätten der Transformation und Produktion, Cluster und Selbstständige verstanden. Die Begründung dieser Auswahl findet sich in Abschnitt 2.1.4. Weiterhin ist die Ausgestaltung der Region mit diesen Faktoren zu überprüfen. Auf Basis der von Experten benannten kritischen Standortfaktoren für Unternehmen und einer ökonometrischen Analyse relevanter Bestimmungsfaktoren für Hochqualifizierte und Selbstständige werden abschließend Handlungsempfehlungen zur Steigerung der regionalen Attraktivität abgeleitet.

2.1.3 Voraussetzungen zur Generierung nachhaltiger Wettbewerbsvorteile

Zur Generierung von Wettbewerbsvorteilen müssen Ressourcen im Rahmen des Resource-Based-View zwei Voraussetzungen erfüllen. Zum einen müssen die wertvollen Ressourcen der Unternehmen innerhalb einer Branche heterogen verteilt sein,[109] d. h. sie müssen sich von den Ressourcen anderer Unternehmen unterscheiden und zum anderen dürfen diese Ressourcen nicht vollkommen mobil[110] zwischen den Unternehmen sein, damit die Heterogenität aufrecht erhalten werden kann.[111] Heterogenität impliziert hierbei, dass Unternehmen am Markt wettbewerbsfähig sind und Gewinne erwirtschaften können, sofern sie unterschiedliche Ressourcen bzw. Capabilities besitzen, die „besser" sind als die Ressourcen der Konkurrenz.[112] Um als Unternehmen einen nachhaltigen, überdauernden Wettbewerbsvorteil generieren zu können, sind die genannten Bedingungen jedoch nicht ausreichend. Welchen Voraussetzungen Ressourcen genügen müssen, um als strategisch wertvoll angesehen zu werden, wird nachfolgend erläutert.

---

[108] Vgl. Windsperger (2006), S. 23-24.
[109] Vgl. Barney (1991), S. 103; Peteraf (1993), S. 180. Nelson (1991) diskutiert in diesem Zusammenhang, warum Firmen sich unterscheiden.
[110] Eine ausführliche Darstellung hinsichtlich der Ressourcenmobilität findet sich bei Peteraf (1993), S. 183-184.
[111] Vgl. Barney (1991), S. 101.
[112] Vgl. Peteraf (1993), S. 180. Nach Peteraf kann die Heterogenität ferner dazu führen, dass die Menge der benötigten (strategischen) Ressourcen nicht ausreicht, um die Marktnachfrage zu bedienen, sodass ebenfalls weniger effiziente Ressourcen zum Einsatz kommen und dadurch die effizienten Unternehmen – aufgrund geringerer Durchschnittskosten – ökonomische Renten erzielen können. Vgl. Peteraf (1993), S. 180-181.

Voraussetzungen nachhaltiger Wettbewerbsvorteile

Um einen nachhaltigen Wettbewerbsvorteil erzielen zu können, müssen die Ressourcen wertvoll, selten, unzureichend imitierbar und nicht substituierbar sein.[113] **Wertvoll** sind Ressourcen genau dann, *„when they enable a firm to conceive of or implement strategies that improve its efficiency and effectivenes."*[114] Sind diese Ressourcen nicht **selten**, sondern das Eigentum einer großen Anzahl von Unternehmen, so können sie nicht die Quelle eines nachhaltigen Wettbewerbsvorteils darstellen. Hierfür muss die Unternehmung eine Strategie wählen, die nicht gleichzeitig von einer Vielzahl von Wettbewerbern durchgeführt wird. Wertvolle und seltenen Ressourcen können genau dann einen Wettbewerbsvorteil für ein Unternehmen darstellen, wenn es für die konkurrierenden Unternehmungen nicht möglich ist, diese Ressourcen zu besitzen und diese auch nicht beschafft werden können (**unvollständige Imitierbarkeit**). Barney nennt drei Gründe, die zu dieser unvollkommenen Imitierbarkeit führen:[115]

- Die individuelle Historie eines Unternehmens (Pfad-Abhängigkeit) erlaubt, beispielsweise durch den Besitz seltener und wertvoller Ressourcen, die Generierung nachhaltig erfolgreicher Wettbewerbsstrategien.
- Aufgrund der sogenannten „causal ambiguity" ist die Beziehung zwischen der Ressource und dem nachhaltigen Wettbewerbsvorteil nicht eindeutig ersichtlich. Der Zusammenhang zwischen den von der Unternehmung kontrollierten Ressourcen und dem nachhaltigen Wettbewerbsvorteil wird nicht oder nur unvollständig verstanden.[116] Die zu unternehmenden Aktionen, um die Strategie zu kopieren, sind den Wettbewerbern somit nicht bekannt.
- Drittens kann durch die soziale Komplexität die Möglichkeit zur Imitierung dieser Ressource stark eingeschränkt sein.

Die letzte Voraussetzung zur Generierung nachhaltiger Wettbewerbsvorteile ist die **Nicht-Substituierbarkeit**. Laut Barney darf keine Ressource existieren, durch die die seltene, wertvolle und wettbewerbsvorteilauslösende Ressource substituiert werden kann und die selbst nicht selten und wertvoll ist.[117]

---

[113] Vgl. Barney (1991), S. 105-106. Als Reaktion auf die Kritik (u. a. von Mahoney/Pandian (1992)), hat Barney die Voraussetzungen einer strategisch wertvollen Ressource durch den Parameter „Organisation" erweitert. Das so entstandene VRIO-Framework besagt folglich, dass eine Ressource, die zu einem nachhaltigen Wettbewerbsvorteil führen kann, „valuable", „rare" und „inimitable" ist und von der Organsiation auch genutzt werden kann. Vgl. Barney/Wright (1998); Barney (2007), S. 138-142; Barney/Hesterly (2010), S. 68-87.
[114] Barney (1991), S. 106.
[115] Vgl. Barney (1991), S. 108-110.
[116] Barney betont weiterhin, dass sowohl die Unternehmung, die den nachhaltigen Wettbewerbsvorteil aufweist als auch der Wettbewerber mit dem gleichen Niveau der „causal ambiguity" konfrontiert sind. Denn wüsste das Unternehmen, das den nachhaltigen Wettbewerbsvorteil innehat, mehr über die relevanten Zusammenhänge, so könnte die konkurrierende Unternehmung versuchen, durch beispielsweise das Anheuern von Managern mit dem erforderlichen Wissen, ihren Nachteil auszugleichen. Es kann in einem solchen Fall dann nicht mehr von einem nachhaltigen Wettbewerbsvorteil gesprochen werden (vgl. Barney (1991), S. 109).
[117] Vgl. Barney (1991), S. 111-112.

Aufbauend auf Barney entwickelt Peteraf vier relevante Faktoren für die nachhaltige Wettbewerbsfähigkeit einer Unternehmung: die Heterogenität der Ressource, eingeschränkte Mobilität, ex ante und ex post Beschränkungen. Vor allem letztere sieht sie als bedeutungsvoll im Hinblick auf die Nachhaltigkeit von Unternehmensrenten an.

Unter **ex-ante Limitationen** versteht sie die Beschränkung des Wettbewerbs hinsichtlich der herausragenden Position, durch die ein Wettbewerbsvorteil erzielt werden kann, noch bevor diese Position etabliert wird. Allerdings ist es der Unternehmung nur möglich überdurchschnittliche Renten zu erwirtschaften, wenn es gelingt, diese vorteilhafte Wettbewerbsposition in Abwesenheit anderer Wettbewerber zu erlangen. Die ex-ante Beschränkungen stellen ferner sicher, dass die Kosten der Strategieeinführung nicht die erzielten Renten übersteigen. Somit hängt nach Peteraf die ökonomische Performance der Unternehmen nicht nur von der eingesetzten Strategie, sondern auch von den Kosten der Implementierung dieser Strategien ab.[118]

Die **ex-post Beschränkungen** des Marktes dienen dazu, die erzielten überdurchschnittlichen Renten zu erhalten[119] - also nachhaltige Wettbewerbsvorteile zu erzielen. Genauer gesagt müssen nach Peteraf Faktoren existieren, welche die vorherrschende Heterogenität insofern aufrechterhalten, als dass der Wettbewerbsvorteil gewahrt wird.[120] Die Fähigkeit, eine Ressource oder ein Ressourcenbündel vor Imitationen zu schützen, hängt hierbei von einer Vielzahl von Faktoren ab, die als Isolationsmechanismen bezeichnet werden.[121] Die wichtigsten Isolationsmechanismen sind die „causal ambiguity" sowie die Existenz pfadabhängiger Faktoren.[122] Schließlich ist eine Ressource oder ein Ressourcenbündel **eingeschränkt mobil**, wenn die Ressource handelbar, jedoch für die Unternehmung, in der sie sich befindet, wertvoller ist als sie es für eine andere sein würde.[123]

Auch Andersén (2011) erweitert das von Barney bzw. Barney/Hesterly entwickelte Schema zur Überprüfung der strategischen Relevanz einer Ressource, das seiner Ansicht nach hierdurch nicht alle Beziehungszusammenhänge zwischen der strategisch wertvollen Ressource und der überdurchschnittlichen Unternehmensleistung betrachtet werden.[124] Mit der Definition der nachfolgenden fünf Kriterien setzt er sich zum Ziel, einen Überblick über die Anforderungen zu geben, die erfüllt sein müssen, damit Ressourcen zu einer hohen Leistungsfähigkeit für das Unternehmen beitragen:[125]

---

[118] Vgl. Peteraf (1993), S. 185.
[119] Vgl. Peteraf (1993), S. 185.
[120] Vgl. Peteraf (1993), S. 185; de Oliveira Wilk/Fensterseifer (2003), S. 998.
[121] Vgl. Rumelt (1984), S. 567; Dierickx/Cool (1989), S. 1507-1409.
[122] Vgl. de Oliveira Wilk/Fensterseifer (2003), S. 999.
[123] Vgl. de Oliveira Wilk/Fensterseifer (2003), S. 999. Eine ausführliche Darstellung hinsichtlich der Ressourcenmobilität findet sich bei Peteraf (1993), S. 183-184. Ebenfalls denkbar ist, dass die Transaktionskosten den Wert der Ressource übersteigen und daher nicht gehandelt werden (vgl. Rumelt (1987), S. 146-147).
[124] Vgl. Andersén (2011), S. 88.
[125] Vgl. Andersén (2011), S. 89-94.

a) Die Ressource muss in die bereits vorhandene Ressourcenkonfiguration des Unternehmens passen (interner Fit).
b) Das Management muss die Fähigkeit besitzen, die strategisch wertvollen Ressourcen zu nutzen.
c) Das Unternehmen muss die Fähigkeit und die Erfahrung besitzen, die von der strategisch wertvollen Ressource erbrachten Leistungen (Endprodukte) zu vermarkten.
d) Externe/Interne Stakeholder können sich nicht die durch die strategisch wertvolle Ressource erzielten Renten aneignen.
e) Es ist darauf zu achten, bei der Generierung von Wettbewerbsvorteilen nicht gleichzeitig in anderen Bereichen Wettbewerbsnachteile zu generieren.

Im nachfolgenden Abschnitt wird zunächst die strategisch wertvolle Ressource Humankapital vorgestellt und deren Eignung zur Generierung nachhaltiger Wettbewerbsvorteile geprüft. Da diese Ressource als Inputfaktor in den Produktionsprozess einfließt, wird behauptet, dass es sich bei den Ressourcen Betriebe, Unternehmen und Cluster für die Region ebenfalls um strategisch wertvolle handeln kann. Es wird folglich zwar deren Relevanz für die Region erläutert, jedoch auf eine detaillierte Überprüfung der Voraussetzungen des RBV verzichtet. Selbstständige werden ebenso wie die Ressource Unternehmen im Transformationsprozess verortet, wenngleich sie auch als Inputfaktor betrachtet werden könnten, da sie nicht selten Dienstleistungen für andere Unternehmen erbringen. Die Überprüfung der Voraussetzungen einer strategisch wertvollen Ressource orientieren sich hierbei an Barney (1991) und Peteraf (1993) und sind von theoretischer Natur. Die Kategorisierung von Andersén wird im Rahmen der Ableitung von Handlungsempfehlungen für die regionalen Akteure auf den regionalen Kontext angewendet, mit dem Ziel, potenzielle Schwachpunkte der Region in Bezug auf die Generierung nachhaltiger Wettbewerbsvorteile zu identifizieren, die nicht nur mit der Ressourcenausstattung der Region zusammenhängen.

2.1.4 Strategisch wertvolle Ressourcen für eine Region

2.1.4.1 Humankapital als strategisch relevanter Inputfaktor[126]

In einer sich wandelnden Wirtschaftsstruktur von der Industrie- zur Dienstleistungs- und Wissensgesellschaft wird auch dem Humankapital - und hier insbesondere der Gruppe der Hochqualifizierten - eine große Bedeutung beigemessen.[127] Im Rahmen der Human Capital Theory hat Becker im Jahr 1964 den positiven Zusammenhang zwischen (schulischer) Ausbildung und Arbeitsproduktivität nachgewiesen.[128] Spätestens seit den 1980er Jahren gilt das Humankapital als eine

---

[126] Die Ausführungen dieses Abschnittes sind entnommen aus: Deschermeier/Müller (2012), S. 3-4.
[127] Vgl. Wright et al. (1994), S. 301; Hervás-Olivier/Albors-Garrigós (2007), S. 116; Festing et al. (2010), S. 16. Buttler/Tessaring (1993) haben bereits in den 1990er Jahren die steigende Relevanz des Faktors „Humankapital" als Produktionsfaktor für die deutsche Wirtschaft betont und Reformnotwendigkeiten aufgezeigt.
[128] Vgl. Becker (1975), S. 191-200. Es handelt sich bei dieser Ausgabe um die zweite Auflage.

der wichtigsten Ressourcen zur Erlangung von Wettbewerbsvorteilen[129] und auch im Rahmen der endogenen Wachstumstheorie[130] sowie in der „new economy geography"[131] wird die Relevanz des Humankapitals in Bezug auf Unterschiede in der Regionalentwicklung betont. So nutzen vor allem die Arbeiten von Paul Krugman (1991) über die Geographie des interregionalen Handels als Vorreiter der „new economy geography" sowie Paul Romer (1986, 1990) im Rahmen der endogenen Wachstumstheorie insbesondere das Wissen als Determinante der Regionalentwicklung.

Für den positiven Einfluss gut ausgebildeten Humankapitals auf das Wachstum einer Stadt oder Region gibt es ferner eine starke Evidenz.[132] So identifizieren beispielsweise Borgmann/Braunerhjelm in ihrer Studie zum Einfluss der Gründungstätigkeit auf die regionale Beschäftigungsentwicklung für die USA einen signifikanten Einfluss des Ausbildungsniveaus auf das regionale Beschäftigungswachstum.[133] Rauch ermittelt einen Anstieg der totalen Faktorproduktivität um 2,8 % für metropolitane Räume der USA, wenn die durchschnittliche Ausbildungsdauer um ein Jahr steigt.[134]

Hochqualifizierte Personen generieren und häufen Wissen an, das zu Produktivitätssteigerungen der Unternehmen[135] und letztendlich zu einem größeren regionalen Wachstum führt. White et al. haben Humanressourcen außerdem als eine der wichtigsten regionalen Innovationstreiber identifiziert.[136] Von diesen Innovationen und dem dadurch entstehenden Wachstum profitieren wiederum Unternehmen, die sich vor allem in Regionen mit einem hohen Bestand an Humankapital ansiedeln und im Durchschnitt produktiver und wettbewerbsfähiger als ihre Konkurrenten sind.[137] Zur Generierung langfristiger und nachhaltiger Wettbewerbsvorteile, vor allem in Zeiten einer fortschreitenden Globalisierung, der Tertiarisierung der Wirtschaft und dem fortschreitenden Fachkräftemangel, werden die Humanressourcen eines Unternehmens folglich als kritischer und somit strategisch wertvoller Erfolgsfaktor angesehen.[138]

Buttler/Tessaring haben in den 1990er Jahren die steigende Relevanz des Faktors „Humankapital" als Produktionsfaktor für die deutsche Wirtschaft betont und Reformnotwendigkeiten aufgezeigt.[139] Die Bedeutung des Humankapitals im regionalen Kontext zeigen auch die Arbeiten von Foss (1996) und Maskell/Malmberg (1999). Foss identifiziert in seiner konzeptionellen Arbeit sogenannte *„higher-order capabilities"*, die zur Wettbewerbsfähigkeit einer Region beitragen. Hierunter versteht er Kompetenzen, die nicht nur in einem bestimmten Unternehmen vorhanden sind, sondern solche, die charakteristisch für die Unternehmen in der entsprechenden Region

---

[129] Vgl. Wright/McMahan (1992) S. 301-302; Wright et al. (1994), S. 316.
[130] Vgl. Lucas, Jr. (1988); Romer (1990).
[131] Vgl. Krugman (1991); Krugman (1998).
[132] Vgl. Donegan et al. (2008), S. 182; Yamarik (2011) für einen Überblick.
[133] Vgl. Borgmann/Braunerhjelm (2010), S. 86. Für Schweden konnten sie diesen Zusammenhang jedoch nicht feststellen.
[134] Vgl. Rauch (1993), S. 398-399.
[135] Vgl. Berlemann/Tilgner (2007), S. 18; Wagner et al. (1997), S. 953-954.
[136] Vgl. White et al. (1988), S. 3.
[137] Vgl. Donegan et al. (2008), S. 182.
[138] Vgl. Huselid (1995), S. 636-637; Liebel/Oechsler (1994), S. 46.
[139] Vgl. Buttler/Tessaring (1993), S. 467-468 und 472-473.

sind.[140] Weiterhin zeigen Maskell/Malmberg, dass gerade die Nähe zwischen Unternehmen und somit der regionale Kontext eine wichtige Rolle bei Lernprozessen und folglich der Akkumulation und Generierung von Wissen spielt. Während das nicht-kodifizierbare Wissen durch die Globalisierung überall erworben werden kann, trägt vor allem das tacit knowledge zu einer wettbewerbsfähigen Position der Unternehmen bei.[141] Windsperger betont weiterhin, dass regionsspezifische Ressourcen die Attraktivität von Standorten für multinationale Unternehmen beeinflussen und somit die Grundlage für Wettbewerbsvorteile darstellen.[142]

Auch wenn in Zeiten des Internets „face-to-face"-Kontakte scheinbar an Relevanz verlieren, belegen Studien, dass vor allem in wissensintensiven Bereichen dieser direkte Kontakt notwendig ist.[143] Gerade regionale Cluster profitieren von der räumlichen Nähe und den durch die enge Vernetzung zwischen Industrie und Wissenschaft entstehenden Wissens-Spillovern. Für eine erfolgreiche Regionalentwicklung ist folglich die enge Kooperation zwischen Betrieben und Wissenschaft von besonderer Bedeutung, da gerade die Interaktionen Voraussetzungen für Innovationen und regionale Lernprozesse darstellen. Für diese Innovationen und Lernprozesse und folglich auch für die Wettbewerbsfähigkeit einer Region ist zunehmend das an Personen gebundene tacit knowledge notwendig.[144] Hatch/Dyer kommen zu dem Ergebnis, dass Investitionen in betriebsspezifisches Humankapital zu einer Steigerung der Unternehmensleistung führen. Verstärkt wird dieser Effekt, wenn die Beschäftigten bereits im gleichen Unternehmen ausgebildet wurden.[145] Aufgrund dieser starken Evidenz wird im folgenden Abschnitt geprüft, ob das Humankapital als Ressource für eine Region von strategischer Relevanz ist.

Prüfung der Voraussetzungen des Faktors „Humankapital" als strategisch wertvolle Ressource

Um für ein Unternehmen oder eine Region eine **wertvolle** Ressource darzustellen, durch die Wettbewerbsvorteile erzielt werden können, müssen zunächst die Bedingungen der Heterogenität und der unvollständigen Mobilität gegeben sein. **Heterogen** ist das Humankapital genau dann, wenn sowohl das Angebot an als auch die Nachfrage nach Humankapital heterogen verteilt sind. Dies kann als gegeben angesehen werden, da sich zum einen die einzelnen Individuen sowohl hinsichtlich der Art ihrer Ausbildung als auch ihrer Fähigkeiten voneinander unterscheiden. Zum anderen bieten Unternehmen verschiedenartige Arbeitsplätze an, die unterschiedliche Qualifikationsniveaus und Fähigkeiten voraussetzen, sodass auch die Heterogenität der Arbeitsnachfrage gegeben ist.[146] Hinzu kommt, dass sich Humanressourcen durch einen freien Willen auszeichnen

---

[140] Vgl. Foss (1996), S. 13-14.
[141] Vgl. Maskell/Malmberg (1999), S. 168-169.
[142] Vgl. Windsperger (2006), S. 20.
[143] Vgl. Malmberg et al. (1996); Sölvell (2009).
[144] Vgl. Brandt et al. (2008), S. 8; Borgmann/Braunerhjelm (2010), S. 68-69.
[145] Vgl. Hatch/Dyer (2004), S. 1173.
[146] Vgl. Steffy/Maurer (1988), S. 277; Wright/McMahan (1992), S. 302; Wright et al. (1994), S.306. Die Bedingungen, unter denen Humankapital einen Wert für ein Unternehmen stiftet, werden in der *Firm Specific Human Capital Theory* erläutert. Vgl. hierzu z.B. Hashimoto (1981); Mangan (1983).

und sich ferner darin unterscheiden, wie sie ihre Arbeit wahrnehmen und darüber denken. Auch dies trägt zur Heterogenität zwischen den Unternehmen bei.[147] Als problematisch ist jedoch die erhöhte **Mobilität** - zumindest jüngerer - hochqualifizierter Beschäftigter anzusehen, die sich nicht nur auf den regionalen Arbeitsmarkt beschränkt, sondern über Regional- oder gar Landesgrenzen hinausgeht.[148] Jedoch ändert sich die Mobilitätsneigung unter anderem durch Faktoren wie der Familiensituation, dem Alter und dem Freundes- und Bekanntenkreis.[149] Unter der Annahme einer vollständigen Mobilität wäre es konkurrierenden Unternehmen möglich, durch die Abwerbung hochqualifizierter Beschäftigter das notwendige Wissen schlichtweg einzukaufen. Jedoch ist es sehr unwahrscheinlich, dass der nachhaltige Wettbewerbsvorteil einzig auf einen Beschäftigten zurückzuführen ist.[150] Wenngleich es theoretisch auch möglich ist, mehrere Beschäftigte oder auch ganze Arbeitsgruppen abzuwerben, ist die Identifikation derer, die für den nachhaltigen Wettbewerbsvorteil verantwortlich sind, aufgrund sozialer Verflechtungen sehr schwierig.[151]

Sofern das Humankapital eine Quelle nachhaltiger Wettbewerbsvorteile darstellt, muss es für ein Unternehmen weiterhin **selten** sein, was unter anderem in Zeiten hoher Arbeitslosigkeit nicht der Fall zu sein scheint. Allerdings suchen Unternehmen auch Beschäftigte mit spezifischen Fähigkeiten, die auf die jeweilige Stelle passen. Wenn nun davon ausgegangen wird, dass diese Fähigkeiten in der Bevölkerung normal verteilt sind, so sind hochqualifizierte Personen nicht im Übermaß vorhanden. Weiterhin verteilen sich Arbeitskräfte auch im Hinblick auf ihre Qualifikationen nicht gleichmäßig im Raum,[152] sodass sie – zumindest in manchen Regionen – als seltene Ressource angesehen werden können.[153] Als dritte Voraussetzung eines nachhaltigen Wettbewerbsvorteils muss die **Nicht-Imitierbarkeit** der Humanressourcen gegeben sein. Die Fähigkeiten bzw. die Ausbildung einer Person zu imitieren, stellt hierbei kein Problem dar. Allerdings akkumulieren Beschäftigte im Rahmen ihrer Tätigkeiten und aufgrund ihres sozialen Umfeldes Wissen, das wiederum kaum zu imitieren ist.[154] Zudem besitzen Unternehmen eine individuelle Historie und eine bestimmte Unternehmenskultur, die ebenfalls einen Einfluss auf die Wissensanhäufung haben und von Konkurrenten nicht imitiert werden können.[155] Folglich tragen die Historie des Unternehmens, kausale Ambiguitäten und soziale Komplexität dazu bei, dass Humanressourcen nicht imitierbar sind.[156]

Als letztes ist zu prüfen, ob die Ressource Humankapital **substituierbar** ist. Einen Mitarbeiter durch eine neue und effiziente Technologie zu ersetzen, ist hierbei durchaus denkbar. Allerdings ist zu beachten, dass Humanressourcen als einzige Ressourcen überhaupt die Fähigkeit besitzen,

---

[147] Vgl. Chadwick/Dabu (2009), S. 254; Wright et al. (2001), S. 705-706.
[148] Vgl. zur Mobilität von Akademikern Büchel et al. (2002); Mohr (2002); Jahr et al. (2002).
[149] Vgl. Maier/Tödtling (2006), S. 38.
[150] Vgl. Wright et al. (1994), S. 311.
[151] Vgl. hierzu u. a. Alchian/Demsetz (1972), S. 779.
[152] Vgl. Maier/Tödtling (2006), S. 37.
[153] Vgl. Wright et al. (1994), S. 307.
[154] Vgl. Wright et al. (1994), S. 308-309; Teece et al. (1997), S. 525.
[155] Vgl. Wright et al. (1994), S. 310.
[156] Vgl. Wright et al. (1994), S. 311.

sich an veränderte Umweltbedingungen durch entsprechende Bildungsmaßnahmen anzupassen und folglich nicht obsolet werden. Wird ein Mitarbeiter durch eine neuere Technologie ersetzt, so kann sich dieser relevantes technologisches Wissen aneignen und im Umkehrschluss die Ressource ersetzen, durch die er selbst substituiert wurde. Wright et al. betonen, dass die Substitution von Humanressourcen nur durch solche Ressourcen erfolgen kann, die ebenfalls wertvoll, selten, nicht imitierbar und nicht-substituierbar sind, da diese sonst durch Humankapital substituiert werden.[157]

Es konnte somit gezeigt werden, dass die Ressource „qualifiziertes Humankapital" für Unternehmen eine strategisch wertvolle im Sinne des Resource-Based View darstellt. Da das Humankapital ebenso eine Ressource der regionalen Unternehmen ist, ohne die keine nachhaltigen Wettbewerbsvorteile generiert werden können, stellt diese Ressource auch gleichfalls eine strategisch relevante für die Region dar. Aus diesem Grund wird in den späteren empirischen Analysen gezeigt, wie sich das Humankapital in der Region entwickelt hat und von welchen Faktoren die individuelle Arbeits- und Wohnortwahl der Hochqualifizierten abhängt. Die Identifikation dieser soll wertvolle Hinweise für die Regionalpolitik liefern und helfen, Faktoren zur Steigerung der Regionalattraktivität für High-Potentials zu identifizieren.

2.1.4.2 Betriebe, Unternehmen und Cluster als Stätten der Transformation und Produktion

Da die nationale und internationale Konkurrenzfähigkeit der lokalen Unternehmen entscheidend zur regionalen Wettbewerbsfähigkeit beiträgt, stehen Regionen im Wettbewerb um diese erfolgreichen und wettbewerbsfähigen Unternehmen.[158] Aber nicht nur Großkonzerne und international tätige Unternehmen, sondern gerade auch die kleineren Unternehmen tragen durch ihre große Leistungsfähigkeit und Innovationsstärke zum ökonomischen Wachstum einer Region bei.[159] Weiterhin wird durch die Ansiedlung von Unternehmen die Beschäftigungssituation der entsprechenden Region verbessert, was zusätzlich positive Auswirkungen auf deren Attraktivität hat.[160] Gerade in Zeiten der Globalisierung und des damit verbundenen voranschreitenden Standortwettbewerbs wird die Notwendigkeit der regionalen Attraktivität für Unternehmen (und auch für qualifizierte Arbeitskräfte) immer offensichtlicher, da die unternehmerische Standortwahl hierbei meist regionale Gründe besitzt und somit ortsbezogen ist.[161] Auch ist zu bedenken, dass attraktive Unternehmen in einer Region wiederum Anziehungspotenzial auf gut ausgebildete Fachkräfte

---

[157] Vgl. Wright et al. (1994), S. 312.
[158] Vgl. Krumm et al. (2007), S. 4; Döring/Aigner (2010), S. 15. Dies bedeutet jedoch auch, dass die entsprechende Region für die ansiedelnden Unternehmen attraktiv sein muss. Welche Faktoren in der MRN von besonderer Bedeutung sind und welche potenziell kritische Faktoren darstellen, wird in Kapitel 4.2 erläutert.
[159] Vgl. White et al. (1988), S. 1.
[160] Vgl. Festing et al. (2010), S. 166; Berlemann/Tilgner (2007), S. 14; Borgmann/Braunerhjelm (2010), S. 69.
[161] Vgl. Döring/Aigner (2010), S. 15-16.

besitzen, die ebenfalls eine strategisch wertvolle Ressource eines Unternehmens und auch einer Region darstellen.[162]

Wenngleich Unternehmen an sich eine wertvolle Ressource für eine Region darstellen, sind gerade durch deren Zusammenschlüsse zu Clustern positive Auswirkungen auf das regionale Wachstum zu erwarten.[163] Unter einem Cluster werden hierbei gemäß Porter "geographic concentrations of interconnected companies and institutions in a particular field"[164] verstanden.[165]

Die wirtschaftliche Relevanz von Clustern[166]

Ausgehend von den hohen Erwartungen, die in Cluster gesetzt werden, stehen die ökonomische Relevanz und Nachhaltigkeit der Clustertätigkeit vielfach im Fokus wissenschaftlicher Diskussionen. Die Erwartungen hinsichtlich nachhaltiger Wachstums- und Innovationstätigkeit, verbunden mit einer möglichst positiven Beschäftigungswirkung, zeigen sich vor allem in den zahlreichen politisch initiierten Förderprogrammen. So fördert die Bundesregierung durch die bereits im Jahr 2007 eingeleitete Initiative „Deutschlands Spitzencluster" die regionalen Innovationspotenziale und folglich auch das regionale Wachstum.[167] Im Rahmen dieser Initiative unterstützte die Bundesregierung das regionale Wirtschaftswachstum mit 600 Millionen Euro. Sowohl durch den Bund als auch durch ländereigene Förderinitiativen werden zukunftsfähige Unternehmen, die in einem spezifischen Netzwerkverbund maßgeblich zu Wachstum und Beschäftigung beitragen sollen, gefördert. Im Rahmen des Spitzencluster-Wettbewerbes der Bundesregierung wurden deutschlandweit bisher zehn Initiativen ausgezeichnet und gefördert, von denen zwei aus der Metropolregion Rhein-Neckar stammen.[168] Inwiefern Cluster eine wirtschaftliche Relevanz aufweisen, wird im Folgenden erläutert.

Im Zusammenhang mit einer weltweit zunehmenden Globalisierung gehen Porter/Stern von einem wachsenden Einfluss von Clustern in der regionalen Wirtschaftsstruktur aus. Dies wird vor allem auf die gestiegenen Anforderungen an die Produktivität und Wettbewerbsfähigkeit der Unternehmen zurückgeführt, die sich stärker als je zuvor dem internationalen Wettbewerb stellen müssen.[169] Cluster sind ein wichtiges Phänomen der modernen Wirtschaft. Sie sind ein wesentli-

---

[162] Vgl. die Ausführungen in Kapitel 2.1.4.1. Einen guten Überblick der relevanten Literatur zum Zusammenhang zwischen strategischen Ressourcen und Unternehmens-Performance liefert Andersén (2011).
[163] Vgl. Porter (2000); Festing et al. (2010), S. 166; Ketels (2008), S. 44.
[164] Porter (1998), S. 78.
[165] Weitere Clusterdefinitionen finden sich unter anderem bei Rosenfeld (1997), S. 8-9; Jacobs/De Man (1996), S. 426; Berg et al. (2002), S. 5-6.
[166] Der nachfolgende Abschnitt ist (zu großen Teilen wörtlich) entnommen aus: Oechsler/Müller (2010), S. 152-154.
[167] Vgl. Bundesregierung (2011a); Bundesministerium für Bildung und Forschung (2007); Bundesministerium für Bildung und Forschung (2010).
[168] Vgl. Bundesministerium für Bildung und Forschung (2010), S. 5. Neben den beiden Spitzenclustern „BioRN" und „Forum Organic Electronics" der Metropolregion Rhein-Neckar zählen weiterhin das „EffizienzCluster LogistikRuhr, das Luftfahrtcluster in der Metropolregion Hamburg, „Cool Silicon" in der Region Dresden, das Software-Cluster zwischen Darmstadt, Kaiserslautern, Saarbrücken, Walldorf und Karlsruhe, das „Solarvalley Mitteldeutschland", das „Medical Valley EMN" in der Europäischen Metropolregion Nürnberg, das Münchner Biotech Cluster „m4" und „MicroTec Südwest" im Dreiländereck Deutschland, Frankreich und der Schweiz zu den zehn Spitzenclustern Deutschlands.
[169] Vgl. Porter/Stern (2001), S. 2-3.

ches Instrument, um die Wettbewerbsfähigkeit von Unternehmen zu verbessern, indem durch Cluster die Kommunikation zwischen Wissenschaft und Wirtschaft verbessert und damit das Innovationspotenzial einer Region erhöht wird.[170] Gerade die hierdurch entstehenden informellen Netzwerke werden als strategisch wertvoll angesehen.[171]

Allerdings ist auch zu beachten, dass Cluster nicht ausschließlich Vorteile bieten. Hypothetisch könnten die Charakteristika und Vorteile von Clustern aufgrund weltweit zunehmender Vernetzung und Integration, geringerer Transaktions- und Informationskosten sowie internationaler Arbeitsmärkte an Bedeutung verlieren. Die räumliche Nähe sowie die Konzentration wirtschaftlicher Tätigkeiten könnten in diesem Sinne obsolet werden. Unternehmen haben durch die Integration der Märkte die Möglichkeit, die produktivsten Standorte weltweit zu wählen und so eine internationale Wertschöpfungskette zu etablieren.[172]

Auch wenn überwiegend Einigkeit über die wachstumsfördernden Eigenschaften von Clustern besteht, können dennoch Probleme auftreten. Die enge Zusammenarbeit regional konzentrierter Unternehmen in Clustern kann sich besonders in konjunkturellen Abschwungphasen, wie in der jüngsten Wirtschafts- und Finanzkrise, als Negativmultiplikator entpuppen. Gerade wenn viele Unternehmen einer Branche auf engem Raum agieren, gibt es in Krisenzeiten kaum Ausweich- und Kompensationsmöglichkeiten für clusterspezifische Schocks. Dennoch haben in den letzten Jahren die Bemühungen von Investoren und Politikern für eine nachhaltige Clusterförderung zugenommen. Aufgrund von Effizienzvorteilen und im Sinne unternehmerischer Flexibilität ist eine „Clusterisierung" wirtschaftlicher Aktivität ein rationaler Vorgang. Die räumliche Konzentration von Clustern ermöglicht es den Unternehmen, Transaktions- und Informationskosten in ihrer Wertschöpfungskette zu senken. Hinsichtlich der Flexibilität zeigen sich die Vorteile vor allem bei der Bereitstellung von Arbeitskräften und materiellen Ressourcen. Ein empirischer Zusammenhang zeigt sich in der Analyse europäischer Daten aus dem European Cluster Observatory, einer Initiative der EU, mit der seit 2003 die Clustertätigkeit in Europa dokumentiert wird. Die Daten des European Cluster Observatory bestätigen, dass das durchschnittliche Pro-Kopf-Einkommen mit der Stärke und Konzentration bzw. Spezialisierung des Clusters zunimmt. Dies impliziert Beschäftigungsanreize, so dass das Arbeitsangebot insbesondere von Hochqualifizierten Arbeitnehmern überproportional in Clusterregionen zunimmt. Gleichzeitig steht dieser Zusammenhang für eine höhere Prosperität von Regionen mit großer Clusteraktivität verglichen mit Regionen, in denen kaum Cluster zu beobachten sind.[173]

---

[170] Vgl. Ketels (2004), S. 1.
[171] Vgl. Festing et al. (2010), S. 166; Dahl/Pedersen (2004), 1673-1674.
[172] Vgl. Dohse (2005), S. 37-38.
[173] Vgl. Oppenländer (2007), S. 26.

Innovationstätigkeit und empirische Relevanz[174]

Neben der Prosperität im Einkommen zeigen sich die Vorteile von Clustern vor allem in der Innovationskraft. Bei der Innovationstätigkeit gibt es, ähnlich der wirtschaftlichen Wettbewerbsfähigkeit und Produktivität, regional sehr große Unterschiede. Um regionale Unterschiede im Zusammenhang mit Clustern und Innovationen näher zu untersuchen, werden in der vorherrschenden Literatur Determinanten wie das durchschnittliche Lohnniveau, Lohnwachstumsraten, Beschäftigungswachstum und die Anzahl der Patente genutzt. Allerdings kann die wirtschaftliche Leistungsfähigkeit einer Region nicht allein auf ihre Clusterstärke zurückgeführt werden. Malmberg et al. nennen in diesem Zusammenhang weitere Faktoren wie z. B. Qualität an gut ausgebildeten Fachkräften, Forschungs- und Wissenschaftseinrichtungen, Zugang zu Venture-Capital sowie eine umfangreiche und effiziente Infrastruktur. Weiter wird betont, dass aufgrund der räumlichen Nähe, face-to-face Kontakten und sich entwickelndem Vertrauen zwischen den Akteuren, Cluster eine vorteilhafte Atmosphäre schaffen, die zu einem höheren Grad an Innovationen innerhalb der Cluster führen als außerhalb.[175]

Es bedarf einer Vielzahl mikroökonomischer und institutioneller Voraussetzungen für eine nachhaltige Cluster-Stärke und Innovationsfähigkeit.[176] Überlappende Cluster und ein offener Zugang zu internationalen Märkten sorgen für einen adäquaten Ausgleich zwischen Spezialisierung und Diversifikation in der Clustertätigkeit. Bezüglich der Formation neuer Industriezweige bzw. Unternehmensansiedlungen oder Unternehmensgründungen strahlen Cluster grundsätzlich ein „positives Feedback" aus, d. h. die Angebots- und Nachfragebedingungen sowie die Infrastrukturmöglichkeiten sind innerhalb der Cluster besser ausgeprägt. Dies führt zu einem bewussten unternehmerischen Kalkül, sich innerhalb des Clusters oder möglichst in unmittelbarer Nähe zum Cluster zu positionieren. Es sind folglich die einzelnen Unternehmen, die für den Erfolg eines Clusters verantwortlich sind und eine solche Kooperation nur dann eingehen, wenn sie sich entsprechende Wettbewerbsvorteile hiervon erhoffen.[177] Durch diese Bündelung der Ressourcen kann neues Wissen entstehen, das sich wiederum positiv auf die Innovations- und Wettbewerbsfähigkeit der Region auswirkt.[178] Das hierdurch bedingte Wirtschaftswachstum und die Entwicklung zukunftsweisender Technologien können weiterhin dazu beitragen, das Image zu steigern, das gemäß Grabow der wichtigsten (weiche) Standortfaktor der jeweiligen Stadt oder Region ist.[179]

Aufbauend auf diesen theoretischen Überlegungen zur „Clusterthematik" wird im weiteren Verlauf der Arbeit die Clustertätigkeit der Metropolregion Rhein-Neckar näher betrachtet. Hierzu werden in Abschnitt 3.4 die bisherigen (Spitzen-)Cluster der Region vorgestellt. In Abschnitt 4.3 findet die Analyse weiterer Potenziale der Region auf Basis der Delphi-Studie statt. Bevor eine gezielte Konzentration auf einzelne Wirtschaftsbereiche sowie entsprechende Förderung erfolgen

---

[174] Der nachfolgende Abschnitt ist (zu großen Teilen wörtlich) entnommen aus: Oechsler/Müller (2010), S. 154-155.
[175] Vgl. Malmberg et al. (1999), S. 90.
[176] Vgl. Porter/Stern (2001), S. 5.
[177] Vgl. Bode (2011), S. 144.
[178] Vgl. Dohse (2005), S. 33.
[179] Vgl. Grabow (2005), S. 47-48.

kann, steht das systematische Erkennen zukunftsfähiger Branchen im Vordergrund der Analyse. Ziel einer jeden Metropolregion ist es, ihr Profil zu schärfen und die vorhandenen spezifischen Ressourcen sowie die cross-sektoralen Verbindungen unterschiedlicher Branchen zu innovativen Netzwerken zu verknüpfen.

2.1.4.3 Selbstständige

Als weitere Ressource werden im Folgenden Selbstständige und Unternehmensgründer betrachtet, die – ebenso wie Betriebe, Unternehmen und Cluster – zum Transformations- und Produktionsprozess in einer Region beitragen. Neben bereits etablierten Unternehmen, die mit Bezug auf ihre Ressourcenausstattung Vorteile generieren können, können vor allem auch Selbstständige und Unternehmensgründer das regionale Wachstum positiv beeinflussen und werden als „Triebfeder für Wettbewerbsfähigkeit und Wachstum von Volkswirtschaften" angesehen.[180] Gerade Gründungen im wissensintensiven Bereich, so genannte KIBS (Knowledge Intensive Business Services), in denen vorwiegend hochqualifizierte Beschäftigte arbeiten, wird auch langfristig das Potenzial beigemessen, zu einem positiven Beschäftigungswachstum beizutragen.[181] Da das Gründungsverhalten die Innovationstätigkeit einer Region positiv beeinflusst, werden Selbstständige als Faktor für eine erfolgreiche Regionalentwicklung angesehen.[182] Weiterhin können Selbstständige als „endogenes Potenzial" einer Region betrachtet werden, da Unternehmensgründungen vorzugsweise in der Nähe des Wohnortes stattfinden.[183] Hat sich der Existenzgründer am Markt etabliert und seinen Kundenstamm sowie seine Kooperationen aufgebaut, ist davon auszugehen, dass die Bereitschaft, den Standort zu verlassen, sinkt.[184]

Auch das Bundesministerium für Wirtschaft und Technologie betont die Bedeutung dieses Potenzials vor allem im Hinblick auf die Schaffung potenzieller Arbeitsplätze und das Umsetzen innovativer Ideen, die zu mehr Wachstum und Wettbewerbsfähigkeit führen.[185] Der Zusammenhang zwischen Unternehmensgründungen und regionalem Beschäftigungswachstum konnte empirisch unter anderem in einer vergleichenden Studie für die USA und Schweden gezeigt werden. Für beide Länder wurde der Einfluss der Selbstständigkeit auf das regionale Beschäftigungswachstum nachgewiesen, obgleich sich diese in ihren Gründungsaktivitäten stark voneinander unterscheiden. Während die USA traditionell eine hohe Rate an Unternehmensgründungen aufweisen, sind die Aktivitäten in Schweden diesbezüglich eher moderat. Borgmann/Braunerhjelm gelangen daher zu dem Schluss, dass es sich bei dem positiven Einfluss der Gründungstätigkeit auf das Beschäftigungswachstum um einen allgemeinen Effekt handeln muss, wenngleich sie ebenfalls betonen, dass auch die Regionalpolitik einen erheblichen Einfluss auf das Gründungsgeschehen und

---

[180] Vgl. Parker (2004); van Praag/Versloot (2007), S. 377.
[181] Vgl. Nählinder (2010), S. 172; Stam (2007), S. 28.
[182] Vgl. White et al. (1988), S. 3
[183] Vgl. Steil (1999), S. 45.
[184] Vgl. Blanchflower (2000), S. 502.
[185] Vgl. Bundesministerium für Wirtschaft und Technologie, (2010), S. 1. Vergleiche hierzu auch Schmude (2003), S. 298.

somit die Beschäftigungsentwicklung hat.[186] Durch die Gründung oder Ansiedlung von Unternehmen wird somit die Beschäftigungssituation der entsprechenden Region verbessert, was zusätzlich positive Auswirkungen auf die regionale Attraktivität haben kann.[187] Die von Selbstständigen ausgehenden Innovationen können zwar zu einer prosperierenden Regionalentwicklung beitragen, jedoch betont Cornett, dass diese nicht isoliert, sondern immer auch im Kontext anderer Wachstumstreiber betrachtet werden sollten.[188]

Weiterhin weisen beispielsweise *Blanchflower*, *Parker* oder *Pfeiffer et al.* nach, dass eine steigende Anzahl an Selbstständigen nicht ausschließlich positiv zu bewerten ist.[189] Vielmehr ist für die Nachhaltigkeit der Selbstständigkeit eine Motivunterscheidung von essenzieller Bedeutung.[190] Bedingt durch institutionelle Rahmenbedingungen, insbesondere staatlich initiierte Förderprogramme der aktiven Arbeitsmarktpolitik, kann in schwachen Konjunkturphasen die Anzahl der Selbstständigen steigen, da es keine Erwerbsalternativen gibt bzw. dies die einzige Möglichkeit ist, der Arbeitslosigkeit zu entgehen. Selbstständigkeit und Gründungsverhalten kann daher als Reaktion auf die wirtschaftlichen Rahmenbedingungen sowie den verfügbaren Beschäftigungsmöglichkeiten verstanden werden.[191] Solche Förderungen der Existenzgründung als Mittel gegen eine hohe Arbeitslosigkeit wurden vor allem zwischen den Jahren 2003 und 2006[192] eingesetzt. Für die Region sind Selbstständige und Unternehmensgründer jedoch nur dann strategisch wertvoll, wenn sie eine nachhaltige Wirtschaftlichkeit aufweisen und potenzielle Arbeitgeber darstellen. Viele Existenzgründer, die durch eine Selbstständigkeit der Arbeitslosigkeit entgehen möchten, sehen die Selbstständigkeit als zusätzliches Haushaltseinkommen oder Existenzsicherung an und wirtschaften folglich nicht nachhaltig.[193]

2.1.5 Kritische Beurteilung des Resource-Based-View

Die Identifikation strategisch wertvoller Ressourcen, die zu nachhaltigen Wettbewerbsvorteilen führen, ist nicht unumstritten. So betonen Mahoney/Pendian, dass der Wert der Ressourcen nur im Zusammenhang mit anderen Ressourcen, wie beispielsweise der Unternehmensführung, beurteilt werden kann.[194] Hierbei beziehen sie sich auf Penrose, die 1959 postuliert hat, dass es nicht die Ressourcen an sich sind, die nachhaltige Wettbewerbsvorteile für das Unternehmen erzielen, sondern vielmehr die Fähigkeit des Unternehmens, diese sinnvoll einzusetzen.[195] Weiterhin geben Priem/Butler zu bedenken, dass der Prozess, durch den eine bestimmte Ressource einen nachhal-

---

[186] Vgl. Borgmann/Braunerhjelm (2010), S. 85.
[187] Vgl. Festing et al. (2010), S. 166; Berlemann/Tilgner (2007), S. 14; Borgmann/Braunerhjelm (2010), S. 69.
[188] Vgl. Cornett (2010), S. 258.
[189] Vgl. Blanchflower (2000), S. 472-474; Parker (2004); Pfeiffer et al. (2006), S. 12-13.
[190] Vgl. Grieco (2007), S. 15.
[191] Vgl. Parker (2004).
[192] In diesen Jahren wurde sowohl das Überbrückungsgeld als auch der neue Existenzgründungszuschuss („Ich-AG") gewährt. Beide Zuschüsse wurden ab August 2006 durch den Gründungszuschuss (§ 57 SGB III) abgelöst. Vgl. auch Noll/Wießner (2011), S. 428.
[193] Vgl. Noll/Wießner (2011), S. 430.
[194] Vgl. Mahoney/Pandian (1992), S. 374-375.
[195] Vgl. Penrose (2009), S. 22.

tigen Wettbewerbsvorteil erzielt, nicht sichtbar ist und folglich in einer „black box" stattfindet.[196] Auch eine empirische Überprüfung der Kriterien des Resource-Based-View ist aufgrund der analytischen Definitionen nicht möglich. Folglich kann auch eine Generalisierung dieses Ansatzes nicht durchgeführt werden.[197] Lado et al. kritisieren grundlegend die Annahme der kausalen Ambiguität, da diese unterstellt, dass Manager nur unzureichend darüber informiert sind, welche Ressourcen oder Ressourcenbündel zu einem nachhaltigen Wettbewerbsvorteil führen.[198] Da diese Informationsasymmetrie ebenfalls für das Unternehmen gegeben ist, das den Wettbewerbsvorteil besitzt, können die eigentlichen Ursachen eines nachhaltigen Wettbewerbsvorteils nicht identifiziert werden. Eine Ableitung von Handlungsempfehlungen ist somit kaum möglich. Auch Augier/Teece bemängeln die fehlenden Erläuterungen hinsichtlich der Möglichkeiten, strategisch wertvolle Ressourcen zu erneuern. Weiterhin erachten sie den RBV als zu statisch. Der Ansatz berücksichtige zwar den wichtigen Prozess des Lernens, kann jedoch nicht erklären, wie der nachhaltige Wettbewerbsvorteil hierdurch erlangt wird.[199]

Die wohl umfassendste und jüngste Kritik stammt von Locket/Thompson/Morgenstern. Ausgehend von den beiden Grundannahmen des RBV, der Pfadabhängigkeit und der Firmenheterogenität, evaluieren sie den Ansatz hinsichtlich der Theorie, der empirischen Evidenz, den praktischen Erkenntnissen und dem zukünftigen Forschungsbedarf. Ebenso wie Priem/Butler führen auch Locket/Thompson/Morgenstern die Schwierigkeit einer Formalisierung und Überprüfung des Ansatzes an.[200] Zu den methodischen Schwächen des Ansatzes zählen sie zuallererst die Tautologie der Annahme, dass die beobachtbaren Unterschiede der unternehmerischen Leistungsfähigkeit in den Ressourcen der Unternehmungen selbst liegen: „*Competitive advantage is considered to be rooted in firm-specific circumstances that are themselves, at least in part, imperfectly observable.*"[201] Weiterhin diskutieren sie die Problematik der empirischen Überprüfbarkeit strategisch relevanter Ressourcen, da diese relevante Merkmale aufweisen, die nicht beobachtbar und folglich auch nicht messbar sind. Die methodischen Schwächen des ressourcenbasierten Ansatzes fassen sie wie folgt zusammen:

„*Consequently, a significant body of empirical research on the RBV has parallels with the proverbial drunk looking under the street light for his keys. When asked where he had lost his keys he responded, 'somewhere over there in the dark, but can't see a thing over there so I'm looking under the light instead.'*"[202]

Den weiteren Forschungsbedarf sehen sie im Verständnis und der Überarbeitung der Grundannahme der Unternehmensheterogenität. Es muss ihrer Meinung nach zunächst geklärt werden, wie Unterschiede zwischen den einzelnen Unternehmen generiert werden und wie Manager mit

---

[196] Vgl. Priem/Butler (2001), S. 33.
[197] Vgl. Priem/Butler (2001), S. 28.
[198] Vgl. Lado et al. (2006), S. 116.
[199] Vgl. Augier/Teece (2008), S. 1190.
[200] Vgl. Lockett et al. (2009), S. 10.
[201] Lockett et al. (2009), S. 16.
[202] Lockett et al. (2009), S. 17.

diesen spezifischen Differenzen am besten umgehen sollten. Hierzu ist es jedoch notwendig, mit einem Modell homogener Unternehmungen zu beginnen.[203]

Aufbauend auf den Annahmen des RBV konnte gezeigt werden, dass es sich bei der Ressource Humankapital – sowohl für Unternehmen als auch für eine Region – um eine strategisch relevante handelt. Um Handlungsempfehlungen hinsichtlich einer Steigerung der regionalen Attraktivität der MRN für Hochqualifizierte abzuleiten, wird im nachfolgenden Abschnitt erläutert, welche Faktoren potenziell einen Einfluss auf die Arbeits- und Wohnortwahl von Hochqualifizierten besitzen.

2.2 Faktoren der Standortwahl strategisch wertvoller Ressourcen

2.2.1 Arbeits- und Wohnortwahl von Hochqualifizierten

Da eine Häufung von Hochqualifizierten, denen ein großes wirtschaftliches Potenzial beigemessen wird, vor allem in attraktiven Regionen festgestellt werden kann[204] und Haushalte wandern, um ihren Lebenszeitnutzen zu maximieren,[205] ist die Identifikation der Faktoren, die einen Einfluss auf die Arbeits- und Wohnortwahl und folglich auf die Wanderung von Hochqualifizierten besitzen, unabdingbar. Mellander/Palmberg betonen, dass die regionale Attraktivität für Haushalte von vielen unterschiedlichen Faktoren abhängt. Hierzu gehören neben den regionalen Arbeitsmarktbedingungen auch die Zugangsmöglichkeiten zu Dienstleistungen, das Klima, die ärztliche Versorgung und die Sicherheit.[206]

Standortfaktoren können zunächst allgemein in „weiche" und „harte" Faktoren unterteilt werden, die zwar komplementär zueinander sind, sich jedoch nicht eindeutig voneinander abgrenzen lassen. Weiche Standortfaktoren lassen sich weiterhin in „unternehmensbezogene" und „personenbezogene" Faktoren,[207] harte Standortfaktoren in „statische" und „dynamische" unterscheiden.[208] Hierbei werden unter den harten statischen Faktoren die Verkehrsinfrastruktur, Steuern, Flächen und Bürogebäude, Umweltauflagen, die Nähe zu Absatzmärkten und Fördermittel verstanden. Unter harte dynamische Faktoren fallen hingegen die Ausstattung der Region mit Hochschulen und Forschungseinrichtungen. Während das Image der Region sowie die Effektivität oder auch Unternehmensnähe der kommunalen Verwaltung den unternehmensbezogenen weichen Standortfaktoren zugeordnet werden kann, beziehen sich die personenbezogenen Faktoren, wie Wohnumfeld und Kultur- und Freizeitangebote, auf die Haushalte.[209] Die Diskussion relevanter Standortfaktoren für Hochqualifizierte wird in Anlehnung der Klassifizierung der Standortfaktoren gemäß Döring (2010) vorgenommen. Im Rahmen der harten statischen Faktoren werden die Auswirkun-

---

[203] Vgl. Lockett et al. (2009), S. 24.
[204] Florida (2002), S. 754.
[205] Vgl. Mellander/Palmberg (2010), S. 153.
[206] Vgl. Mellander/Palmberg (2010), S. 153.
[207] Vgl. Grabow (2005), S. 38-39.
[208] Vgl. Döring/Aigner (2010), S. 25.
[209] Vgl. Döring/Aigner (2010), S. 25. Vgl. auch die Ausführungen des Abschnittes 2.2.1.

gen der Bodenpreise, des Arbeitsmarktes und der Verkehrsinfrastruktur analysiert. Diese werden nachfolgen unter dem Begriff der „Wirtschaftsindikatoren" zusammengefasst. Zu den für die Gruppe der Hochqualifizierten relevanten harten dynamischen Faktoren zählt die Ausstattung der Region mit F&E-Infrastrukturein-richtungen.

Wirtschaftsindikatoren

Im Rahmen der privaten Wohnortwahl spielen vor allem der Mietspiegel oder die **Grundstückspreise** eine entscheidende Rolle. Wählen private Haushalte eine Region als Wohnort aus, die durch einen hohen Immobilienpreis charakterisiert ist, so zeigt dies deren Bereitschaft, für einen attraktiven Standort mehr Geld auszugeben.[210] Folglich spiegelt sich in den Grundstücks- und Mietpreisen die Attraktivität einer Region wider.[211] Es ist davon auszugehen, dass sich gerade die Gruppe der Hochqualifizierten aufgrund ihres höheren Einkommens teurere Wohnungen leisten können und in einen attraktiven Standort investieren. Aufgrund ihrer universitären Ausbildung und einer hohen Mobilität sind Hochqualifizierte seltener von **Arbeitslosigkeit** betroffen als andere Personengruppen. Mit Bezug auf die Überlegungen zur Standortwahl in Abhängigkeit des Grundstückpreises kann somit davon ausgegangen werden, dass sich diese Personengruppe eher in Gegenden niederlassen, die durch eine niedrigere Arbeitslosenquote gekennzeichnet sind.

Bedenkt man, dass die private Wohnortwahl nicht ausschließlich durch die Nähe zum Arbeitgeber determiniert ist,[212] so ist eine gewisse Wegstrecke zwischen Wohn- und Arbeitsort zurückzulegen. Es kann daher vermutet werden, dass die regionale **Verkehrsinfrastruktur** einen Einfluss auf die Arbeits- und Wohnortwahl privater Haushalte und insbesondere auf Hochqualifizierte besitzt, da sich eine gut ausgebaute Infrastruktur wieder in höheren Miet- und Grundstückspreisen niederschlagen wird. Diesen Zusammenhang konnte Ebertz in seiner Analyse zur Wohnortwahl privater Haushalte durch einen signifikant positiven Effekt des örtlichen Personennahverkehrs feststellen.[213] Bedingt durch die gute Ausbildung und die überdurchschnittliche Mobilität ist für den Arbeitsort der Hochqualifizierten davon auszugehen, dass sich dieser durch eine gute **wirtschaftliche Lage** auszeichnet, die beispielsweise durch das Bruttoinlandsprodukt, aber auch durch die Industrie- oder Dienstleistungsquote sowie die Beschäftigtenquote gemessen werden kann.

Wissenschaftsindikatoren

Weiterhin ist die Ausstattung der Region mit Forschungs- und Entwicklungseinrichtungen zu berücksichtigen. Gerade eine gut ausgebaute **F&E-Infrastruktur** kann auf die Arbeitsortwahl von Hochqualifizierten einen positiven Einfluss ausüben, da solche Einrichtungen potenzielle Arbeit-

---

[210] Vgl. Ebertz (2008), S. 21.
[211] Vgl. Krumm et al. (2007), S. 54.
[212] Vgl. Grabow/Becker (2009), S. 289-290.
[213] Vgl. Ebertz (2008), S. 21.

geber dieser Personengruppe darstellen. Weiterhin trägt möglicherweise auch das Attribut „Universitätsstadt" zu einer erhöhten Attraktivität des Standortes bei. Die F&E-Infrastruktur sowie die Indikatoren der Bildung werden nachfolgend unter dem Begriff „Wissenschaft" zusammengefasst.

Indikatoren der Lebensqualität

Die Klassifikation von Döring unterscheidet neben den harten Standortfaktoren ebenfalls noch weiche, die sich in unternehmensbezogene und **personenbezogene** unterteilen lassen. Letztere sind vor allem für Haushalte bzw. Hochqualifizierten von Relevanz. Sie umfassen unter anderem das Wohnumfeld und den Kultur- und Freizeitwert. Ebertz weist nach, dass insbesondere der Anteil der Erholungsfläche einen positiven Einfluss auf die private Wohnortwahl besitzt.[214] Allerdings ist zu beachten, dass er die Analyse auf Gemeindeebene und nicht auf Kreiseben durchgeführt hat. Auf Kreisebene werden solche Effekte kaum eine Rolle spielen, da in jedem Kreis Erholungsflächen vorhanden sind, sodass hierin kein Unterscheidungsmerkmal der einzelnen Kreise zu identifizieren ist. Ob dieser Faktor dennoch auf Kreisebene relevant ist, wird im Rahmen der ökonometrischen Analysen untersucht.

Neben den eher klassischen Ansätzen der Wohnortwahl privater Haushalte hat Florida mit der Theorie der kreativen Klasse einen wichtigen Beitrag zur Wohnortwahl Hochqualifizierter geleistet.[215] Er geht davon aus, dass die „kreativen Köpfe" einer Gesellschaft und die von ihnen ausgehenden Innovationen einen entscheidenden Einfluss auf das ökonomische Wachstum von Regionen haben. Zur kreativen Klasse zählt er grundsätzlich alle Menschen, die kreativ arbeiten. Meist sind dies jedoch Hochqualifizierte (wissensintensive Arbeit; Architekten, Designer; Ärzte, Professoren,...), die auch durch eine überdurchschnittliche Mobilität gekennzeichnet sind.[216] Um die Attraktivität einer Region für diese kreative Klasse zu messen, entwickelt Florida die „3 T's": Technologie, Talent und Toleranz.[217] In seinem Buch „The flight of the creative class" schreibt er:

„The key, then, is to understand why some places are better than others at generating, attracting, and holding on to these critical factors of production. The answer, I believe, lies in their openness, diversity, and tolerance – or lack thereof."[218]

Aufbauend auf den theoretischen Überlegungen Floridas hat die **Lebensqualität** einen entscheidenden Einfluss auf die Wohnortwahl von Hochqualifizierten. Um die Lebensqualität zu messen, haben Büttner/Ebertz einen Index, den „Quality of Life-Index" (QOL) erstellt. Dieser umfasst eine Vielzahl an Faktoren, wie beispielsweise die Sonnenscheindauer, Anteil an Wald- und Was-

---

[214] Vgl. Ebertz (2008), S. 21.
[215] Vgl. Florida (2002).
[216] Florida (2004), S. 8.
[217] Vgl. Florida (2005); Florida (2010).
[218] Florida (2007), S. 38.

serflächen, Emissionen oder lokale Kultur- und Freizeitangebote.[219] Da sie diesen Faktor für alle bundesdeutschen Kreise berechnet und die Ergebnisse veröffentlicht haben, kann der Index genutzt werden, um die Auswirkungen der Lebensqualität auf den Anteil der Hochqualifizierten zu analysieren. Aus den vorherigen Ausführungen kann vermutet werden, dass sich die Lebensqualität positiv auf die Wohnortwahl der Hochqualifizierten auswirken wird.

Effekte benachbarter Kreise

Wie bereits erwähnt, handelt es sich bei der vorliegenden Studie um eine Analyse der Standortfaktoren auf Kreisebene, sodass auch **nachbarschaftliche Effekte** vor allem bei der Wohnortwahl der Hochqualifizierten eine Rolle spielen können.[220] Denkbar ist beispielsweise der Einfluss der Lebensqualität des Nachbarkreises oder auch die wirtschaftliche Lage einer Nachbarregion. Auch ein Spillover-Effekt im Rahmen wirtschaftlich relevanter Tätigkeiten für die Gruppe der Hochqualifizierten, wie beispielsweise die Anzahl der Beschäftigten in F&E oder wissensintensiven Branchen, ist möglich. Einen Überblick über die betrachteten Faktoren sowie deren zu analysierende Indikatoren liefert Tabelle 4.

Faktor	Indikatoren
Wirtschaft	Bodenpreise
	Arbeitslosenquote
	Beschäftigtenquote
	Bruttoinlandsprodukt
	Industrie- und Dienstleistungsquote
	Erreichbarkeit
Wissenschaft	Bildungsvariablen
	Forschungseinrichtungen
Lebensqualität	Lebensqualitätsindex
	Stadtgröße
	Erholungsmöglichkeiten
Nachbarschaftseffekte	Lebensqualität des Nachbarkreises
	Arbeitslosenquote des Nachbarkreises
	F&E Beschäftigte im Nachbarkreis

Tabelle 4: Faktoren der Arbeits- und Wohnortwahl von Hochqualifizierten.[221]

---

[219] Vgl. Büttner/Ebertz (2007).
[220] Vgl. Ebertz (2008), S. 21.
[221] Quelle: Eigene Darstellung.

2.2.2 Standortwahl von Unternehmen

Im Rahmen der Analyse der Attraktivität eines Standortes oder einer Region muss berücksichtigt werden, dass nicht der lokale Standort, sondern das Zusammenspiel unterschiedlicher Standortbedingungen einen entscheidenden Einfluss auf die unternehmerische aber auch die private Stand- und Wohnortwahl besitzen.[222] Fischer et al. bemängeln in diesem Zusammenhang, dass die Analyse von Standortentscheidungen meist nur auf Basis harter Standortfaktoren durchgeführt wird. Sie betonen, dass nicht alleine die Kosten zur Attraktivität eines Standortes beitragen, sondern vor allem die weichen Standortfaktoren berücksichtigt werden müssen, wenngleich diese schwerer messbar sind.[223] Da eine einheitliche Klassifizierung und Strukturierung der Standortfaktoren nicht vorliegt, wird in diesem Kapitel aufgrund theoretischer Überlegungen[224] und empirischer Ergebnisse eine für die Fragestellung relevante Systematik hergeleitet.

Eine ähnliche Einteilung – neben der bereits vorgestellten Klassifizierung von Döring in „weiche" und „harte" Faktoren[225] – findet sich bei Schroers, der unter anderem diverse ökonometrische Analysen sowie Unternehmensbefragungen zum Ausgangspunkt seiner Auswahl an Standortfaktoren macht. Für ihn sind die wichtigsten Engpassfaktoren der Arbeitsmarkt, die Wirtschaftsstruktur und das Innovationspotenzial, die Erreichbarkeit und die Lage von Agglomerationszentren, die regionale/kommunale Ver- und Entsorgungsstruktur, Institutionen sowie das Wohnumfeld und das ökologische Potenzial.[226] Eine weitere Einteilung liefern Krumm/Rosemann/Strotmann. Sie systematisieren die Standortfaktoren nach inputbezogenen und outputbezogenen einzelwirtschaftlichen Standortfaktoren sowie siedlungsstrukturellen und wirtschaftsstrukturellen Beschäftigungsdeterminanten. Während zu den inputbezogen die Standortfaktoren Boden, Arbeitsmarkt, F&E- und die Verkehrs-Infrastruktur zählen, umfassen die outputbezogenen Standortfaktoren absatzmarkt- und gewinnsteuerbezogene Faktoren.

In Anlehnung an Schroers und Krumm/Rosemann/ Strotmann wird in die vorliegende Analyse zunächst der Standortfaktor „**Arbeitsmarkt**" aufgenommen, da das Humankapital – gerade in Zeiten der Globalisierung und einer sich wandelnden Wirtschaftsstruktur – einen entscheidenden Faktor für die ökonomische Leistungsfähigkeit einer Region darstellt.[227] Bedingt durch den demografischen Wandel und eine Veränderung der Wirtschaftsstruktur in Richtung Wissensgesellschaft ist für Unternehmen sowohl das quantitative Arbeitskräfteangebot als auch die Qualifikation der Arbeitskräfte[228] von besonderer Bedeutung. Steil stellte hierzu fest, dass die angebotene Qualifikation der Arbeitskräfte für Unternehmen zu den wichtigsten Standortfaktoren zählt, wobei die Relevanz dieses Faktors mit zunehmender Unternehmensgröße steigt.[229] Auch die Studien

---

[222] Vgl. Blume (2009), S. 27.
[223] Vgl. Fischer et al. (2007), S. 24-25.
[224] Auf eine Darstellung und Erläuterung einzelner Standorttheorien wird bewusst verzichtet. Diese können u. a. in Niebuhr/Stiller (2004), S. 234-240; Maier/Tödtling (2006) nachgelesen werden.
[225] Vergleiche hierzu die Ausführungen des Abschnittes 2.2.1.
[226] Vgl. Schroers (1995), S. 30-31.
[227] Vgl. Grömling/Haß (2009), S. 55.
[228] Vgl. Borrmann et al. (2007), S. 127.
[229] Vgl. Steil (1999), S. 143-144 und 148.

von Blien et al.[230] und Farhauer/Granato[231] bestätigen den positiven Einfluss der Arbeitskräftequalifikation auf das Beschäftigungswachstum einer Region. Aufgrund der genannten wirtschaftlichen Entwicklungen ist davon auszugehen, dass sich die Bedeutung dieses Faktors nicht abschwächen wird.[232] Als dritte wichtige Größe wird unter dem Standortfaktor „Arbeitsmarkt" die Attraktivität der Region für Führungskräfte verstanden, die das Image der Metropolregion widerspiegelt und somit zu den weichen, unternehmensbezogenen Faktoren gezählt werden kann. Grabow betont in diesem Zusammenhang, dass gerade die weichen Faktoren in der Phase der Vorauswahl eines möglichen Standortes nicht vernachlässigt werden dürfen.[233]

Der zweite Bereich umfasst die **„Faktoren der öffentlichen Hand"**, die in der Kategorisierung von Döring/Aigner als harte statische Faktoren geführt werden und bei Krumm/Rosemann/Strotmann zu den inputbezogenen Faktoren gehören. Der erste zu betrachtende Faktor der öffentlichen Hand ist die Steuerbelastung am Standort, wobei im Hinblick auf regionale Unterschiede[234] und somit potenzielle Einflussfaktoren auf die Standortwahl nur die Gewerbesteuer relevant ist.[235] Gerade in den Städten Mannheim und Heidelberg sind die Hebesätze mit 430 v. H.[236] bzw. 400 v. H. sehr hoch. Durch die Erhöhung des Hebesatzes in Mannheim von 415 v. H. auf 430 v. H. im Jahr 2012 weist dieser nun den höchsten Hebesatz in Baden-Württemberg auf und löst Stuttgart als „Spitzenreiter" ab.[237] Da die Gewerbesteuer eine gewinnmindernde Steuer ist und somit unternehmerische Kosten generiert, wird ein negativer Einfluss dieses harten Faktors auf die Attraktivität der Region erwartet. Ergebnisse empirischer Studien zum Einfluss der Steuerbelastung auf die unternehmerische Standortwahl fallen indes keineswegs einheitlich aus.[238]

Neben der Steuerbelastung werden unter dem Standortfaktor der öffentlichen Hand auch regionale Förderprogramme subsumiert. Hierunter fallen beispielsweise staatliche Finanzhilfen, Investitionsförderungen oder Subventionen[239] sowie auf kommunaler Ebene beispielsweise die Förderung von Betriebskindergärten oder die subventionierte Vermietung von Gebäuden.[240] Ein weiterer Faktor der öffentlichen Hand ist die Dauer von Genehmigungsverfahren, die gerade in innova-

---

[230] Vgl. Blien et al. (2003), S. 62.
[231] Vgl. Farhauer/Granato (2006), S. 187-188.
[232] Vgl. Krumm et al. (2007), S. 55.
[233] Vgl. Grabow (2005), S. 42.
[234] Die Hebesätze der Gewerbesteuer werden in Deutschland auf Gemeindeebene festgelegt. Vgl. hierzu Deutscher Bundesrat (2010), S. 5.
[235] Vgl. Krumm et al. (2007), S. 63.
[236] Vgl. Stadt Mannheim (2011), S. 3.
[237] Betrachtet wurden die Realsteuersätze deutscher Städte über 50.000 Einwohner (vgl. Deutscher Industrie- und Handelskammertag (2010)). Die Hebesätze der Jahre 2009 und 2010 haben sich in den betrachteten Kreisen nicht verändert. Ferner wurde der Hebesatz des Jahres 2012 für die Landeshauptstadt Stuttgart überprüft, der sich unverändert auf 420 v. H. beläuft.
[238] Vgl. für eine Übersicht nationaler und vergleichender internationaler Studien Steil (1999), S. 125; Krumm et al. (2007), S. 64.
[239] Da die Subvention von Investitionen jedoch auf Bundes- oder Länderebene entschieden wird, sind in diesem Bereich keine regionalen Unterschiede zu erwarten.
[240] Vgl. Krumm et al. (2007), S. 65.

tiven Branchen zu erheblichen Wettbewerbsnachteilen führen kann. Auch Umweltschutzauflagen und die Serviceorientierung der Verwaltung werden unter diesem Standortfaktor subsumiert. Unter Letzterem werden vor allem Beratungsleistungen und das Verhalten kommunaler Entscheidungsträger verstanden.

Der dritte und letzte Standortfaktor umfasst die **F&E-Infrastruktur** der Region. Dieser Standortfaktor kann durch die regionalen Netzwerke und die hiermit verbundenen Wissens-Spillover insbesondere für Unternehmen, die keine eigene Forschung betreiben, nützlich sein und Wachstum induzieren.[241] Unternehmen profitieren in diesem Zusammenhang vor allem von den Kommunikationsmöglichkeiten und somit von der räumlichen Nähe zu Forschungs- und Entwicklungseinrichtungen.[242] Eine enge Vernetzung zwischen Universitäten, Forschungsinstituten und Unternehmen stellt hierbei eine Voraussetzung für Innovationen und folglich für eine erfolgreiche wirtschaftliche Entwicklung dar.[243] Unter dem Standortfaktor „F&E-Infrastruktur" werden die Faktoren „Nähe zu Hochschulen", „Nähe zu Forschungseinrichtungen" sowie die „Nähe zu Betrieben der eigenen bzw. fremder Branchen" zusammengefasst. Einen Überblick über die betrachteten Standortfaktoren und deren zu analysierende Indikatoren liefert Tabelle 5.

Standortfaktor	Indikatoren
Arbeitsmarkt	Quantitatives Arbeitskräfteangebot
	Qualifikation der Arbeitskräfte
	Attraktivität der Region für Fach- und Führungskräfte
Öffentliche Hand	Steuerbelastung am Standort (Hebesatz der Gewerbesteuer)
	Regionale Förderprogramme
	Dauer von Genehmigungsverfahren
	Umweltschutzauflagen
	Serviceorientierung/Unternehmensnähe der Verwaltung
F&E-Infrastruktur	Nähe zu Hochschulen
	Nähe zu Forschungseinrichtungen
	Nähe zu Unternehmen der eigenen Branche
	Nähe zu Unternehmen fremder Branchen

Tabelle 5: Unternehmensrelevante Indikatoren zur Beurteilung der Standortattraktivität.[244]

Der Bereich der personenbezogenen Standortfaktoren wurde bereits in Kapitel 2.2.1 aufgenommen, da es sich hierbei eher um Standortfaktoren der Arbeits- und Wohnortwahl privater Haushalte handelt denn um unternehmensrelevante Standortfaktoren. Weiterhin wird die Verkehrsinf-

---

[241] Vgl. Statistisches Landesamt (2004), zitiert nach Krumm et al. (2007), S. 58.
[242] Vgl. Krumm et al. (2007), S. 58.
[243] Vgl. Grossman/Helpman (1991); Lichtblau et al. (2005), S. 34; Rosenfeld et al. (2005), S. 13.
[244] Quelle: Eigene Darstellung.

rastruktur nicht in die Delphi-Studie mit aufgenommen, da sich die Metropolregion Rhein-Neckar durch ein überdurchschnittlich gut ausgebautes Straßen- und Schienennetz sowie gut ausgebaute Wasserstraßen auszeichnet.[245] Es muss jedoch darauf hingewiesen werden, dass gerade die Verkehrsinfrastruktur als harter statischer Standortfaktor noch immer eine herausragende Rolle im Bereich unternehmensrelevanter Standortfaktoren spielt.[246]

2.2.3 Standortwahl von Unternehmensgründern

Während Großunternehmen eine aktive Standortsuche unterstellt werden kann, ist für Kleinunternehmen das bisherige lokale Milieu für die Gründung und die spätere Entwicklung verantwortlich.[247] Aus diesem Grund werden neben den relevanten Standortfaktoren für „Unternehmen" auch die für Unternehmensgründer (Selbstständige) identifiziert. In Anlehnung an die Klassifikation der Standortfaktoren von Krumm/Rosemann/Stratmann werden nachfolgend Wirtschaftsindikatoren, Faktoren der Wissenschaft und nachbarschaftliche Effekte in Bezug auf die Standortwahl von Selbstständigen untersucht.

Wirtschaftsindikatoren

Im Jahr 1826 hat Thünen[248] die Transportkosten als ausschlaggebenden Standortfaktor für die Ansiedlung eines Unternehmens angesehen. Auch wenn diese in der heutigen Zeit nicht mehr den entscheidenden Standortfaktor darstellen, können aus diesem Modell dennoch allgemeingültige Aussagen bzgl. des **Bodenpreises** getroffen werden. Laut Thünen sinkt die Intensität der Bodennutzung mit der Entfernung zum Absatzort, sodass umgekehrt darauf geschlossen werden kann, dass eine intensive Bodennutzung zu einem höheren unternehmerischen Gewinn führt, da durch die Nähe zum Absatzort die Transportkosten sinken.[249] Für die Höhe des Bodenpreises ist der Flächenbedarf von Unternehmen und insbesondere die Verfügbarkeit von Gewerbeflächen von besonderer Bedeutung, denn dieser wird mit zunehmender Knappheit der Flächen steigen.[250] In der vorliegenden Studie können die Bodenpreise über die Grundstückspreise gemessen werden. Ob diese jedoch einen positiven oder negativen Einfluss auf die Standortwahl von Unternehmensgründern haben, kann a priori nicht beantwortet werden, da diese in großem Maße von dem persönlichen Umfeld des Gründers abhängig ist.

Der zweite zu untersuchende Faktor ist das regionale **Niveau der Arbeitslosigkeit**. Im Rahmen der Diskussion des Gründungsgeschehens muss jedoch das der Gründung zu Grunde liegende Motiv kritisch hinterfragt werden. Zwar proklamieren unter anderem Parker sowie van

---

[245] Vgl. hierzu die Ausführungen aus Kapitel 1.3.
[246] Vgl. beispielsweise Niebuhr/Stiller (2003), S. 266-267; Farhauer/Granato (2006), S. 1.
[247] Vgl. Maier/Tödtling (2006), S. 76; Koster/Karlsson (2010), S. 48; Steil (1999), S. 45.
[248] Eine Darstellung des Modells von Thünen findet sich in Maier/Tödtling (2006), S. 121-126; Schätzl (2003), S. 63-72.
[249] Vgl. Steil (1999), S. 64. Eine Anwendung des Thünschen Modells auf heutige Fragestellungen findet sich auch in: Maier/Tödtling (2006), S. 127-128.
[250] Vgl. Krumm et al. (2007), S. 53.

Praag/Versloot,[251] dass Unternehmensgründer und Selbstständige einen entscheidenden Einfluss auf das regionale Wirtschaftswachstum haben, jedoch muss nach Blanchflower, Parker sowie Pfeiffer et al. beachtet werden, dass die Nachhaltigkeit der Selbstständigkeit von den zugrunde liegenden Motiven abhängig ist.[252] Das Gründungsverhalten kann demnach als eine Reaktion auf die wirtschaftlichen Rahmenbedingungen sowie die vorhandenen Beschäftigungsmöglichkeiten gesehen werden. Hierbei ist einerseits eine gute Wirtschaftslage mit Chancen für die Selbstständigkeit verbunden. Andererseits treibt aber auch eine schlechte Wirtschaftslage Personen aufgrund mangelnder Beschäftigungsmöglichkeiten in die Selbstständigkeit.[253] In diesem Fall können die Arbeitslosen als Gründungspotenzial bezeichnet werden.[254] Die Ergebnisse empirischer Studien zum Einfluss der Arbeitslosigkeit auf die Gründungsintensität lassen jedoch keinen eindeutigen Effekt erkennen. Während Steil gegen Ende der 1990er Jahren einen negativen Zusammenhang nachweisen konnte,[255] haben Brixy/Niese im Jahr 2003 einen positiven nachgewiesen.[256] Welcher Effekt für die Metropolregion Rhein-Neckar überwiegt, kann a priori nicht bestimmt werden. Erschwerend kommt hinzu, dass Informationen bzgl. der Qualifikation der Selbstständigen in den amtlichen Statistiken nicht vorhanden sind. Selbst wenn davon ausgegangen werden kann, dass in wirtschaftlich schlechten Zeiten, in denen kaum Erwerbsalternativen vorhanden sind, mehr Personen in die Selbstständigkeit übergehen als in wirtschaftlich prosperierenden Zeiten, kann dies aufgrund der fehlenden Daten nicht überprüft werden. Der potenzielle Einfluss der Arbeitslosenquote wird somit durch das ökonometrische Modell geschätzt.

Als dritte potenziell relevante Größe, die ebenfalls dem Bereich „Wirtschaft" zugeordnet werden kann, dient die **Erwerbs- oder Beschäftigtenquote**. Eine positive Entwicklung dieser weist auf einen funktionierenden Arbeitsmarkt hin[257] und hat folglich auch eine Signalwirkung auf potenziell gründungswillige Personen.

Regionale Investitionen in die **Verkehrsinfrastruktur** wirken wie eine indirekte individuelle Förderung der Unternehmensgründer.[258] Da sich die wirtschaftlichen Aktivitäten der Selbstständigen mit hoher Wahrscheinlichkeit nicht ausschließlich auf deren Wohn-bzw. Arbeitsort beschränken, kann davon ausgegangen werden, dass die Verkehrsinfrastruktur einen Einfluss auf die Standortwahl dieser Gruppe hat. Die empirischen Studien zur Wirkung der Verkehrsanbindung auf die Gründungstätigkeit weisen jedoch nur auf einen schwachen Zusammenhang hin. So weisen beispielsweise Egeln et al. einen positiven Einfluss der Nähe zu einem Autobahnanschluss auf die Gründungstätigkeit in ländlichen Kreisen nach. Für städtische Gebiete finden sie hingegen

---

[251] Vgl. van Praag/Versloot (2007), S. 377.
[252] Vgl. Blanchflower (2000); Parker (2004), S. 74-86, 106; Pfeiffer et al. (2006), S. 2-4.
[253] Vgl. Grieco (2007), S. 23. Diese Unterscheidung im Motiv der Selbstständigen wird in der Literatur verallgemeinert als „opportunity entrepreneurship versus necessity entrepreneurship" bezeichnet (Vgl. zu diesen beiden Hypothesen u. a. Bögenhold/Leicht (1991), S. 225-226; Bögenhold (1987); Thurik et al. (2008), S. 674-675; Freiling (2006), S. 27; Poschke (2008), S. 7-8; Poschke (2010)).
[254] Vgl. Krumm et al. (2007), S. 56.
[255] Vgl. Steil (1999), S. 202 und 204.
[256] Vgl. Brixy/Niese (2003), S. 11
[257] Vgl. Krumm et al. (2007), S. 57.
[258] Vgl. Steil (1999), S. 127.

keine statistische Signifikanz.[259] Da die Metropolregion Rhein-Neckar durch ein dichtes Autobahn- und Schienennetz gekennzeichnet und ferner der Flughafen Frankfurt Rhein/Main in kurzer Zeit erreichbar ist, wird davon ausgegangen, dass ein signifikanter Einfluss der Infrastruktur auf die Unternehmensgründungen nicht nachgewiesen werden kann.

Ebenso wie für etablierte Unternehmen, stellt auch – oder gerade – für Unternehmensgründer die **Qualifikation der Arbeitskräfte** einen wichtigen Faktor dar. Vor allem die Gründungen in wissensintensiven Bereichen erfordern ein entsprechendes Qualifikationsniveau. Diesen positiven Zusammenhang zwischen dem Anteil der Beschäftigten mit Universitätsabschluss und der Gründungsintensität können Brixy/Niese (2003) für Westdeutschland nachweisen.[260] Es kann folglich davon ausgegangen werden, dass eine große Anzahl an qualifizierten Arbeitskräften sich positiv auf die Gründungsdynamik einer Region und somit auf die Anzahl der Selbstständigen auswirkt.

Wissenschaftsindikatoren

Eng mit dem Gedanken eines hochqualifizierten Arbeitskräfteangebots ist auch die Ausstattung der Region mit **F&E-Einrichtungen** verbunden. Diese können durch die Anzahl der Hochschulen und Forschungseinrichtungen, aber auch durch die Anzahl der Beschäftigten in F&E-nahen Branchen abgebildet werden. Gerade Unternehmensgründer profitieren von einem engen Netzwerk an F&E-Dienstleistungen, da ein solches Milieu durch eine Häufung hochqualifizierten Personals charakterisiert ist und Innovationen folglich leichter durchzuführen sind.[261] Nerlinger (1997) kann einen positiven Effekt auf die Innovationen allerdings nur für Universitäten und Forschungseinrichtungen, nicht jedoch für private Unternehmen feststellen.[262] Welchen Effekt die die Ausstattung der MRN mit F&E-Einrichtungen auf den Anteil der Selbstständigen besitzt, ist im Vorfeld nicht abschätzbar.

Effekte benachbarter Kreise

Da es sich bei der vorliegenden Studie um eine räumliche Analyse handelt, müssen neben den genannten Faktoren auch räumliche Spillover-Effekte, also Effekte der Nachbarregionen, mit berücksichtigt werden. Vor allem wirtschaftliche Kennzahlen, wie beispielsweise das Bruttoinlandsprodukt pro Kopf oder auch die Anzahl der Beschäftigten in F&E-intensiven oder wissensintensiven Bereichen der Nachbarregionen können einen entscheidenden Einfluss auf die Standortwahl von Selbstständigen besitzen. Die betrachteten Standortfaktoren und die zu analysierenden Indikatoren sind in Tabelle 6 zusammenfassend dargestellt.

Es ist davon auszugehen, dass auch das regionale Steueraufkommen einen Einfluss auf die Wahl des unternehmerischen Standortes besitzt. Allerdings handelt es sich bei der vorliegenden Studie

---

[259] Vgl. Egeln et al. (1997), S. 142.
[260] Vgl. Brixy/Niese (2003), S. 12
[261] Vgl. Niebuhr/Stiller (2003), S. 265.
[262] Vgl. Nerlinger (1997), S. 156.

um eine regionale Analyse auf Kreisebene. Da die Gewerbesteuer-Hebesätze jedoch auf kommunaler Ebene festgesetzt werden, müssten diese auf Kreisebene aggregiert werden. Hierdurch würden die Unterschiede geglättet und das Ergebnis verfälscht. Aus diesem Grund fließt dieser harte statische Standortfaktor nicht in die Analyse mit ein.

Faktor	Indikatoren
Wirtschaft	Bodenpreise
	Arbeitslosenquote
	Beschäftigtenquote
	Bruttoinlandsprodukt
	Industrie- und Dienstleistungsquote
	Erreichbarkeit
Wissenschaft	Bildungsvariablen
	Forschungseinrichtungen
Lebensqualität	Lebensqualitätsindex
	Stadtgröße
	Erholungsmöglichkeiten
Nachbarschaftseffekte	Lebensqualität des Nachbarkreises
	Arbeitslosenquote des Nachbarkreises
	F&E Beschäftigte im Nachbarkreis

Tabelle 6: Indikatoren der Standortwahl von Selbstständigen.[263]

2.3 Zusammenfassung

Die vorangegangenen Abschnitte haben gezeigt, dass die Ressourcen „gut ausgebildetes Humankapital", „Unternehmen", und „Selbstständige" einen positiven Einfluss auf die regionale Wettbewerbsfähigkeit besitzen und direkt oder indirekt von strategischer Relevanz im Sinne des RBV sind. Diese Zusammenhänge sind im nachfolgenden Modell (vgl. Abbildung 3) zusammenfassend dargestellt.

Hierbei beschreibt die nachhaltige regionale Wettbewerbsfähigkeit das zu erreichende Ziel, die Faktoren „Humankapital", „Gründungen" und „Cluster" die Wachstumstreiber und die interdependent miteinander verbundenen Faktoren „Unternehmen", „Öffentliche Hand" und „Ausbildungs- und Forschungseinrichtungen" die Akteure des Modells.

Es ist ersichtlich, dass sowohl das Humankapital als auch die Gründungstätigkeiten und Cluster einen direkten Einfluss auf die nachhaltige regionale Wettbewerbsfähigkeit ausüben. Unter den Gründungstätigkeiten werden in diesem Modell sowohl die Neugründungen von Betrieben als auch Entrepreneurs, also Selbstständige verstanden, sodass hinter diesem Wachstumstreiber vor

---

[263] Quelle: Eigene Darstellung.

allem der Faktor „Innovation" steht. Die Unternehmen an sich haben hingegen einen indirekten Einfluss auf die regionale Wettbewerbsfähigkeit, indem sie sich beispielsweise zu Clustern zusammenschließen oder Neugründungen initiieren. Beeinflusst in ihrer Standortwahl werden die Akteure und hier im Besonderen die Unternehmen sowie die Wachstumstreiber durch die regionale Standortattraktivität. Die Darstellung verdeutlicht zudem, dass es sich hierbei um einen interdependenten Prozess handelt, denn auch die Ausgestaltung eines Standortes mit F&E-Infrastruktur oder einer großen Anzahl an Unternehmen sowie wettbewerbsfähigen Clustern trägt wiederum zu einer höheren Standortattraktivität bei.

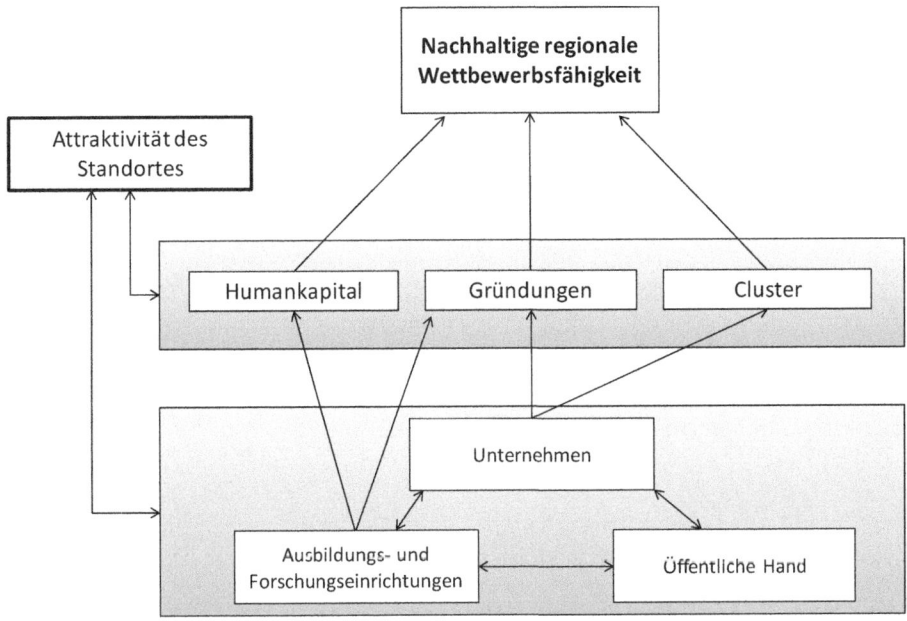

Abbildung 3: Einflussfaktoren auf die regionale Wettbewerbsfähigkeit.[264]

Weiterhin ist zu beachten, dass auch das zur Verfügung stehende Humankapital ebenfalls eine wertvolle Ressource für eine Unternehmung darstellt, durch die Innovationen und Gründungen vorangetrieben werden können. Den Akteuren „Ausbildungs- und Forschungseinrichtungen" und „Öffentliche Hand" wird vor allem im Rahmen der Analyse kritischer unternehmensrelevanter Standortfaktoren Rechnung getragen, da diese sowohl einen Einfluss auf die Wettbewerbsfähigkeit von Unternehmen als auch direkt auf die Wachstumstreiber besitzen.

Bevor die in Abschnitt 2.2 identifizierten Einflussfaktoren empirisch analysiert werden, wird im anschließenden dritten Kapitel zunächst deskriptiv dargestellt, wie sich das Angebot an Humankapital und dessen Nachfrage im Zeitablauf entwickelt haben.

---

[264] Quelle: In Anlehnung an: Cornett (2010), S. 241.

3 Entwicklung strategisch wertvoller Ressourcen in der Metropolregion Rhein-Neckar – Deskriptive Analyse des Arbeitsmarktes

3.1 Methodisches Vorgehen und Datengrundlage

3.1.1 Kennzahlen der Arbeitsmarktentwicklung

Den Ausgangspunkt der Analyse zur Entwicklung des Humankapitals (**Arbeitsangebotsanalyse**)[265] stellt die Gesamtbevölkerung (B) der Metropolregion Rhein-Neckar dar, die von den Faktoren Fertilität, Mortalität und Wanderungen beeinflusst wird.[266] Da die Bevölkerung dem Arbeitsmarkt jedoch nicht in vollem Umfang zur Verfügung steht, wird weiterhin die Anzahl der potenziellen Arbeitskräfte, die so genannte erwerbsfähige Bevölkerung, bestimmt. Hierunter werden alle Personen im Alter von 15 bis 64 Jahren (B_{15-64}) verstanden, die sowohl in der Lage als auch berechtigt sind zu arbeiten.[267] Die Erwerbsfähigenquote (EfQ) lässt sich daher wie folgt berechnen:[268]

$$EfQ = \frac{B_{15-64}}{B} \cdot 100$$

Um eine detailliertere Betrachtung des Arbeitsmarktgeschehens zu erhalten, liegt der Fokus der vorliegenden Arbeit vor allem auf der Entwicklung der tatsächlichen Beschäftigung insgesamt sowie in unterschiedlichen Altersgruppen. Anhand so genannter Erwerbsquoten können diese Entwicklungen gemessen werden. Hierzu ist es zunächst notwendig, die Anzahl der Erwerbspersonen genau zu spezifizieren.[269] Gemäß der Definition des Statistischen Bundesamtes ergeben sich die Erwerbspersonen (EP) als Summe aus Erwerbstätigen (ET) und den amtlich registrierten Arbeitslosen (Alo).[270] Unter Erwerbstätigen werden alle Personen verstanden, „die als Arbeitnehmer (Arbeiter, Angestellte, Beamte, geringfügig Beschäftigte, Soldaten) oder als Selbstständi-

---

[265] Soweit nicht anders genannt, beziehen sich die folgenden Ausführungen auf Egle (2008) S. 32-34.
[266] Vgl. u. a. Grömling/Haß (2009), S. 21-22.
[267] Kinder und Kranke zählen demnach nicht zur erwerbsfähigen Bevölkerung (vgl. Franz (2006), S. 5.).
[268] Es ist jedoch zu beachten, dass nicht alle Personen, die der Gruppe der erwerbsfähigen Bevölkerung angehören, auch Arbeit anbieten. So stehen beispielsweise Hausfrauen/-männer und Frührentner dem Arbeitsmarkt nicht mehr und Auszubildende oder Studierende noch nicht zur Verfügung, sodass die berechnete Anzahl an erwerbsfähigen Personen überschätzt wird (Vgl. Franz (2006), S. 5-6).
[269] Der Begriff der Erwerbspersonen ist nicht einheitlich definiert. Zu unterscheiden sind die Definitionen des SGB III sowie die internationale Definition der ILO (Vgl. International Labour Organisation (ILO) (1982)), die vom Statistical Office of the European Communities (EUROSTAT) und der Organisation for Economic Cooperation and Development (OECD) veröffentlicht werden.
[270] Eine weitere, jedoch unbekannte Größe am Arbeitsmarkt ist die „Stille Reserve". Diese umfasst zum einen Leistungsempfänger, die aufgrund einer mehr als sechsmonatigen Minderung ihrer Leistungsfähigkeit gem. §§ 125, 126 SGB III bzw. während einer Antragstellung auf EU- oder BU-Rente nicht als arbeitslos registriert werden. Zum anderen auch alle Arbeitslosen, die sich gem. § 428 SGB III in der Übergangsperiode zur Frühverrentung („58er Regel") befinden (seit 1. Januar 2005 besitzt diese Regelung nur noch für ALG I Bezieher Gültigkeit). Ferner werden Personen, die an Weiterbildungsmaßnahmen teilnehmen und solche, die sich bei der Agentur für Arbeit nicht arbeitslos melden, da sie z. B. keinen Anspruch auf Entgeltersatzleistungen der Bundesagentur für Arbeit haben sowie Personen, die sich arbeitslos melden, aber dem Arbeitsmarkt eigentlich nicht zur Verfügung stehen möchten, der Stillen Reserve zugerechnet (vgl. Franz (2006), S. 349-351).

ge beziehungsweise als mithelfende Familienangehörige eine auf wirtschaftlichen Erwerb gerichtete Tätigkeit ausüben"[271]. Im Rahmen der Angebotsanalyse werden unter anderem die Entwicklungen der folgenden Quoten dargestellt: die tatsächliche Erwerbsquote, die sich als Anteil der Erwerbspersonen an der erwerbsfähigen Bevölkerung ergibt und die Beschäftigungsquote, die den Anteil der Erwerbstätigen an der erwerbsfähigen Bevölkerung angibt. Die genannten Größen lassen sich wie folgt berechnen:

Die tatsächliche Erwerbsquote (EQ):

$$EQ = \frac{EP}{B_{15-64}}$$

Die Beschäftigungsquote (BQ):

$$BQ = \frac{ET}{B_{15-64}}$$

Bedingt durch den demografischen Wandel und die fortschreitende Tertiarisierung der Wirtschaft ist für die regionale Arbeitsmarktpolitik neben der Entwicklung der Erwerbstätigkeit ebenfalls die Entwicklung der Schulabschlüsse sowie Studienanfänger für den Humankapitalbestand der Region von großer Bedeutung. Hierbei werden die Abschlüsse „ohne Hauptschulabschluss", „Hauptschulabschluss", „Realschulabschluss", „Fachhochschulreife" und „Allgemeine Hochschulreife" unterschieden. Die Darstellung der Entwicklung dieser Ausbildungsniveaus erfolgt durch die Wachstumsraten ($WR_{t_0,t}$), die wie folgt berechnet werden können:

$$WR_{t_0,t} = \left(\frac{X_t}{X_{t_0}}\right) - 1$$

Hierbei bezeichnet X_t den Bestand der betrachteten Größe zum Zeitpunkt t und X_{t_0} den Bestand des Ausgangsjahres zum Zeitpunkt t_0.

Für eine ganzheitliche Betrachtung des regionalen Arbeitsmarktes wird neben dem Arbeitsangebot auch die **Arbeitsnachfrage** analysiert. Diese leitet sich aus dem ökonomischen Verhalten der Unternehmen und Betriebe ab und kann, anders als das Arbeitsangebot, auch kurzfristig große Auswirkungen auf den Arbeitsmarkt besitzen.[272] Langfristige Veränderungen der Arbeitsnachfra-

---

[271] Statistisches Bundesamt (2005). Der Umfang der Tätigkeit spielt hierbei keine Rolle.
[272] Vgl. im Folgenden Bellmann et al. (2002), S. 265-272.

ge können auf die Tertiarisierung[273] der Wirtschaft, die Globalisierung[274] oder veränderte Arbeitsbedingungen zurückgeführt werden. Neben der Analyse der Entwicklung der Nachfrage nach Arbeitskräften seitens der Betriebe (kurzfristige Sicht) wird ebenfalls untersucht, mit welchen langfristigen Folgen in der Metropolregion Rhein-Neckar zu rechnen ist. Hierbei wird der Fokus verstärkt auf die Tertiarisierung der Wirtschaft gelegt und überprüft, ob eine Entwicklung von der Industrie- zur Dienstleistungsgesellschaft stattgefunden hat. In diesem Zusammenhang findet sowohl eine Analyse der Betriebs- und Unternehmensstruktur der Metropolregion Rhein-Neckar sowie eine Analyse der Beschäftigungsveränderungen innerhalb der Betriebe statt. Da sich eine Tertiarisierung der Wirtschaft in einer Höherqualifizierung der Beschäftigung widerspiegelt, werden zusätzlich die betrieblichen Qualifikationsstrukturen im Zeitablauf untersucht. Die Darstellung dieser Entwicklungen erfolgt durch die (jährlichen) Wachstumsraten $(WR_{t_0,t})$.

3.1.2 Datengrundlagen

Im Rahmen der **Arbeitsangebotsanalyse** werden die Regionaldaten der Statistischen Ämter des Bundes und der Länder auf Kreisebene ausgewertet. Die Regionaldatenbank Deutschland[275] ist allgemein zugänglich und beinhaltet umfangreiche Statistiken, u. a. zu den Themengebieten: Bevölkerung, Arbeitsmarkt, Bildung, Gesundheit, Wohnen, Umwelt und Einkommen. Da die Daten auf Kreisebene für unterschiedliche Zeiträume verfügbar sind, eignen sie sich gut für regionale Analysen. In der nachfolgenden Tabelle 7 sind die verwendeten Indikatoren mit ihren Ausprägungen, dem Zeitbezug und der regionalen Tiefe zusammenfassend dargestellt.

Informationen zur zeitlichen Entwicklung der Studienanfänger sind auf Kreisebene in der **INKAR-Datenbank**[276] verfügbar. Diese Daten liegen in der Ausgabe 2010 des Bundesinstituts für Bau-, Stadt- und Raumforschung (BBSR) vor[277] und zeigen „mit rd. 500 Indikatoren zu den Themenbereichen Bevölkerung und Sozialstruktur, Wirtschaft und Beschäftigung, Arbeitsmarkt, Einkommen und Verdienst, Wohnen, Bildung, soziale und medizinische Versorgung, Verkehr und Erreichbarkeit, Flächennutzung und Umwelt sowie Finanzen und öffentliche Haushalte den jeweils aktuellen Stand der räumlichen Entwicklung"[278]. Die Daten beruhen hauptsächlich auf der amtlichen Statistik des Bundes und der Länder und umfassen unterschiedliche räumliche Bezüge (Länder, Kreise und Gemeindeverbände sowie Raumordnungsregionen und Siedlungsstrukturtypen), sodass ebenfalls Vergleiche mit übergeordneten Raumeinheiten durchgeführt werden können.

---

[273] Für eine Diskussion der Gründe der voranschreitenden Tertiarisierung, v. a. in westlichen Industrienationen, vgl. Bellmann et al. (2002); Weidig et al. (1999).
[274] Als Beispiel sei in diesem Zusammenhang an die Werksschließung des Nokia-Konzerns in Bochum erinnert, der in Rumänien einen neuen, kostengünstigeren Produktionsstandort gefunden hat.
[275] Vgl. Statistische Ämter des Bundes und der Länder (2011). Die Daten vor dem Jahr 1995 stammen ebenfalls aus dem Datenangebot der Statistischen Ämter des Bundes und der Länder. Diese sind allerdings über die Regionaldatenbank Deutschland nicht mehr abrufbar.
[276] Die Abkürzung „INKAR" steht für: Indikatoren und Karten zur Raum- und Stadtentwicklung.
[277] Die Daten können als Daten-CD direkt vom Bundesinstitut für Bau, Stadt-und Raumforschung bezogen werden.
[278] Bundesinstitut für Bau, Stadt-und Raumforschung (2010).

Indikator	Ausprägungen	Zeitbezug	Regionale Tiefe
Bevölkerung	Gesamt	1980-2009 (jährlich)	Kreise
	Nationalität	1995-2009 (jährlich)	
	Altersgruppen	1995-2009 (jährlich)	
Beschäftigung	Sozialversicherungspflichtig Beschäftigte	1991-2008 (jährlich)	Kreise
	Erwerbstätige		
	Arbeitnehmer		
Arbeitslosigkeit	Arbeitslosenquote	2001-2010 (jährlich)	Kreise
Schulabschlüsse	Ohne Hauptschulabschluss	1995-2009 (jährlich)	Kreise
	Mit Hauptschulabschluss		
	Realschulabschluss		
	Fachhochschulreife		
	Allgemeine Hochschulreife		
	Abschluss nach Geschlecht		
Selbstständigkeit	Anzahl Selbstständige	1991-2008 (jährlich)	Kreise

Tabelle 7: Arbeitsmarktindikatoren.[279]

Zur Analyse der betrieblichen **Nachfrage nach Humankapital** werden die Entwicklungen der Betriebs- und Beschäftigungsstruktur in der Region untersucht. Unter einem Betrieb wird hierbei „eine regional und wirtschaftlich abgegrenzte Einheit [verstanden, die] aus einer oder mehreren Niederlassungen eines Unternehmens bestehen."[280] Während für die regionale Abgrenzung des Betriebes der Gemeindebereich ausschlaggebend ist, erfolgt die wirtschaftliche Zuordnung gemäß des Verzeichnisses der Wirtschaftszweige für die Statistik der Bundesanstalt für Arbeit.[281] Um die Betriebs- und Beschäftigungsentwicklung unterschiedlicher Wirtschaftsbereiche analysieren zu können, werden die Daten des **Betriebs-Historik-Panels (BHP)**[282] des Instituts für Arbeitsmarkt- und Berufsforschung (IAB) ausgewertet.[283] Diese umfassen in einem Beobachtungszeitraum zwischen den Jahren 1975 und 2005[284] alle Betriebe in Deutschland,[285] die mindestens einen sozialversicherungspflichtig Beschäftigten (ab dem Jahr 1999 mindestens einen geringfügig Beschäftigten) aufweisen.[286] Da jeder Betrieb eindeutig anhand der Betriebsnummer zugeordnet werden kann, können die einzelnen Jahrgänge des Betriebs-Historik-Panels zu einem Panel-

---

[279] Quelle: Eigene Darstellung.
[280] Dundler et al. (2006), S. 11.
[281] Vgl. Dundler et al. (2006), S. 11.
[282] Die Datengrundlage dieses Abschnittes bildet unter anderem das schwach anonymisierte Betriebs-Historik-Panel (Jahre 1990 - 2005). Der Datenzugang erfolgte über einen Gastaufenthalt am Forschungsdatenzentrum der Bundesagentur für Arbeit im Institut für Arbeitsmarkt- und Berufsforschung (FDZ) und anschließend mittels kontrollierter Datenfernverarbeitung beim FDZ.
[283] Die Erläuterungen zur Datengrundlage des BHP sind zu großen Teilen entnommen aus Oechsler/Müller (2010), S. 73-77.
[284] Mittlerweile steht eine aktualisierte Version zur Verfügung, welche die Daten bis einschließlich 2008 umfasst. Diese konnte in der vorliegenden Arbeit jedoch nicht mehr berücksichtigt werden, da hierdurch eine erneute Stichprobenziehung sowie die Aktualisierung aller durchgeführten Analysen erforderlich gewesen wäre.
[285] Im Zeitraum von 1974 bis einschließlich 1990 sind lediglich Betriebe aus Westdeutschland in den Daten enthalten; ab dem Jahr 1991 ebenfalls Betriebe aus Ostdeutschland.
[286] Für eine ausführliche Daten- und Variablenbeschreibung vgl. Spengler (2007).

Datensatz zusammengefügt werden. Somit ist es möglich, neben dem Querschnittvergleich unterschiedlicher Branchen und Betriebsgrößen, ebenfalls Aussagen über die Entwicklung in den unterschiedlichen Wirtschaftsbereichen zu treffen. Das BHP umfasst (u. a.) die folgenden Variablen:

- Betriebsmerkmale wie z. B.: erstes und letztes Auftreten des Betriebes, Wirtschaftszweig und Kreisschlüssel,
- Anzahl der Beschäftigten nach Vollzeit, Teilzeit, Heimarbeit, Geschlecht und Nationalität
- Altersstruktur der Beschäftigten nach Altersklassen,
- Beschäftigungsstruktur nach Schul- und Berufsausbildung sowie Stellung im Beruf und
- Gehaltsstruktur der Vollzeitbeschäftigten nach Qualifikation und Geschlecht.

Im Rahmen der Analyse der Betriebsentwicklung ist zu beachten, dass es sich bei einer Erhöhung der Anzahl an Betrieben nicht zwingend um Neugründungen handeln muss. Durch die Vergabe der Betriebsnummern kann es vorkommen, dass zeitweise mehrere Niederlassungen unter der gleichen Betriebsnummer als ein einzelner Betrieb erfasst werden, sich später jedoch in mehrere Betriebe aufteilen. Auf der anderen Seite muss berücksichtigt werden, dass nicht jede Niederlassung eine eigene Betriebsnummer erhält, sodass gerade in den Branchen des Öffentlichen Dienstes sowie im Bereich der Kreditinstitute und Versicherungen die Anzahl der Betriebe systematisch unterschätzt wird.[287] Positiv hervorzuheben ist, dass es aufgrund der vorhandenen Kreiskennziffern möglich ist, detaillierte regionale Analysen durchzuführen. Die Gruppierung verschiedener Variablen, wie z. B. die Altersstruktur, kann einen Nachteil des Datensatzes darstellen, da hierdurch die Schätzung der Verteilung nicht exakt durchgeführt werden kann. Für Auswertungen zur Entwicklung der Betriebsstruktur auf regionaler Ebene ist das BHP aufgrund der Vollerhebung aller Betriebe in Deutschland der derzeit beste Datensatz.[288]

Um die Anonymität der Betriebe im Rahmen der kleinräumigen Analysen gewährleisten zu können, wurden zwei unabhängige, 50 %-ige, regional geschichtete Zufallsstichproben aller Betriebe, die sich im Zeitraum von 1990 bis 2005 in der Region befinden, gezogen. Die regionale Schichtung gewährleistet hierbei eine repräsentative Darstellung jedes Kreises der Metropolregion.[289] Durch den langen Zeitraum von insgesamt 16 Jahren können ferner die zeitlichen Entwicklungen der einzelnen Branchen analysiert werden. Im Folgenden werden die beiden Stichproben näher beschrieben.

---

[287] Vgl. Brixy/Fritsch (2002), S. 62-63; Fritsch/Brixy (2004), S. 185-186.
[288] Bei alternativen Datensätzen, wie beispielsweise dem Betriebspanel des IAB, kann die Repräsentativität auf Kreisebene nicht gewährleistet werden, sodass sie für diese Arbeit nicht geeignet sind.
[289] Hierdurch kann gewährleistet werden, dass Landkreise mit einer vergleichsweise geringen Anzahl an Betrieben ebenfalls repräsentativ durch den Datensatz dargestellt werden.

Stichprobe 1:

In Stichprobe 1 sind 50 % aller Betriebe jedes Kreises enthalten, die im Zeitraum von 1990 bis 2005 in der Metropolregion Rhein-Neckar ansässig waren. Da durch eine Kombination der Merkmale „Anzahl der Beschäftigten", „Branche" und „Kreiskennziffer" die Identifikation großer Betriebe mit mehr als 200 Beschäftigten möglich wäre, ist in dieser Stichprobe aus Datenschutzgründen die Kreiskennziffer nicht enthalten. Mit Stichprobe 1 kann folglich die Betriebs- und Beschäftigungsentwicklung in der gesamten Metropolregion Rhein-Neckar nach unterschiedlichen Betriebsgrößen analysiert werden.

Stichprobe 2:

Im Gegensatz zur ersten Stichprobe sind in Stichprobe 2 die einzelnen Kreise der Metropolregion durch die Kreiskennziffer identifizierbar. Hierdurch können auch Aussagen hinsichtlich regionaler Unterschiede in der Betriebs- und Beschäftigungsentwicklung getroffen werden. Um die Identifikation großer Betriebe zu vermeiden, wurden bei der Ziehung der zweiten Stichprobe Betriebe mit mehr als 200 Beschäftigten nicht berücksichtigt. Anhand dieser Stichprobe kann nun analysiert werden, wie sich kleine und mittelgroße Betriebe in der Metropolregion in den unterschiedlichen Kreisen oder Kreistypen entwickelt haben.

Es wurde des Weiteren sichergestellt, dass die beiden Zufallsstichproben nicht auf Basis der systemfreien Betriebsnummern kombiniert werden können. In Tabelle 8 sind die Gemeinsamkeiten und Unterschiede der beiden Stichproben zusammenfassend dargestellt.

Merkmal	**Stichprobe 1**	**Stichprobe 2**
Stichprobengröße	50 % aller Betriebe (von 1990-2005)	50 % aller Betriebe (von 1990-2005)
Regionale Schichtung	Kreisebene	Kreisebene
Identifikation der Kreise	Nicht möglich	Möglich
Identifikation „Großbetrieben"	Möglich	Nicht möglich

Tabelle 8: Vergleich der Stichproben.[290]

Die Analyse der Betriebs- und Beschäftigungsentwicklung findet sowohl auf Basis von Längsschnitt- als auch Querschnittanalysen statt. Aufgrund des langen Analysezeitraums von insgesamt 16 Jahren ist bei einer Aggregation der Wirtschaftszweige zu beachten, dass sich die Klassifikationen der Wirtschaftszweige zwischen 1990 und 2005 zweimal geändert haben. Als problematisch hat sich hierbei die Aggregation unterschiedlicher Branchen vor dem Jahr 1999 erwiesen, da diese in der Klassifikation WZ 73 vom Jahr 1973 vorliegen und keine offizielle Codierung zur Einteilung in die Klassifikation WZ 93 existiert. Aus diesem Grund ist ein Vergleich der Ergebnisse

---

[290] Quelle: Eigene Darstellung.

vor 1999 mit denen nach dem Jahr 1999 vorsichtig zu interpretieren. Zu nennen ist in diesem Zusammenhang beispielsweise der starke Anstieg der Betriebe im primären Sektor zwischen den Jahren 1998 und 1999. Dieser Zuwachs ist das Resultat der Zuordnung aller im Jahr 1998 „nicht zuordenbaren" Betriebe zur Land- und Forstwirtschaft im Jahr 1999. Aber nicht nur solche statistischen Effekte, sondern ebenfalls die Gefahr der falschen Einteilung der Wirtschaftszweige vor dem Jahr 1999 können zu verzerrten Ergebnissen in diesem Zeitraum führen. Ab 2003 wurde die Klassifikation auf die Ausgabe WZ 03 erneut aktualisiert. Da diese auf der gleichen Systematik wie die der WZ 93 beruht und auch die Struktur der WZ 93 größtenteils übernommen wurde,[291] ist diese Aktualisierung hinsichtlich der Ergebnisinterpretation und -vergleichbarkeit unproblematisch. In Tabelle 9 ist die Struktur der Wirtschaftszweige dargestellt, die sich an der Klassifikation der WZ 93, der Klassifikation der Wirtschaftszweige der Ausgabe 1993, orientiert.

Abkürzung	Bezeichnung
LWS	Land- und Forstwirtschaft; Fischerei (A+B)
Nahrung	Ernährungsgewerbe; Tabakverarbeitung (DA)
Textil/Leder	Textil- und Bekleidungsgewerbe; Ledergewerbe (DB, DC)
Chemie	Herstellung von chemischen Erzeugnissen (DG)
FMB	Maschinenbau; Fahrzeugbau (DK, DM)
Verarbeitendes Gewerbe	Verarbeitendes Gewerbe; Bergbau (C, DD-DF, DH-DJ, DL, DN)
Energie/Wasser	Energie- und Wasserversorgung (E)
Baugewerbe	Baugewerbe (F)
Handel	Handel, Instandhaltung und Reparatur (G)
Gastgewerbe	Gastgewerbe (H)
Verkehr	Verkehr (Land, Wasser, Luft) (IA 60- IA 63)
Nachrichtenübermittlung	Nachrichtenübermittlung (IA 64)
Kredit/Versicherung	Kredit- und Versicherungsgewerbe (J)
Grundstücke	Grundstücke; Wohnungswesen (KA 70–KA 71)
Datenverarbeitung	Datenverarbeitung und Datenbanken (KA 72)
F&E	Forschung und Entwicklung (KA 73)
Wirtschaftliche DL	Erbringung wirtschaftlicher Dienstleistungen (KA 74)
Öffentliche Verwaltung	Öffentliche Verwaltung, Verteidigung, Sozialversicherung (L)
Erziehung	Erziehung und Unterricht (M)
Gesundheitswesen	Gesundheits-, Veterinär- und Sozialwesen (N)
Öffentliche/priv. DL	Sonst. öffentliche und persönliche DL, priv. Haushalte, Exterritoriale Organisationen und Körperschaften (O, P, Q)

Tabelle 9: Zusammenfassung der Wirtschaftszweige für regionale Auswertungen.[292]

---

[291] Vgl. Spengler (2007), S. 11.
[292] Quelle: Statistisches Bundesamt (2002).

Ergänzend zu den Daten des Instituts für Arbeitsmarkt- und Berufsforschung wird die INKAR-Datenbank ausgewertet, die neben aktuelleren Daten ebenfalls Informationen zu Beschäftigten in kreativen Bereichen, High-Tech-Branchen und unternehmensbezogenen Dienstleistungen beinhaltet. Da die Analyse der Betriebsentwicklung jedoch keine Aussagen über die strategische Ausrichtung der Arbeitsnachfrageseite zulässt, werden in einem weiteren Schritt die Unternehmensstruktur der Metropolregion Rhein-Neckar sowie die Clusterinitiativen dargestellt, die Rückschlüsse auf die benötigten Inputfaktoren schließen lassen.

3.2 Entwicklung des Inputfaktors Humankapital

3.2.1 Bevölkerungsentwicklung

Im Rahmen der Analyse der Humankapitalentwicklung in der Metropolregion Rhein-Neckar wird in einem ersten Schritt die Entwicklung der Gesamtbevölkerung analysiert, die den Ausgangspunkt zur Berechnung des Arbeitsangebots darstellt.[293] Wie aus Tabelle 10 ersichtlich, ist die Gesamtbevölkerung in der Metropolregion Rhein-Neckar zwischen den Jahren 1995 und 2009 von 2.307.702 auf 2.359.522 um 51.820 Personen angestiegen,[294] was einem Wachstum von 2,25 % entspricht.[295] Ein kontinuierliches Anwachsen der Bevölkerungszahl kann hierbei jedoch nur für den Zeitraum zwischen 1995 und 2007 festgestellt werden. Seit dem Jahr 2007 ist ein Rückgang in Höhe von 0,19 % zu verzeichnen. Betrachtet man den Anteil an Personen im erwerbsfähigen Alter (15 bis unter 65 Jahre), so kann zwischen 1995 und 2009 ein Rückgang um ein Prozent beobachtet werden. Die Anzahl an 15-24-Jährigen ist im gleichen Zeitraum um 9 % angestiegen. Trotz dieses Wachstums sinkt die Erwerbsfähigenquote von 68,71 % auf 66,53 %.

Jahr	Gesamt-bevölkerung	Bevölkerung im Alter 15-64	EFQ (in %)	Bevölkerung im Alter 15-24	JQ (in %)
1995	2.307.702	1.585.726	68,71	246.870	10,70
2000	2.332.880	1.584.193	67,91	249.673	10,70
2005	2.360.021	1.576.448	66,80	268.872	11,39
2006	2.362.808	1.572.539	66,55	270.219	11,44
2007	2.363.945	1.574.589	66,61	269.791	11,41
2008	2.361.435	1.571.926	66,57	269.658	11,42
2009	2.359.522	1.569.761	66,53	269.103	11,40

Tabelle 10: Bevölkerungsentwicklung in der MRN.[296]

---

[293] Die Analyse der Gesamtbevölkerung ist zu Teilen entnommen aus Oechsler/Müller (2010), S. 35-39.
[294] Ab 1985 liegen die Daten jährlich vor. Auf die Darstellung aller Jahrgänge wird aus Gründen der Übersichtlichkeit jedoch verzichtet.
[295] Betrachtet man den Zeitraum zwischen 1980 und 2009, so kann ein Wachstum von knapp 12 % festgestellt werden.
[296] Quellen: Statistische Ämter des Bundes und der Länder (2011); eigene Berechnungen.

Um festzustellen, inwiefern sich die Altersstruktur der Bevölkerung in der Metropolregion verändert hat, muss ebenfalls die Entwicklung der unter 15-Jährigen und der über 65-Jährigen betrachtet werden. Während die Anzahl der unter 15-Jährigen zwischen 1995 und 2009 um 12,74 % gesunken ist, hat sich die der über 65-Jährigen um fast ein Drittel (31,9 %) erhöht. Der Anteil der über 65-Jährigen an der Gesamtbevölkerung ist von 15,5 % im Jahr 1995 auf über 20 % in 2009 gestiegen.[297] Die Altersstruktur der Menschen in der Metropolregion Rhein-Neckar hat sich in die höheren Altersgruppen verlagert. Als Konsequenz dieser Entwicklung stehen auch weniger hochqualifizierte Nachwuchskräfte dem Arbeitsmarkt zur Verfügung, was insbesondere für die Unternehmen der MRN von Relevanz ist.

Vergleicht man die Bevölkerungsentwicklung der Metropolregion Rhein-Neckar mit der Entwicklung in Westdeutschland, so ist zu erkennen, dass sich die beiden Wachstumsraten im Zeitablauf sehr ähneln und sich, abgesehen von den 1990er-Jahren,[298] auf einem recht niedrigen Niveau von unter 0,5 % (jährlich) einpendeln (vgl. Abbildung 4).

Abbildung 4: Wachstumsraten der Bevölkerung zwischen 1980 und 2009.[299]

Ab dem Jahr 2008 ist für beide Gebiete sogar ein Rückgang des Bevölkerungswachstums festzustellen. Folgt die Wachstumsrate auch zukünftig dem seit 1993 anhaltenden demografischen Wandel, so ist auch in den nächsten Jahren mit einem stagnierenden Wachstum, wenn nicht sogar einem Rückgang der Bevölkerung in der Metropolregion zu rechnen.

---

[297] Quellen: Statistische Ämter des Bundes und der Länder (2011); eigene Berechnungen.
[298] Der starke Anstieg der Wachstumsrate kann auf die Wiedervereinigung Deutschlands oder auf einen starken Zustrom ausländischer Einwanderer zurückgeführt werden.
[299] Quellen: Statistische Ämter des Bundes und der Länder (2011); eigene Berechnungen und Darstellung.

Ein Vergleich des Bevölkerungswachstums einzelner Kreistypen der MRN zeigt zum Teil große Unterschiede in der zeitlichen Entwicklung auf. Abbildung 5 stellt die jährlichen Wachstumsraten der Bevölkerung für den Kreistyp I (Mannheim, Ludwigshafen und Heidelberg) und den Kreistyp III (Germersheim, Bad Dürkheim, Landau, Südliche Weinstraße und Neustadt an der Weinstraße) gegenüber.

Die hohen Wachstumsraten der frühen 1990er-Jahre sind insbesondere im städtischen Raum auf die Wiedervereinigung Deutschlands und Spätaussiedler zurückzuführen. Seit 1992 ist eine rückläufige Wachstumsrate der Bevölkerung zu verzeichnen, die ab 1993 im Kreistyp III und 2005 im Kreistyp I im negativen Bereich liegt. Es ist folglich ein Rückgang der Bevölkerung zu verzeichnen (Suburbanisierung oder Stadtflucht). Im Kreistyp III ist das Wachstum ebenfalls zurückgegangen, jedoch verlief dieser Prozess langsamer. Somit ist die Bevölkerung zwischen 1993 und 2000 im ländlichen Raum stärker gewachsen als im Ballungszentrum der MRN. Zwischen 2004 und 2005 kann kein Wachstum in den beiden Kreistypen festgestellt werden. Zwischen 2005 und 2009 verlaufen die Wachstumsraten entgegengesetzt und ein Anstieg der Bevölkerung im städtischen sowie ein Rückgang im ländlichen Raum kann festgestellt werden (Reurbanisierung). Es ist jedoch auch ersichtlich, dass die Wachstumsraten in den Jahren 2008 und 2009 im Kreistyp I wieder sinken. In der Metropolregion Rhein-Neckar hat demnach sowohl ein Suburbanisierungstrend als auch eine darauf folgende Reurbanisierung stattgefunden.

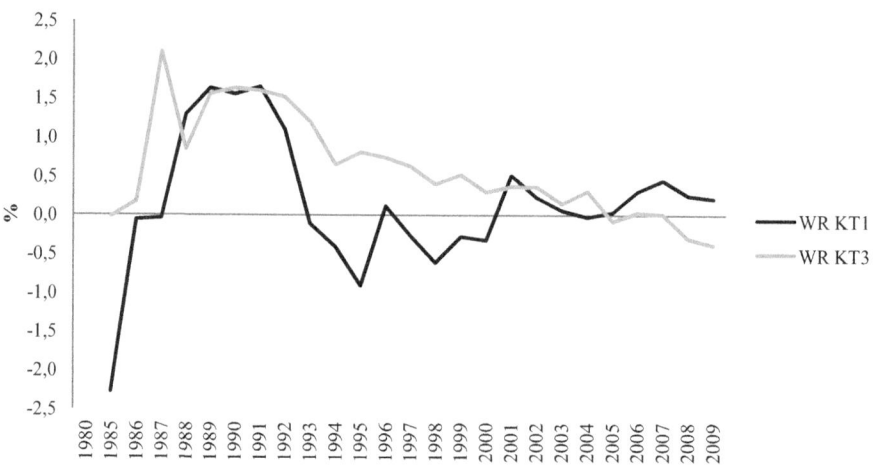

Abbildung 5: Wachstumsraten der Bevölkerung in Kreistyp I und III zwischen 1980 und 2009.[300]

---

[300] Quellen: Statistische Ämter des Bundes und der Länder (2011); eigene Berechnungen und Darstellung.

Zusammenfassung

Es bleibt festzuhalten, dass sich die Bevölkerung in der Metropolregion Rhein-Neckar ähnlich der in Westdeutschland entwickelt hat, innerhalb der einzelnen Kreise der Region jedoch starke Abweichungen feststellbar sind. Trotz eines Anstiegs der Gesamtbevölkerung und einer steigenden Anzahl an 15-25-Jährigen kann ein Rückgang der erwerbsfähigen Personen beobachtet werden. Neben dem sinkenden Anteil der erwerbsfähigen Personen tragen auch eine rückläufige Anzahl unter der 15-Jährigen und ein steigender Anteil der über 65-Jährigen zu einer sich ändernden Altersstruktur der Region bei. Die Alterung der Gesellschaft konnte somit für die Region bereits für die vergangenen 14 Jahre gezeigt werden. Es ist zu vermuten, dass sich dieser Trend in naher Zukunft aufgrund noch immer sehr geringer Geburtenraten nicht ändern wird, was ebenfalls räumliche Folgen wie beispielsweise Auswirkungen auf die Arbeits- und Absatzmärkte, die Siedlungsentwicklung sowie soziale und technische Infrastrukturen[301] nach sich ziehen wird. Auch wird diese Entwicklung zukünftig die Problematik des Fachkräftemangels für die Unternehmen weiter verschärfen. Gemäß Schmitz-Veltin muss mit diesen demografischen Veränderungen in nahezu allen Regionen Deutschlands gerechnet werden.[302] Vor allem zwischen peripher-ländlichen Regionen, in denen das Durchschnittsalter der Wohnbevölkerung stark ansteigen wird und Stadtgebieten, in denen ein größerer Zustrom an Migranten zu verzeichnen ist, wird die Bevölkerungsentwicklung große Unterschiede aufweisen.[303] Somit wird sich neben der Alters- auch die Bevölkerungsstruktur im Zuge des demografischen Wandels erheblich verändern, was vor allem auf dem Arbeitsmarkt zu spüren sein wird.[304] Mit einem zunehmenden Durchschnittsalter und den sich daraus ergebenden veränderten Präferenzen der Bevölkerung wird sich auch die regionale Branchenstruktur verändern.[305] Zu beachten ist jedoch, dass sich diese Entwicklung in der MRN nicht homogen vollziehen wird, denn bereits heute kann in einigen Gemeinden ein starker Bevölkerungsrückgang, auch bedingt durch Abwanderungen, beobachtet werden.

3.2.2 Entwicklung von Erwerbstätigkeit und Selbstständigkeit

Mit der in Abschnitt 3.2.1 dargestellten Entwicklung der (erwerbsfähigen) Bevölkerung können zwar Veränderungen in der Bevölkerungsstruktur und somit auch Veränderungen des potenziellen Arbeitsangebotes abgebildet werden, jedoch liefert diese Analyse keine Aussagen über das tatsächliche Arbeitsangebot und dessen Entwicklung. Da nicht jeder, der sich im erwerbsfähigen Alter (15-64 Jahre) befindet, auch Arbeit anbietet, werden im nächsten Schritt die tatsächliche Erwerbsquote (EQ_{tats}) und die Beschäftigtenquote (BQ) berechnet. Die Erwerbsquote repräsentiert hierbei den Anteil der Bevölkerung, der am Erwerbsleben teilnimmt. Sie bezieht somit auch registrierte Arbeitslose mit ein, während die Beschäftigtenquote den Anteil der Erwerbstätigen an

---

[301] Diese werden in der Literatur erst seit 2004 thematisiert (vgl. Schmitz-Veltin (2009), S. 13).
[302] Vgl. Schmitz-Veltin (2009), S. 13-14.
[303] Vgl. Fischer-Krapohl (2009), S. 107.
[304] Vgl. MEA (2008), S. 3.
[305] Vgl. MEA (2008), S. 6.

der erwerbsfähigen Bevölkerung angibt. Im Jahr 2008 beträgt die Beschäftigtenquote in der Metropolregion Rhein-Neckar 73,26 %, die Erwerbsquote liegt bei 78,12 %. Aus Tabelle 11 ist ersichtlich, dass beide Quoten zwischen 2001 und 2008 angestiegen sind.

Jahr	Erwerbsquote	Beschäftigtenquote
2001	73,94 %	69,83 %
2002	74,45 %	69,71 %
2003	75,39 %	69,39 %
2004	76,43 %	69,91 %
2005	75,94 %	70,23 %
2006	76,27 %	70,64 %
2007	77,09 %	71,93 %
2008	78,12 %	73,26 %

Tabelle 11: Erwerbs- und Beschäftigtenquote der MRN zwischen 2001 und 2008.[306]

Während die Erwerbsquote von 73,94 % um über vier Prozentpunkte auf einen Anteil von 78,12 % gewachsen ist, verlief der Anstieg der Beschäftigtenquote mit gut drei Prozentpunkten etwas schwächer. Diese positive Beschäftigungsentwicklung ist vermutlich auf die geburtenstärkeren Jahrgänge nach 1980, die sogenannte Generation Y zurückzuführen,[307] die meist sehr gut ausgebildet sind und dem Arbeitsmarkt erst seit Anfang bis Mitte der 2000er zur Verfügung stehen.

Vergleicht man die einzelnen Kreistypen miteinander, ergeben sich hinsichtlich der Erwerbsquoten am Arbeitsort teilweise erhebliche Unterschiede. So liegt diese im Kreistyp I (Heidelberg, Mannheim, Ludwigshafen) sowohl insgesamt als auch für die einzelnen kreisfreien Städte im Zeitraum zwischen 2001 und 2008 über 100 %, was auf einen positiven Pendlersaldo (Einpendlerüberschuss) dieser Kreise hindeutet. Im Kreistyp II liegt die Quote für den gleichen Zeitraum lediglich zwischen 55 % und 60 %, im Kreistyp III bei 59 % bis 64 %. Diese Ergebnisse verdeutlichen die (durch Pendlerverflechtungen) funktionalen Abhängigkeiten der einzelnen Kreise und kreisfreien Städte der MRN.[308] In Abbildung 6 sind die Pendlersalden der 15 Kreise der Metropolregion Rhein-Neckar dargestellt. Sowohl für die drei Städte Mannheim, Heidelberg, Ludwigshafen, aber für Landau und Speyer kann ein positiver Pendlersaldo festgestellt werden. Aus den umliegenden Regionen wird hingegen eher ausgependelt.

---

[306] Quellen: Hessisches Statistisches Landesamt (2010), eigene Berechnungen und Darstellung.
[307] Unter der Generation Y wird der hochqualifizierte Nachwuchs der Generation X verstanden, der sich v. a. der Erfüllung des eigenen Lebensplans verpflichtet fühlt (Vgl. Trost (2009), S. 21) und gegenüber dem Arbeitgeber ein ausgeprägtes Selbstbewusstsein zeigt. (Vgl. Enderle (2008), S. 12). Vgl. für eine Diskussion des Begriffs „Generation Y" sowie über die Herausforderungen für den Arbeitsmarkt und Arbeitgeber Parment (2009); Büning/Marchelewski (2009).
[308] Da diese Verflechtungen vor allem bei der Analyse der Arbeits- und Wohnortentscheidung der Arbeitsanbieter relevant sind, wird im Rahmen der ökonometrischen Analysen auch die Untersuchungsregion in Bezug auf funktionale Zusammenhänge neu definiert.

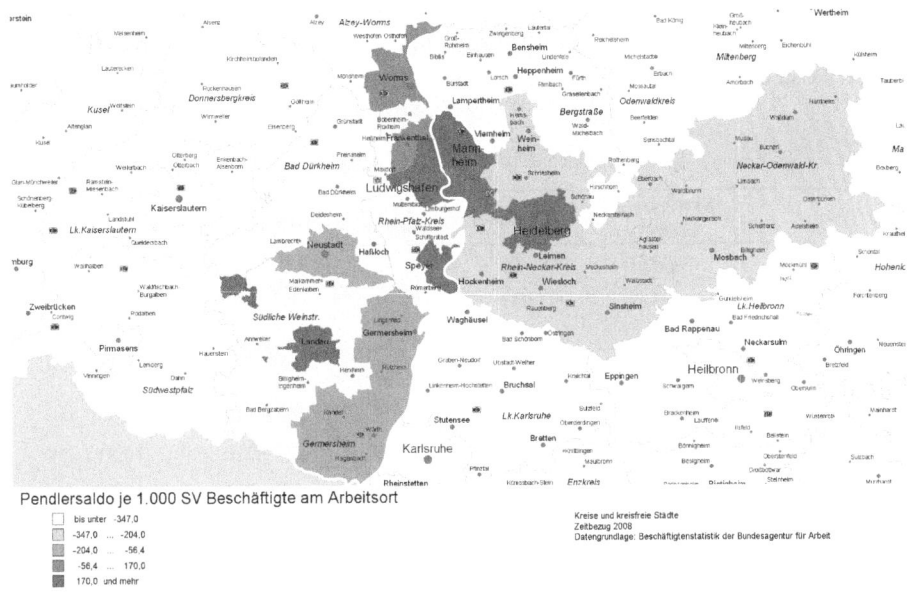

Abbildung 6: Pendlersaldo der 15 Kreise der Metropolregion Rhein-Neckar.[309]

Neben der Entwicklung der Erwerbstätigkeit ist ebenfalls deren Struktur im Hinblick auf Arbeitnehmer und insbesondere Selbstständige[310] interessant, da das Gründungsverhalten die Innovationstätigkeit und den Strukturwandel von Regionen bestimmt. Die Gründungsdynamik einer Region kann durch die Selbstständigenquote und die Anzahl an Gewerbean- und abmeldungen analysiert werden.[311] Die zunehmende Bedeutung der Selbstständigkeit in der Region wird durch einen Vergleich der zeitlichen Entwicklung der Erwerbstätigkeit, Selbstständigkeit und der Anzahl an Arbeitnehmern verdeutlicht. In Tabelle 12 sind die Entwicklungen für den Zeitraum von 2000 bis 2008 dargestellt. Die Arbeitnehmerquote (ANQ) misst hierbei den Anteil der Arbeitnehmer an allen Erwerbstätigen, die Selbstständigenquote (SQ) entsprechend den Anteil der Selbstständigen an allen Erwerbstätigen.

Festzustellen ist, dass sowohl die Anzahl der Erwerbstätigen als auch die der Arbeitnehmer und Selbstständigen im betrachteten Zeitraum gestiegen sind. Während die Arbeitnehmer einen Zuwachs von 3,8 % verzeichnen können, liegt dieser bei den Selbstständigen bei über 13 %. Betrachtet man die jährlichen Wachstumsraten, so fällt insbesondere das starke Wachstum der Selbstständigen zwischen den Jahren 2003 und 2005 von 2,9 % (von 2003 auf 2004) und 2,4 % (von 2004 auf 2005) bei einem gleichzeitigen Rückgang der Arbeitnehmer (und steigender An-

---

[309] Quelle: Bundesinstitut für Bau, Stadt-und Raumforschung (2011).
[310] Die Anzahl der Selbstständigen ergibt sich aus der Differenz zwischen Erwerbstätigen und Arbeitnehmern.
[311] Im Rahmen einer solchen Analyse muss jedoch der jeweilige Entwicklungsstand der betrachteten Region berücksichtigt werden.

zahl der Erwerbstätigen) auf. Eine Begründung für diesen Trend könnte in der vermehrten Gründung sogenannter Ich-AGs liegen, deren Konzept mit Inkrafttreten des zweiten Gesetzes für moderne Dienstleistungen am Arbeitsmarkt (Hartz II) am 1. Januar 2003 umgesetzt wurde. Ferner wurden die Existenzgründungen durch den Existenzgründungszuschuss (EXGZ) finanziell gefördert.[312]

Jahr	Erwerbs-tätige	Arbeitnehmer	ANQ (in %)	Selbstständige	SQ (in %)
2000	1.099.313	990.705	90,12	108.608	9,88
2001	1.108.358	997.037	89,96	111.321	10,04
2002	1.108.010	995.559	89,85	112.451	10,15
2003	1.101.379	987.796	89,69	113.583	10,31
2004	1.106.353	989.435	89,43	116.918	10,57
2005	1.107.169	987.449	89,19	119.720	10,81
2006	1.110.903	990.170	89,13	120.733	10,87
2007	1.132.551	1.009.836	89,16	122.715	10,84
2008	1.151.641	1.028.761	89,33	122.880	10,67

Tabelle 12: Entwicklung der Beschäftigungsstruktur in der MRN zwischen 2000 und 2008.[313]

Neben der allgemeinen Entwicklung der Selbstständigkeit ist die Differenzierung dieser nach Wirtschaftssektoren für die Region von großer Bedeutung. Diese lässt eine überdurchschnittliche Entwicklung der Selbstständigen und die voranschreitende Tertiarisierung erkennen, sodass der Metropolregion Rhein-Neckar insgesamt eine Entwicklung zur Dienstleistungsgesellschaft bestätigt werden kann (vgl. Tabelle 13).

1996-2008	Veränderung gesamt		Relative Sektorveränderung		
	relativ	absolut	Primär	Sekundär	Tertiär
Selbstständige	19,11 %	19.700	-19,00 %	13,59 %	24,77 %
Arbeitnehmer	11,55 %	106.500	54,74 %	-11,59 %	24,69 %
Erwerbstätige	12,31 %	126.200	16,92 %	-10,36 %	24,70 %

Tabelle 13: Entwicklung der Selbstständigen, Arbeitnehmer und Erwerbstätigen in der MRN.[314]

---

[312] Seit 1. Juli 2006 wird diese Subvention nur noch für ALG I-Bezieher gezahlt, wenn der Anspruch vor diesem Stichtag bestanden hat. Die Fördermaßnahme wurde durch den Gründungszuschuss abgelöst. Empfänger von ALG II haben keinen Anspruch auf eine Förderung.
[313] Quellen: Statistische Ämter des Bundes und der Länder (2011), eigene Berechnungen.
[314] Quellen: Statistische Ämter des Bundes und der Länder (2011), eigene Berechnungen.

Sowohl die Erwerbstätigen als auch die Selbstständigen verzeichnen im tertiären Sektor im Zeitraum von 1996 bis 2008 die größten Zuwächse, die jeweils knapp 25 % betragen. Während unter den abhängig Beschäftigten im betrachteten Zeitraum ein überdurchschnittlicher Zuwachs von knapp 55 % im primären Sektor erkennbar ist, ist der Anteil der Selbstständigen im landwirtschaftlichen Bereich rückläufig. Zum Anstieg der Arbeitnehmer in der Land- und Forstwirtschaft können jedoch keine kausalen Beziehungen geknüpft werden. Da der Anteil der Landwirtschaft an der gesamten Beschäftigungsstruktur der Metropolregion lediglich ca. 1,2 % beträgt, wird der genannte Zuwachs nicht weiter betrachtet.

Die Dynamik des regionalen Arbeitsmarktes der Metropolregion kann anhand der Gewerbean- und abmeldungen durch den sogenannten NUI-Indikator[315] betrachtet werden. Dieser „setzt die Zahl der Gewerbeanmeldungen [...] eines Jahres der Kreise und kreisfreien Städte in Deutschland ins Verhältnis zur erwerbsfähigen Bevölkerung[316] am 31.12. des Vorjahres [und] gibt an, wie viele Gewerbebetriebe pro 10.000 Einwohner im erwerbsfähigen Alter in einer Region in einem Jahr neu angemeldet wurden."[317] Die Ergebnisse werden in Form einer Rangordnung über alle 429 Kreise Deutschlands bereitgestellt, wobei der Kreis mit dem höchsten Indikatorwert den Rangplatz 1 und der mit dem niedrigsten den letzten Rang (413) erhält. In Tabelle 14 sind die jährlichen Platzierungen in diesem Ranking für die einzelnen Kreise der Metropolregion Rhein-Neckar für den Zeitraum zwischen 1998 und 2009 dargestellt.

Erwartungsgemäß ist die Verteilung der Gründungstätigkeit über die fünfzehn Landkreise und kreisfreien Städte sehr heterogen, jedoch ist auch ersichtlich, dass sich gut die Hälfte der Kreise im Ranking zwischen den Jahren 1998 und 2009 verbessert hat.[318] Die Stadt Mannheim konnte sich in diesem Zeitraum beispielsweise von Platz 245 auf Platz 13, Ludwigshafen von Platz 279 auf Platz 151 in ihrer Gründungstätigkeit im gesamtdeutschen Ranking verbessern. Diese Ergebnisse sind mit den bisherigen Beobachtungen zur Entwicklung der Anzahl der Selbstständigen konform. Betrachtet man die Salden aus Gewerbean- und abmeldungen für die gesamte Region, so übersteigen die jährlichen Unternehmensgründungen die Schließungen in den vergangenen Jahren (zwischen 2004 und 2010) durchschnittlich um 4.294 (Minimum: 2457 im Jahr 2008 und Maximum: 6.413 im Jahr 2004). Die jährlichen Veränderungsraten der Salden aus Gewerbean- und abmeldungen weisen, ähnlich wie die Veränderungsraten der Selbstständigen, jedoch einen sehr heterogenen Verlauf auf, was ein Hinweis auf das Spannungsverhältnis beruflicher Selbstständigkeit sein kann.

---

[315] NUI bezeichnet hierbei die „Neue Unternehmerische Initiative" in einer Region.
[316] Es ist zu beachten, dass in diesem Fall die erwerbsfähige Bevölkerung als 18- bis unter 65-Jährige definiert wird.
[317] Institut für Mittelstandsforschung (2010a).
[318] Die Entwicklung bis 2007 ist für den überwiegenden Teil der Kreise positiv zu beurteilen. 2008 und 2009 haben einige Kreise wieder Plätze beim Ranking eingebüßt. Eine Ursache hierfür konnte noch nicht gefunden werden.

	Rangplatz								
Kreise der MRN	1998	2000	2002	2004	2005	2006	2007	2008	2009
Bergstraße	64	67	88	128	92	59	54	42	51
Frankenthal	59	39	73	134	198	109	115	176	105
Landau	92	100	30	65	96	52	250	167	230
LU	279	193	172	263	218	163	197	189	151
Neustadt	38	17	65	108	126	82	75	92	250
Speyer	67	82	53	53	17	9	25	111	64
Worms	124	99	194	149	192	144	114	103	124
DÜW	119	128	91	125	83	48	99	125	123
Germersh.	208	200	200	271	228	184	208	214	263
SÜW	183	78	123	201	167	143	138	136	171
RPK	221	174	193	210	172	123	97	131	135
Heidelberg	190	141	197	320	289	299	232	217	242
Mannheim	245	197	71	132	66	11	19	23	13
NOK	360	327	369	351	337	290	313	249	302
RNK	138	121	157	215	98	150	145	138	131

Tabelle 14: NUI Ranking der Gewerbeanmeldestatistik für die MRN.[319]

Zusammenfassung

Zusammenfassend kann festgehalten werden, dass in der Metropolregion Rhein-Neckar der Anteil der Selbstständigen an allen Erwerbstätigen – trotz deren insgesamt steigender Anzahl – in den letzten Jahren stetig gestiegen ist. Vor allem der tertiäre Sektor konnte große Zuwachsraten verzeichnen, sodass von einer Tertiarisierung der Wirtschaft für die Region gesprochen werden kann. Ferner nimmt die Bedeutung der Selbstständigen, die als „Triebfelder für wirtschaftlichen Wachstum"[320] bezeichnet werden, kontinuierlich zu. Um die Wettbewerbsfähigkeit sowie das nachhaltige Wirtschaftswachstum einer Region sicherzustellen, muss jedoch kritisch hinterfragt werden, welche Motive hinter einer Unternehmensgründung bzw. Selbstständigkeit stehen. Zu unterscheiden ist hierbei der nachhaltige Wirtschaftlichkeitsgedanke vom Motiv der bloßen Flucht aus der Arbeitslosigkeit heraus.[321]

3.2.3 Entwicklung der Qualifikationen – Schulabschlüsse und Studierende

Für den zukünftigen regionalen Humankapitalbestand in einer Dienstleistungs- und Wissensgesellschaft, die sich durch einen steigenden Bedarf an höheren Qualifikationen auszeichnet, ist so-

---

[319] Quellen: Institut für Mittelstandsforschung (2010b), eigene Darstellung.
[320] Bundesministerium für Wirtschaft und Technologie (2007), S. 1; Hessel (2011), S. 7.
[321] Vgl. hierzu auch die Ausführungen in Abschnitt 2.2.3.

wohl für Unternehmer als auch für regionale Entscheidungsträger die Kenntnis über die Entwicklung der Schulabschlüsse und Studienanfänger essentiell. Während im Jahr 1995 noch über neun Prozent aller Schulabgänger in der Metropolregion Rhein-Neckar über keinen Schulabschluss verfügten, sind dies im Jahr 2009 nur noch knapp sieben Prozent. Auch die Anzahl der Hauptschulabsolventen hat sich in diesem Zeitraum verringert. Im Jahr 1995 verließen noch gut ein Drittel aller Schulabgänger die Schule mit einem Hauptschulanschluss. Dieser Anteil reduziert sich bis zum Jahr 2009 zugunsten höherer Abschlüsse[322] auf unter ein Viertel. Die jährliche Entwicklung der einzelnen Schulabschlüsse zwischen 1995 und 2009 kann Abbildung 7 entnommen werden. Hierbei steht „Ohne HS" für „ohne Hauptschulabschluss", „Mit HS" entsprechend für „mit Hauptschulabschluss", „MR" für Mittlere Reife und „HR" für die allgemeine Hochschulreife (Abitur).

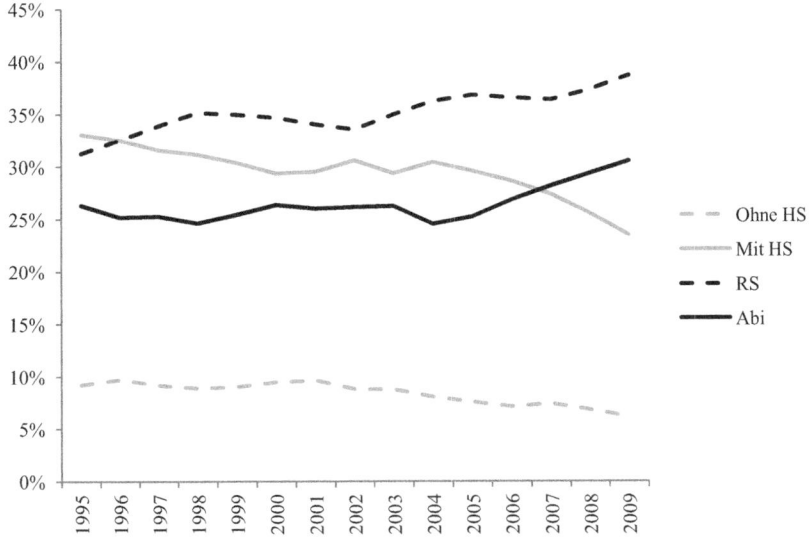

Abbildung 7: Entwicklung der Schulabschlüsse zwischen 1995 und 2009.[323]

Betrachtet man die Qualifikationsstruktur der Schulabgänger in den einzelnen Kreisen der Region,[324] so lassen sich teilweise erhebliche Unterschiede, sowohl in der Struktur der Schulabschlüsse als auch in deren zeitlicher Entwicklung, feststellen. Während zwischen 1995 und 2009 in den meisten Landkreisen und kreisfreien Städten ein Rückgang der Schulabgänger ohne Hauptschulabschluss beobachtet werden kann, ist dies für die Kreise Bergstraße, Frankenthal, Speyer und

---

[322] Dies gilt ebenfalls für die Fachhochschulreife, deren Anteil an allen Anschlüssen im betrachteten Zeitraum von 0,16 % auf 1,2 % angestiegen ist. Aufgrund der im Verhältnis zu den anderen Schulabschlüssen relativ geringen Bedeutung wird der Fachhochschulabschluss in der vorliegenden Analyse jedoch nicht weiter betrachtet.
[323] Quellen: Statistische Ämter des Bundes und der Länder (2011), eigene Darstellung.
[324] Vgl. Tabellen Tab. A 3 - Tab. A 6 im Anhang.

Rhein-Pfalz-Kreis nicht der Fall. Hier kann sogar eine Zunahme zwischen 17 und 42 Prozent verzeichnet werden. Ein Rückgang der Schulabgänger, die keinen Schulabschluss besitzen, kann für alle Kreise zwischen 2000 und 2009 nachgewiesen werden. Der Anteil an Schulabgängern ohne Abschluss an allen Schulabgängern schwankt im Jahr 2009 in der Metropolregion zwischen 2,96 % in Heidelberg und 9,39 % in Ludwigshafen am Rhein. Die größte Differenz tritt somit in zwei Städten auf, die dem gleichen Kreistyp angehören.

Ein ähnliches Bild ergibt sich für die Hauptschulabschlüsse, deren Anteil zwischen 1995 und 2009 ebenfalls in fast allen Kreisen gesunken ist. Einzig der Rhein-Neckar-Kreis verzeichnet in diesem Zeitraum einen Anstieg von über 10 %, obgleich seit dem Jahr 2000 die Entwicklung – analog zur restlichen Metropolregion – rückläufig ist. Der Rückgang der Hauptschulabschlüsse differiert hierbei zwischen vier Prozent in Landau und über 49 % in Speyer. Die Anteile der Schulabgänger mit Hauptschulabschluss liegen im Jahr 2009 zwischen knapp 11 % in Speyer (was im Einklang mit dem starken Rückgang steht) und 32,9 % im Neckar-Odenwaldkreis. Betrachtet man die Realschulabschlüsse, so weisen bis auf den Kreis Neustadt an der Weinstraße alle Kreise der MRN positive Wachstumsraten zwischen 1995 und 2009 auf. Diese unterscheiden sich jedoch auch erheblich voneinander. Während in Ludwigshafen lediglich ein Anstieg der Realschulabschlüsse von gut 14 % festgestellt werden kann, liegt dieser in Bad Dürkheim bei knapp 89 %, was einem Anstieg von 315 im Jahr 1995 auf 594 im Jahr 2009 entspricht. Betrachtet man die Region als Ganzes, so ergibt sich ein Wachstum von über 50 %. Erwartungsgemäß kann für die Schulabgänger mit Abitur ein Anstieg im betrachteten Zeitraum beobachtet werden, der zwischen 19 Prozent in Heidelberg (in diesem Kreis ist der Anteil der Abiturienten historisch sehr hoch und lag bereits im Jahr 1995 bei über 45 % an allen Schulabgängern) und über 100 Prozent in Bad Dürkheim liegt.

Wie stark die Struktur der Schulabgänger innerhalb eines Kreistyps differieren kann, soll anhand des Kreistyps I, zu dem die Städte Mannheim, Heidelberg und Ludwigshafen zählen und der das ökonomische Zentrum[325] der Metropolregion Rhein-Neckar darstellt, veranschaulicht werden (vgl. Abbildung 8). Während in Ludwigshafen über 38 % der Schulabgänger entweder ohne oder mit einem Hauptschulabschluss die Schule verlässt, sind dies in Mannheim knapp ein Drittel der Schulabgänger und in Heidelberg ca. jeder fünfte (19,3 %). Weiterhin unterscheiden sich diese drei Städte stark in ihrem Anteil an Abiturienten, der in Heidelberg bei fast 50 % liegt. Jeder zweite verlässt somit die Schule mit der allgemeinen Hochschulreife. In Ludwigshafen und Mannheim sind dies hingegen knapp 30 %.

---

[325] Dieser Begriff wird in Kapitel 5.2 im Rahmen der Definition von Arbeitsmarktregionen näher definiert.

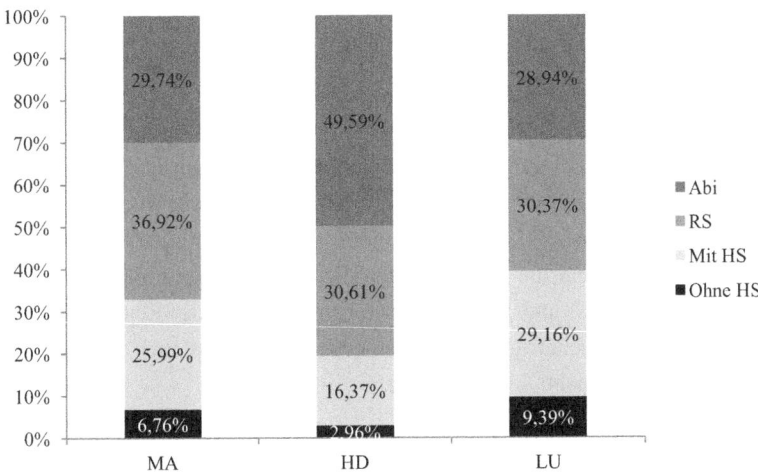

Abbildung 8: Schulabschlüsse der kreisfreien Städte des Kreistyps I im Jahr 2009.[326]

Die aufgezeigte Entwicklung der Schulabschlüsse lässt vermuten, dass auch die Anzahl der Studienanfänger in den letzten Jahren kontinuierlich gestiegen ist. Betrachtet man deren Entwicklung, so lässt sich feststellen, dass der Anteil der Studienanfänger an allen Studierenden zwischen 1995 und 2008 in fast allen Kreisen der Region gestiegen ist. Während sich im Jahr 2008 in Heidelberg 14,8 % und in Ludwigshafen 15 % aller Studierenden im ersten Semester befinden, sind dies in Mannheim sogar 22,9 %. Für Heidelberg kann ein Wachstum von fünf Prozentpunkten (PP), für Mannheim von 8,9 PP und für Ludwigshafen von 3,4 PP[327] festgestellt werden. Ob sich dieser Anstieg auf eine zunehmende Gesamtzahl an Erstsemester-Studenten zurückführen lässt, geht aus den vorliegenden Daten nicht abschließend hervor. Aus diesem Grund werden zusätzlich die Studierenden-Statistiken der Universität Mannheim für die Jahre 2000 bis 2010 (jeweils das Herbst- Wintersemester) ausgewertet.[328] Betrachtet man die jährlichen Wachstumsraten, so kann festgestellt werden, dass sich die Gesamtzahl an Erstsemestern bis zum Jahr 2005 von 2117 im Herbst-Winter-Semester (HWS) 2000 auf 1568 Studienanfänger im HWS 2005 verringert hat. Ab dem Jahr 2005 ist die Gesamtzahl an Studierenden im ersten Semester wieder angestiegen. Über den gesamten Zeitraum von 2000 bis 2010 kann eine Zunahme der Erstsemester von insgesamt 22,58 % festgestellt werden. Der Anteil der weiblichen Studierenden hat sich in diesem Zeitraum von 48,4 % auf 55,1 % erhöht. Derzeit beginnen in Mannheim somit mehr Frauen als Männer ihr Studium. Auch der Anteil ausländischer Studienanfänger hat leicht (von 21,9 % auf 23,9 %) zugenommen.

---

[326] Quellen: Statistische Ämter des Bundes und der Länder (2011), eigene Darstellung.
[327] Quelle: Bundesinstitut für Bau, Stadt-und Raumforschung (2011).
[328] Die unterschiedlichen Jahrgänge der Studierendenstatistik stehen auf der Homepage der Universität Mannheim zur Verfügung. Vgl. hierzu Universität Mannheim (2011).

Zusammenfassung

Die Analysen haben verdeutlicht, dass in der Metropolregion Rhein-Neckar sowohl bei den Schulabschlüssen als auch bei den Studienanfängern die Tendenz einer Höherqualifizierung zu erkennen ist. Gerade in Zeiten einer sich wandelnden Wirtschaftsstruktur und eines drohenden Fachkräftemangels ist dieses Qualifikationsangebot für Unternehmen und somit auch für die Region von besonderer Bedeutung. Um das in der Region ausgebildete Humankapital auch nutzen zu können, ist es jedoch notwendig, als Region für Hochqualifizierte attraktiv zu sein. In Kapitel 5.4.2 werden aus diesem Grund die Faktoren identifiziert, die einen Einfluss auf den Anteil der Hochqualifizierten am Arbeits- und Wohnort haben. Inwiefern in der Region ein vermehrter Bedarf an hochqualifizierten Beschäftigten besteht oder in Zukunft bestehen wird, wird in den nachfolgenden Abschnitten untersucht.

3.3 Entwicklung der Nachfrage nach Humankapital – Analyse der Betriebs- und Beschäftigungsstruktur

3.3.1 Veränderungen der Wirtschafts- und Betriebsstrukturen

Ziel dieses Abschnitts ist herauszufinden, ob der Wandel von der Industrie- zur Dienstleistungs- und Wissensgesellschaft auch in der Metropolregion Rhein-Neckar stattfindet, oder ob diese noch immer stark industriell geprägt ist. Hierzu wird zunächst analysiert, welche Wirtschaftsbereiche in der Region von besonderer Bedeutung sind und wie sich diese im Zeitablauf entwickelt haben. Die Bedeutung einzelner Wirtschaftsbereiche kann am einfachsten durch die Bruttowertschöpfung dargestellt werden, da diese die erbrachten wirtschaftlichen Leistungen der unterschiedlichen Wirtschaftsbereiche einer Region abbildet. Die gewonnenen Ergebnisse bilden die Grundlage der nachfolgenden Auswertungen. Da eine möglichst differenzierte regionale Untergliederung das Ziel dieser Analyse ist, werden nicht nur die Metropolregion als Ganzes, sondern zusätzlich die Kreistypen sowie besonders spezifische Kreise analysiert.

Veränderung der Wirtschaftsstruktur

Die Analyse des Dienstleistungssektors der MRN zeigt, dass dieser im Jahr 1996 gut 60 % der Bruttowertschöpfung erwirtschaftete. Im Jahr 2005 lag der Anteil bereits bei knapp 63 % und erhöhte sich bis zum Jahr 2009 auf 66,5 %. Gleichzeitig hat der sekundäre Sektor zwischen 1996 (38,7 %) und 2009 (36,5 %) an Bedeutung verloren. Betrachtet man die Wachstumsraten der Bruttowertschöpfung, so ist jedoch festzustellen, dass sowohl im tertiären als auch im produzierenden Sektor die Bruttowertschöpfung zwischen 1996 und 2009 gestiegen ist. Während im sekundären Sektor ein Anstieg von 4,88 % zu verzeichnen ist, kann im Dienstleistungssektor sogar ein Zuwachs von 37,6 % festgestellt werden.

Eine zunehmende Relevanz des tertiären Sektors kann ebenfalls für die einzelnen Kreistypen der MRN festgestellt werden. Allerdings unterscheiden sich diese hinsichtlich ihrer wirtschaftlichen

Schwerpunkte teilweise erheblich voneinander, wie Tabelle 15 entnommen werden kann. Während Kreistyp I mit einem Anteil von über 41 % im sekundären Sektor noch recht industriell geprägt ist, erwirtschaften die restlichen Kreistypen knapp 70 % oder mehr im Dienstleistungsbereich. Gemeinsam ist den Kreistypen ein Anstieg der Bruttowertschöpfung im tertiären Sektor, der zwischen 28,44 % in Kreistyp IV und 45,68 % in Kreistyp II differiert. Trotz des Bedeutungsverlustes des produzierenden Gewerbes kann in den Kreistypen I, III und IV ein Anstieg der BWS von 0,28 % (Kreistyp IV) bis gut neun Prozent (Kreistyp I) festgestellt werden.

		Primärer Sektor	Sekundärer Sektor	Tertiärer Sektor
Kreistyp I	Anteil 1996	0,22 %	45,88 %	53,91 %
	Anteil 2009	0,17 %	41,04 %	58,79 %
	Wachstum$_{(96-09)}$	-5,61 %	9,32 %	33,28 %
Kreistyp II	Anteil 1996	1,17 %	33,54 %	65,29 %
	Anteil 2009	0,89 %	25,53 %	73,57 %
	Wachstum$_{(96-09)}$	-0,92 %	-1,58 %	45,68 %
Kreistyp III	Anteil 1996	3,34 %	30,33 %	66,33 %
	Anteil 2009	2,55 %	26,51 %	70,94 %
	Wachstum$_{(96-09)}$	-5,15 %	8,56 %	32,81 %
Kreistyp IV	Anteil 1996	2,47 %	34,24 %	63,30 %
	Anteil 2009	1,28 %	29,31 %	69,41 %
	Wachstum$_{(96-09)}$	-39,27 %	0,28 %	28,44 %
Kreistyp VI	Anteil 1996	1,44 %	39,75 %	58,82 %
	Anteil 2009	1,19 %	29,51 %	69,30 %
	Wachstum$_{(96-09)}$	-3,51 %	-13,40 %	37,45 %

Tabelle 15. Entwicklung der Bruttowertschöpfung nach Sektoren und Kreistypen.[329]

Die drei Städte des Kreistyps I – Heidelberg, Mannheim und Ludwigshafen – bilden das ökonomische Zentrum der Metropolregion Rhein-Neckar. Dies motiviert, die Entwicklung der BWS in diesen drei Städten ebenfalls zu analysieren. Mit einem Anteil von 22,44 % in 2009 kann der geringste Anteil der BWS im sekundären Sektor in Heidelberg beobachtet werden. Mannheim erwirtschaftete im gleichen Jahr gut 37 % und Ludwigshafen sogar über 61 % in diesem Sektor. Analog zur Entwicklung in der gesamten MRN ist auch im ökonomischen Kern der Region die Relevanz des produzierenden Sektors im betrachteten Zeitraum gesunken, wenngleich dieser in Ludwigshafen noch immer eine sehr große Bedeutung hat. Allerdings kann nur für die kreisfreie Stadt Ludwigshafen ein Rückgang der BWS zwischen 1996 und 2009 von 6,3 % im sekundären Sektor festgestellt werden. In den beiden anderen Städten ist die BWS sowohl im sekundären als auch im tertiären Sektor gestiegen. Die Analyse der drei Städte hat gezeigt, dass sie sich in Bezug auf ihre wirtschaftlichen Schwerpunkte stark voneinander unterscheiden, obgleich sie gemäß der

---

[329] Quellen: Statistische Ämter des Bundes und der Länder (2011), eigene Berechnungen.

Definition der Bundesagentur für Arbeit zu einem Kreistyp zusammengefasst werden können. Dieses Ergebnis zeigt deutlich die Notwendigkeit einer auf regionale Märkte ausgerichteten Politik, um eine passgenaue Wirtschaftsförderung zu erzielen und die Stärkung bereits vorhandener regionaler Schwerpunkte zu festigen oder auszubauen.

Veränderung der Betriebsstruktur[330]

Durch die Analyse der Bruttowertschöpfung wurde dargestellt, welchen Stellenwert die einzelnen Sektoren in der Metropolregion Rhein-Neckar haben und verdeutlicht, dass sich diese von Kreis zu Kreis stark unterscheiden können. Das Ziel dieses Abschnittes ist es zu überprüfen, ob sich der Wandel von der Industrie- zur Dienstleistungsgesellschaft nicht nur anhand der Bruttowertschöpfung, sondern ebenfalls anhand der Entwicklung der Betriebsstruktur zeigt. Hierbei soll auf regionaler Ebene untersucht werden, wie sich die Anzahl der Betriebe in den unterschiedlichen Branchen im Zeitablauf entwickelt hat. Um Aussagen auf Kreisebene bzw. Ebene der Kreistypen treffen zu können, werden die Daten aus Stichprobe 2 verwendet und somit Unternehmen, die mehr als 200 Mitarbeiter beschäftigen, von der Analyse ausgeschlossen. Die Unterschiede zwischen beiden Stichproben sind hinsichtlich der Anzahl der Betriebe als gering einzustufen, da beide Stichproben jeweils 50 % aller in der Grundmenge enthaltener Betriebe im Zeitraum von 1990 bis 2005 umfassen. In Stichprobe 1, die zusätzlich Betriebe mit mehr als 200 Mitarbeitern erfasst, sind im gesamten Datensatz 502.257 Betriebe enthalten. Pro Jahr kann eine Anzahl von mindestens 27.000 bis maximal 38.000 Betrieben analysiert werden. In Stichprobe 2 sind aufgrund des Wegfalls der „Großbetriebe" im gleichen Zeitraum lediglich 495.751 Betriebe enthalten. Die Spanne der Anzahl an Betrieben pro Jahr beträgt hier 26.000 bis 37.000. Obwohl die Daten über einen Zeitraum von insgesamt 16 Jahren vorhanden sind, werden die Analysen lediglich für den Zeitraum zwischen den Jahren 1999 und 2005 betrachtet. Der Grund hierfür liegt in einer Änderung der Wirtschaftszweigklassifikation, die zwischen 1998 und 1999 von WZ 73 auf WZ 99 durchgeführt wurde und die Einteilung aufgrund einer fehlenden (offiziellen) Codierung nicht eindeutig nachvollziehbar ist. Das Ziel dieses Abschnittes liegt in der Untersuchung von Veränderungen in der Betriebsstruktur, um die Ergebnisse der Analyse der Bruttowertschöpfung zu untermauern. Es wird daher davon ausgegangen, dass sich die Anzahl der Betriebe im tertiären Sektor erhöht und im sekundären Sektor verringert hat.

Betrachtet man die Entwicklung der Gesamtzahl der Betriebe in der Metropolregion Rhein-Neckar (vgl. Abbildung 9), so ist festzustellen, dass sich diese von 34.650 im Jahr 1999 auf 35.719 im Jahr 2005 erhöht hat, was einem Wachstum von gut 3 % entspricht. Aus den jährlichen Wachstumsraten ist ersichtlich, dass sich dieser Anstieg im betrachteten Zeitraum jedoch nicht kontinuierlich vollzogen hat. Insbesondere der starke Anstieg zwischen den Jahren 2003 und 2004 ist hierbei auffällig.

---

[330] Die Analyse der Betriebsstruktur wurde in ähnlicher Weise bereits veröffentlicht. Vgl. hierzu: Oechsler/Müller (2010), S. 82-86.

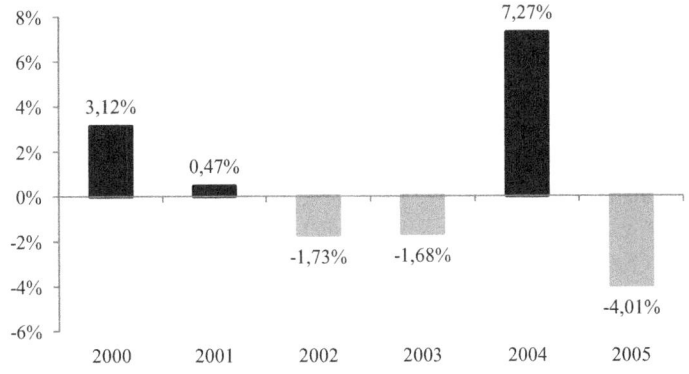

Abbildung 9: Anzahl und jährliches Wachstum der Betriebe in der MRN zwischen 1999 und 2005.[331]

Eine mögliche Erklärung dieses Anstiegs (immerhin ein Wachstum von über sieben Prozent im Vergleich zum Vorjahr) könnte im Zweiten Gesetz für moderne Dienstleistungen am Arbeitsmarkt (Hartz II) liegen, das am 1. Januar 2003 in Kraft getreten ist. Mit dieser Neuerung können Existenzgründungen von Arbeitslosen („Ich-AGs") durch den sogenannten Existenzgründungszuschuss (EXGZ) gefördert werden.[332] Caliendo et al. bestätigen den Effekt dieses Gesetzes, das zu einer Verdopplung der Neugründungen geführt und seinen Spitzenwert im Jahr 2004 hat. Sie führen weiterhin an, dass die enorme Anzahl der Neugründungen im Jahr 2004 vor allem auch auf die Inanspruchnahme der Förderungsmöglichkeiten von Arbeitslosenhilfe-Empfängern zurückzuführen sind, welche diesen im Jahr 2005 durch die neuen SGB II Regelungen nicht mehr zugestanden hätten.[333] Die genannten Auswirkungen des Gesetzes sowie Modalitäten im Rahmen der Stichprobenziehung[334] können Gründe für den enormen Anstieg der Betriebsanzahl im Jahr 2004 darstellen. Endgültig nachweisen lässt sich dies mit den vorhandenen Daten jedoch nicht.

Da die Analyse zur Entwicklung der Gesamtzahl an Betrieben keine Rückschlüsse auf die für eine erfolgreiche Regionalentwicklung relevanten sektoralen Veränderungen zulässt, wird im Folgenden eine detaillierte Betrachtung der sektoralen Entwicklungen vorgenommen. Zunächst ist zu klären, ob das starke Betriebswachstum zwischen 2003 und 2004 in allen Sektoren stattgefunden hat oder ob Gewerbeanmeldungen nur in bestimmten Bereichen zu identifizieren sind. Hierzu wird die Wirtschaftsstruktur der MRN durch die Gesamtzahl der Betriebe in den einzelnen Wirtschaftsbereichen dargestellt.

---

[331] Quellen: Betriebs-Historik-Panel (IAB), eigene Berechnungen und Darstellung.
[332] Vgl. Deutscher Bundestag (2002). Der Existenzgründungszuschuss wurde durch den Gründungszuschuss (vgl. Deutscher Bundestag (2006), S. 1715-1717) abgelöst und wird seit 1. Juli 2006 nur noch dann ausgezahlt, wenn ein Anspruch bereits vor diesem Stichtag bestanden hat (§ 421l Abs. V SGB III).
[333] Vgl. Caliendo et al. (2007), S. 2.
[334] Die Daten des BHP werden einmal jährlich zum 30. Juni erhoben.

Tabelle 16[335] ist zu entnehmen, dass der wirtschaftliche Schwerpunkt der Metropolregion Rhein-Neckar im Dienstleistungsbereich liegt und hier insbesondere im „Handel", der mit über 7200 Betrieben und einem Anteil von knapp 21 % an allen Betrieben den größten Wirtschaftsbereich darstellt. Die Branchen der wirtschaftlichen Dienstleistungen mit gut 3.900 und der öffentlichen und privaten Dienstleistungen mit 3.733 Betrieben stellen ebenfalls einen Schwerpunkt der Wirtschaftsstruktur der Region dar. Die Bereiche Textil & Leder, Chemie und Energie- und Wasser des sekundären Sektors sowie der Wirtschaftszweig F&E scheinen mit je unter 100 Betrieben in der Region keine wirtschaftlichen Schwerpunkte darzustellen. Eine endgültige Aussage über die regionalen Schwerpunkte ist jedoch erst durch eine zusätzliche Analyse der Beschäftigtenzahlen der einzelnen Wirtschaftszweige möglich (vgl. hierzu Abschnitt 3.3.2).

Wirtschaftszweig	Anzahl der Betriebe 1999	Anteil an allen Betrieben 1999	Anzahl der Betriebe 2003	Anteil an allen Betrieben 2003
Landwirtschaft	976	2,82%	975	2,81%
Nahrung und Genussmittel	812	2,34%	673	1,94%
Textil & Leder	109	0,31%	89	0,26%
Chemie	73	0,21%	78	0,22%
Fahrzeug- und Maschinenbau	345	1,00%	342	0,99%
Verarb. Gewerbe & Bergbau	2113	6,10%	2007	5,79%
Energie & Wasser	50	0,14%	52	0,15%
Baugewerbe	3213	9,27%	3061	8,82%
Handel	7630	22,02%	7204	20,77%
Gastgewerbe	2491	7,19%	2555	7,37%
Verkehr	1485	4,29%	1394	4,02%
Nachrichtenübermittlung	188	0,54%	242	0,70%
Kredit- und Versicherung	785	2,27%	831	2,40%
Grundstücke	2444	7,05%	2262	6,52%
Datenverarbeitung	429	1,24%	545	1,57%
F & E	55	0,16%	64	0,18%
Wirtschaftl. DL	3619	10,44%	3907	11,26%
Öffentliche Verwaltung	467	1,35%	437	1,26%
Erziehung & Unterricht	834	2,41%	871	2,51%
Gesundheitswesen	3190	9,21%	3311	9,55%
Öffentliche & private DL	3302	9,53%	3733	10,76%

Tabelle 16: Anzahl der Betriebe nach Wirtschaftszweigen in den Jahren 1999 und 2003.[336]

---

[335] Die Tabelle stellt den Anteil der Betriebe aus Stichprobe 2 (also ohne Großbetriebe) dar. Ein Vergleich dieser Verteilung mit Stichprobe 1 konnte keine signifikanten Abweichungen feststellen. Die Verteilung der Betriebe in beiden Stichproben ist nahezu identisch.
[336] Quelle: Betriebs-Historik-Panel (IAB), eigene Berechnungen und Darstellung.

Die Analyse der Wachstumsraten zeigt, dass sich die Betriebsentwicklung der einzelnen Sektoren zwischen 2003 und 2004 stark voneinander unterscheidet. Für den primären Sektor kann ein Wachstum von 6,15 %, für den sekundären Sektor von 0,71 % und für den tertiären Sektor von 8,8 % festgestellt werden. Der Anstieg im tertiären Sektor ist hierbei insbesondere auf die Bereiche Gastgewerbe, Kredit- und Versicherungsgewerbe, Grundstücke, wirtschaftliche Dienstleistungen sowie private und öffentliche Dienstleistungen zurückzuführen (vgl. Abbildung 10).

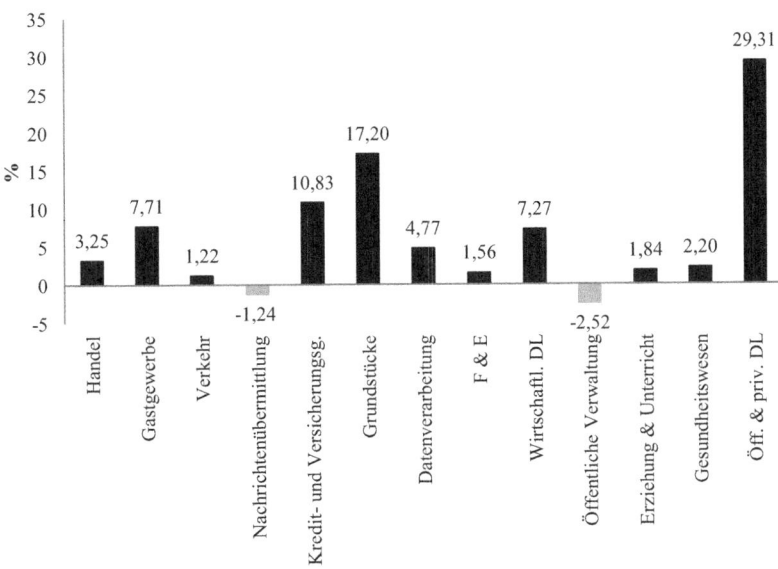

Abbildung 10: Betriebsentwicklung im tertiären Bereich zwischen 2003 und 2004.[337]

Mit Ausnahme des Kredit- und Versicherungsgewerbes weisen gerade diese Wirtschaftszweige bereits einen hohen Anteil an den Betrieben der MRN auf, sodass eine weitere Zunahme Hinweise auf eine fortschreitende Tertiarisierung und Profilschärfung der Region liefert.

Der anschließende Rückgang zwischen den Jahren 2004 und 2005 fällt hingegen für die drei Sektoren recht einheitlich aus. Im landwirtschaftlichen Bereich muss ein Rückgang von 5,22 %, im Dienstleistungsbereich von 3,93 % und im produzierenden Gewerbe von 4,14 % verzeichnet werden. Zusammenfassend kann festgehalten werden, dass sich der starke Anstieg zwischen 2003 und 2004 vor allem auf den Dienstleistungssektor positiv ausgewirkt hat.[338]

Insgesamt ist der Trend von der Industrie- zur Dienstleistungsgesellschaft im Zeitraum zwischen 1999 und 2005 deutlich zu erkennen. Für die Metropolregion Rhein-Neckar kann im genannten

---

[337] Quelle: Betriebs-Historik-Panel (IAB), eigene Berechnungen und Darstellung.
[338] Da der primäre Sektor mit einem Anteil von lediglich 2,8 % an allen Betrieben verhältnismäßig klein ist, wird dieser in den weiteren Analysen nicht näher betrachtet.

Zeitraum eine Zunahme der Betriebe im tertiären Bereich (+ 6 %) und eine Abnahme im sekundären Sektor (- 9 %) festgestellt werden kann. Somit bestätigt die Analyse der Betriebsentwicklung die Ergebnisse der Bruttowertschöpfung. Um die gesamte Entwicklung im Zeitraum zwischen 1999 und 2005 analysieren zu können, wird nachfolgend die Entwicklung der Betriebe gegliedert nach Wirtschaftszweigen dargestellt (vgl. Abbildung 11).

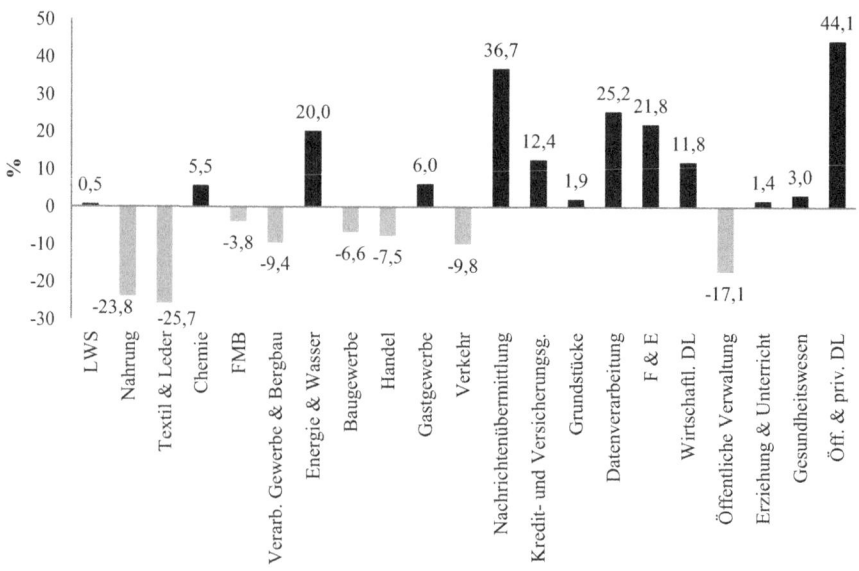

Abbildung 11: Entwicklung der Betriebe nach Wirtschaftszweigen zwischen 1999 und 2005.[339]

Betrachtet man die Entwicklung der einzelnen Wirtschaftszweige, so kann festgestellt werden, dass sich das Wachstum des tertiären Sektors – mit Ausnahme der öffentlichen Verwaltung – über alle Wirtschaftsbereiche erstreckt. Besonders stark ist die Anzahl der Betriebe im Bereich der Nachrichtenübermittlung (36,70 %), der Datenverarbeitung (25,17 %), der Forschung und Entwicklung (21,82 %) sowie im Bereich der öffentlichen und privaten Dienstleistungen (44,09 %) gestiegen. Setzt man diese Steigerungsraten jedoch in Bezug zur Gesamtzahl der Betriebe in den jeweiligen Branchen, bzw. dem Anteil dieser an allen Betrieben in der Region (vgl. Tabelle 16), so relativiert sich diese Entwicklung für die Bereiche der Nachrichtenübermittlung, deren Anteil bei 0,54 % liegt, dem Bereich F&E mit einem Betriebsanteil von unter 0,2 % und der Datenverarbeitung mit einem Anteil von 1,24 %. Umso erstaunlicher ist der starke Anstieg der öffentlichen und privaten Dienstleistungen von über 44 %. Gemessen an der Anzahl der Betriebe war dieser Wirtschaftsbereich im Jahr 1999 mit über 3.300 Betrieben und einem Anteil von knapp zehn Prozent bereits der zweitwichtigste der Region nach der Branche der wirtschaftlichen

---

[339] Quelle: Betriebs-Historik-Panel (IAB); eigene Berechnungen und Darstellung.

Dienstleistungen. Durch diesen starken Zuwachs an Betrieben auf insgesamt 4.758 im Jahr 2005 sind die öffentlichen und privaten Dienstleistungen nun der wichtigste Wirtschaftssektor der Metropolregion Rhein-Neckar.[340]

Ein Rückgang kann im tertiären Sektor in den Bereichen Handel, Verkehr und öffentliche Verwaltung festgestellt werden. Die beiden letztgenannten mussten zwar prozentual größere Verluste hinnehmen, sind jedoch absolut gesehen nicht sehr stark in der Region vertreten. Der Anteil der Betriebe der öffentlichen Verwaltung beläuft sich auf 1,35 %, der Anteil der Verkehrsindustrie auf 2,34 %. Die Verluste im Bereich des Handels sind kritischer zu sehen, da dieser mit 7.630 Betrieben und einem Anteil von über 22 % im Jahr 1999 der mit Abstand größte Wirtschaftszweig der Metropolregion ist. Der Rückgang um 7,5 % zwischen den Jahren 1999 und 2005 bedeutet in absoluten Zahlen eine Abnahme der Anzahl an Betrieben um 572 auf 7.058 Betriebe.

Für den sekundären Sektor kann hingegen in fast allen Wirtschaftsbereichen – mit Ausnahme der Branchen Chemie und Energie & Wasser – eine negative Entwicklung der Betriebsstruktur festgestellt werden. Ein sehr starker Rückgang kann insbesondere in der Nahrungs- und Genussmittelindustrie sowie im Bereich Textil und Leder beobachtet werden. Während die Branche der Nahrungs- und Genussmittel mit insgesamt 812 Betrieben im Jahr 1999 einen Verlust von 193 Betrieben bis 2005 verzeichnen muss, sind dies in der Textil- und Lederbranche lediglich 28 Schließungen oder Verlagerungen. Ähnlich stark wie die Nahrungs- und Genussmittelindustrie sind die Branchen des verarbeitenden Gewerbes mit einem Rückgang von 198 Betrieben betroffen. Auch die Baubranche umfasste im Jahr 1999 noch 213 Betriebe mehr als sechs Jahre später.

Um eine ganzheitliche Betrachtung der Entwicklungen in der Region gewährleisten zu können, werden im nächsten Schritt die Betriebsentwicklungen nach Sektoren für die Kreistypen der Metropolregion Rhein-Neckar analysiert. Zunächst ist festzuhalten, dass die Anzahl der Betriebe im Zeitraum zwischen 1999 und 2005 mit Ausnahme des Kreistyps IV in allen Kreistypen gestiegen ist. Kreistyp I kann eine Erhöhung der Gesamtzahl der Betriebe in Höhe von 2,50 %, Kreistyp II von 2,25 %, Kreistyp III von 6,57 % und Kreistyp VI von 2,96 % verbuchen. Betrachtet man die einzelnen Sektoren, so kann für alle Kreistypen ein Rückgang der Betriebe im produzierenden Bereich festgestellt werden (vgl. Tabelle 17).

Im Dienstleistungsbereich hingegen erhöht sich die Anzahl der Betriebe in allen Kreistypen zwischen vier und gut zehn Prozent. Die Anteile der Betriebe im primären Sektor unterscheiden sich zwischen den einzelnen Kreistypen recht stark. So liegt die Spanne im Jahr 2005 zwischen 0,88 % im Kreistyp I und 5,75 % im Kreistyp II (jeweils bezogen auf die Gesamtzahl der Betriebe im entsprechenden Kreistyp). Auffällig ist der sehr hohe Anteil an Betrieben im Dienstleistungsbereich, der zwischen 74 % und 86 % schwankt.

---

[340] Im Bereich der wirtschaftlichen Dienstleistungen beläuft sich die Anzahl der Betriebe im Jahr 2005 auf 4.046.

		Primär	Sekundär	Tertiär
KT I	1999: Anzahl (Anteil)	84 (0,93 %)	1.308 (14,43 %)	7.670 (84,64 %)
	2005: Anzahl (Anteil)	82 (0,88 %)	1.191 (12,82 %)	8.016 (86,32 %)
	Wachstum$_{1999-2005}$	-2,38 %	-8,94 %	4,51 %
KT II	1999: Anzahl (Anteil)	351 (2,35 %)	3.177 (21,31 %)	11.381 (76,34 %)
	2005: Anzahl (Anteil)	336 (2,19 %)	2.880 (18,89 %)	12.029 (78,90 %)
	Wachstum$_{1999-2005}$	-4,27 %	-9,35 %	5,69 %
KT III	1999: Anzahl (Anteil)	409 (5,63 %)	1.447 (19,92 %)	5.409 (74,45 %)
	2005: Anzahl (Anteil)	445 (5,75 %)	1.348 (17,41 %)	5.949 (76,84 %)
	Wachstum$_{1999-2005}$	8,80 %	-6,84 %	9,98 %
KT IV	1999: Anzahl (Anteil)	95 (4,44 %)	527 (24,60 %)	1.520 (70,96 %)
	2005: Anzahl (Anteil)	81 (3,82 %)	455 (21,45 %)	1.585 (74,73 %)
	Wachstum$_{1999-2005}$	-14,74 %	-13,66 %	4,28 %
KT VI	1999: Anzahl (Anteil)	37 (3,04 %)	242 (19,90 %)	937 (77,06 %)
	2005: Anzahl (Anteil)	37 (2,96 %)	203 (16,21 %)	1.012 (80,83 %)
	Wachstum$_{1999-2005}$	0,00 %	-16,12 %	8,00 %

Tabelle 17: Entwicklung der Betriebsstruktur nach Kreistypen.[341]

Trotz der festgestellten starken Unterschiede bezüglich der Bruttowertschöpfung in den Kreistypen ist die Struktur der Betriebe, bezogen auf die drei Sektoren, recht ähnlich. Betrachtet man die Entwicklung der Betriebsstruktur auf Kreisebene, so kann für die Städte Mannheim, Ludwigshafen und Heidelberg beobachtet werden, dass sie sich hinsichtlich dieser kaum voneinander unterscheiden. Obwohl in Ludwigshafen knapp 70 % der Bruttowertschöpfung im sekundären Sektor erwirtschaftet wird, sind gut 80 % der Betriebe im tertiären Sektor angesiedelt. Die Relevanz des tertiären Sektors nimmt auch bis zum Jahr 2010 in der Region nicht ab, was die Daten des regionalen Arbeitsmarkt-monitoring der Metropolregion Rhein-Neckar GmbH bestätigen. Mit einem Anteil der Betriebe im Dienstleistungssektor von 77,3 % im Jahr 2010 liegt die MRN sowohl leicht über dem Anteil der alten Bundesländer (77,1 %) als auch über dem des gesamten Bundesgebiets (76,9 %).[342] Die Anteile des tertiären Sektors in der MRN schwanken hierbei auf Kreisebene zwischen 66,2 % im Kreis Südliche Weinstraße und 88,7 % in der Stadt Heidelberg.

Zusammenfassung

Die Analyse der Betriebsentwicklung hat gezeigt, dass der Bereich der Dienstleistungen in der Metropolregion Rhein-Neckar über alle Kreise hinweg an Bedeutung gewinnt. Die Einführung des Zweiten Gesetzes für moderne Dienstleistungen am Arbeitsmarkt scheint ebenfalls zum Wachstum des tertiären Sektors beigetragen zu haben, da gerade zwischen den Jahren 2003 und 2004 ein starkes Wachstum dieses Sektors festgestellt werden konnte. Ein weiteres Indiz für die

---

[341] Quelle: Betriebs-Historik-Panel (IAB), eigene Berechnungen.
[342] Vgl. Metropolregion Rhein-Neckar (2011b).

Relevanz des Dienstleistungsbereiches ist die Diskrepanz zwischen Bruttowertschöpfung und Betriebsanteilen in den einzelnen Kreisen. Die Unterschiede in der Bruttowertschöpfung der einzelnen Kreise für die drei Sektoren sind zwar stark ausgeprägt, jedoch kann für alle Kreise bzw. Kreistypen festgestellt werden, dass der Anteil der Betriebe im tertiären Sektor bei mindestens 70 % liegt. Diese Bedeutung des Dienstleistungsbereichs stellt ebenfalls hohe Anforderungen an das in der Region ansässige Humankapital. Ein steigender Anteil an forschungs- und wissensintensiven Dienstleistungen bedingt auch eine gestiegene Nachfrage nach hohen Qualifikationen.[343] Hierzu wird im nachfolgenden Abschnitt analysiert, ob und wie sich die Beschäftigungsstruktur in der Region verändert hat und ob hieraus ein eventueller Handlungsbedarf ersichtlich ist.

3.3.2 Betriebliche Nachfrage nach Humankapital

Neben der Analyse der Betriebsstruktur, die bereits erste Hinweise auf den Wandel von der Industrie- zur Dienstleistungsgesellschaft in der Metropolregion Rhein-Neckar gegeben hat, wird zusätzlich die Beschäftigungsentwicklung in den einzelnen Wirtschaftszweigen und Kreisen untersucht. Ziel hierbei ist die Identifikation der Branchen, die zu einem positiven Wachstum der Beschäftigung in der Region beitragen und solchen, die diesbezüglich starke Verluste aufweisen. Aufbauend auf den vorangegangenen Ergebnissen wird vermutet, dass sich der tertiäre Sektor als Beschäftigungstreiber erweisen wird, während im sekundären Sektor eher mit einem Beschäftigungsrückgang zu rechnen ist. Neben den Daten des Betriebs-Historik-Panels werden ebenfalls die INKAR Daten ausgewertet, da diese zusätzliche Informationen zur Beschäftigung in kreativen Branchen, unternehmensbezogenen Dienstleistungen und High-Tech-Branchen enthalten und zudem einen aktuelleren Bezugszeitraum aufweisen.

Insgesamt ist die Beschäftigung in der Metropolregion Rhein-Neckar im Zeitraum von 1999 bis zum Jahr 2005 um 2,71 % gestiegen. Dieser Beschäftigungsanstieg verteilt sich jedoch nicht gleichmäßig auf die einzelnen Wirtschaftsbereiche der Region. Während im produzierenden Sektor ein Rückgang der Beschäftigung um 11,74 % festgestellt werden kann, hat diese im Dienstleistungssektor um gut acht Prozent zugenommen. Nachfolgend soll daher zunächst analysiert werden, wie sich der Beschäftigungsrückgang auf die einzelnen Wirtschaftszweige des sekundären Sektors verteilt. Ausgangspunkt der Analyse bildet die Gesamtzahl der Beschäftigten je Sektor im Jahr 1999. In Tabelle 18 sind die Ergebnisse für beide Stichproben dargestellt.

Ein Vergleich dieser zeigt, dass vor allem in der Chemiebranche große Abweichungen in Bezug auf die Anzahl und den Anteil der Beschäftigten zu konstatieren sind. Mit einem Anteil von über elf Prozent aller Beschäftigten war die Chemiebranche 1999 hinter dem Handel der zweitgrößte Wirtschaftszweig der Region.[344] Bedenkt man, dass der Anteil der Chemiebetriebe an allen Be-

---

[343] Vgl. Bellmann et al. (2002), S. 267.
[344] Vgl. Tabellen Tab. A 10 und Tab. A 11 im Anhang für die Beschäftigungsstruktur des tertiären Sektors.

trieben in der MRN lediglich 0,2 %, der Anteil der Beschäftigten jedoch über 12 Prozent beträgt, so ist diese Branche vor allem durch Großbetriebe bzw. Konzerne gekennzeichnet.[345]

Für die Branchen Nahrung- und Genussmittel, Textil- und Lederindustrie, das verarbeitende Gewerbe und die Branche Energie und Wasser sind die Unterschiede zwischen den beiden Stichproben vergleichsweise gering. Etwas größer sind die Diskrepanzen im Fahrzeug- und Maschinenbau sowie dem Baugewerbe. Zusätzlich unterscheiden sich diese beiden Wirtschaftszweige in ihrer Struktur stark voneinander. Ähnlich der Chemiebranche ist auch der Fahrzeug- und Maschinenbau eher durch wenige große Betriebe gekennzeichnet und der Anteil der Beschäftigten liegt in Stichprobe 1 mit über sechs Prozent deutlich über dem Anteil an Beschäftigten in kleinen und mittelständischen Unternehmen (KMU) (Stichprobe 2). Im Gegensatz hierzu ist die Baubranche stark durch kleine und mittlere Unternehmen geprägt. Ihr Beschäftigtenanteil in Stichprobe 2, in der keine Großbetriebe enthalten sind, ist mit 9,42 % bedeutend größer als in Stichprobe 1 (5,87 %).

	Ohne Großbetriebe (SP 2)		Mit Großbetrieben (SP 1)	
	Anzahl Beschäftigte 1999	Anteil Beschäftigte 1999	Anzahl Beschäftigte 1999	Anteil Beschäftigte 1999
Nahrung	7.804	2,97%	12.271	2,60%
Textil & Leder	980	0,37%	2.061	0,44%
Chemie	1.956	0,75%	57.029	12,06%
FMB	6.470	2,47%	29.045	6,14%
Verarb. Gewerbe & Bergbau	27.030	10,30%	51.408	10,87%
Energie & Wasser	1.099	0,42%	6.248	1,32%
Baugewerbe	24.726	9,42%	27.753	5,87%

Tabelle 18: Verteilung der Beschäftigung im sekundären Sektor im Jahr 1999.[346]

Um nachfolgend zu analysieren, in welchen Bereichen des sekundären Sektors ein Rückgang der Beschäftigung zwischen den Jahren 1999 und 2005 stattgefunden hat, sind in Abbildung 12 die Wachstumsraten der Beschäftigung (bezogen auf Stichprobe 2) dargestellt. Diese verdeutlichen, dass mit Ausnahme der Chemiebranche in allen Wirtschaftsbereichen des sekundären Sektors Beschäftigungsverluste zu verzeichnen sind. Vor allem in der Textil- und Lederindustrie ist der prozentuale Rückgang im betrachteten Zeitraum mit über 36 % sehr stark. Da dieser Industriezweig mit einem Anteil von unter 0,4 % (vgl. Tabelle 18) aller Beschäftigten sehr klein ist, relativiert dies den starken prozentualen Rückgang. Bedeutender sind hingegen die absoluten Verluste

---

[345] Eine detaillierte Analyse der Chemiebranche sowie weiterer Schwerpunktbranchen der Region findet in Abschnitt 3.4 statt. Hierbei wird insbesondere auf die strategische Ausrichtung der MRN eingegangen.
[346] Quellen: Betriebs-Historik-Panel (IAB), eigene Berechnungen und Darstellung.

im Nahrungs- und Genussmittelgewerbe (- 1.201 Beschäftigte) und der Baubranche (- 4.692 Beschäftigte).[347]

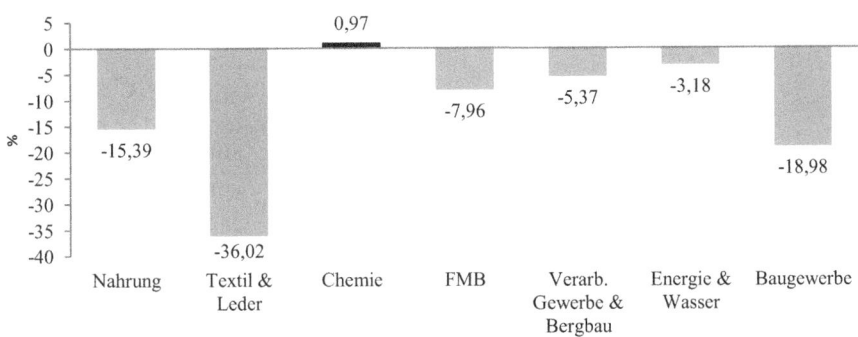

Abbildung 12: Beschäftigungswachstum im produzierenden Sektor zwischen 1999 und 2005.[348]

Lediglich für die Chemiebranche kann im produzierenden Sektor sowohl ein positives Wachstum der Gesamtbeschäftigung als auch der Betriebe festgestellt werden. Dieses Ergebnis relativiert sich jedoch, sofern auch Betriebe mit mehr als 200 Beschäftigen in die Analyse mit aufgenommen werden. In Stichprobe 1 ist für die Chemiebranche ein Rückgang der Beschäftigung zwischen 1999 und 2005 von 10,5 % festzustellen.[349] Dieses Ergebnis zeigt, dass vor allem die großen Betriebe der Region in diesem Zeitraum Beschäftigung abgebaut haben und die kleinen und mittleren Unternehmen eher gewachsen sind. Umgekehrt kann der Fahrzeug- und Maschinenbau in Stichprobe 1 einen Beschäftigungszuwachs von 0,73 % aufweisen. In dieser Branche sind es also vor allem die kleinen und mittleren Unternehmen, die Beschäftigung abgebaut zu haben.

Betrachtet man die Beschäftigungsentwicklung auf Ebene der Kreistypen, so lassen sich für alle Kreistypen negative Wachstumsraten im sekundären Sektor nachweisen.[350] Auch für die einzelnen Kreistypen ist zu beobachten, dass vor allem die Textil- und Lederindustrie stark an Beschäftigung abgebaut hat. Die Verluste liegen zwischen 20 % (Kreistyp II) und 47 % (Kreistyp I).[351] Aber auch das Baugewerbe, die Nahrungs- und Genussmittelindustrie sowie der Fahrzeug- und Maschinenbau müssen teilweise empfindliche Beschäftigungseinbußen hinnehmen.

Auf welche Wirtschaftsbereiche die positive Beschäftigungsentwicklung des tertiären Sektors mit einem Zuwachs von rund acht Prozent zurückzuführen ist, wird nachfolgend analysiert. In Analogie zum sekundären Sektor stellt auch hier die Struktur der Gesamtbeschäftigung – differenziert nach den beiden Stichproben – den Ausgangspunkt dar (vgl. Tabelle 19). Zunächst ist festzustel-

---

[347] Vgl. Tabelle Tab. A 7 im Anhang.
[348] Quellen: Betriebs-Historik-Panel (IAB), eigene Berechnungen und Darstellung.
[349] Vgl. Tabelle Tab. A 8 im Anhang.
[350] Vgl. Tabelle Tab. A 9 im Anhang.
[351] Kreistyp VI ist von dieser Analyse ausgenommen, da in diesem die Anzahl der Betriebe im Wirtschaftsbereich „Textil und Leder" zu gering sind und daher aus Gründen des Datenschutzes nicht ausgewiesen werden.

len, dass die Beschäftigungsstruktur (Anteile an allen Beschäftigten in der MRN) zwischen den beiden Stichproben mit Ausnahme der Handelsbranche kaum Unterschiede aufweist.

	Ohne Großbetriebe (SP 2)		Mit Großbetrieben (SP 1)	
	Anzahl Beschäftigte 1999	Anteil Beschäftigte 1999	Anzahl Beschäftigte 1999	Anteil Beschäftigte 1999
Handel	57.731	22,01%	69.811	14,77%
Gastgewerbe	13.459	5,13%	14.222	3,01%
Verkehr	12.779	4,87%	14.904	3,15%
Nachrichten	2.207	0,84%	4.507	0,95%
Kredit & Versicherung	6.941	2,65%	13.999	2,96%
Grundstücke	6.639	2,53%	6.825	1,44%
Datenverarbeitung	3.910	1,49%	11.845	2,51%
F & E	1.038	0,40%	3.647	0,77%
Wirtschaftl. DL	24.378	9,29%	39.410	8,34%
Öffentliche Verwaltung	10.677	4,07%	23.620	5,00%
Erziehung & Unterricht	8.782	3,35%	18.226	3,86%
Gesundheitswesen	24.943	9,51%	42.220	8,93%
Öff. & priv. DL	14.982	5,71%	19.103	4,04%

Tabelle 19: Verteilung der Beschäftigung im Tertiären Sektor im Jahr 1999.[352]

Im tertiären Sektor erweisen sich vor allem die Branchen Handel, Gesundheitswesen und wirtschaftliche Dienstleistungen als sehr relevant in Bezug auf die Beschäftigungssituation der MRN. Weitaus weniger stark vertreten sind die Bereiche F&E, Datenverarbeitung und Nachrichten. Gerade die beiden erstgenannten Bereiche sind jedoch mit Blick auf eine voranschreitende Tertiarisierung und den Trend zu einer Wissensgesellschaft sehr bedeutsam für die Regionalentwicklung. Ob und inwiefern die befragten Experten in diesem Bereich ein Defizit der Region sehen, wird ausführlich in Kapitel 4.3 diskutiert.

Die Analyse der Beschäftigungsentwicklung im tertiären Sektor zeigt in Analogie zur Betriebsentwicklung in fast allen Bereichen einen positiven Trend auf (vgl. Abbildung 13). Die stärksten prozentualen Zuwächse sind in den Bereichen Nachrichtenübermittlung mit einem Wachstum von über 92 %, wirtschaftliche Dienstleistungen (knapp 50 %), Forschung und Entwicklung (knapp 45 %) und öffentliche und private Dienstleistungen mit einem Wachstum von rund 45 % im Zeitraum zwischen 1999 und 2005 zu verzeichnen.

---

[352] Quellen: Betriebs-Historik-Panel (IAB), eigene Berechnungen und Darstellung.

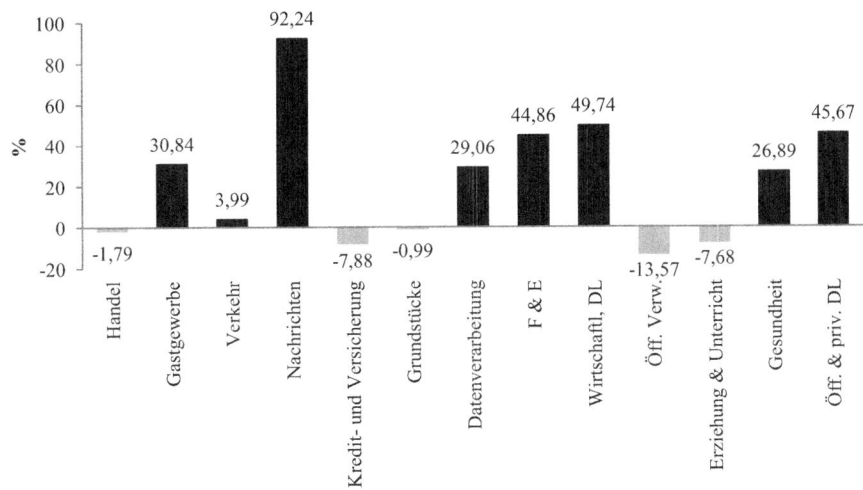

Abbildung 13: Beschäftigungswachstum im DL-Sektor zwischen 1999 und 2005.[353]

Da gerade der Bereich der Nachrichtenübermittlung mit einem Anteil von unter einem Prozent an allen Beschäftigten in der Region sehr klein ist, relativiert sich dieser starke prozentuale Rückgang. Von besonderer Bedeutung für die Region ist der Anstieg der Beschäftigung in den Bereichen öffentliche und private sowie den wirtschaftlichen Dienstleistungen, die mit einem Beschäftigtenanteil von 5,7 % und knapp 9,3 % bereits im Jahr 1999 zu den beschäftigungsstärkeren zählten.[354] Positiv zu beurteilen ist die Entwicklung in den Bereichen Forschung und Entwicklung und der Datenverarbeitung. Im Kreistyp IV (Neckar-Odenwald-Kreis) ist die Anzahl der Beschäftigten im Bereich der Datenverarbeitung zwischen 1999 und 2005 (laut Stichprobe 2) von 13 auf 136 Beschäftigte sogar um mehr als das Zehnfache angestiegen.[355] Die Analyse der Stichprobe 1 zeigt jedoch, dass gerade in diesem Wirtschaftszweig ein Rückgang der Beschäftigung um knapp 33 % für die gesamte Region verzeichnet werden muss. Absolut betrachtet bedeutet dies einen Rückgang um 3.852 Beschäftigte, der vor allem auf größere Betriebe zurückgeführt werden kann.[356]

Im Folgenden soll zusätzlich zur Analyse der Beschäftigungsentwicklung des tertiären Sektors die Beschäftigungsentwicklung im Dienstleistungsbereich nach „ausgeführter Tätigkeit" betrach-

---

[353] Quellen: Betriebs-Historik-Panel (IAB); eigene Berechnungen und Darstellung.
[354] Die Analyse von Stichprobe 1 ergibt für den Bereich der wirtschaftlichen Dienstleistungen einen absoluten Beschäftigungsanstieg von +6.505 Personen; im Bereich der öffentlichen und privaten Dienstleistungen beläuft sich dieser auf +3.625.
[355] Kreistyp VI ist von dieser Analyse ausgenommen, da die Anzahl der Betriebe im Wirtschaftsbereich Nachrichtenübermittlung zu gering ist und daher aus Gründen des Datenschutzes auch die Anzahl der Beschäftigten in diesem Bereich nicht ausgewiesen werden. Quellen: Betriebs-Historik-Panel (IAB), eigene Berechnungen und Darstellung.
[356] Vgl. Tabellen Tab. A 10 und Tab. A 11 im Anhang.

tet werden. Da im Betriebs-Historik-Panel hierüber jedoch keine Informationen enthalten sind, werden für diese Fragestellung die INKAR-Daten herangezogen.[357]

Im Zeitraum zwischen 2003 und 2008 hat sich in fast allen Kreisen der Region die Beschäftigung im Bereich der Dienstleistungsberufe positiv entwickelt (von 1,1 % in Ludwigshafen am Rhein bis zu 13,8 % in Worms). Beschäftigungsverluste müssen lediglich in drei Kreisen (Frankenthal - 2,1 %, Neustadt an der Weinstraße -2,2 % und Neckar-Odenwald-Kreis -2,1 %) verzeichnet werden. Der Anteil der sozialversicherungspflichtigen Beschäftigten in diesem Bereich (gemessen an allen sozialversicherungspflichtig Beschäftigen im jeweiligen Kreis) schwankt im Jahr 2008 zwischen 50,1 % in Ludwigshafen und 74 % in Heidelberg. Somit sind in der gesamten Metropolregion Rhein-Neckar mehr als die Hälfte aller sozialversicherungspflichtigen Beschäftigten im Dienstleistungsbereich tätig.[358] Betrachtet man die Entwicklung dieses Beschäftigungsanteils, so kann für die meisten Kreise der MRN eine positive Tendenz zwischen den Jahren 1995 und 2008 und somit auch eine gestiegene Relevanz dieses Sektors festgestellt werden. Der Anteil im Rhein-Neckar-Kreis ist beispielsweise um 8,7 Prozentpunkte, der in Mannheim um 6,2 Prozentpunkte und der in Heidelberg um 5,2 Prozentpunkte gestiegen. Ein Rückgang ist lediglich für die Kreise Frankenthal (-0,6 Prozentpunkte) und Landau (-0,9 Prozentpunkte) zu beobachten.

Ein weiterer Wirtschaftsbereich, der nicht durch die Daten des Betriebs-Historik Panels abgebildet wird, ist die Beschäftigung in kreativen Bereichen. Hierzu zählen u. a. das Verlagsgewerbe, die Film- und Musikindustrie, Design, Werbung, Architektur und Software/Spiele. Der Anteil an sozialversicherungspflichtigen Beschäftigten in diesem Bereich (gemessen an allen sozialversicherungspflichtigen Beschäftigten) differiert stark zwischen den einzelnen Kreisen der Region (vgl. Tabelle 20).

Während im Rhein-Neckar-Kreis ein Zehntel der sozialversicherungspflichtigen Beschäftigten im kreativen Bereich tätig ist, liegt dieser Anteil im Kreis Südliche Weinstraße bei unter einem Prozent. Auch im Bereich der sogenannten High-Tech-Branchen[359] können große Differenzen hinsichtlich des Beschäftigungsanteils festgestellt werden. Diese schwanken in den einzelnen Kreisen zwischen 3,5 % (Bad Dürkheim) und knapp 44 % (Ludwigshafen am Rhein). Interessant im Hinblick auf die Entwicklung der Nachfrage nach hochqualifiziertem Personal ist ebenfalls die Branche der wissensintensiven, unternehmensbezogenen Dienstleistungen.[360] Im Jahr 2008 beträgt der Anteil der Beschäftigten in dieser Branche im Stadtkreis Mannheim 8,8 %, in Heidelberg 12,8 % und im Rhein-Neckar-Kreis sogar 17 % aller sozialversicherungspflichtig Beschäftigten.

---

[357] Vgl. Bundesinstitut für Bau, Stadt-und Raumforschung (2011).
[358] Wie hoch der Anteil genau ist, kann anhand der Daten nicht berechnet werden, da lediglich die Anteile der sozialversicherungspflichtigen Beschäftigten pro Kreis und in der jeweiligen Branche (bezogen auf alle sozialversicherungspflichtigen Beschäftigten pro Kreis) vorliegen. Eine Berechnung des MRN-Durchschnitts ist daher nicht möglich.
[359] Unter High-Tech Branchen werden F&E-intensive Industriezweige der Spitzentechnologie und der gehobenen Gebrauchstechnologie verstanden (vgl. Bundesinstitut für Bau, Stadt-und Raumforschung (2011)).
[360] Hierunter werden nicht standardisierbare Leistungen verstanden.

Kreis	Anteil Beschäftigte in kreativen Bereichen 2008	Anteil Beschäftigte in High-Tech-Branchen 2008	Anteil Beschäftigte in unternehmensbezogenen DL 2008
Frankenthal (Pfalz)	2,4 %	26,6 %	5,2 %
Heidelberg	4,8 %	11,2 %	12,8 %
Landau in der Pfalz	2,3 %	6,3 %	7,2 %
Ludwigshafen am Rhein	4,3 %	43,8 %	6,0 %
Mannheim	4,0 %	18,9 %	8,8 %
Neustadt/Weinstraße	5,3 %	4,4 %	9,9 %
Speyer	2,2 %	14,3 %	5,8 %
Worms	1,7 %	14,2 %	4,7 %
Bad Dürkheim	1,6 %	3,5 %	5,7 %
Bergstraße	2,6 %	11,1 %	7,8 %
Germersheim	0,7 %	36,3 %	3,9 %
Neckar-Odenwald-Kreis	1,3 %	14,7 %	4,7 %
Rhein-Neckar-Kreis	10,0 %	15,7 %	17,0 %
Rhein-Pfalz-Kreis	1,7 %	4,4 %	5,4 %
Südliche Weinstraße	0,9 %	12,4 %	3,6 %

Tabelle 20: Beschäftigte in kreativen und wissensintensiven Bereichen im Jahr 2008.[361]

Zwischen 2003 und 2008 kann in diesem Bereich ein Anstieg der sozialversicherungspflichtigen Beschäftigten (und somit auch der Relevanz dieses Wirtschaftszweiges) in den meisten Kreisen der Metropolregion Rhein-Neckar festgestellt werden (vgl. Tabelle 21).[362]

Während bspw. der Neckar-Odenwald-Kreis, der Rhein-Neckar-Kreis, der Rhein-Pfalz-Kreis, Kreis Bergstraße und auch Landau einen starken Anstieg der Relevanz unternehmensbezogener Dienstleistungen zwischen knapp 15 % und gut 28 % aufweisen, ist in Mannheim, Neustadt, Worms, Bad Dürkheim und Germersheim ein Rückgang der Bedeutung festzustellen.[363] Betrachtet man hingegen die Entwicklung seit dem Jahr 2001, so kann lediglich für drei Kreise (Worms, Bad Dürkheim und Germersheim) eine negative Beschäftigungstendenz (gemessen in Prozentpunkten) beobachtet werden.

---

[361] Quelle: Bundesinstitut für Bau, Stadt-und Raumforschung (2011).
[362] Vgl. Bundesinstitut für Bau, Stadt-und Raumforschung (2011). Die Anteile der Beschäftigung im Bereich der unternehmensbezogenen Dienstleistungen nach Jahren und Kreisen kann Tabelle Tab. A 12 im Anhang entnommen werden.
[363] Aufgrund der Darstellung der Wachstumsrate in den INKAR Daten können keine Rückschlüsse auf die absoluten Gewinne und Verluste der Beschäftigung gezogen werden. So kann eine stark negative Entwicklung, wie beispielsweise in Worms auch darauf zurückgeführt werden, dass an sich nur eine geringe Anzahl an Beschäftigten in diesem Bereich tätig war und ist.

Kreis	Entwicklung der Beschäftigung in unternehmensbezogenen DL 2003-2008
Frankenthal (Pfalz)	1,9 %
Heidelberg	2,9 %
Landau in der Pfalz	14,8 %
Ludwigshafen am Rhein	8,3 %
Mannheim	-4,2 %
Neustadt an der Weinstraße	-3,4 %
Speyer	18,3 %
Worms	-20,3 %
Bad Dürkheim	-3,0 %
Bergstraße	19,5 %
Germersheim	-4,6 %
Neckar-Odenwald-Kreis	22,2 %
Rhein-Neckar-Kreis	28,3 %
Rhein-Pfalz-Kreis	20,7 %
Südliche Weinstraße	1,7 %

Tabelle 21: Beschäftigungsentwicklung in unternehmensbezogenen Dienstleistungen zwischen 2003 und 2008.[364]

Insgesamt kann der Metropolregion Rhein-Neckar im Zeitraum zwischen 2001 und 2008 ein positiver Trend der Beschäftigung im Bereich wissensintensiver Dienstleistungen bescheinigt werden, der darauf schließen lässt, dass sich die Qualifikationsstrukturen zugunsten höherer Qualifikationen in der Region verschieben wird.

Zusammenfassung:

Im Rahmen der Analyse der Beschäftigungsentwicklung kann festgestellt werden, dass vor allem im produzierenden Sektor und hier insbesondere im Bereich der Nahrungs- und Genussmittelindustrie sowie der Baubranche ein starker Beschäftigungsrückgang stattgefunden hat. Als Wachstumstreiber der MRN können stellen sich die Bereiche Gesundheit, wirtschaftliche Dienstleistungen und öffentliche und private Dienstleistungen des tertiären Sektors heraus. Positiv hervorzuheben ist das Wachstum im Bereich der Datenverarbeitung, wenngleich der Anteil der Beschäftigten in diesem insgesamt niedrig ist. Weiterhin konnte für den kreativen Bereich, die unternehmensbezogenen Dienstleistungen und die Beschäftigung in High-Tech-Branchen ein Bedeutungsgewinn für die Region festgestellt werden. Diese Ergebnisse stehen im Einklang mit den bisherigen Auswertungen zur Entwicklung der Bruttowertschöpfung und Betriebe und zeigen

---

[364] Quelle: Bundesinstitut für Bau, Stadt-und Raumforschung (2011).

deutlich, dass sich auch die Metropolregion Rhein-Neckar auf dem Weg zur „Dienstleistungs- und Wissensgesellschaft" befindet. Der Inputfaktor Humankapital gewinnt an Bedeutung, sodass eine Verschiebung der Qualifikationsstrukturen zugunsten höherer Qualifikationen stattfinden wird. Wie sich diese in den einzelnen Wirtschaftsbereichen zwischen den Jahren 1999 und 2005 entwickelt haben, wird im nachfolgenden Abschnitt analysiert.

3.3.3 Veränderung in der Qualifikationsstruktur[365]

Ziel dieses Abschnittes ist die Identifikation der Branchen, in denen sich die Qualifikationsstruktur auffällig verändert hat und deren zukünftiger Bedarf nach höheren Qualifikationen steigen wird.[366] Für die Auswertungen wird auf Stichprobe 2 des Betriebs-Historik-Panels (ohne „Großbetriebe") zurückgegriffen, da durch einzelne Großbetriebe in Stichprobe 1 stark verzerrende Effekte – beispielsweise in der Branche der Datenverarbeitung – auftreten.

Nachfolgend werden die Entwicklungen der Anzahl an „Geringqualifizierten", „Mittelqualifizierten" und „Hochqualifizierten" in den Betrieben analysiert. Unter „Geringqualifizierten" werden alle Beschäftigten verstanden, die weder eine Berufsausbildung durchlaufen haben, noch ein Abitur als höchsten Bildungsabschluss besitzen. Beschäftigte, die als höchsten Bildungsabschluss ein Abitur vorweisen können oder alternativ eine Berufsausbildung durchlaufen haben, werden der Gruppe der „Mittelqualifizierten" zugeordnet. Als „hochqualifiziert" wird man mit Vorhandensein eines Fachhochschul- oder Hochschulabschlusses bezeichnet.[367] Im Rahmen der Ergebnisinterpretation ist jedoch zu beachten, dass in den Daten ebenfalls Beschäftigte enthalten sind, deren Bildungsabschluss unbekannt ist, sodass eine exakte Beschreibung der Entwicklung der Qualifikationsstruktur nicht möglich ist. Als Ausgangspunkt der Interpretation dient ein Vergleich der Anzahl der Beschaftigten nach Wirtschaftszweig und Qualifikation (vgl. Tabelle 22).

Da die bisherigen Ergebnisse deutlich auf eine Verschiebung der Wirtschaftsstruktur in der Metropolregion Rhein-Neckar hinweisen, werden sich auch die betrieblich nachgefragten Qualifikationen dieser Veränderung anpassen. Es ist daher davon auszugehen, dass die Nachfrage nach höheren Qualifikationen zu- und die Nachfrage nach geringen Qualifikationen abnimmt. Wirtschaftszweige, die bereits 1999 einen verhältnismäßig hohen Anteil an Hochqualifizierten beschäftigten, sind die Bereiche F&E, Datenverarbeitung, Erziehung und Unterricht, wirtschaftliche Dienstleistungen sowie die Chemiebranche. Mit Ausnahme des Wirtschaftszweiges Erziehung und Unterricht handelt es sich hierbei um Bereiche, denen im Rahmen der Analyse der Betriebs- und Beschäftigungsentwicklung eine hohe Bedeutung für die Metropolregion Rhein-Neckar zu-

---

[365] Die Analyse der Veränderung der Qualifikationsstrukturen ist in stark gekürzter Form bereits veröffentlicht. Vgl. hierzu Oechsler/Müller (2010), S. 102-107.
[366] Da sich die Auswertungen auf die Daten des Betriebs-Historik-Panels beziehen, ist zu beachten, dass dieses die oben genannten Branchen (wie z. B. die Kreativwirtschaft oder unternehmensnahe Dienstleistungen) nicht enthält. Ferner sind die Daten nur bis zum Jahr 2005 verfügbar, sodass nachfolgende Entwicklungen hiermit nicht aufgezeigt werden können. Dennoch ist es nur mit den Daten des Betriebs-Historik-Panels möglich, die Branchen zu analysieren, die sich auf regionaler Ebene besonders positiv oder negativ entwickelt haben.
[367] Vgl. Spengler (2007), S. 17-19.

geschrieben wurde. Den größten Anteil an Geringqualifizierten weisen neben der Landwirtschaft das Gastgewerbe, die Textil- und Lederindustrie, die Chemiebranche und das verarbeitende Gewerbe auf. In welchen Branchen ein Rückgang niedriger Qualifikationen und eine Zunahme an höheren Qualifikationen zu beobachten ist, wird nachfolgend analysiert.

Wirtschaftszweig	Anzahl (Anteil) Beschäftigte in 1999		
	Geringqualifiziert	Mittelqualifiziert	Hochqualifiziert
Landwirtschaft	1.289 (33,79 %)	1.585 (41,55 %)	64 (1,68 %)
Nahrung und Genussmittel	1.733 (22,21 %)	4.723 (60,52 %)	54 (0,69 %)
Textil & Leder	321 (32,76 %)	425 (43,37 %)	20 (2,04 %)
Chemie	505 (25,82 %)	1.128 (57,67 %)	186 (9,51 %)
Fahrzeug- und Maschinenbau	882 (13,63 %)	4.828 (74,62 %)	390 (6,03 %)
Verarb. Gewerbe & Bergbau	6.635 (24,55 %)	15.973 (59,09 %)	1.067 (3,95 %)
Energie & Wasser	140 (12,74 %)	901 (81,98 %)	46 (4,19 %)
Baugewerbe	5.659 (22,89 %)	15.627 (63,20 %)	515 (2,08 %)
Handel	10.129 (17,55 %)	36.596 (63,39 %)	1.361 (2,36 %)
Gastgewerbe	3.674 (27,30 %)	4.213 (31,30 %)	48 (0,36 %)
Verkehr	2.338 (18,30 %)	7.483 (58,56 %)	111 (0,87 %)
Nachrichtenübermittlung	284 (12,87 %)	1.123 (50,88 %)	14 (0,63 %)
Kredit- und Versicherung	757 (10,91 %)	5.545 (79,89 %)	349 (5,03 %)
Grundstücke	880 (13,26 %)	2.947 (44,39 %)	183 (2,76 %)
Datenverarbeitung	174 (4,45 %)	2.027 (51,84 %)	1.064 (27,21 %)
F & E	77 (7,42 %)	475 (45,76 %)	341 (32,85 %)
Wirtschaftl. DL	3.773 (15,48 %)	13.441 (55,14 %)	2.318 (9,51 %)
Öffentliche Verwaltung	2.210 (20,70 %)	7.559 (70,80 %)	500 (4,68 %)
Erziehung & Unterricht	1.481 (16,86 %)	4.765 (54,26 %)	1.686 (19,20 %)
Gesundheitswesen	4.730 (18,96 %)	14.777 (59,24 %)	1.361 (5,46 %)
Öffentliche & private DL	3.204 (21,39 %)	7.406 (49,43 %)	737 (4,92 %)

Tabelle 22: Beschäftigte nach Wirtschaftszweig und Qualifikation im Jahr 1999.[368]

Entwicklung der Geringqualifizierten

Im Beobachtungszeitraum zwischen 1999 und 2005 ist die Gesamtzahl der beschäftigten Geringqualifizierten insgesamt um 16,8 % gesunken. Dies kann für alle Wirtschaftssektoren beobachtet werden. Während die Anzahl an Personen mit geringer Qualifikation im primären Sektor um über

---

[368] Quellen: Betriebs-Historik-Panel, eigene Berechnungen und Darstellung.

19 % zurückgegangen ist, muss im sekundären Sektor sogar ein Rückgang von knapp 28 % festgestellt werden. Auch im tertiären Sektor ist die Anzahl der Geringqualifizierten um gut 12 % gesunken. Betrachtet man die einzelnen Wirtschaftszweige, so ist in fast allen ein Rückgang der geringqualifizierten Beschäftigten zu verzeichnen (vgl. Abbildung 14).

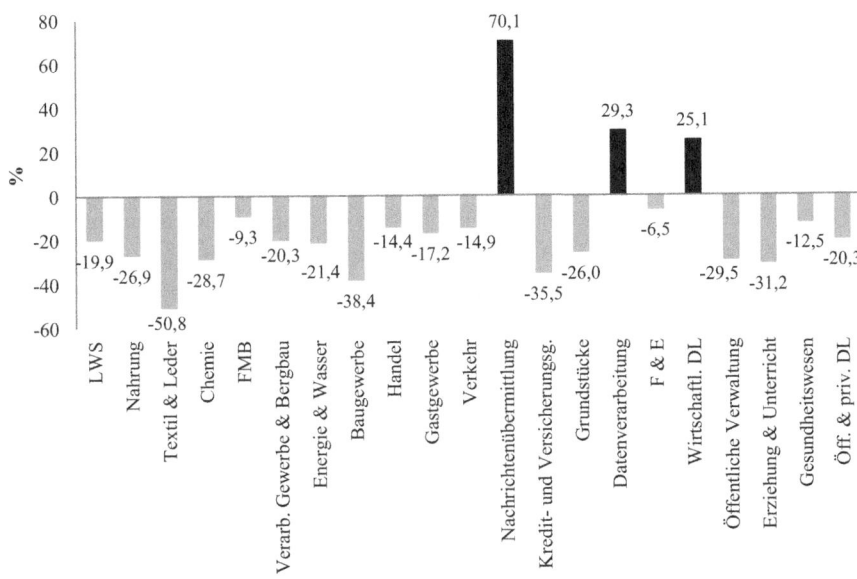

Abbildung 14: Entwicklung der Geringqualifizierten zwischen 1999 und 2005 nach Branchen.[369]

Ausnahmen bilden lediglich die Nachrichtenübermittlung mit einem Anstieg von über 70 %, die Branche der Datenverarbeitung mit einem Anstieg von knapp 30 % und der Bereich der wirtschaftlichen Dienstleistungen mit einem Wachstum von rund einem Viertel. Im sekundären Sektor ist in allen Bereichen ein Beschäftigungsrückgang bei den Geringqualifizierten zu verzeichnen. Besonders betroffen sind hiervon das Textil- und Ledergewerbe mit über 50 % und das Baugewerbe mit einem Rückgang von knapp 40 %.

Betrachtet man den Anteil der vollzeitbeschäftigten Personen mit geringer Qualifikation, so fällt der geringe Anteil von lediglich 8,34 % im Jahr 2005 im Wirtschaftszweig Erziehung und Unterricht auf. Der höchste Anteil an Vollzeitbeschäftigten mit 77,22 % kann hingegen in der Chemiebranche beobachtet werden. Die Anzahl der vollzeitbeschäftigten Personen mit geringer Qualifikation ist im betrachteten Zeitraum zwischen 1999 und 2005 insgesamt um 26 % gesunken. Dieser übersteigt somit den Rückgang der Gesamtzahl an Geringqualifizierten um gut zehn Prozentpunkte. Während im Jahr 1999 noch durchschnittlich 42,3 % aller Beschäftigten mit geringer

---

[369] Quellen: Betriebs-Historik-Panel, eigene Berechnungen und Darstellung.

Qualifikation in einem Vollzeitverhältnis standen, waren dies 2005 nur noch knapp über 40 %. Vor allem in den Bereichen Grundstücke (-1,38 PP), Gastgewerbe (-9,69 PP) und in der öffentlichen Verwaltung (-7,53 PP) kann ein starker Rückgang der Vollzeitbeschäftigten beobachtet werden.[370]

Um für die einzelnen Branchen die Relevanz dieser Qualifikationsgruppe zu analysieren, wird die Anzahl der Geringqualifizierten ins Verhältnis zu allen Beschäftigten in dieser Branche gesetzt. Mit einem Anteil von unter zehn Prozent im Jahr 2005 scheint diese Qualifikationsstufe in den Bereichen Grundstücke (9,85 %), Kredit- und Versicherungsgewerbe (7,32 %), Forschung und Entwicklung (5,66 %) und Datenverarbeitung (5,02 %) insgesamt wenig nachgefragt zu werden. Die größten Anteile mit je über 25 % aller Beschäftigten sind in der Landwirtschaft und im Textil- und Ledergewerbe zu beobachten. In letzterem muss jedoch auch der größte Beschäftigungsrückgang mit über 50 % festgestellt werden. Auffällig ist, dass im produzierenden Gewerbe der Anteil der Geringqualifizierten (an allen Beschäftigten) in jeder Branche gesunken ist. Gleiches gilt für den tertiären Sektor mit Ausnahme der Bereiche der Nachrichtenübermittlung (+2,1 PP), Datenverarbeitung (+0,6 PP) und den wirtschaftlichen Dienstleistungen (+0,01 PP). Die größten Bedeutungsverluste mit über sieben Prozent treten in der Chemiebranche, dem Textil- und Ledergewerbe, dem Gastgewerbe sowie im Bereich der öffentlichen und privaten Dienstleistungen auf.[371]

Die Analyse der einzelnen Kreistypen der Metropolregion Rhein-Neckar zeigt in Bezug auf die Entwicklung der Geringqualifizierten ein einheitliches Bild. In allen Kreistypen kann ein Rückgang der Beschäftigten mit geringer Qualifikation festgestellt werden, obwohl in den Kreistypen I, II und III gleichzeitig ein Zuwachs der Gesamtbeschäftigung zu beobachten ist. Während die Beschäftigung im Kreistyp I, also im Aggregat der drei Städte Mannheim, Heidelberg und Ludwigshafen um 2,2 % steigt, sinkt die Anzahl an Geringqualifizierten um über 17 %. Während in Kreistyp II eine fast identische Entwicklung festgestellt werden kann, steigt in Kreistyp III die Beschäftigung mit einem Zuwachs von sieben Prozent stärker an und der Rückgang der Geringqualifizierten ist mit knapp 20 % noch bedeutender. In den Kreistypen IV und VI kann sowohl ein leichter Beschäftigungsrückgang als auch ein Rückgang bei den Geringqualifizierten festgestellt werden.[372]

Die Entwicklung der Mittelqualifizierten

Die Situation der Entwicklung von Beschäftigten mit mittlerer Qualifikation (hierunter werden Personen verstanden, die als höchsten Bildungsabschluss ein Abitur besitzen oder alternativ eine Berufsausbildung durchlaufen haben) stellt sich ähnlich der Situation der Geringqualifizierten dar. Für die gesamte Metropolregion kann zwischen den Jahren 1999 und 2005 ein Rückgang von insgesamt 5,5 % in dieser Gruppe festgestellt werden. Betrachtet man die einzelnen Wirtschafts-

---

[370] Quellen: Betriebs-Historik-Panel, eigene Berechnungen.
[371] Quellen: Betriebs-Historik-Panel, eigene Berechnungen.
[372] Quellen: Betriebs-Historik-Panel, eigene Berechnungen.

sektoren, so ist für den primären Sektor ein Rückgang von 6,5 %, für den produzierenden Bereich von 16,54 % und für den Dienstleistungssektor von 1,07 % zu beobachten. In Abbildung 15 ist die Entwicklung der einzelnen Wirtschaftsbereiche dargestellt.

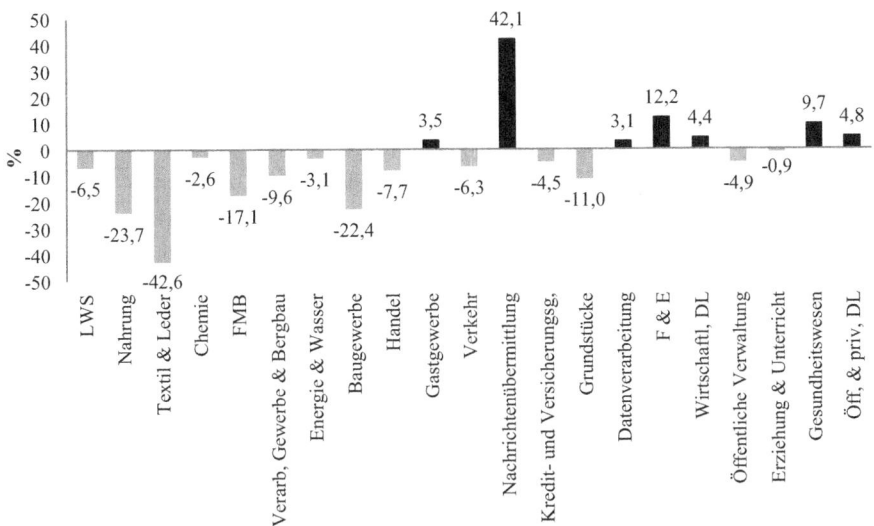

Abbildung 15: Entwicklung der Mittelqualifizierten zwischen 1999 und 2005 nach Branchen.[373]

Zuzüglich zur Reduktion der geringqualifizierten Beschäftigten muss auch für die Beschäftigten mit mittlerer Qualifikation im Textil- und Ledergewerbe der größte Beschäftigungsverlust in Höhe von 42,6 % verzeichnet werden. Aber auch im Bereich der Nahrungs- und Genussmittel sowie dem Baugewerbe sind mit knapp 24 % bzw. gut 22 % starke Rückgänge zu beobachten. Die größten Zuwächse treten im tertiären Sektor und hier insbesondere in der Nachrichtenübermittlung (+42,12 %), dem F&E-Bereich (+12,12 %) und dem Gesundheitswesen (+9,7 %) auf.

Betrachtet man die Entwicklung der Vollzeitbeschäftigung, so kann für fast alle Wirtschaftsbereiche ein Rückgang der Anzahl an vollzeitbeschäftigten Mittelqualifizierten festgestellt werden. Einzig in den Bereichen der Nachrichtenübermittlung (+74,78 %), der Forschung und Entwicklung (+9,61 %) sowie dem Bereich der wirtschaftlichen Dienstleistungen (+1,2 %) kann für diese Gruppe ein Anstieg der Vollzeitbeschäftigten festgestellt werden. Der stärkste Rückgang kann mit über 45 % im Textil- und Ledergewerbe beobachtet werden. Im Vergleich zu den Beschäftigten mit geringer Qualifikation ist der Anteil an vollzeitbeschäftigten Mittelqualifizierten jedoch deutlich höher. Während in der Branche „Erziehung und Unterricht" im Jahr 2005 von allen Mittelqualifizierten anteilsmäßig die wenigsten einer Vollbeschäftigung nachgegangen sind (gut 43 %), arbeiten im Fahrzeug- und Maschinenbau knapp 87 % in Vollzeit. Die Entwicklung seit

---

[373] Quellen: Betriebs-Historik-Panel, eigene Berechnungen und Darstellung.

1999 verdeutlicht jedoch, dass auch in diesem Bereich die Vollzeitbeschäftigung gesunken ist.[374] Insgesamt ist die Anzahl der vollzeitbeschäftigten Mitarbeiter mit mittlerer Qualifikation in der MRN zwischen 1995 und 2005 um 13,2 % gesunken.

Setzt man die Anzahl der Mittelqualifizierten ins Verhältnis zu allen Beschäftigten in der jeweiligen Branche, so kann festgestellt werden, dass vor allem in den Bereichen „Energie und Wasser" (gut 82 %), Kredit- und Versicherungsgewerbe (79,4 %) und im Fahrzeug- und Maschinenbau (67,2 %) der Anteil der Beschäftigten mit mittlerer Qualifikation sehr hoch ist. Mit einem Anteil von 28 % wird diese Qualifikationsgruppe im Gastgewerbe am wenigsten nachgefragt. Bezüglich der Entwicklung der Anteile der Mittelqualifizierten an allen Beschäftigten ergibt sich ein ähnliches Bild wie bei den Geringqualifizierten. Zwischen 1999 und 2005 sinkt der Anteil dieser Qualifikationsstufe in allen Bereichen des sekundären Sektors. Einzig in der Branche „Energie und Wasser" (+0,07 PP) kann ein leichter Anstieg verzeichnet werden. Auch im tertiären Sektor kann in fast allen Wirtschaftszweigen ein Rückgang des Anteils an Mittelqualifizierten festgestellt werden. Nur in der öffentlichen Verwaltung (+1,46 PP) und dem Bereich „Erziehung und Unterricht" (+1,64 PP) ist eine positive Entwicklung dieser Qualifikationsstufe zu beobachten.

Während die Anzahl an Mittelqualifizierten in der Gesamtregion um über fünf Prozent gesunken ist, kann in den Kreistypen II und III ein Zuwachs von 2,5 % bzw. 1,3 % festgestellt werden. Hierbei ist in Kreistyp II die Gesamtbeschäftigung im betrachteten Zeitraum sogar um über 6,8 % zurückgegangen. In Kreistyp III sind sowohl die Gesamtbeschäftigung als auch die Anzahl der Mittelqualifizierten gestiegen. Vor allem im primären Segment kann zwischen 1999 und 2005 ein Anstieg von knapp 18 % und im Dienstleistungsbereich von gut 3 % dieser Qualifikationsgruppe beobachtet werden. Im sekundären Sektor ist hingegen ein Rückgang von 4,6 % zu verzeichnen. Auch im Kreistyp IV, dem Neckar-Odenwald-Kreis, kann ein positives Wachstum von 2,2 % im tertiären Sektor festgestellt werden. In Kreistyp I kann eine für die gesamte MRN charakteristische Entwicklung der Beschäftigten mit mittlerer Qualifikation nachgewiesen werden: Während die Gesamtbeschäftigung in diesem Kreistyp um über zwei Prozent steigt, sinkt die Anzahl an Mittelqualifizierten um über sechs Prozent. Auch in den Kreistypen IV und VI ist ein ähnlicher Rückgang zu verzeichnen.[375]

Die Entwicklung der Hochqualifizierten

Während sowohl bei den Gering- als auch bei den Mittelqualifizierten ein Rückgang der Beschäftigten in der gesamten MRN zu erkennen ist, ist die Anzahl an Hochqualifizierten im gleichen Zeitraum um über 12 % gestiegen. Wie in Abbildung 16 zu erkennen ist, sind vor allem in den Bereichen der Nachrichtenübermittlung (+164,3 %), dem Gastgewerbe (+79 %) und dem Bereich „Energie und Wasser" (+52 %) sehr hohe Zuwachsraten zu beobachten. Es ist jedoch zu beach-

---

[374] Im Jahr 1999 lag diese noch bei 90,7 %.
[375] Quellen: Betriebs-Historik-Panel, eigene Berechnungen.

ten, dass in den genannten Branchen die absolute Anzahl an Hochqualifizierten recht gering ist, sodass geringe Veränderungen in der Gesamtzahl zu großen Wachstumsraten führen.

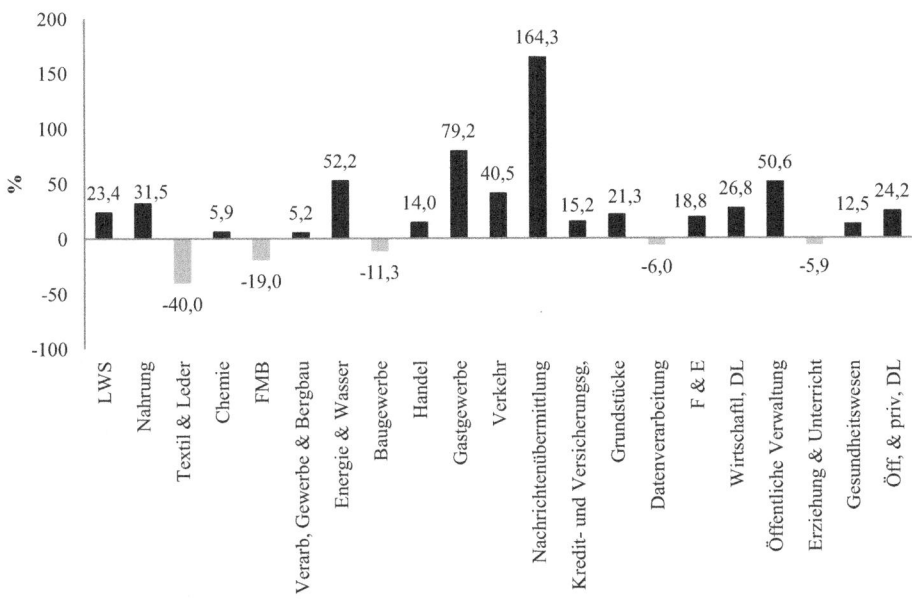

Abbildung 16: Entwicklung der Hochqualifizierten zwischen 1999 und 2005 nach Branchen.[376]

In der öffentlichen Verwaltung hat sich die Anzahl an Hochqualifizierten ebenfalls stark – von 500 auf 753 Beschäftigte, also um gut 50 % – erhöht. Der größte Beschäftigungsrückgang in dieser Qualifikationsklasse ist wieder im Textil- und Ledergewerbe zu beobachten (-40 %), wobei auch hier die absolute Anzahl der Beschäftigten mit hoher Qualifikation sehr gering ist. Im sekundären Sektor kann weiterhin ein Rückgang im Fahrzeug- und Maschinenbau (-19 %) und im Baugewerbe (-11,3 %) beobachtet werden. Im tertiären Sektor hat sich die Anzahl an Hochqualifizierten lediglich in der Datenverarbeitung (-6 %) und dem Bereich „Erziehung und Unterricht" (-5,9 %) verringert. Insgesamt ist die Nachfrage nach Beschäftigten mit einer hohen Qualifikation im tertiären Bereich um über 15 % gestiegen. Im produzierenden Sektor kann ein Rückgang von 1,4 % beobachtet werden, der – im Verhältnis zum Rückgang an Gering- und Mittelqualifizierten - sehr gering ausfällt.

Die Vollzeitbeschäftigung hat sich, im Gegensatz zu der Vollzeitbeschäftigung bei Gering- und Mittelqualifizierten, für die Beschäftigten mit hoher Qualifikation positiv entwickelt. Über alle Branchen hinweg kann ein Anstieg von 5,2 % im Zeitraum von 1999 und 2005 beobachtet werden. Vor allem im tertiären Sektor kann in fast allen Branchen ein Anstieg der Anzahl an Voll-

---

[376] Quellen: Betriebs-Historik-Panel, eigene Berechnungen und Darstellung.

zeitbeschäftigung festgestellt werden. Dennoch ist auch bei der Gruppe der Hochqualifizierten der Anteil an Vollzeitbeschäftigten in den meisten Branchen rückläufig. Einzig im Bereich „Erziehung und Unterricht" erhöht sich dieser von 40,6 % auf knapp 45 %. Der größte Rückgang kann im Textil- und Ledergewerbe (-41,6 %) und dem Gastgewerbe (-31,8 %) festgestellt werden, jedoch ist die Gesamtzahl an hochqualifizierten Beschäftigten in diesen Branchen ohnehin verhältnismäßig gering.

Betrachtet man das Verhältnis von Hochqualifizierten zu allen Beschäftigten pro Branche, so kann für die Bereiche Forschung und Entwicklung (31,84 %), Datenverarbeitung (22,32 %) und Erziehung und Unterricht (18,8 %) die größte Nachfrage nach Hochqualifizierten im Jahr 2005 festgestellt werden. Der geringste Anteil an Hochqualifizierten kann im Gastgewerbe mit 0,55 % beobachtet werden. Aber auch die Bereiche der Nahrungs- und Genussmittelindustrie (1,08 %), Nachrichtenübermittlung (1,15 %), des Verkehrs (1,2 %) und des Textil- und Ledergewerbes (1,91 %) fragen die Gruppe der Hochqualifizierten kaum nach. Im Gegensatz zu den Gering- und Mittelqualifizierten kann jedoch bei den Beschäftigten mit einer hohen Qualifikation in fast allen Bereichen ein – wenn auch meist nur sehr geringer – steigender Anteil festgestellt werden. Der größte Zuwachs ist in der öffentlichen Verwaltung mit einem Plus von knapp drei Prozentpunkten zwischen 1999 und 2005 zu beobachten. Der größte Verlust muss im Bereich der Datenverarbeitung (-4,9 PP) festgestellt werden.

Diese positive Entwicklung der Hochqualifizierten kann auch auf der Ebene der Kreistypen beobachtet werden. In allen Kreistypen [377] ist sowohl die Anzahl an Beschäftigten als auch die an Hochqualifizierten zwischen 1999 und 2005 gestiegen. Im Kreistyp I kann ein Wachstum der Gesamtzahl an Hochqualifizierten von 6,95 %, im Kreistyp II von 18,14 % und im Kreistyp III sogar von über 30 % beobachtet werden. Hierbei hat sich die Anzahl der Hochqualifizierten in den Kreistypen I und III sowohl im sekundären als auch im tertiären Sektor erhöht. Lediglich im Kreistyp II kann im sekundären Sektor ein Rückgang von knapp 13 % festgestellt werden.[378]

Zusammenfassung:

Die Analyse der Qualifikationsentwicklung innerhalb der Betriebe[379] hat gezeigt, dass sowohl der Anteil Geringqualifizierter sowie Beschäftigter mit mittlerer Qualifikation gesunken und der Anteil Hochqualifizierter in der gesamten Metropolregion gestiegen ist. Weiterhin kann im tertiären Sektor ein Beschäftigungszuwachs, hauptsächlich durch Hochqualifizierte, beobachtet werden. Der starke Rückgang der Beschäftigung im sekundären Sektor wirkt sich zwar auf alle Qualifika-

---

[377] Im Rahmen der Auswertungen zur Entwicklung der Anzahl Hochqualifizierter werden nur die Ergebnisse der Kreistypen I, II und III ausgewertet, da die Fallzahlen für die Kreistypen IV und VI in vielen Branchen zu gering sind.
[378] Quellen: Betriebs-Historik-Panel, eigene Berechnungen.
[379] Bei den Auswertungen wurden die Betriebe, die sich in Stichprobe 2 befinden, berücksichtigt. Somit sind Betriebe mit einer Mitarbeiterzahl größer 200 nicht in den Analysen enthalten. Die Beschränkung auf Stichprobe 2 wird dadurch begründet, dass relativ wenige Großbetriebe in der Region relativ viele Personen beschäftigen, sodass bei einer solch kleinräumigen Betrachtung die Gefahr der Verzerrung durch die Entscheidungen einzelner Betriebe besteht. Ziel der vorliegenden Studie ist jedoch die Identifikation allgemeiner Trends.

tionsstufen aus, jedoch sind Beschäftigte mit einer hohen Qualifikation vergleichsweise wenig von diesem betroffen. Somit kann für die Metropolregion Rhein-Neckar neben einer voranschreitenden Tertiarisierung ebenfalls eine gestiegene Nachfrage nach höheren Qualifikationen festgestellt werden. Weiterhin muss eine negative Entwicklung der Vollzeitbeschäftigung in allen Qualifikationsstufen konstatiert werden. Zwar hat sich die Anzahl an vollzeitbeschäftigten Hochqualifizierten erhöht, jedoch sinken auch bei dieser Beschäftigtengruppe die Anteile der Vollzeitbeschäftigten in fast allen Wirtschaftsbereichen.[380]

3.4 Strategische Ausrichtung der Region – Unternehmen und Cluster in der MRN

Die Analysen der Betriebs- und Beschäftigungsstrukturen haben ergeben, dass im sekundären Sektor vor allem die Chemiebranche, aber auch der Fahrzeug- und Maschinenbau wichtige Beschäftigungstreiber der Region darstellen.[381] Gerade die Chemiebranche ist in der Region stark verwurzelt.[382] Neben dem größten Arbeitgeber in der Region, der BASF SE (über 33.700 Beschäftigte am Standort[383]), finden sich in dieser Branche ferner die BK Guilini GmbH, die unter anderem Phosphate, Zusatzstoffe für Lebensmittel und Schuh-Innenteile herstellt,[384] die Woellner GmbH & Co.KG, zu deren strategischen Geschäftsfeldern Silikate und Schreibfarben zählen,[385] die Raschig GmbH, die unter anderem Feinchemikalien, Galvanochemikalien, Kunststoffe und Baustoffe zum Straßenerhalt herstellt[386] sowie die Rhein-Chemie Rheinau GmbH, deren Produktstrategie vor allem in Lösungen für die Kautschuk- und Kunststoffindustrie liegen.[387] Aber nicht nur die Unternehmen an sich, sondern vor allem deren Mitwirken in den verschiedenen regionalen Clusterinitiativen tragen zur Relevanz dieses Sektors bei.

Auch der Fahrzeug- und Maschinenbau, der mit gut 29.000 Beschäftigten (Stichprobe 1 mit Großbetrieben) über 6 % aller Beschäftigten umfasst, trägt zur strategischen Ausrichtung der Region bei. Neben den einzelnen Unternehmen dieser Branche spielen vor allem zwei Cluster bei der strategischen Ausrichtung der MRN eine wichtige Rolle, die jedoch nicht in der Region verankert sind. Es handelt sich hierbei zum einen um das Automotive Cluster Rhein-Main-Neckar,[388] in das neben der Metropolregion Rhein-Neckar vor allem die IHK Darmstadt und der Kreis Groß-Gerau involviert sind.[389] Das zweite Cluster in diesem Bereich, das Commercial Vehicle Cluster mit Sitz in Kaiserslautern, hat zum Ziel, im Bereich der Nutzfahrzeuge eine Spitzenposition im

---

[380] Eine genauere Analyse zur Entwicklung der Voll- und Teilzeitbeschäftigung kann Oechsler/Müller (2010), S. 93-96 entnommen werden.
[381] Den größten Anteil der Beschäftigung subsumiert das verarbeitende Gewerbe. Da sich dieses jedoch aus vielen verschiedenen Wirtschaftszweigen wie beispielsweise der Holz- und Metallverarbeitung, der Verarbeitung von Papier, Gummierzeugnissen, Mineralöl- oder Kokerei-Erzeugnissen zusammensetzt, kann im Umfang der vorliegenden Arbeit keine genauere Analyse der einzelnen Bereiche des verarbeitenden Gewerbes stattfinden.
[382] Vgl. Metropolregion Rhein-Neckar (2011k) für weitere Informationen und eine Auflistung der Branchenvertreter.
[383] Vgl. BASF SE (2012).
[384] Vgl. BK Guilini GmbH (2012).
[385] Vgl. Woellner Group (2012).
[386] Vgl. Raschig GmbH (2012).
[387] Vgl. Rhein-Chemie GmbH (2012).
[388] Vgl. Automotive Cluster Rhein-Main-Neckar (2012).
[389] Vgl. Metropolregion Rhein-Neckar (2012a).

internationalen Wettbewerb zu belegen. Zu den bekanntesten Unternehmensvertretern der MRN gehören die Daimler AG, John Deere und die EvoBus GmbH.[390]

Aber nicht nur einzelne Branchen oder angrenzende Cluster tragen zur strategischen Ausrichtung der Metropolregion Rhein-Neckar bei. Es sind vor allem die beiden gewonnen Spitzencluster „BioRN" und „Forum Organic Electronics" sowie das recht junge Cluster „Energie und Umwelt", die Kooperationen innerhalb der Region aufbauen und somit die Wettbewerbsfähigkeit stärken. Im Folgenden werden die genannten Cluster näher vorgestellt.[391]

Der Spitzenclusterwettbewerb

Bereits 2007 startete die Initiative „Deutschlands Spitzencluster – Mehr Innovation. Mehr Wachstum. Mehr Beschäftigung" des Bundesministeriums für Bildung und Forschung. Der Spitzencluster Wettbewerb soll vor allem die Zusammenarbeit von Wissenschaft und Wirtschaft nachhaltig fördern und die vorhandenen Potenziale stärken. Hierfür stehen in drei Wettbewerbsrunden insgesamt 600 Millionen Euro zur Verfügung. In jeder der drei Wettbewerbsrunden werden fünf Spitzencluster ausgewählt. Mit der Förderung sollen sich exzellente Cluster strategisch weiterentwickeln und im internationalen Wettbewerb etablieren bzw. eine führende Position übernehmen. Weiter zählt zu den Zielen der Initiative, dass die regionalen Cluster ihre Ideen schneller in Produkte und Dienstleistungen umsetzen und so dauerhaft ihre Wertschöpfung verbessern können. Darüber hinaus soll das Wachstum und die Beschäftigung gesichert bzw. zusätzlich generiert werden, um insgesamt den Standort Deutschland für nationale und internationale Investoren, Forscher und Beschäftigte attraktiver zu machen.[392] In der ersten Runde des Spitzencluster-Wettbewerbs gehörten beide Clusteranträge der Metropolregion Rhein-Neckar zu den Gewinnern. Damit kommen zwei der fünf geförderten Cluster aus der MRN, was im besonderen Maß das Innovationspotenzial der Region zum Ausdruck bringt. In den nächsten fünf Jahren werden sie mit 80 Millionen Euro gefördert.

Spitzencluster I: BioRN

Hinter der Marke „BioRN" steht das Cluster „Zellbasierte und Molekulare Medizin". Das Cluster umfasst eine gemeinsame Strategie und Zusammenarbeit von über einhundert Partnern aus Wirtschaft, Wissenschaft und Politik. Beteiligt sind u. a. die Universität Heidelberg, das Deutsche Krebsforschungszentrum, das European Molecular Biology Laboratory sowie das Max-Planck Institut für medizinische Forschung. Zusätzlich zeichnet sich die BioRN durch eine sehr hohe

---

[390] Vgl. Commercial Vehicle Cluster (2012); Metropolregion Rhein-Neckar (2012a).
[391] Die nachfolgenden Abschnitte zum Spitzenclusterwettbewerb der Bundesregierung sowie der Vorstellung der beiden Spitzencluster der MRN sind entnommen aus Oechsler/Müller (2010), S. 155-161.
[392] Vgl. Bundesministerium für Bildung und Forschung (2007), S. 3.

Dichte an großen, global agierenden Pharma- und Diagnostik-Unternehmen, wie Roche, Merck Serono und Abbott sowie weiteren kleinen und mittleren Biotechnologie-Unternehmen aus.[393]

Die zellbasierte und molekulare Medizin hat bereits seit Jahren ihren Platz in der Spitzenforschung. Dennoch zeigt sich im internationalen Vergleich weiteres Aufholpotenzial für die BioRN. Weltweit führend im Biotech-Cluster sind gegenwärtig San Francisco und die zugehörige Bay-Area. Dort sind ca. 1.400 Unternehmen und 90.000 Arbeitsplätze angesiedelt. Im schweizerischen Basel sind ca. 250 Unternehmen und 15.000 Arbeitsplätze integriert, während an der BioRN aktuell 90 Unternehmen und ca. 10.000 Arbeitsplätze beteiligt sind.[394]

Koordiniert von der BioRN Cluster Management GmbH werden Universitäten, Forschungseinrichtungen, Unternehmen und Investoren miteinander vernetzt. Bestandteil der BioRN Wertschöpfung sind das BioRN Stammzellnetzwerk, das BioRN Biomarker Center, BioRN Incubator und die BioRN Academy. Während sich das Stammzellnetzwerk auf die Tumorstammzellenforschung und die Entwicklung neuer Arzneimittel konzentriert, hat sich das Biomarker Center auf die Entwicklung neuer Diagnostika spezialisiert. Mit dem Schwerpunkt „Krebstherapeutika" entwickelt der Incubator biopharmazeutische Projekte bis zur industriellen Reife. Die Aufgabe der BioRN Academy besteht darin, talentierte Absolventen zu rekrutiert und zu hochqualifizierten Fach- und Führungskräften auszubilden. Die koordinierende BioRN Cluster Management GmbH ist dabei ein Public-Private-Partnership zwischen dem BioRegion Rhein-Neckar-Dreieck e.V., dem Technologiepark Heidelberg, der IHK Rhein-Neckar sowie der Metropolregion Rhein-Neckar.[395]

Dass die BioRN eine nachhaltige Strategie verfolgt, bestätigen folgende Planungsetappen. Dem fünfjährigen Förderzeitraum entsprechend sollen bis zum Jahr 2013 zunächst insgesamt 70 neue Arzneimittel, Diagnostika und Technologieplattformen sowie 19 innovative Dienstleistungen aus dem Bereich der zellbasierten und molekularen Medizin zur industriellen Marktreife gebracht werden. Hierbei steht vor allem die Entwicklung von Arzneimitteln gegen Tumorstammzellen im Vordergrund. Damit sind bereits heute 400 hochqualifizierte Arbeitsplätze in Forschung und Entwicklung in der Metropolregion Rhein-Neckar gesichert. Bis 2018 sollen bis zu 4.000 weitere Arbeitsplätze entstehen, wobei die BioRN Cluster Management GmbH für diese Prognose potenzielle zusätzliche Ansiedelungen weiterer Unternehmen in den kommenden Jahren nicht mit einkalkuliert.[396] Zu den weiteren Zielen der BioRN zählen der Ausbau der Infrastruktur und die Ansiedlung von weiteren Unternehmen und Venture-Capital-Fonds. Insgesamt soll mit Hilfe der Clusterstrategie und der Wirtschaftsförderung die Spitzenposition der BioRN weiter ausgebaut werden. „Ziel des BioRN-Clusters ist es, mittelfristig an der Spitze der medizinischen Biotechnologie in Europa zu stehen."[397]

---

[393] Vgl. BioRN Cluster Management GmbH (2012).
[394] Vgl. Tidona (2008).
[395] Vgl. BioRN Cluster Management GmbH (2012).
[396] Vgl. Metropolregion Rhein-Neckar (2011l).
[397] Metropolregion Rhein-Neckar (2009a), S. 16.

Spitzencluster II: Forum Organic Electronics[398]

Das zweite Spitzencluster der Metropolregion Rhein-Neckar, die Organische Elektronik, hat aufgrund seiner vielseitigen Einsatzmöglichkeiten das Potenzial, zahlreiche Lebensbereiche zu revolutionieren, Lösungen in den Bereichen Energie und Umwelt zu finden und damit eine der Schlüsseltechnologien der Zukunft zu werden. Hierzu zählen innovative Beleuchtungssysteme, wie z. B. leuchtende Tapeten auf Basis organischer Leuchtdioden (OLED) dazu, die den Energieverbrauch gegenüber Glühlampen um über 80 % reduzieren. Ebenso beschäftigt sich das Forum Organic Electronics mit der Massenproduktion hocheffizienter bedruckbarer Solarzellen oder gedruckter Schaltkreise für die massenhafte Kennzeichnung von Produkten, beispielsweise zur Überprüfung der Echtheit. Intelligente Verpackungen erlauben Informationen über den Zustand der enthaltenen Ware. Ultraflache Displays können großflächig auf Wände angebracht werden und damit die heutigen Flachbildschirme ablösen. Die Organische Elektronik wird auch als „druckbare Elektronik" bezeichnet, da bei der Herstellung elektronischer Komponenten leitfähige Kunststoffe, sogenannte Polymere, auf das Trägermaterial aufgedruckt werden. Die Vorteile dieser Technologie liegen in der effizienten Produktion von Elektronikkomponenten, die bei Massenproduktion zu besonders geringen Kosten möglich und damit heutigen siliziumbasierten Herstellungsmethoden für elektronische Bauteile überlegen ist Das Innovationspotenzial und die Anwendungsmöglichkeiten dieser Technologie scheinen unbegrenzt zu sein, so dass in den kommenden Jahren weitreichende Auswirkungen auf nahezu alle Branchen und Lebensbereiche zu erwarten sind.

Auch im Spitzencluster Organic Electronics sind zahlreiche große und mittelständische Unternehmen beteiligt, wie BASF, Heidelberger Druckmaschinen, Merck, Roche Diagnostics und SAP. Forschungsleistungen erbringen hierbei die Universitäten Heidelberg, Karlsruhe, Mannheim und Darmstadt sowie die Hochschule Mannheim. Die integrierte Zusammenarbeit von Forschung und Entwicklung im Zuge der Clusterthematik verdeutlicht Abbildung 17.

Entlang der Wertschöpfungskette erkennt man die strukturierte Aufgabenteilung der beteiligten Unternehmen, Universitäten und Forschungseinrichtungen. Beginnend mit Grundlagen- und angewandter Forschung zu den verwendeten Materialien, stehen die Vermarktung und der Vertrieb am Ende der Wertschöpfungskette. Als Ziel definiert das Forum Organic Electronics, sich als weltweit führender Forschungs- und Produktionsstandort für diese Technologie zu etablieren. Zudem zählen, ebenso wie bei der BioRN, die Förderung von hochqualifizierten Nachwuchskräften und Studierenden zu den strategischen Zielen, um langfristig das weltweit führende Innovationszentrum für Wissenstransfer und Unternehmensgründungen in diesem Bereich zu sein. Hierbei sind maßgeschneiderte Ausbildungsprogramme der beteiligten Universitäten und andere Weiterbildungsmaßnahmen geplant. Abschließend werden die Vorteile der engen Zusammenarbeit innerhalb des Clusters erneut sichtbar. Strategisch ist ein noch stärkerer Austausch von Methodenkompetenzen, der weiteren Ansiedlung von Produktionsbetrieben und Ausgründung von

---

[398] Die nachfolgenden Ausführungen sind den Informationen der Homepage des Forum Organic Electronics entnommen (vgl. http://www.innovationlab.de/de/startseite/).

Forschungs- und Entwicklungsaktivitäten fester Bestandteil der Strategie. Als unabdingbar gilt eine stets vertrauensvolle und offene Clusterkultur, so das Management des Forum Organic Electronics.

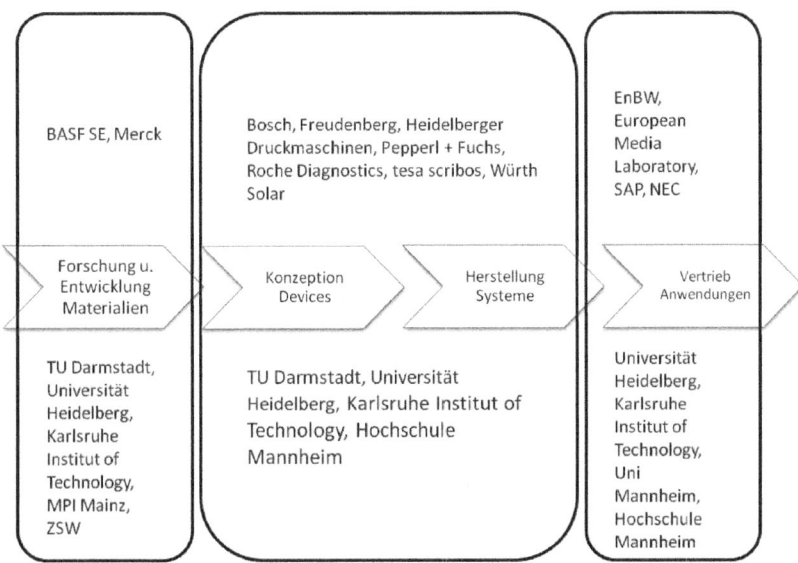

Abbildung 17: Wertschöpfungskette des Clusters „Forum Organic Electronics".[399]

Cluster Energie und Umwelt[400]

Das Cluster „Energie und Umwelt" konnte sich im Jahr 2008 als einer von insgesamt zwölf Gewinnern des „Wettbewerbs zur Stärkung der regionalen Cluster in Baden-Württemberg" durchsetzen. Ziel dieser Clusterinitiative ist zum einen die Steigerung der Energieeffizienz in Gebäuden und KMUs, zum anderen aber auch das Vorantreiben der erneuerbaren Energien, vor allem im Bereich der Tiefengeothermie. Zu den wichtigsten Vertretern der Wirtschaft gehören BASF SE, Saint Gobain Isover G&H, ABB , Siemens AG, Alstom Deutschland AG, MWM GmbH, KSB, Bombardier GmbH sowie die Energieversorger MVV Energie, Pfalzwerke und die Stadtwerke Heidelberg.

Potenzielle Zukunftscluster[401]

Nach diesen Erfolgen stellt sich die Frage, ob eventuell weitere Branchen oder cross-sektorale Verbindungen in der Metropolregion Rhein-Neckar existieren, die das Potenzial besitzen, durch

---

[399] Quelle: In Anlehnung an Innovation Lab – Forum Organic Electronics (2012).
[400] Vgl. Metropolregion Rhein-Neckar (2011c).
[401] Der Abschnitt zu den potenziellen Zukunftsclustern ist zu Teilen entnommen aus Oechsler/Müller (2010), S. 161.

eine gezieltere Förderung und einer engeren Vernetzung mit anderen Wirtschaftsbereichen zu einem weiteren Spitzencluster der Region zu avancieren.

Einen ersten Hinweis bietet der vom Wirtschaftsministerium Baden-Württemberg 2008 bereitgestellte Clusteratlas, der sämtliche Clusteraktivitäten in Baden-Württemberg identifiziert.[402] Wenngleich die Aktivität der Metropolregion in Zusammenarbeit mit den Bundesländern Rheinland-Pfalz und Hessen nicht explizit erfasst ist, so verweisen der Clusteratlas und die konkreten Clusteraktivitäten dennoch auf die überregional agierenden Projekte, an denen auch die MRN beteiligt ist. Zu den weiteren identifizierten Clustern der Region zählen Automotive, Gesundheitswirtschaft, IT/Unternehmenssoftware, Kreativwirtschaft, Medizintechnik, Nanotechnologie, Produktionstechnik sowie die Umwelttechnologie. Da der Clusteratlas hauptsächlich als Informationsgrundlage für in- und ausländische Investoren sowie der Politik dient, erfasst er lediglich die offensichtlichen, gegenwärtigen Stärken der Region. Welche weiteren potenziellen Spitzencluster in der Region zu identifizieren sind, wird im Rahmen der durchgeführten Delphi-Studie untersucht (vgl. Kapitel 4.3).

3.5 Zusammenfassung: Entwicklung regionaler Ressourcen

Die Analyse der Entwicklung der Gesamtbevölkerung, welche den Ausgangspunkt des Angebotes an Humankapital darstellt, hat gezeigt, dass trotz eines Anstiegs der Gesamtbevölkerung und einer steigenden Anzahl an 15-25-Jährigen ein Rückgang der erwerbsfähigen Personen zu beobachten ist. Eine rückläufige Anzahl der unter 15-Jährigen sowie ein steigender Anteil der über 65-Jährigen tragen zu einer sich ändernden Altersstruktur der Region bei, deren Folgen vor allem auf dem Arbeitsmarkt zu spüren sein werden. Mit Blick auf die zukünftige wirtschaftliche Prosperität ist insbesondere die Entwicklung der Selbstständigen zu beachten. Für die MRN kann festgestellt werden, dass der Anteil der Selbstständigen an allen Erwerbstätigen in den letzten Jahren stetig gestiegen ist. Hierbei verzeichnet vor allem der tertiäre Sektor große Zuwachsraten, was ebenfalls auf eine Tertiarisierung der Wirtschaft in der Region deutet. Inwiefern die positive Entwicklung der Anzahl an Selbstständigen von Nachhaltigkeit geprägt ist und zu einem positiven Regionalwachstum beitragen kann, muss geprüft werden.

Sowohl die Analyse der Bruttowertschöpfung als auch die Auswertungen der Daten des Betriebs-Historik-Panels weisen eindeutig auf einen Wandel der Wirtschaftsstruktur zu einer Dienstleistungs- und Wissensgesellschaft in der MRN hin. Obwohl die Unterschiede in der Bruttowertschöpfung der einzelnen Kreise für die Sektoren „Landwirtschaft", „produzierendes Gewerbe" und „Dienstleistungen" unterschiedlich stark ausgeprägt sind, kann für alle Kreise bzw. Kreistypen ein Mindestanteil von 70 % der Betriebe im tertiären Sektor beobachtet werden. Ein ähnliches Bild ergibt sich mit Bezug zur Beschäftigungsentwicklung. Vor allem im produzierenden Sektor und hier insbesondere in den Bereichen Nahrungs- und Genussmittel und der Baubranche kann ein starker Beschäftigungsrückgang nachgewiesen werden. Ein Anstieg findet hingegen in

---

[402] Vgl. im Folgenden Ministerium für Finanzen und Wirtschaft Baden-Württemberg (2012).

fast allen Wirtschaftsbereichen des tertiären Sektors statt. Auch der kreative Bereich, die unternehmensbezogenen Dienstleistungen und die Beschäftigung in High-Tech-Branchen erfahren einen Bedeutungsgewinn in der Metropolregion Rhein-Neckar.

Die festgestellte Entwicklung einer Tertiarisierung der Wirtschaft stellt insbesondere auch höhere Anforderungen an die Qualifikationen der Beschäftigten, da der Faktor „Humankapital" an Bedeutung gewinnt und eine Verschiebung der Qualifikationsstrukturen zugunsten höherer Qualifikationen stattfinden wird. Die Analyse der Qualifikationsentwicklung innerhalb der Betriebe hat gezeigt, dass sowohl der Anteil an Geringqualifizierten als auch der Beschäftigten mit mittlerer Qualifikation gesunken und der Anteil an Hochqualifizierten in der gesamten Metropolregion gestiegen ist. Positiv ist in diesem Zusammenhang die Entwicklung der Schulabgänger zu beurteilen, die auf eine Höherqualifizierung in der Region hindeutet.

Ob die Höherqualifizierung der Beschäftigten auch für die regionalen Unternehmen einen kritischen Erfolgsfaktor darstellt, wird im nachfolgenden Kapitel analysiert. Im Rahmen einer Delphi-Studie werden regionale Akteure unter anderem gebeten, Stellung zur Bedeutung und den vorherrschenden Bedingungen unterschiedlicher Standortfaktoren in der Region zu nehmen.

4 Die Attraktivität der Region für Unternehmen – Kritische Standortfaktoren und Zukunftsbranchen der MRN

4.1 Delphi-Studie

4.1.1 Grundidee und Bedeutung der Delphi-Methode

Um zukünftige Entwicklungen zu prognostizieren, hat sich im Bereich der wissenschaftlichen Zukunftsforschung ein breites Spektrum an methodischen Ansätzen und Instrumenten herausgebildet.[403] Die am häufigsten angewandte Methode zur intuitiven[404] Bestimmung von Zukunftsentwicklungen[405] ist die Delphi-Befragung. Sie wird als „Eckpfeiler langfristiger Prognosen bzw. der Zukunftsforschung"[406] angesehen und seitens des Bundesministeriums für Bildung und Forschung (BMFT) als „eine Ideenfindungs-, Meinungsbildungs- und Prognosemethode, welche die Einsichten und Zukunftseinschätzungen ausgewählter Fachleute systematisch erhebt und ausmittelt",[407] definiert.[408] Obgleich der Literatur eine allgemeingültige Definition der Methode nicht entnommen werden kann,[409] existiert ein Konsens über die Grundidee der Delphi-Methode. Hierbei stehen vor allem zwei Aspekte im Vordergrund der unterschiedlichen Definitionen: Während einige Autoren die gruppendynamischen Eigenschaften der Methode hervorheben und die Befragung als Instrument zur Steuerung von Gruppendiskussionen betrachten,[410] betont eine zweite Gruppe von Autoren die inhaltlichen Aspekte. Hierbei steht die Möglichkeit im Fokus, mit Hilfe der Delphi-Befragung Prognosen über unsichere Sachverhalte zu generieren und diese als Problemlösungsmechanismus zu nutzen.[411] Die Grundidee der Delphi-Befragung liegt somit in der iterativen Befragung einer Gruppe von Experten zu einem unsicheren Sachverhalt und in der Rückkopplung der Ergebnisse mithilfe eines anonymen Feedbacks.[412] Die Ergebnisse der jeweils vorangegangenen Befragungsrunde werden hierbei den Teilnehmern kommuniziert, sodass diese die Möglichkeit erhalten, ihre Einschätzungen zu überdenken und gegebenenfalls zu modifizieren.[413] Gemäß Häder werden hierdurch kognitive Prozesse bei den Befragten ausgelöst, die zu qualitativ höherwertigen Ergebnissen führen.[414] Es ist jedoch zu beachten, dass das Ziel der Del-

---

[403] Vgl. Kreibich (2000), S. 1.
[404] Intuitive Prognoseverfahren sind laut Vorgrimler/Wübben (2003), S. 764 dadurch gekennzeichnet, dass sie auf Theorien basieren, die nicht frei von subjektiven Einschätzungen sind. Sie werden insbesondere angewandt, wenn zukünftige Entwicklungen nicht aus den vergangenen Entwicklungen abgeleitet werden können. Eine Einordnung der Delphi-Methode in weitere übergeordnete Methodenzusammenhänge sind Seeger (1979), S. 46-52 zu entnehmen.
[405] Vgl. Vorgrimler/Wübben (2003), S. 764.
[406] Aichholzer/Tichy (1998), S. 33.
[407] Bundesministerium für Forschung und Technologie (BMFT) (1993), S. 12.
[408] Zum ersten Mal angewendet wurde die Delphi-Methode im Rahmen des so genannten „Project Delphi" der Rand Corporation zur Ermittlung sowjetischer Angriffsziele auf die USA. Vgl. Brown/Cochran/Dalkey (1969) und Dalkey/Brown/Cochran (1969).
[409] Vgl. Häder (2009), S. 19 und Hörmann (2007), S. 35. Für eine umfassende Darstellung unterschiedlicher Definitionen der Delphi-Methode vgl. Häder/Häder (1998), S. 4-7.
[410] Vgl. z.B. Linstone et al. (1975), S. 3.
[411] Vgl. Vorgrimler/Wübben (2003), S. 764 und Häder (2009), S. 19-22.
[412] Vgl. Häder/Häder (1998), S. 6-7 und Woudenberg (1991), S. 133.
[413] Vgl. Vorgrimler/Wübben (2003), S. 764.
[414] Vgl. Häder (1996), S. 4.

phi-Befragung keinesfalls in einer Konsensbildung liegen muss. Vor allem im politischen Bereich kann die Ermittlung bestehender Divergenzen im Vordergrund stehen.[415]

Die Delphi-Methode fußt auf zwei Annahmen. Zum einen wird davon ausgegangen, dass Entscheidungen oder Aussagen, die von mehreren Personen getroffen werden, eine höhere Validität aufweisen als Einschätzungen einzelner Personen.[416] Zum anderen steigt die Validität der Entscheidung, sofern sich die Gruppe aus Experten des jeweiligen Befragungsgegenstandes zusammensetzt.[417] Zusammenfassend können die nachfolgenden Merkmale als Charakteristika der Delphi-Methode betrachtet werden:[418]

- Verwendung eines formalisierten Fragebogens,
- Befragung von Experten,
- Anonymität der Einzelantworten,
- Ermittlung einer statistischen Gruppenantwort,
- Information der Teilnehmer über diese statistische Gruppenantwort (Feedback),
- (Mehrfache) Wiederholung der Befragung nach dem beschriebenen Vorgehen[419] und
- Output in Form eines Forschungsberichtes.[420]

Durch die Modifikation einzelner Aspekte, wie z. B. die Anzahl und Auswahl der Experten, die Anzahl an Wiederholungen, die Selbsteinschätzung der Experten und der Einsatz unterschiedlicher Aufgabentypen, hat sich eine Variantenvielfalt zur ursprünglichen Methode entwickelt.[421] Auch die Einsatzgebiete dieser Befragungsmethode sind vielfältiger Natur. Neben dem Einsatz im Gebiet der Wissenschafts- und Technologieentwicklung[422] findet die Delphi-Methode Anwendung in den Bereichen der Informations- und Kommunikationstechnologien,[423] Betriebswirtschaft und Politik sowie im Gesundheitswesen,[424] Bildungswesen[425] und Tourismus.[426] Bei einem Großteil der Studien handelt es sich dabei um Prognosen. Weiterhin werden Delphi-Befragungen genutzt, um den State-of-the-art festzustellen, Forschungslücken zu erkennen und Evaluationsansätze aufzuzeigen. Sie dienen außerdem der retrospektiven Aufklärung, der Vorbereitung von Entscheidungen und zu Planungszwecken.[427] Das in der Vergangenheit anhaltende bzw. sogar

---

[415] Vgl. Häder (2009), S. 23; Loo (2002), S. 763 und Mitroff/Turoff (1975), S. 35.
[416] Vgl. Murry/Hammons (1995), S. 426.
[417] Vgl. Ono/Wedemeyer (1994), S. 300.
[418] Vgl. Häder (2009), S. 24-25.
[419] Vgl. Häder (2009), S. 25.
[420] Vgl. Loo (2002), S. 763.
[421] Vgl. Häder/Häder (1998), S. 10.
[422] Vgl. Gausemeier/Kinkel (2008) für den Bereich Werkzeugmaschinen-Industrie sowie Institut für Technikfolgen-Abschätzung der Österreichischen Akademie der Wissenschaften (1998) für das Österreichische Technologie-Delphi.
[423] Vgl. z. B. Ono/Wedemeyer (1994); von Oertzen et al. (2006) und Gries (2000)
[424] Vgl. Cuhls et al. (2007).
[425] Vgl. u. a. Cyphert/Gant (1970); Brosi et al. (1999); Schiel/Schröder (2003); Brosi et al. (2003) und Ulrich et al. (2003).
[426] Für eine Literaturübersicht vgl. Häder/Häder (2000), S. 14.
[427] Vgl. Ammon (2005), S. 461 und Seeger (1979), S. 22-26.

gewachsene Interesse an der Delphi-Methode wird vor allem darauf zurückgeführt, dass weitreichende, komplexe und häufig kostenintensive Entscheidungen, die oft einem sehr langen Zeithorizont unterliegen, von immer mehr Experten vorbereitet und getragen werden. Gleichzeitig wird die Anzahl an Experten mit Universalwissen seltener, sodass hochspezialisierte Fachkräfte an deren Stelle treten und Entscheidungen treffen, die auf unsicherem Wissen basieren und folglich qualifiziert werden müssen.[428]

4.1.2 Kritische Beurteilung der Delphi-Methode

Seit die Delphi-Methode in den 60er Jahren in der Öffentlichkeit bekannt wurde und sich im Laufe des folgenden Jahrzehnts auch in Westeuropa ausbreitete,[429] setzen sich Wissenschaftler mit ihrer Evaluation auseinander. Unklare Erwartungen an die Delphi-Methode und daraus resultierende methodische Schwächen haben sich hierbei als Kritikpunkte herauskristallisiert.[430] Auch der bereits beschriebene Variantenreichtum wird in der Literatur aufgrund einer fehlenden theoretischen Fundierung kritisch beurteilt.[431]

Bereits 1975 hat Sackman von der Anwendung der Delphi-Methode abgeraten, da sie sowohl Schwächen bezüglich der Reliabilität als auch der Validität aufweist. Er forderte dazu auf, wissenschaftlich fundierte Standards zu ermitteln und die Evaluation der Methode voranzutreiben.[432] Obwohl die Methode laut einer Evaluation von Woudenberg sehr effizient in Bezug auf die Konsensbildung ist, kann dies nicht auf eine echte Übereinstimmung der Meinungen, sondern vielmehr auf den Druck der Gruppe nach Konformität zurückgeführt werden. Des Weiteren nimmt er eine Analyse der Forschungsliteratur zu Vergleichen der Delphi-Befragung mit anderen Methoden vor und kommt zu dem Ergebnis, dass es keine signifikanten Vorteile der Delphi-Befragung gibt.[433] Zur gleichen Einschätzung kommen auch Häder/Häder, die sich auf den Vergleich mit Gruppendiskussionen spezialisieren. Sie weisen darauf hin, dass vor allem situative Faktoren und Zielvorstellungen bei der Wahl der angewandten Methode berücksichtigt werden müssen.[434] In Bezug auf die Validität der Delphi-Methode haben sie in einer früheren Studie jedoch festgestellt, dass die Qualität von Gruppenergebnissen höher einzuschätzen ist als die einzelner Experten.[435] Dass die Zukunft durch die Befragung von Experten jedoch keineswegs treffsicher vorhergesagt werden kann, betonen ebenfalls Brosi et al., denen Aussagen darüber, wie Experten gegenwärtig die zukünftige Entwicklung einschätzen, viel wichtiger als eine korrekte Zukunftsprognose sind. Aufbauend auf diesen Aussagen lässt sich politisches Handeln ableiten und legitimieren.[436] Ferner stellen Häder/Häder fest, dass viele der genannten Kritikpunkte delphiunspezifisch sind und

---

[428] Vgl. Häder/Häder (1998), S. 3 und Häder/Häder (2000), S. 12.
[429] Vgl. Häder (2009), S. 15.
[430] Vgl. Häder (2009), S. 27.
[431] Vgl. Häder/Häder (1998), S. 10-11.
[432] Vgl. Sackman (1975), S. 693 und Häder/Häder (1998), S. 12.
[433] Vgl. Woudenberg (1991), S. 131.
[434] Vgl. Häder/Häder (2000), S. 23.
[435] Vgl. Häder/Häder (1994), S. 45.
[436] Vgl. Brosi et al. (1999), S. 12.

generell bei der Anwendung sozialwissenschaftlicher Methoden berücksichtigt werden müssen. Hierzu zählen beispielsweise ein schlechtes Fragebogendesign oder unzureichende Pretests.[437] Ein weiterer Kritikpunkt stellt die Anonymität der Experten dar. Während Goodman[438] und Sackman[439] diese als Nachteil empfinden, da es zu übereilten Einschätzungen seitens der Experten kommen kann, weil diese keine Konsequenzen in Bezug auf ihr Handeln zu erwarten haben, betonen Häder/Häder, dass gerade eine anonyme Situation zu qualitativ hochwertigeren Ergebnissen führen kann. Als Gründe nennen sie die Verhinderung einer „Meinungsführerschaft", wie sie oft in Gruppendiskussionen gegeben ist, die Möglichkeit, ohne Gesichtsverlust seine Meinung zu ändern und auch die Chance für das Monitoring-Team, Experten mit stark abweichenden Einschätzungen nochmals um eine schriftliche Stellungnahme zu bitten. Weiterhin betonen Häder/Häder, dass durch die anonyme Befragungssituation auch die Motivation oder Bereitschaft zur Teilnahme erhöht werden kann.[440]

4.1.3 Fragebogendesign

Da es aufgrund falscher Erwartungen an die Methode auch zu Enttäuschungen bezüglich der Ergebnisse von Delphi-Befragungen kommt, ist es wichtig, das Ziel der Studie genau zu definieren. Dies besteht häufig nicht darin, die Realität exakt vorherzusagen, sondern in der Ermittlung und Qualifizierung von Expertenmeinungen über einen unsicheren Sachverhalt,[441] um Handlungsempfehlungen abzuleiten, mit denen die Zukunft in eine gewünschte Richtung gestaltet werden kann.[442] Im vorliegenden Fall besteht das Ziel der Studie darin, den regionalen Akteuren der Metropolregion Rhein-Neckar derzeitige und zukünftige Problembereiche im Hinblick auf die Attraktivität der Region für Unternehmen aufzuzeigen (vgl. Kapitel 4.2) und Handlungsempfehlungen zur Verbesserung auf regionaler Ebene zu formulieren (vgl. Kapitel 6). Unter unsicheren Sachverhalten werden hierbei zum einen die Auswirkungen unterschiedlicher Megatrends[443] auf die MRN und zum anderen die derzeitige und zukünftige Bedeutung unternehmensrelevanter Standortfaktoren sowie deren derzeit vorherrschenden Bedingungen verstanden. Weiterhin wird mittels der Delphi-Studie untersucht, welche Bedeutung unterschiedliche Branchen derzeit in der Region besitzen und wie sich diese zukünftig entwickeln werden. Abschließend werden die Experten noch gebeten, potenzielle Zukunftscluster und cross-sektorale Verbindungen zu identifizieren, die neue Zukunftsbranchen bilden können.[444]

---

[437] Vgl. Häder/Häder (1998), S. 13.
[438] Vgl. Goodman 1987, S. 730.
[439] Vgl. Sackman (1975), S. 703 und 705-706.
[440] Vgl. Häder/Häder (1998), S. 21-22.
[441] Vgl. Häder (2000), S. 7.
[442] Vgl. Häder (2009), S. 30.
[443] Da die Einschätzungen der zukünftigen Bedeutung unterschiedlicher Megatrends nicht alle unmittelbar mit den für Unternehmen relevanten regionalen Standortfaktoren zusammenhängen, wird in dieser Arbeit nur auf ausgewählte Ergebnisse eingegangen. Für einen umfassenden Überblick über die Ergebnisse der Delphi-Studie vgl. Oechsler/Müller (2010), S. 112-152 und 161-171.
[444] Der Fragebogen kann Abbildung Abb. A 1 im Anhang entnommen werden.

Megatrends

Um die Auswirkungen globaler Megatrends, wie beispielsweise dem demografischen Wandel, einem verstärkten Gesundheitsbewusstsein, der Erwerbstätigkeit von Frauen und dem Wandel der Arbeitswelt auf regionaler Ebene besser einschätzen zu können, sollen die Befragten deren derzeitige und zukünftige Bedeutung beurteilen. Hierbei sollten sie sowohl zwischen der mittelfristigen (in 5 Jahren) sowie der langfristigen (in 10 Jahren) Perspektive unterscheiden. In Tabelle 23 sind die von den Experten einzuschätzenden Megatrends sowie eine kurze Erläuterung dieser dargestellt.

Megatrends	Erklärung
Demografischer Wandel	Unter dem „demografischen Wandel" versteht man die zunehmende Alterung und Schrumpfung der (westlichen) Gesellschaft sowie einen anwachsenden Migrationsstrom.
Boomende Gesundheit	In jüngster Zeit sind ein gestiegenes Gesundheitsbewusstsein sowie eine zunehmende Selbstverantwortung zu erkennen. Ferner fällt unter diesen Megatrend die Sparte der „Neuen Nahrungsmittel", wie Functional Food oder Gen Food.
Frauen auf dem Vormarsch	Hierunter versteht man die Integration der Frauen im Erwerbsleben sowie die zunehmende Bedeutung „weiblicher Soft Skills". Ferner fällt in diesen Bereich das Thema der „Work-Life-Balance".
Digitales Leben	Dieser Megatrend umfasst sowohl den Bereich „Virtuelle Realität" als auch virtuelle Business-Welten.
IT-Revolution	Hierunter werden die fortschreitenden Neurowissenschaften, der Bereich der künstlichen Intelligenz sowie die Robotik verstanden. Auch die Bereiche „Überwachung und Kontrolle" sowie die allgemeine IT-Unterstützung/IT-basierte Lösungen sind in diesem Trend subsumiert.
Business Ökosysteme	Der Trend der Business Ökosysteme beschreibt die Auflösung der Grenzen von Branchen, Märkten und Unternehmen und somit das Entstehen offener Systeme und Netzwerke.
Wandel der Arbeitswelt	Die fortschreitende Automatisierung sowie die Dynamisierung und Flexibilisierung der Arbeit und Arbeitsstrukturen werden als „Wandel der Arbeitswelt" bezeichnet. Hierunter fällt ferner der Wandel vom Produktionssektor über den Servicesektor hin zum Wissenssektor.
Klimawandel und Umweltbelastung	Hierunter versteht man die wachsende CO_2-Belastung sowie den globalen Temperaturanstieg. Weiterhin umfasst dieser Trend die steigende Verantwortung der Unternehmen sowie den Bereich der „sauberen Technologien".

Tabelle 23: Megatrends und ihre Bedeutung.[445]

Die verwendete Skala ist eine bipolare fünfstufige Rating-Skala mit den Ausprägungen „sehr gering", „gering", „mittel", „groß" und „sehr groß". Die mittlere Kategorie wird hierbei bewusst mit aufgenommen, da gerade im Bereich der Einschätzung von Trends davon ausgegangen werden kann, dass die tatsächliche Bedeutung für die Region auch im mittleren Bereich liegen kann. Fer-

---

[445] Quelle: In Anlehung an Z_punkt GmbH - The Foresight Company (2008).

ner besteht das Ziel der Studie nicht darin, Trendaussagen zu erzwingen, sondern die Realität und somit die potenzielle zukünftige Entwicklung so gut wie möglich einzuschätzen. Ein Verzicht auf die mittlere Kategorie würde auf der einen Seite zwar das Problem einer „Tendenz zur Mitte" verringern, jedoch könnten die Teilnehmer auf der anderen Seite durch den Zwang zu einer Entscheidung diesen als Manipulation wahrnehmen und folglich die Beantwortung verweigern oder gar abbrechen.[446]

Standortfaktoren

Da die unternehmerische Standortwahl auch von der Ausgestaltung regionaler Faktoren abhängig ist,[447] wurden die Experten gebeten, sowohl die derzeitige und zukünftige Bedeutung unterschiedlicher Standortfaktoren einzuschätzen, als auch die derzeit in der MRN vorherrschenden Bedingungen dieser Faktoren zu beurteilen. Die Operationalisierung der zu analysierenden Standortfaktoren hat bereits in 2.2.2 stattgefunden. Die betrachteten Standortfaktoren können in die drei Gruppen „Arbeitsmarkt", Öffentliche Hand" und „F&E-Infrastruktur" untergliedert werden.[448]

Auch im Bereich der Standortfaktoren werden bipolare, fünfstufige Rating-Skalen mit den Ausprägungen „sehr gering", „gering", „mittel", „groß" und „sehr groß" bei Fragen zur derzeitigen und zukünftigen Bedeutung der Standortfaktoren verwendet. Zur Bewertung der Ist-Situation in der Region, also den derzeitigen Bedingungen, wird ebenfalls eine fünfstufige Rating-Skala verwendet.

4.1.4 Methodisches Vorgehen

Um die Aussagekraft des Fragebogens sowie die Verständlichkeit der Fragen zu überprüfen, wurde im Vorfeld der Studie mit Mitarbeitern der Metropolregion Rhein-Neckar GmbH ein **Pretest** durchgeführt. Hierbei wurde im Allgemeinen darauf hingewiesen, dass die vorgegebene Gliederung der Wirtschaftszweige (nach NACE-Code[449]) zwar korrekt sei, jedoch nicht unbedingt der Realität entspricht. Um diesem Umstand gerecht zu werden, wurde der Themenblock „Zukunftscluster" in den Fragebogen mit aufgenommen. Hiermit sollte den Experten die Möglichkeit gegeben werden, potenzielle Zukunftsbranchen und zukunftsträchtige cross-sektorale Verbindungen zu benennen. Der in der ursprünglichen Version enthaltene Bereich „Energie & Umwelt"[450] ist nach Aussagen der Teilnehmer des Pretests bereits gut erforscht und ein entsprechendes Cluster befand sich zu diesem Zeitpunkt ebenfalls im Aufbau. Die Stärken der Region werden hierbei in den Bereichen Energieeffizienz in Gebäuden, Energieeffizienz in der Industrie,

---

[446] Vgl. Borg (2003), S. 126.
[447] Döring/Aigner (2010), S. 15 und Blume (2009), S. 27.
[448] Vgl. Tabelle 5 in Kapitel 2.2.2.
[449] Vgl. Verordnung (EG) Nr. 29/2002 der Kommission vom 19. Dezember 2001 zur Änderung der Verordnung (EWG) Nr. 3037/90 des Rates betreffend die statistische Systematik der Wirtschaftszweige in der Europäischen Gemeinschaft, in der Fassung vom Amtsblatt der Europäischen Gemeinschaft und Eurostat (2008).
[450] Vgl. Metropolregion Rhein-Neckar (2011c).

Energie- und Umweltkonzepte für Regionen und Megastädte und der Tiefengeothermie gesehen. Da sowohl die Stärken und Schwächen bekannt, die Wertschöpfungsketten identifiziert sind und ein Clusterwettbewerb in diesem Bereich gewonnen wurde, ist seitens der MRN GmbH kein erhöhter Forschungsbedarf auf diesem Feld notwendig, sodass der Bereich „Energie & Umwelt" von der Analyse ausgeschlossen wurde. Auch wenn im Bereich der Medizintechnik für die Region bisher noch keine Potenziale identifiziert werden konnten, wird dieser Bereich dennoch seitens der Region als sehr wichtig erachtet. Denkbar sei eventuell ein Cluster zusammen mit Bereichen aus der IT, dem Maschinenbau oder der Chemie. Dieser Bereich wurde daher in die Delphi-Studie mit aufgenommen. Nach mehreren Gesprächen mit unterschiedlichen Vertretern der MRN GmbH haben sich somit die Komplexität sowie die Anzahl der Fragen stark reduziert, sodass der Fragebogen in der Endfassung die bereits vorgestellten Themenschwerpunkte beinhaltet.

Da die Qualität der Untersuchungsergebnisse „entscheidend von den einbezogenen Experten und damit von deren Auswahl abhängt"[451], stellt der Prozess der **Expertenauswahl** die schwierigste Aufgabe bei der Durchführung einer Delphi-Studie dar. Nicht nur die notwendige Anzahl an Experten, sondern ebenfalls die Struktur der Befragungsgruppe muss im Vorfeld festgelegt werden.[452] Hinsichtlich der optimalen Anzahl an Experten herrscht allerdings weitestgehend Uneinigkeit. Als Untergrenze führt Woudenberg beispielsweise an, dass eine Gruppengröße von drei Experten für eine Delphi-Befragung zu klein ist.[453] Hinsichtlich der maximalen Anzahl an Teilnehmern erachten einige Autoren eine Obergrenze für nicht notwendig, während andere eine maximale Panelgröße von 25 bzw. 30 Teilnehmern empfehlen.[454] Nachgewiesen werden konnte ferner, dass eine steigende Anzahl an Experten die Güte der Befragung erhöht.[455]

Für die vorliegende Studie wurden insgesamt 49 regionale Experten aus Wissenschaft, Wirtschaft und Politik persönlich angeschrieben.[456] Die Auswahl der Experten erfolgte hierbei bewusst,[457] da die vorliegende Studie qualitativ ausgerichtet ist und das primäre Ziel nicht in einer Hochrechnung oder Verallgemeinerung der Ergebnisse besteht. Hinzu kommt, dass eine Zufallsauswahl Kenntnisse über die Struktur der Grundgesamtheit erfordert, was im Bereich qualitativer Wirtschaftsprognosen faktisch unmöglich ist.[458] Die Auswahl der regionalen Experten fand in enger Kooperation mit der Metropolregion Rhein-Neckar GmbH, der Industrie- und Handelskammer Rhein-Neckar sowie mit Hilfe weniger, sehr versierter Experten statt, die über ein breites Wissen in Bezug auf die Region sowie deren Branchenstruktur verfügen. Bei dieser bewussten Expertenauswahl wurde auf eine möglichst ausgewogene Branchenvielfalt und unterschiedliche Tätigkeitsbereiche geachtet, um Verzerrungen durch eine einseitige Auswahl zu vermeiden und die Güte der Ergebnisse zu steigern. Eine ausgeglichene Verteilung zwischen männlichen und weib-

---

[451] Häder (2000), S. 2.
[452] Vgl. Häder (2000), S. 2-3.
[453] Vgl. Woudenberg (1991), S. 138.
[454] Vgl. für eine Literaturübersicht zur Einschätzung der optimalen Panelgröße Häder/Häder (1998), S. 24-25.
[455] Vgl. Murry/Hammons (1995), S. 428 sowie Häder/Häder (1998), S. 24-25 für einen Literaturüberblick.
[456] Nach Murry/Hammons (1995), S. 428 sollten die Experten persönlich angeschrieben oder telefonisch kontaktiert werden.
[457] Laut Häder (2000), S. 7 ist neben einer Totalerhebung auch die bewusste Auswahl der Teilnehmer möglich.
[458] Vgl. Häder/Häder (1998), S. 23.

lichen Experten wurde zu Beginn der Studie angestrebt, konnte jedoch nicht erreicht werden, da in den befragten Branchen die überwiegende Anzahl an Experten männlich ist.

Insgesamt wurden zwei Befragungsrunden durchgeführt, deren genaue Zusammensetzung Abbildung 18 entnommen werden kann.[459]

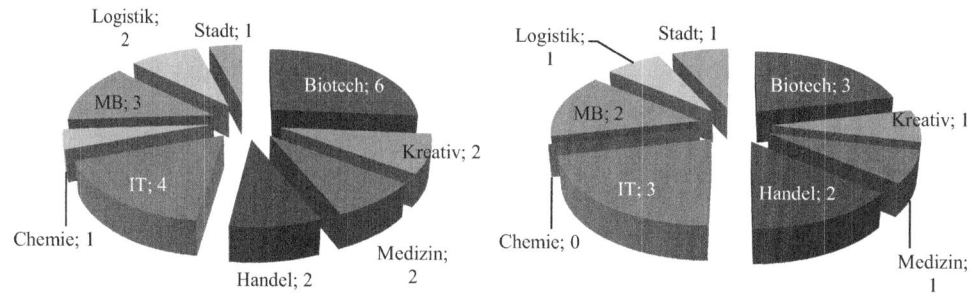

Abbildung 18: Zusammensetzung der Expertengruppe in Runde 1 (links) und Runde 2 (rechts).[460]

Aufgrund der hohen Rücklaufquote von 47 % (23 Experten) in der ersten Befragungsrunde und der Tatsache, dass aus allen Tätigkeitsbereichen und Branchen mindestens ein Experte an der Befragung teilgenommen hat, kann den Ergebnissen ein hoher Erklärungsgehalt unterstellt werden. Dennoch ist darauf hinzuweisen, dass die Ergebnisse nicht verallgemeinert werden können. Um die Stabilität der Expertenmeinungen zu prüfen, bzw. eine Konsolidierung zu erreichen, wurden den Teilnehmern[461] die aggregierten Ergebnisse der ersten Befragungsrunde zur Verfügung gestellt. Mit der Zusendung der Ergebnisse wurden die Experten gebeten, diese bei ihrer zweiten Bewertung zu berücksichtigen. Auch in der zweiten Befragungsrunde konnte mit knapp 64 % (14 Experten)[462] wieder eine verhältnismäßig hohe Rücklaufquote erzielt werden, wenngleich die erwartungskonforme Panelmortalität deutlich zu erkennen ist. Da sich die Ergebnisse der beiden Befragungsrunden nicht erheblich voneinander unterscheiden und ein weiterer Beteiligungsrückgang zu erwarten ist, wird auf einen dritten Durchgang verzichtet.

---

[459] Die Abkürzung „MB" steht hierbei für „Maschinenbau".
[460] Quelle: Eigene Darstellung.
[461] Hierunter werden alle Experten verstanden, die an der ersten Befragungsrunde teilgenommen haben.
[462] Da ein Experte den Fragebogen der ersten Befragungsrunde erst sehr spät zurückgesendet hat, konnte dieser nicht mehr in den zweiten Befragungsturnus mit aufgenommen werden. Daher ergibt sich eine Diskrepanz zwischen 23 Rückläufen aus der ersten Runde und nur 22 befragten Experten in der zweiten Runde (von denen 14 geantwortet haben).

4.2 Bedeutung und Bedingungen unternehmensrelevanter Standortfaktoren aus Expertensicht

4.2.1 Standortfaktor Arbeitsmarkt

Im Rahmen der Analyse unternehmensrelevanter Standortfaktoren wird zunächst der Standortfaktor „Arbeitsmarkt" betrachtet. Vor allem das quantitative Angebot an Arbeitskräften sowie die Qualifikationen dieser sind für Unternehmen von besonderer Bedeutung. Neben diesen beiden Faktoren ist für die Region selbst ihre Attraktivität für Führungskräfte relevant, was ebenfalls im Rahmen des Standortfaktors „Arbeitsmarkt" analysiert wird.

Demografischer Wandel, Frauenerwerbstätigkeit und quantitatives Arbeitskräfteangebot

Die Ergebnisse zur Bevölkerungsentwicklung aus 3.2.1 zeigen, dass die Gesamtbevölkerung zwar gestiegen ist, jedoch ein Rückgang an erwerbsfähigen Personen festgestellt werden kann. Ursächlich hierfür sind sowohl eine rückläufige Anzahl der unter 15-jährigen als auch ein steigender Anteil der über 65-jährigen, was zu einer veränderten Altersstruktur der Region beiträgt. Durch das steigendende Durchschnittsalter und den sich verändernden Präferenzen der Bevölkerung wird sich vermutlich ebenfalls die Branchenstruktur der Wirtschaft ändern.[463] Um rechtzeitig auf diese Veränderungen reagieren zu können, wurden die Experten aufgefordert, die derzeitige sowie zukünftige Bedeutung des demografischen Wandels[464] für die Metropolregion Rhein-Neckar einzuschätzen. Die Befragungsergebnisse stehen hierbei im Einklang mit unterschiedlichen Bevölkerungsfortschreibungen für die Region, die zu dem Ergebnis kommen, dass bis zum Jahr 2020 eher mit einem moderaten Bevölkerungsrückgang zu rechnen ist, der sich jedoch zwischen 2020 und 2030 deutlich verschärfen wird.[465]

Derzeit wird die Bedeutung des demografischen Wandels von der Hälfte der befragten Experten[466] als „mittel" eingestuft. Während knapp 30 % dem Trend sogar nur eine geringe Bedeutung beimessen, hat dieser für immerhin 22 % eine große bis sehr große Bedeutung. Auf mittlere Sicht (Bedeutung in fünf Jahren) erachtet bereits die Hälfte der Experten diesen als „groß" und langfristig schätzen sogar knapp 80 % die Relevanz des demografischen Wandels als sehr groß ein. Die steigende Bedeutung kann ebenfalls anhand des Medians verdeutlicht werden, der „0" (= mittlere Bedeutung) für die heutige Bedeutung des demografischen Wandels, „1" (= große Be-

---

[463] Vgl. MEA (2008), S. 6.
[464] Hierunter wird „die Veränderung der Alterszusammensetzung in einer Gesellschaft - z. B. bedingt durch Naturkatastrophen, Kriege, Veränderungen der Geburtenrate und ständiger Verbesserung der Gesundheitsversorgung" (Pack et al. (2000), S. 8.) verstanden. Allgemeiner formuliert, kann der demografische Wandel als eine „umfassende Veränderung der Bevölkerungsstruktur und der Zahl der Einwohner" (Schmitz-Veltin (2009), S. 15.) charakterisiert werden.
[465] Vgl. Metropolregion Rhein-Neckar (2009b).
[466] Die dargestellten Ergebnisse beziehen sich auf die zweite Befragungsrunde. Die Ergebnisse der Delphi-Studie wurden in ähnlicher Weise bereits veröffentlicht und sind (in Teilen wörtlich) entnommen aus Oechsler/Müller (2010), S. 135-149.

deutung) in der mittelfristigen Sicht und „2" (= sehr große Bedeutung) im Rahmen der langfristigen Prognose (in zehn Jahren) beträgt.[467]

Nicht nur eine stetig älter werdende Gesellschaft und der Zustrom an Migranten, sondern ebenfalls die ansteigende Erwerbstätigkeit der Frauen führen zu einer veränderten Erwerbsstruktur auf dem Arbeitsmarkt. Neben der Integration der Frauen in das Erwerbsleben umfasst der Megatrend „Frauen auf dem Vormarsch" ebenfalls den Themenbereich der „Work-Life-Balance" sowie die zunehmende Bedeutung weiblicher „soft skills" wie z. B. Kooperationsbereitschaft, Teamfähigkeit oder kommunikative Kompetenzen. Auch wenn sich die Erwerbschancen von Frauen in den letzten Jahrzehnten signifikant verbessert haben, werden sie noch heute deutlich schlechter entlohnt als ihre männlichen Kollegen.[468] Dies resultiert nicht zuletzt aus der „geschlechtsspezifischen Segregation des Arbeitsmarktes, durch die Frauen oftmals in Berufsfeldern mit vergleichsweise niedriger Entlohnung und geringen Aufstiegschancen beschäftigt sind."[469] Im Zuge des demografischen Wandels und des damit verbundenen fortschreitenden Fachkräftemangels besitzt das Thema Frauenerwerbstätigkeit eine große Relevanz. Während die derzeitige Bedeutung von gut 35 % der Studienteilnehmer[470] als „mittel" und je 29 % dieser eine geringe bzw. große Relevanz für die Region beimessen, steigt deren Erwartung an die zukünftige Bedeutung an. Mittelfristig schätzen knapp 43 % die Bedeutung dieses Trends als groß ein, langfristig beurteilen sogar 36 % die Relevanz einer steigenden Frauenerwerbstätigkeit als sehr groß für die Metropolregion. Die steigende Bedeutung dieses Trends wird ebenfalls durch einen steigenden Median verdeutlicht, der der „0" (= mittlere Bedeutung) für die heutige Bedeutung des demografischen Wandels und „1" (= große Bedeutung) für die mittel- und langfristige Prognose beträgt.

Sowohl die Analyse der Bevölkerungsentwicklung als auch die Einschätzungen der Experten hinsichtlich der zukünftigen demografischen Entwicklung und der Frauenerwerbstätigkeit lassen vermuten, dass dem quantitativen Arbeitskräfteangebot langfristig eine sehr große Bedeutung beigemessen wird. Die Ergebnisse der ersten und zweiten Befragungsrunde sind sich sehr ähnlich, sodass von einer stabilen Einschätzung seitens der Experten gesprochen werden kann. Während in der ersten Befragungsrunde drei Viertel der Experten dem quantitativen Arbeitskräfteangebot derzeit mindestens eine „große" Bedeutung beimessen, sind dies in der zweiten Runde (vgl. Tabelle 24) noch gut 64 %.

Zukünftig messen die Experten diesem Standortfaktor ebenfalls mindestens eine „große" Bedeutung bei. Sowohl in der ersten als auch in der zweiten Runde teilen knapp zwei Drittel der Experten diese Einschätzung.[471] Auch der Median liegt in beiden Befragungsrunden sowohl für die derzeitige als auch für die zukünftige Bedeutung des Arbeitskräfteangebotes bei „1", was einer „großen" Bedeutung entspricht.

---

[467] Der Lageparameter „Median" wurde bewusst als statistische Maßzahl herangezogen, da bei der verwendeten Likert-Skala nicht mit Sicherheit davon auszugehen ist, dass die Abstände zwischen den einzelnen Ausprägungen von den Experten als äquivalent angesehen wurden und somit die Berechnung des arithmetischen Mittels nicht möglich ist.
[468] Vgl. Pollmann-Schult (2009), S. 140.
[469] Pollmann-Schult (2009), S. 140.
[470] Die dargestellten Ergebnisse beziehen sich auf die zweite Befragungsrunde.
[471] Die Ergebnisse der ersten Befragungsrunde können Tabelle Tab. A 13 im Anhang entnommen werden.

	Bedeutung heute	Bedeutung zukünftig	Bedingungen heute	
Sehr gering	0,00%	0,00%	0,00%	Sehr schlecht
Gering	7,14%	0,00%	21,43%	Schlecht
Mittel	28,57%	35,71%	21,43%	Mittel
Groß	64,29%	57,14%	57,14%	Gut
Sehr groß	0,00%	7,14%	0,00%	Sehr gut
Median	1	1	1	Median

Tabelle 24: Expertenmeinungen zum Arbeitskräfteangebot.[472]

Aufgrund der großen Bedeutung dieses Faktors ist das quantitative Arbeitskräfteangebot als erfolgskritisch einzustufen. Inwiefern derzeitiger oder zukünftiger Handlungsbedarf besteht, kann durch die Einschätzung der Experten hinsichtlich der derzeitigen Bedingungen dieses Faktors abgeleitet werden. Während in der ersten Befragungsrunde die derzeitigen Bedingungen in Bezug auf das quantitative Arbeitskräfteangebot von 48 % der Experten als „gut" und von 13 % sogar als „sehr gut" eingeschätzt werden, sehen nach der zweiten Runde 57 % die Bedingungen als „gut" und keiner der Experten als „sehr gut" an. Je 21 % beurteilen die derzeitigen Bedingungen als „mittelmäßig" bzw. „schlecht", wobei (zumindest nach der ersten Befragungsrunde) eine gewisse Branchenabhängigkeit beobachtet werden kann. Während die Experten der IT-Branche das quantitative Arbeitskräfteangebot derzeit als eher schlecht einstufen, schätzen die Experten aus den Bereichen Biotechnologie und Medizintechnik die derzeitigen Bedingungen durchgehend gut (bis sehr gut) ein. Aufgrund der großen Relevanz dieses Faktors, auch im Hinblick auf den demografischen Wandel, müssen gerade im technischen Bereich alternative Wege gefunden werden, um den Bedarf an (hoch-)qualifizierten Arbeitskräften langfristig zu sichern (vgl. hierzu Kapitel 6.1).

Wandel der Arbeitswelt und die Qualifikation der Arbeitskräfte

Der Prozess der Tertiarisierung oder der „Wandel der Arbeitswelt" wurde in den Abschnitten 3.3.1 und 3.3.2 sowohl durch die Entwicklung der Bruttowertschöpfung als auch durch die Analyse der Betriebs- und Beschäftigungsentwicklung in der Region nachgewiesen. Auch für die Metropolregion Rhein-Neckar kann somit der Trend von der Industrie- zur Dienstleistungs- und Wissensgesellschaft beobachtet werden, was sich ebenfalls durch einen zunehmenden Bedarf der Betriebe an höheren Qualifikationen der Mitarbeiter zeigt.[473] Dass sich dieser Trend in Zukunft weiter verstärken wird, zeigt eine Studie von Reinberg/Hummel, die einen zukünftigen Anstieg an hochqualifizierten Aufgaben sowie einen nur noch geringen Bedarf an einfachen Tätigkeiten bzw. Hilfstätigkeiten prognostizieren.[474] Eine Analyse der Entwicklung der Schulabschlüsse hat

---

[472] Quellen: Ergebnisse der zweiten Befragungsrunde der Delphi-Studie, eigene Darstellung.
[473] Vgl. Kapitel 3.3.3.
[474] Vgl. Reinberg/Hummel (2002), S. 583.

ergeben, dass sich der Anteil der Schüler mit Hauptschulabschluss von einem Drittel im Jahr 1995 auf 23,5 % in 2009 verringert hat. Gleichzeitig ist der Anteil der Abiturienten im gleichen Zeitraum von 26,3 % auf 30,5 % gestiegen. Im Hinblick auf einen steigenden Bedarf an höheren Qualifikationen der Betriebe und den (drohenden) Fachkräftemangel sind diese Ergebnisse einerseits erfreulich, andererseits ist ebenfalls zu beachten, dass sich die Gesamtzahl der Schulabgänger langfristig verringern wird. Die Statistischen Ämter prognostizieren einen Rückgang der Schülerzahlen von 1,8 Millionen bis zum Jahr 2020,[475] wodurch ebenfalls die Anzahl an Studenten und Auszubildenden sinken wird. Diese Ergebnisse lassen vermuten, dass die Experten dem Faktor „Qualifikation der Arbeitskräfte" eine vergleichsweise große Bedeutung beimessen werden.

Den Erwartungen entsprechend erachten die Experten bereits heute den Faktor „qualifizierte Arbeitskräfte" als sehr bedeutsam und bescheinigen diesem zukünftig einen weiteren Bedeutungszuwachs. Während in der ersten Befragungsrunde[476] zwei Drittel der Experten der Arbeitskräftequalifikation zukünftig eine sehr große Bedeutung für die Region beimessen, sind dies in Runde zwei (vgl. Tabelle 25) noch gut 57 %.

	Bedeutung heute	Bedeutung zukünftig	Bedingungen heute	
Sehr gering	0,00 %	0,00 %	0,00 %	**Sehr schlecht**
Gering	0,00 %	0,00 %	14,29 %	**Schlecht**
Mittel	21,43 %	0,00 %	21,43 %	**Mittel**
Groß	57,14 %	42,86 %	42,86 %	**Gut**
Sehr groß	21,43 %	57,14 %	21,43 %	**Sehr gut**
Median	1	2	1	**Median**

Tabelle 25: Expertenmeinungen zur Qualifikation der Arbeitskräfte.[477]

Die Qualifikation der Arbeitskräfte muss demnach als erfolgskritischer Faktor für die Region angesehen werden, was eine Analyse der Expertenmeinungen hinsichtlich der Bedingungen auf dem regionalen Arbeitsmarkt notwendig macht. Während knapp drei Viertel der Experten nach der ersten Runde die Bedingungen dieses Faktors mindestens als „gut" eingestuft haben, sind dies nach Runde zwei nur noch rund 64 %. Lediglich 14 % beurteilen die derzeitigen regionalen Bedingungen als schlecht.

Auch wenn das Gros der Experten die derzeitigen Bedingungen der Qualifikation der Arbeitskräfte als gut erachtet (der Median beträgt 1), darf das Thema keinesfalls vernachlässigt werden. Es ist zukünftig nicht nur mit einem Rückgang des Erwerbspersonenpotenzials, sondern ebenfalls mit einer veränderten Altersstruktur der Erwerbspersonen zu rechnen, die auch den Wettbewerb

---

[475] Vgl. Statistische Ämter des Bundes und der Länder (2009), S. 32.
[476] Vgl. Tabelle Tab. A 14 im Anhang.
[477] Quelle: Ergebnisse der zweien Befragungsrunde der Delphi-Studie, eigene Darstellung.

und hochqualifizierte Personen beeinflussen wird. Um den drohenden Fachkräftemangel auf dem regionalen Arbeitsmarkt abzumildern, müssen die bisher eher vernachlässigten Gruppen daher stärker in das Erwerbsleben eingebunden werden. Hierbei handelt es sich in erster Linie um 55-64 Jährige, die nicht selten die Möglichkeiten der Frühverrentung in Anspruch nehmen sowie um Frauen.[478]

Die Attraktivität der Region für Fach- und Führungskräfte

Nicht nur die Aktivierung bisher nicht oder kaum genutzter Erwerbspotenziale, sondern vor allem die Attraktivität einer Region kann dazu beitragen, vermehrt (hochqualifizierte) Fach- und Führungskräfte an die Region zu binden. Neben einer guten Infrastruktur gehören ebenfalls ein reichhaltiges Freizeit-, Sport- und Kulturangebot sowie attraktive Wohn- und Erholungslandschaften zu den Faktoren, die das Image eines Standortes nachhaltig prägen.[479] Es ist daher anzunehmen, dass die Experten die Relevanz dieses Faktors für die MRN als sehr groß beurteilen. Die Ergebnisse der zweiten Runde der Expertenbefragung sind in Tabelle 26 dargestellt.[480]

	Bedeutung heute	Bedeutung zukünftig	Bedingungen heute	
Sehr gering	0,00 %	0,00 %	0,00 %	Sehr schlecht
Gering	0,00 %	0,00 %	7,14 %	Schlecht
Mittel	14,29 %	0,00 %	42,86 %	Mittel
Groß	78,57 %	64,29 %	35,71 %	Gut
Sehr groß	7,14 %	35,71 %	14,29 %	Sehr gut
Median	1	1	1	Median

Tabelle 26: Expertenmeinungen zur Attraktivität der Region für Fach- und Führungskräfte.[481]

Erwartungsgemäß erachtet die Mehrheit der Experten die Bedeutung einer attraktiven Region für Fach- und Führungskräfte als relevanten Standortfaktor – knapp 86 % messen diesem Faktor bereits heute mindestens eine große Bedeutung bei und lediglich 14 % beurteilen die Bedeutung dieses Faktors als „mittelmäßig". Während sich die Ergebnisse zur derzeitigen Bedeutung des betrachteten Standortfaktors in den beiden Befragungsrunden kaum voneinander unterscheiden, bewerten die Experten die zukünftige Bedeutung in Runde zwei etwas geringer als in Runde eins. In der ersten Befragungsrunde erachten lediglich 45,45 % die zukünftige Bedeutung der regionalen Attraktivität für Fach- und Führungskräfte als groß (in Runde zwei sind dies über 64 %), dafür jedoch die Hälfte als sehr groß. In Runde zwei sind dies nur noch gut ein Drittel der Experten. Dieser Unterschied spiegelt sich ebenfalls im Median wider, der in der ersten Befragungsrunde

---
[478] Vgl. Busch/Flüter-Hoffmann (2009), S. 18-19.
[479] Vgl. Grabow/Becker (2009), S. 289-290; Bertelsmann Stiftung (2002), S. 11.
[480] Die Ergebnisse der ersten Befragungsrunde können Tabelle Tab. A 15 im Anhang entnommen werden.
[481] Quelle: Ergebnisse der zweiten Befragungsrunde der Delphi-Studie, eigene Darstellung.

für die Einschätzung der zukünftigen Bedeutung bei 1,5 und in der zweiten Runde bei 1 liegt. Insgesamt kann jedoch für beide Befragungsrunden ein zukünftiger Bedeutungszuwachs für diesen Faktor festgestellt werden, was mit dem immer stärker werdenden „War for Talents" sowie dem demografischen Wandel in Einklang steht.

Aufgrund der großen Bedeutung der „Attraktivität einer Region" muss dieser Standortfaktor ebenfalls als kritischer Erfolgs- bzw. Misserfolgsfaktor angesehen werden. Umso bedenklicher sollten die Ergebnisse bzgl. der Experteneinschätzung zu den derzeitigen Bedingungen stimmen, die in beiden Befragungsrunden eine starke Streuung aufweisen. Während die Hälfte der Experten die Attraktivität der MRN als gut bzw. sehr gut einschätzt, bewertet die andere Hälfte diese als mittelmäßig bzw. schlecht. Es ist daher dringend notwendig, die Faktoren zu identifizieren, die insbesondere einen Einfluss auf den die Gruppe der Hochqualifizierten am Arbeits- und Wohnortwahl besitzen (vgl. Kapitel 5.4). Ferner muss evaluiert werden, welche dieser Faktoren als kritisch zu beurteilen sind. Um als Region nachhaltig wettbewerbsfähig sein zu können, muss das Ziel darin bestehen, auch für junge High-Potentials, die in der Region ausgebildet werden, attraktiv zu sein, damit diese nicht gleich nach ihrem Studium die MRN verlassen.

Zusammenfassung:

Die Analyse des Standortfaktors „Arbeitsmarkt", der durch die drei Faktoren „Quantitatives Arbeitskräfteangebot", „Qualifikation der Arbeitskräfte" und „Attraktivität der Region für Fach- und Führungskräfte" operationalisiert wird, hat gezeigt, dass alle Faktoren bereits heute oder zukünftig eine große Relevanz für die Region besitzen werden. Die Einschätzung der Experten hinsichtlich der derzeitigen Ausgestaltung der Region mit diesen Faktoren ist indes nicht in allen Fällen eindeutig ausgefallen. In Abbildung 19 ist die Situation für die drei Faktoren grafisch dargestellt. Hierbei zeigt die Lage auf der x-Achse die heutige Relevanz des entsprechenden Faktors und die Lage auf der y-Achse die derzeitigen Bedingungen. Die Größe der Kreise spiegelt die zukünftige Bedeutung des Standortfaktors wider. Kleine Kreise (hier nicht vorhanden) symbolisieren hierbei einen zukünftigen Bedeutungsverlust, mittelgroße Kreise (Arbeitskräfteangebot (Quantität) und Attraktivität der Region für Fach- und Führungskräfte (Führungskräfte)) eine gleichbleibende Bedeutung und große Kreise (Qualifikation der Arbeitskräfte (Qualität)) kennzeichnen dementsprechend einen zukünftigen Bedeutungszuwachs des jeweiligen Faktors. Methodisch ist zu beachten, dass die Lage der Kreise durch den Mittelwert des jeweiligen Faktors determiniert sind. Dieser wurde für die grafische Darstellung gewählt, um die Unterschiede der einzelnen Faktoren besser sichtbar zu machen. Die Größe der Kreise, also der Bedeutungszuwachs wird mithilfe des Medians ermittelt. Sind Median der heutigen und zukünftigen Bedingungen gleich, so wird der Faktor durch einen mittelgroßen Kreis dargestellt. Erhöht (bzw. verringert) sich der Median der zukünftigen Relevanz, so wird dem Faktor entsprechend ein großer (bzw. kleiner) Kreis zugewiesen.

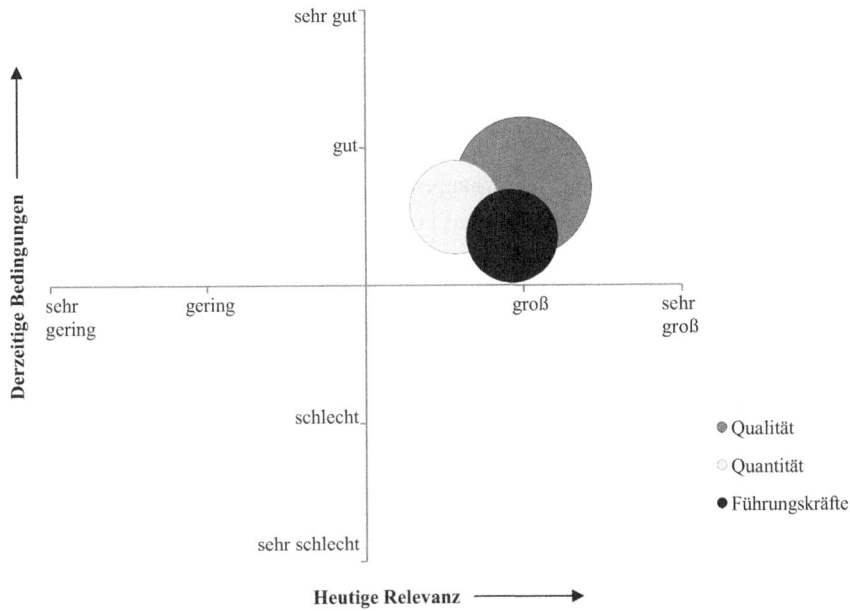

Abbildung 19: Bedeutung und Bedingungen des Standortfaktors „Arbeitsmarkt".[482]

Die Lage der Faktoren (vgl. Abbildung 19) ist zunächst positiv zu beurteilen, da sowohl die derzeitige Relevanz als auch die derzeitigen Bedingungen hoch bzw. gut eingeschätzt werden. Hieraus ist zumindest für den jetzigen Zeitpunkt noch kein dringender Handlungsbedarf ableitbar. Allerdings ist auch ersichtlich, dass sich die Bedeutung der Qualifikation der Arbeitskräfte zukünftig erhöhen wird. Der Kreis würde demnach im obigen Diagramm nach rechts verschoben. Bei im besten Fall gleichbleibenden Bedingungen, wovon bei rückläufigen Geburtenraten und einem stetig steigenden Bedarf an höheren Qualifikationen nicht ausgegangen werden kann, bestünde jedoch die Gefahr eines Mismatches zwischen Nachfrage und Angebot an qualifizierten Arbeitskräften. Ebenfalls kritisch ist die Uneinigkeit der Experten hinsichtlich der Attraktivität der Region für Fach- und Führungskräfte einzustufen, wenngleich der Median bei 1 liegt und somit zumindest die Hälfte der Experten die derzeitigen Bedingungen mindestens als gut erachten.

4.2.2 Standortfaktor Öffentliche Hand

Neben den Bedingungen auf dem regionalen Arbeitsmarkt sind ebenfalls die unterschiedlichen Faktoren der öffentlichen Hand für die Standortwahl eines Unternehmens relevant. Hierzu zählen unter anderem die Höhe der Steuerbelastung, gemessen am Gewerbesteuersatz, das Angebot an regionalen Förderprogrammen, die Dauer von Genehmigungsverfahren, Umweltschutzauflagen

---

[482] Quelle: Ergebnisse der zweiten Befragungsrunde der Delphi-Studie, eigene Darstellung.

sowie die Serviceorientierung der regionalen Verwaltung gegenüber den ansässigen Unternehmen.

Die Steuerbelastung am Standort

Unter dem Faktor „Steuerbelastung" wird hauptsächlich die Belastung der Gewerbetreibenden aufgrund der Gewerbesteuer verstanden, die auf kommunaler Ebene festgelegt wird.[483] Mit einem Hebesatz von 430 v. H. weist Mannheim mittlerweile den höchsten Hebesatz in Baden-Württemberg auf.[484] Auch Heidelberg weist mit 400 v. H. einen sehr hohen, Ludwigshafen mit 360 v. H. einen vergleichsweise niedrigen Hebesatz der Gewerbesteuer auf. Aufgrund dieser Steuerbelastung ist potenziell mit einer eher negativen Beurteilung dieses Standortfaktors zu rechnen, da die Gewerbesteuer direkt den Gewinn eines Unternehmens schmälert. Dass dieser Faktor für die Unternehmen der Metropolregion Rhein-Neckar von großer Relevanz ist, konnten Egeln et al. bereits im Jahr 1996 nachweisen.[485] Welche Bedeutung die Experten diesem (harten) Standortfaktor heute und in Zukunft zuschreiben und wie sie die derzeitigen Bedingungen einschätzen, ist in Tabelle 27 dargestellt.[486]

Es ist zu erkennen, dass die Hälfte der Experten für die derzeitige Bedeutung der Steuerbelastung am Standort die mittlere Kategorie wählt. Die restlichen 50 % messen diesem Standortfaktor eine große (28,57 %) bzw. sehr großer Bedeutung für die Region (knapp 21,43 %) bei.[487] Die Relevanz der Steuerbelastung wird sich nach Ansicht der Experten zukünftig weiter erhöhen. Über 78 % erachten die zukünftige Relevanz dieses Faktors als groß oder sogar sehr groß für die Metropolregion Rhein-Neckar.

	Bedeutung heute	Bedeutung zukünftig	Bedingungen heute	
Sehr gering	0,00 %	0,00 %	0,00 %	Sehr schlecht
Gering	0,00 %	0,00 %	28,57 %	Schlecht
Mittel	50,00 %	21,43 %	71,43 %	Mittel
Groß	28,57 %	50,00 %	0,00 %	Gut
Sehr groß	21,43 %	28,57 %	0,00 %	Sehr gut
Median	0,5	1	0	Median

Tabelle 27: Expertenmeinungen zur regionalen Steuerbelastung.[488]

---

[483] Vgl. Deutscher Bundesrat (2010), S. 5.
[484] Zu beachten ist, dass zum Zeitpunkt der Durchführung der Delphi-Studie dieser noch bei 415 v. H. lag und somit „lediglich" den zweithöchsten Hebesatz in Baden-Württemberg – hinter der Landeshauptstadt Stuttgart – aufwies.
[485] Vgl. Egeln et al. (1996), S. 21-27.
[486] Die Ergebnisse der ersten Befragungsrunde können Tabelle Tab. A 16 im Anhang entnommen werden.
[487] Die Antworten der ersten Befragungsrunde weisen eine größere Streuung auf, die Einschätzungen zeigen jedoch in die gleiche Richtung.
[488] Quelle: Ergebnisse der zweiten Befragungsrunde der Delphi-Studie, eigene Darstellung.

Aufgrund der recht hohen Hebesätze in den beiden Städten Mannheim und Heidelberg verwundert es nicht, dass die derzeitigen Bedingungen von über 70 % der Befragten als mittelmäßig und knapp 30 % als schlecht wahrgenommen werden.[489] Da dieser Faktor eine große Relevanz besitzt, muss er folglich als erfolgskritisch erachtet werden. Die Einschätzungen der Experten hinsichtlich der derzeitigen Bedingungen zeigen die Handlungsnotwendigkeit für die regionalen Akteure auf.

Regionale Förderprogramme

Um die Innovationstätigkeit und somit die Wettbewerbsfähigkeit der Region zu stärken, können regionale Förderprogramme, wie beispielsweise Investitions- oder Zinszuschüsse, zum Einsatz kommen. Ferner kann hierunter auch die Unterstützung kleinerer Betriebe verstanden werden, die aufgrund einer guten Auftragslage bereit sind, Mitarbeiter einzustellen, sich dies auf Dauer aber nicht „leisten" können. Zu nennen ist hier beispielsweise der Ausbildungsverbund der BASF SE, welche durch die Industrie- und Handelskammern, die Handwerkskammern, die Agenturen für Arbeit sowie die Chemieverbänden der Region unterstützt wird.[490] Da die Innovationsfähigkeit einer Region entscheidend zu deren Wettbewerbsfähigkeit beiträgt, ist davon auszugehen, dass die befragten Experten den regionalen Förderprogrammen eine große und in Zukunft steigende Bedeutung zuschreiben werden. Die Ergebnisse der zweiten Befragungsrunde können Tabelle 28 entnommen werden.[491]

	Bedeutung heute	Bedeutung zukünftig	Bedingungen heute	
Sehr gering	0,00 %	0,00 %	0,00 %	Sehr schlecht
Gering	7,14 %	0,00 %	21,43 %	Schlecht
Mittel	71,43 %	50,00 %	50,00 %	Mittel
Groß	21,43 %	42,86 %	28,57 %	Gut
Sehr groß	0,00 %	7,14 %	0,00 %	Sehr gut
Median	0	0,5	0	Median

Tabelle 28: Expertenmeinungen zu regionalen Förderprogrammen.[492]

Während die Ergebnisse der ersten Befragungsrunde sowohl hinsichtlich der derzeitigen als auch der zukünftigen Bedeutung regionaler Förderprogramme sehr uneinheitlich sind, kann nach der zweiten Befragungsrunde eine Konsolidierung der Ergebnisse festgestellt werden. Von über 70 %

---

[489] Da die meisten Experten aus den drei Städten Heidelberg, Mannheim und Ludwigshafen kommen, ist anzunehmen, dass sie die ortsübliche Steuerbelastung zum Anlass ihrer Bewertung genommen haben und nicht einen Mittelwert über die gesamte Metropolregion gebildet haben.
[490] Vgl. BASF SE (2008).
[491] Die Ergebnisse der ersten Befragungsrunde sind in Tabelle Tab. A 17 im Anhang dargestellt.
[492] Quelle: Ergebnisse der zweiten Befragungsrunde der Delphi-Studie, eigene Darstellung.

der Experten wird den regionalen Förderprogrammen eine mittlere Bedeutung zugeschrieben, gut 21 % messen diesem Standortfaktor eine große Relevanz bei und ein Experte erachtet die Bedeutung dieses Faktors als lediglich gering. Der moderate Anstieg des Medians lässt erkennen, dass regionale Förderprogramme zukünftig an Bedeutung gewinnen werden. Die Hälfte der Experten erachtet diese in Zukunft als wichtig bis sehr wichtig.

Aufgrund dieser Einschätzungen und der leicht steigenden zukünftige Bedeutung müssen auch regionale Förderprogramme als erfolgskritischer Faktor angesehen werden. Die Beurteilung der derzeitigen Bedingungen zeigt, ob die Ausgestaltung der Region mit diesem Faktor ausreichend ist oder ob die Experten hier einen Problembereich sehen. Während die Hälfte der Experten die Bedingungen als „mittelmäßig" einstuft, erachten über 20 % der Befragten diese als schlecht. Für 28,6 % der Befragten ist die Situation regionaler Förderprogramme in der MRN zufriedenstellend („gut"). Die Ergebnisse machen deutlich, dass derzeit zwar kein akuter Handlungsbedarf besteht, jedoch im Hinblick auf die Sicherung wichtiger Fachkräfte zu überlegen ist, bereits bestehende Maßnahmen auszubauen.

Die Dauer von Genehmigungsverfahren

Die Dauer von Genehmigungsverfahren (zum Beispiel Baugenehmigungen neuer Anlagen) stellt einen relevanten Faktor für die Wettbewerbsfähigkeit einer Region dar. Durch eine zu lange Verfahrensdauer, der damit einhergehenden Verzögerung des Baubeginns und der entstehenden Mehrkosten kann dieser Faktor für Unternehmer und Investoren eine große Relevanz bei der Wahl des Standortes besitzen.[493] Welche Bedeutung die befragten Experten diesem Standortfaktor beimessen und wie sie die derzeitig vorherrschenden Bedingungen einschätzen, ist in Tabelle 29 dargestellt.

	Bedeutung heute	Bedeutung zukünftig	Bedingungen heute	
Sehr gering	0,00 %	0,00 %	0,00 %	**Sehr schlecht**
Gering	0,00 %	0,00 %	30,77 %	**Schlecht**
Mittel	7,69 %	7,69 %	53,85 %	**Mittel**
Groß	61,54 %	53,85 %	15,38 %	**Gut**
Sehr groß	30,77 %	38,46 %	0,00 %	**Sehr gut**
Median	1	1	0	**Median**

Tabelle 29: Expertenmeinungen zur Dauer von Genehmigungsverfahren.[494]

Im Vergleich zu den Ergebnissen der ersten Befragungsrunde (vgl. Tabelle Tab. A 18 im Anhang), in der knapp ein Drittel der Dauer von Genehmigungsverfahren bereits heute eine große

---

[493] Vgl. Ramsauer (2008), S. 267.
[494] Quelle: Ergebnisse der zweiten Befragungsrunde der Delphi-Studie, eigene Darstellung.

und sogar die Hälfte der Experten eine sehr große Bedeutung beigemessen haben, sind dies nach der zweiten Befragungsrunde 61,5 % (große Bedeutung) und 30,8 % (sehr große Bedeutung). Während in der ersten Befragungsrunde ein deutlicher Zuwachs der Relevanz dieses Faktors ersichtlich ist - der Median steigt von 1,5 auf 2,0 – kann in der zweiten Befragungsrunde lediglich ein leichter Bedeutungszuwachs festgestellt werden, der jedoch keine Auswirkungen auf die Höhe des Medians hat. Da bereits heute fast alle Experten diesem Standortfaktor eine große bis sehr große Bedeutung zuschreiben, muss die Dauer von Genehmigungsverfahren als erfolgskritischer Faktor bei der Standortwahl von Unternehmen gezählt werden. Aufgrund der Beurteilung der derzeitigen Bedingungen – knapp 31 % der Befragten erachten diese als schlecht und lediglich 15 % als gut oder besser – muss dieser Faktor auch als handlungskritisch angesehen werden.

Umweltschutzauflagen

Gerade in Zeiten der „sauberen Technologien" und dem allseits diskutierten Thema „Klimawandel", wird dem Umweltschutz eine zentrale Bedeutung beigemessen. Relevant werden Umweltschutzauflagen vor allem im Bereich der Bau- und Sanierungsvorschriften sowie beim Emissions- und Lärmschutz. Welche Bedeutung die Experten den Umweltschutzauflagen für die Region beimessen und wie die derzeitigen Bedingungen eingeschätzt werden, kann Tabelle 30 entnommen werden.[495]

	Bedeutung heute	Bedeutung zukünftig	Bedingungen heute	
Sehr gering	0,00 %	0,00 %	0,00 %	Sehr schlecht
Gering	0,00 %	0,00 %	0,00 %	Schlecht
Mittel	28,57 %	21,43 %	100,00 %	Mittel
Groß	57,14 %	57,14 %	0,00 %	Gut
Sehr groß	14,29 %	21,43 %	0,00 %	Sehr gut
Median	1	1	0	Median

Tabelle 30: Expertenmeinungen zu Umweltschutzauflagen.[496]

Dass die Bedeutung der Umweltschutzauflagen in einer zum Teil noch industriell geprägten Region und im Zeitalter der Ressourcenverknappung sowie der globalen Erwärmung bereits heute als groß eingestuft wird, verwundert kaum. Gut 57 % der Experten sehen in den Umweltschutzauflagen für die Region eine große, 14 % sogar eine sehr große Bedeutung. Knapp 29 % schätzen die Bedeutung lediglich als „mittel" ein. Während die derzeitigen Bedingungen bezüglich der Umweltschutzauflagen in der ersten Befragungsrunde von zehn Prozent der Experten als schlecht, von 70 % als mittelmäßig und von immerhin 20 % als gut eingestuft werden, beurteilen

---

[495] Die Ergebnisse der ersten Befragungsrunde sind in Tabelle Tab. A 19 im Anhang dargestellt.
[496] Quelle: Ergebnisse der zweiten Befragungsrunde der Delphi-Studie, eigene Darstellung.

in der zweiten Befragungsrunde alle Experten diese als mittelmäßig. Aufgrund der derzeitigen und zukünftigen Relevanz der Umweltschutzauflagen darf dieser Standortfaktor demnach keinesfalls vernachlässigt werden.

Die Serviceorientierung bzw. Unternehmensnähe der öffentlichen Verwaltung

Der letzte untersuchte Faktor der öffentlichen Hand ist die Serviceorientierung bzw. Unternehmensnähe der Verwaltung. Über drei Viertel der Experten (78,57 %) misst diesem Faktor bereits heute eine große Bedeutung bei. Zukünftig sieht sogar die Hälfte der Experten in der Serviceorientierung und Unternehmensnähe eine sehr große Bedeutung, weshalb auch dieser Standortfaktor als erfolgskritisch angesehen werden muss. Die Ergebnisse sind in Tabelle 31 zusammenfassend dargestellt.[497]

	Bedeutung heute	Bedeutung zukünftig	Bedingungen heute	
Sehr gering	0,00 %	0,00 %	0,00 %	**Sehr schlecht**
Gering	0,00 %	0,00 %	23,08 %	**Schlecht**
Mittel	21,43 %	7,14 %	69,23 %	**Mittel**
Groß	78,57 %	42,86 %	7,69 %	**Gut**
Sehr groß	0,00 %	50,00 %	0,00 %	**Sehr gut**
Median	1	1,5	0	**Median**

Tabelle 31: Expertenmeinungen zur Serviceorientierung der Verwaltung.[498]

Sehr bedenklich stimmen daher die Ergebnisse zu den derzeitigen Bedingungen in Bezug auf die Unternehmensnähe der Verwaltung. Knapp ein Viertel (23 %) der Experten schätzt die derzeitigen Bedingungen in der Region als schlecht ein, 69 % als mittelmäßig. Lediglich ein Experte bewertet diese als gut. In Anbetracht der steigenden Relevanz der Serviceorientierung, die nicht zuletzt für effizientere Abläufe und somit einer erhöhten Wettbewerbsfähigkeit im nationalen und internationalen Kontext führen soll, muss die Region dringend die Schwachstellen aufdecken, analysieren und (wenn möglich) beheben.

Zusammenfassung:

Die Analyse des Standortfaktors „Öffentliche Hand", hat gezeigt, dass mit Ausnahme regionaler Förderprogramme (FP) alle Faktoren bereits heute von großer Bedeutung sind. Ein zukünftiger Bedeutungszuwachs kann für die Steuerbelastung am Standort (STB) sowie für regionale Förderprogramme und die Serviceorientierung der Verwaltung (SO) festgestellt werden. In Abbildung

---

[497] Die Ergebnisse der ersten Befragungsrunde können Tabelle Tab. A 20 im Anhang entnommen werden.
[498] Quelle: Ergebnisse der zweiten Befragungsrunde der Delphi-Studie, eigene Darstellung.

20 ist die zukünftig steigende Relevanz durch einen großen Kreis symbolisiert. Die Bedeutung der Umweltschutzauflagen (UmS), welche die Experten bereits heute als groß einstufen, wird nach deren Einschätzung zukünftig nur leicht zunehmen.

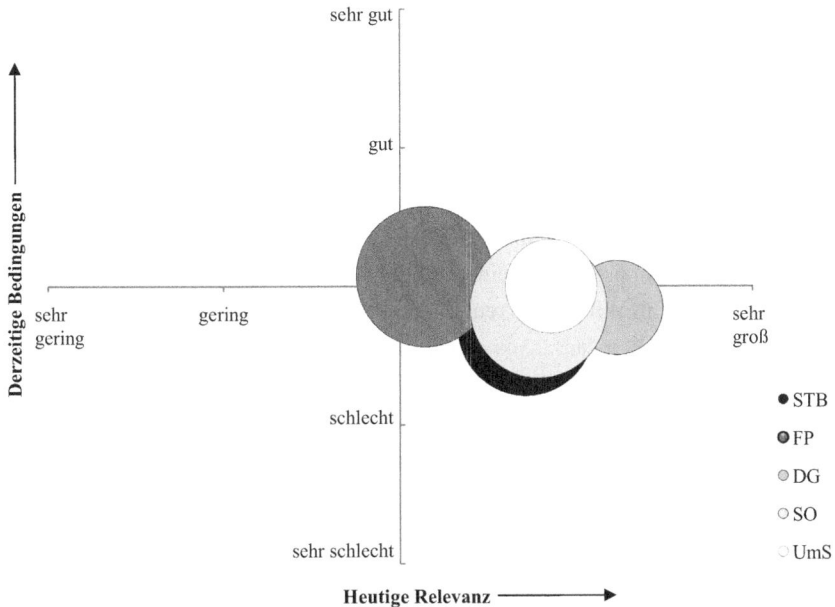

Abbildung 20: Bedeutung und Bedingungen des Standortfaktors „Öffentliche Hand".[499]

Die Lage der Faktoren ist kritischer einzustufen als beim Standortfaktor „Arbeitsmarkt". Besonders im Falle der Faktoren „Serviceorientierung" und „Steuerbelastung" ist die Diskrepanz zwischen der derzeitigen bzw. zukünftigen Bedeutung und den heutigen Bedingungen besonders groß. Da sich die Relevanz dieser Faktoren weiter erhöhen wird (die Kreise sich in der Abbildung somit nach rechts verschieben würden), sind negative Auswirkungen auf die Standortattraktivität der Metropolregion Rhein-Neckar nicht auszuschließen. Ähnliches gilt für die Dauer von Genehmigungsverfahren (DG). Die Relevanz dieses Faktors wird zukünftig zwar nicht steigen, jedoch wird diesem bereits heute eine große bis sehr große Bedeutung zugeschrieben. Weniger kritisch können die Ergebnisse regionaler Förderprogramme beurteilt werden, die in Zukunft zwar an Relevanz gewinnen werden, die jedoch keine großen Diskrepanzen zwischen der derzeitigen Bedeutung und den vorherrschenden Bedingungen aufweisen.

---

[499] Quelle: Ergebnisse der zweiten Befragungsrunde der Delphi-Studie, eigene Darstellung.

4.2.3 Standortfaktor F&E-Infrastruktur

Als dritten und letzten Standortfaktor sollten die Experten die F&E-Infrastruktur beurteilen. Hierbei geht es insbesondere um die Nähe zu Hochschulen, Forschungseinrichtungen und um die Nähe zu Betrieben der eigenen und fremder Branchen. Da in der heutigen Zeit der voranschreitenden Globalisierung vor allem Netzwerke zwischen Wirtschaft und Wissenschaft sowie zwischen unterschiedlichen Branchen an Bedeutung gewinnen, wird der Auswertung dieses Faktors besonderes Augenmerk zuteil.

Die Nähe zu Hochschulen

Um rechtzeitig die geeigneten Fach- und Führungskräfte an sich binden zu können, betreiben viele Unternehmen Hochschulmarketing und nutzen somit die Netzwerke ansässiger Hochschulen. Aber auch um die Innovationstätigkeit einer Region bzw. eines Unternehmens und somit deren/dessen Wettbewerbsfähigkeit zu stärken, ist eine enge Verknüpfung zwischen Wissenschaft und Wirtschaft von großer Relevanz. Aus diesem Grund kann davon ausgegangen werden, dass diesem Standortfaktor eine große Bedeutung für die Region beigemessen wird. Da die Metropolregion Rhein-Neckar über eine Vielzahl an Hochschulen und Universitäten verfügt, ist weiterhin anzunehmen, dass die derzeitigen Bedingungen als gut oder sogar sehr gut eingestuft werden. Die Ergebnisse der Expertenbefragung sind in Tabelle 32 dargestellt.[500]

	Bedeutung heute	Bedeutung zukünftig	Bedingungen heute	
Sehr gering	0,00%	0,00%	0,00%	Sehr schlecht
Gering	7,14%	0,00%	0,00%	Schlecht
Mittel	14,29%	0,00%	14,29%	Mittel
Groß	71,43%	78,57%	71,43%	Gut
Sehr groß	7,14%	21,43%	14,29%	Sehr gut
Median	1	1	1	Median

Tabelle 32: Expertenmeinungen zur Nähe zu Hochschulen.[501]

Die Bedeutung der Nähe zu Hochschulen wird heute von gut drei Viertel der Experten als groß bzw. sehr groß eingeschätzt. Zukünftig messen gut 78 % diesem Faktor eine große und der Rest eine sehr große Bedeutung bei. Dies lässt vermuten, dass eine engere Verzahnung von Wissenschaft und Wirtschaft ebenfalls immer wichtiger wird, was insbesondere im Hinblick auf die Regionalstruktur sowie die Etablierung weiterer Cluster in der Region von großer Bedeutung ist.

---

[500] Die Ergebnisse der ersten Befragungsrunde können Tabelle Tab. A 21 im Anhang entnommen werden.
[501] Quelle: Ergebnisse der zweiten Befragungsrunde der Delphi-Studie, eigene Darstellung.

Die derzeitigen Bedingungen werden von den meisten Experten als gut bis sehr gut (71 % bzw. 14 %) angesehen. Die große Relevanz dieses Standortfaktors zeigt, dass es sich hierbei um einen erfolgskritischen handelt. Aufgrund der ausgezeichneten Hochschullandschaft der Metropolregion (22 Hochschulen) werden die Bedingungen – wie zu erwarten war – jedoch überwiegend als gut bzw. sehr gut erachtet. Einen Handlungsbedarf, an der Hochschullandschaft der MRN etwas zu ändern, besteht demnach nicht. Zu hinterfragen bleibt jedoch, ob auch die Kooperationen zwischen Wissenschaft und Wirtschaft in ausreichendem Umfang vorhanden sind oder verbessert werden sollten.

Die Nähe zu Forschungseinrichtungen

Die Bedeutung der Nähe zu Forschungseinrichtungen ist vergleichbar mit den obigen Ausführungen zur Bedeutung der Nähe zu Hochschulen. Wie die Experten die Bedeutung dieses Faktors und seine derzeitigen Bedingungen einschätzen, ist in Tabelle 33 zusammenfassend dargestellt. Während die Ergebnisse der ersten Befragungsrunde[502] eine größere Varianz bei gleicher Aussage aufweisen, kann nach Runde zwei eine Konsolidierung der Antworten beobachtet werden. Über 71 % der Experten messen der Nähe zu Forschungseinrichtungen bereits heute eine große Bedeutung bei. Zukünftig steigt dieser Anteil auf über 78 %, die restlichen knapp 22 % erachten die Relevanz dieses Faktors sogar als sehr groß. Es ist demnach ein kleiner Bedeutungszuwachs zu verzeichnen, der sich jedoch nicht auf die Höhe des Medians auswirkt. Aufgrund dieser großen Relevanz muss der Standortfaktor „Nähe zu Forschungseinrichtungen" ebenfalls als erfolgskritisch betrachtet werden. Ein derzeitiger Handlungsbedarf in diesem Bereich kann jedoch nicht identifiziert werden, da das Gros der Experten die Bedingungen in der Metropolregion Rhein-Neckar, dem Medianwert entsprechend, als „gut" einstuft.

	Bedeutung heute	Bedeutung zukünftig	Bedingungen heute	
Sehr gering	0,00 %	0,00 %	0,00 %	Sehr schlecht
Gering	0,00 %	0,00 %	0,00 %	Schlecht
Mittel	21,43 %	0,00 %	28,57 %	Mittel
Groß	71,43 %	78,57 %	57,14 %	Gut
Sehr groß	7,14 %	21,43 %	14,29 %	Sehr gut
Median	1	1	1	Median

Tabelle 33: Expertenmeinungen zur Nähe zu Forschungseinrichtungen.[503]

---

[502] Die Ergebnisse der ersten Befragungsrunde sind in Tabelle Tab. A 22 im Anhang dargestellt.
[503] Quelle: Ergebnisse der zweiten Befragungsrunde der Delphi-Studie, eigene Darstellung.

Die Nähe zu anderen Betrieben

Den letzten Standortfaktor im Bereich der F&E-Infrastruktur bildet die Nähe zu Betrieben der eigenen bzw. fremder Branchen. Im Zuge des technologischen Wandels sowie der sich wandelnden Arbeitswelt ist davon auszugehen, dass Unternehmen durch Netzwerkbildung Wettbewerbsvorteile generieren können und somit die Nähe zu kooperierenden Betrieben als relevant ansehen. Aufgrund der vielfältigen Unternehmenslandschaft der Metropolregion ist weiterhin davon auszugehen, dass die derzeitigen Bedingungen als recht gut eingestuft werden.[504] Die Ergebnisse der Expertenbefragung sind in Tabelle 34 dargestellt. Die Werte in Klammern beziehen sich hierbei auf die Ergebnisse zur Frage nach Bedeutung und Bedingungen der Nähe zu branchenfremden Betrieben.[505]

	Bedeutung heute		Bedeutung zukünftig		Bedingungen heute		
Sehr gering	0,0 %	(0,0 %)	0,0 %	(0,0 %)	7,1 %	(0,0 %)	Sehr schlecht
Gering	7,1 %	(14,3 %)	7,1 %	(14,3 %)	7,1 %	(7,1 %)	Schlecht
Mittel	64,3 %	(64,3 %)	50,0 %	(42,9 %)	42,9 %	(42,9 %)	Mittel
Groß	28,6 %	(21,4 %)	42,9 %	(42,9 %)	35,7 %	(50,0 %)	Gut
Sehr groß	0,0 %	(0,0 %)	0,0 %	(0,0 %)	7,1 %	(0,0 %)	Sehr gut
Median	0	(0)	0	(0)	0	(0,5)	Median

Tabelle 34: Expertenmeinungen zur Nähe zu anderen Betrieben.[506]

Die heutige Bedeutung der Nähe zu Betrieben wird von den Experten als „mittel" eingestuft. Zukünftig kann zumindest für die Bedeutung der Nähe zu Betrieben der eigenen Branche ein leichter Bedeutungsgewinn festgestellt werden. Dieser hat jedoch keine Auswirkungen auf den Median. Sowohl bei der Beurteilung der Nähe zu eigenen als auch zu fremden Betrieben liegt der Median für die heutige und die zukünftige Bedeutung bei null. Die derzeit vorherrschenden Bedingungen in der MRN werden vom Gros der Experten für die Nähe zu Betrieben der eigenen Branche als „mittel" eingestuft, wobei eine große Varianz in den Antworten zu erkennen ist. Etwas einheitlicher fällt die Beurteilung der Bedingungen zur Nähe branchenfremder Betriebe aus. Diese beurteilt die Hälfte der Experten als gut und knapp 43 % als „mittel". Lediglich ein Experte erachtet diese als schlecht. Hinsichtlich der derzeitigen Bedingungen unterscheiden sich die Mediane zwischen Betrieben der eigenen und fremder Branchen voneinander, was jedoch keine Auswirkungen auf die weiteren Argumentationen hat. Die Ergebnisse der Delphi-Studie verdeutlichen, dass zum einen die Relevanz der Unternehmensnähe gegeben ist, zum anderen entspre-

---

[504] Zu beachten ist in diesem Zusammenhang, dass die Beurteilung der Relevanz und der vorherrschenden Bedingungen stark von der jeweiligen Branchen abhängen. Aufgrund der geringen Fallzahlen wird jedoch von einer Analyse dieser Unterschiede verzichtet.
[505] Die Ergebnisse der ersten Befragungsrunde können den Tabellen Tab. A 23 und Tab. A 24 im Anhang entnommen werden.
[506] Quelle: Ergebnisse der zweiten Befragungsrunde der Delphi-Studie, eigene Darstellung. Die Werte in Klammern beziehen sich auf die Ergebnisse branchenfremder Betriebe.

chen die derzeitigen Bedingungen jedoch auch der heutigen sowie zukünftigen Bedeutung, sodass dieser Faktor nicht als erfolgskritisch angesehen wird und ein regionaler Handlungsbedarf aktuell nicht vorliegt.

Zusammenfassung:

Die Analyse des Standortfaktors „F&E-Infrastruktur" hat gezeigt, dass vor allem die Nähe zu Hochschulen und Forschungseinrichtungen sowohl heute als auch zukünftig eine große Bedeutung für die Region haben. In Abbildung 21 sind die Ergebnisse der einzelnen Indikatoren des Standortfaktors „F&E-Infrastruktur dargestellt.

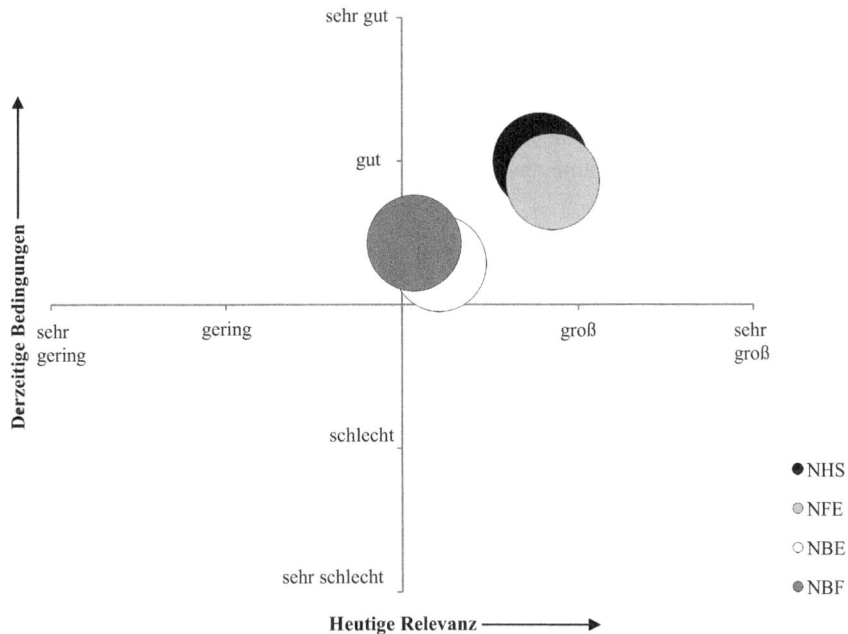

Abbildung 21: Bedeutung und Bedingungen des Standortfaktors „F&E-Infrastruktur".[507]

Die Situation ist zunächst positiv zu beurteilen, da bei keinem der Faktoren die Einschätzungen hinsichtlich heutiger Bedeutung und Bedingung eine Diskrepanz identifiziert werden kann. Für die Region ist folglich kein dringender Handlungsbedarf ableitbar. Dies gilt auch in Anbetracht der zukünftigen Entwicklung, da nach Meinung der Experten diesen Faktoren auch in Zukunft keine größere Relevanz als die heutige zuzuschreiben ist. In der Abbildung würden sich die Kreise demnach weder nach links noch nach rechts verschieben und bei gleichbleibenden zukünftigen

---

[507] Quelle: Ergebnisse der zweiten Befragungsrunde der Delphi-Studie, eigene Darstellung.

Bedingungen entsprechen die regionalen Bedingungen den Erwartungen der Experten. Für die Region ist daher vor allem wichtig, Betriebs- und Unternehmensschließungen oder -verlagerungen zu vermeiden.

4.3 Zukunftsbranchen der MRN

Nicht nur die Bedingungen der Standortfaktoren an sich, sondern auch die wirtschaftliche Ausrichtung und Innovationskraft einer Region tragen zu deren Attraktivität für Unternehmen bei. Wie im Rahmen der deskriptiven Analysen des Kapitels 3.4 gezeigt wurde, gibt es Hinweise darauf, dass neben den bereits etablierten (Spitzen-)clustern der Metropolregion Rhein-Neckar „BioRN", „Forum Organic Electronics" und „Energie und Umwelt" das Potenzial für weitere regionale Clusterinitiativen gegeben ist.[508] Zu den im Clusteratlas aufgeführten Bereichen der Region zählen Automotive, Gesundheitswirtschaft, IT/Unternehmenssoftware, Kreativwirtschaft, Medizintechnik, Nanotechnologie, Produktionstechnik sowie die Umwelttechnologie. Um die heutige und zukünftige Relevanz unterschiedlicher Branchen der MRN zu eruieren, wurden die Experten gebeten, in einem ersten Schritt die Bedeutung dieser Branchen zu beurteilen. Die Ergebnisse sind in Tabelle 35 zusammenfassend dargestellt.[509]

Branche	Heutige Bedeutung		Langfristige Bedeutung		Langfristige Tendenz[510]
	Groß	Sehr groß	Groß	Sehr Groß	
Chemie	50,00 %	42,82 %	64,29 %	28,57 %	gleichbleibend
Maschinenbau	50,00 %	14,29 %	28,57 %	7,14 %	Stark abnehmend
Handel	42,86 %	7,14 %	21,43 %	14,43 %	abnehmend
Automotive	57,14 %	7,14 %	28,57 %	7,14 %	Stark abnehmend
Logistik	28,57 %	0,00 %	64,29 %	14,29 %	Sehr stark zunehmend
Medizintechnik	21,43 %	0,00 %	50,00 %	28,57 %	Sehr stark zunehmend
Biotechnologie	21,43 %	0,00 %	50,00 %	35,71 %	Sehr stark zunehmend
IT	28,57 %	0,00 %	64,29 %	14,29 %	Sehr stark zunehmend
Kreativcluster	14,29 %	0,00 %	28,57 %	7,14 %	Stark zunehmend

Tabelle 35: Bedeutung der Branchen aus Expertensicht.[511]

---

[508] Vgl. Ministerium für Finanzen und Wirtschaft Baden-Württemberg (2012).
[509] In dieser sind aus Gründen der Übersichtlichkeit lediglich die beiden Kategorien „große Bedeutung" und „sehr große Bedeutung" aufgeführt. Durch den Einbezug der restlichen Kategorien ändern sich die qualitativen Aussagen nicht. Die vollständigen Tabellen können den Anhängen Tab. A 25 - Tab. A 33 entnommen werden.
[510] Die Kategorien sind wie folgt zu interpretieren: „Gleichbleibend", wenn keine Differenz zwischen heutiger und langfristiger Experteneinschätzung liegt; „Ab-/Zunehmend", wenn die Differenz 1-24 PP beträgt; „Stark ab-/zunehmend bei einer Differenz von 25-49 PP; sonst „Sehr stark zu-/abnehmend". Hierbei werden die Beurteilungen „groß" und „sehr groß" aggregiert betrachtet.
[511] Quelle: Ergebnisse der Delphi-Studie, eigene Darstellung. Die Ergebnisse beziehen sich auf die zweite Befragungsrunde.

In Einklang mit der bisherigen Ausrichtung der Region messen die Experten heute vor allem den Bereichen Chemie, Maschinenbau, Handel und Automotive eine große Bedeutung bei. Die Bedeutung der Chemiebranche kann hierbei langfristig als gleichbleibend beurteilt werden (sowohl heute als auch langfristig messen knapp 93 % der befragten Experten dieser Branche eine (sehr) große Relevanz für die MRN bei). Die anderen drei Branchen verlieren hingegen an Bedeutung. Während im Bereich des Handels von einem „mittleren Bedeutungsverlust" gesprochen werden kann, sinkt sowohl im Maschinenbau als auch im Bereich Automotive die langfristige Bedeutung sehr deutlich. Die Relevanz dieser beiden Branchen wird seitens der Experten auf lange Sicht noch als „mittel" für die Metropolregion beurteilt. Dieses Ergebnis überrascht, da die MRN gerade im Bereich Automotive mit den angrenzenden Bundesländern Kooperationen aufgebaut hat.[512]

Nach Ansicht der befragten Experten aus Wirtschaft, Wissenschaft und Politik liegen die Zukunftsfelder der MRN vor allem in den Bereichen Logistik, Medizintechnik, Biotechnologie, IT und dem Kreativcluster. Während die derzeitige Bedeutung des Kreativclusters von der Hälfte der befragten Experten lediglich als gering eingestuft wird, messen sie den anderen Zukunftsbranchen derzeit bereits eine mittlere Bedeutung für die Region bei. Welche Branchenkombinationen als zukunftsträchtig erachtet werden, wird nachfolgend analysiert. In Tabelle 36 sind hierzu die Aussagen der Experten zu potenziellen, zukunftsfähigen Branchen/Branchenkombinationen – sortiert nach Themengebieten – dargestellt.

Auffällig ist, dass von den Experten vor allem Kombinationen mit der Branche der Informationstechnologie als zukünftige Potenziale der Metropolregion Rhein-Neckar identifiziert werden. Besonders häufig werden die Kombinationen zwischen IT und Biotechnologie, IT und Medizintechnik und IT und Chemie genannt, innerhalb derer insbesondere Simulationen einen hohen zukünftigen Stellenwert erlangen werden. Dieses Ergebnis steht in Einklang mit den vorherigen Analysen, die für die Region einen Wandel der Wirtschaftsstruktur in Richtung Dienstleistungs- und Wissensgesellschaft aufzeigen und weiterhin ergeben haben, dass die Ausstattung der Region sowohl mit Blick auf den Anteil der Betriebe als auch den Anteil der Beschäftigten in der IT-Branche ausbaufähig ist.

Bereits durch die offene Frage, in welchen Branchen(-kombinationen) ein großes Potenzial liegen könnte, können zukunftsfähige Schwerpunkte erkannt werden. Insbesondere die Bereiche „Informationstechnologie", „Biotechnologie", „Medizintechnik" und „Chemie" werden nach Aussagen der Experten ein starkes zukünftiges Potenzial besitzen. Dieses Ergebnis steht auch im Einklang mit der vorgeschalteten Analyse relevanter Branchen in der MRN, die genau diesen Wirtschaftsbereichen zukünftig einen sehr starken Anstieg der wirtschaftlichen Bedeutung für die Region bescheinigen.[513]

---

[512] Vgl. hierzu die Ausführungen im Abschnitt 3.4.
[513] Die nachfolgenden Abschnitte zu potenziellen Zukunftsfeldern der MRN sind entnommen aus Oechsler/Müller (2010), S. 162-171.

Branchenkombination	Anmerkungen
IT + Biotech + Medizintechnologie	Materialentwicklung und Simulationssoftware zum Wohle des Gesundheitswesens
IT + Medizintechnologie	Medizin-Informatik als Zukunftsgebiet
IT + Biotech	
IT + Biotech	Bioinformatik zur Simulation von biologischen Vorgängen
IT + Chemie	Simulation von chemischen Vorgängen
IT + Chemie	Ein Muss durch die Unternehmenslandschaft
IT + Kreativcluster	Forschung und Entwicklung, Prozesse
IT + Kreativcluster	Neue Medien und IT
IT + Kreativcluster + Handel	Neue Business-Modelle
IT + Medien	Große Anzahl an Unternehmen; großes Kundenpotenzial; Heimat von SAP!
IT + Logistik	Logistiksysteme; Wissensbasierte Systeme
Konvergenz IT + TK	Großes Thema, besonders in der Zukunft
Wiss. Rechnen + Informatik + Bildverarbeitung	Mathematische Institute; FH; EML; Physikalische Institute; HD Druck; Siemens
Biotech + Medizintechnologie + Chemie	Forschung und Entwicklung
Biotech + Medizintech + Chemie + Maschinenbau	
Rote Biotechnologie	Moderne Wirkstoff-Forschung
Engere Verknüpfung von Chemie und Biotech	Investition in Nachhaltigkeit beider bestehenden Spitzencluster wichtiger als weitere Spitzencluster
System Biology	
Diabetes Epidemie	
Virale Erkrankungen	Von der Diagnose zur Behandlung
Medizintechnik	
Logistik (3x)	
Containerterminal	
Handel + Logistik (2x)	Infrastruktur; Prozesse
Logistische Systeme	
Maschinenbau + Automotive	F&E; Logistik; Ausbildung
Abgasnachbehandlungssysteme für Motoren	

Tabelle 36: Potenzial zukünftiger Branchenkombinationen.[514]

Um die Ergebnisse zu validieren, wurden die Experten gebeten, in einer vorgegebenen Matrix (vgl. Abbildung 22) die Branchenkombinationen zu markieren, denen sie ein großes Zukunftspotenzial beimessen und die ihrer Meinung nach in Zukunft enger zusammen arbeiten sollten, um sich als zukünftiges Cluster in der MRN etablieren zu können.

---

[514] Quelle: Ergebnisse der Delphi-Studie, eigene Darstellung.

	Biotechnologie	Chemie	IT	Handel	Kreativcluster	Logistik	Maschinenbau	Automotive	Medizintechnik
Biotechnologie		O	O	O	O	O	O	O	O
Chemie	O		O	O	O	O	O	O	O
IT	O	O		O	O	O	O	O	O
Handel	O	O	O		O	O	O	O	O
Kreativcluster	O	O	O	O		O	O	O	O
Logistik	O	O	O	O	O		O	O	O
Maschinenbau	O	O	O	O	O	O		O	O
Automotive	O	O	O	O	O	O	O		O
Medizintechnik	O	O	O	O	O	O	O	O	

Abbildung 22: Zukunftscluster – Matrixdarstellung.[515]

Die in Abbildung 23 dargestellten Ergebnisse bestärken die Aussagen der Experten. Das größte Potenzial messen je 65 % der Befragten der Verknüpfung der Branchen „Informationstechnologie & Medizintechnik" sowie „Biotechnologie & Informationstechnologie" bei. Auch die Verknüpfung „Biotechnologie & Medizintechnik" sehen immerhin noch 57 % der Experten als potenzielles Zukunftsfeld an. Die Kombination der beiden traditionellen Branchen Handel und Logistik halten 35 % zukünftig relevant für die Region.

Auffällig ist, dass viele Branchenkombinationen, denen ein großes Zukunftspotenzial zugeschrieben wird, mit der Informationstechnologie verknüpft werden. So sehen beispielsweise je 48 % der Experten die Kombinationen „Informationstechnologie & Logistik" sowie „Chemie & IT" und immerhin noch 43 % der Befragten die Kombination aus IT und dem Kreativcluster als potenzielle Zukunftsbranchen an. Selbst die Verbindung der Branchen „Automotive" und „Maschinenbau" mit der Informationstechnologie halten noch 35 % der Experten für sinnvoll und zukunftsfähig. Erstaunlich ist, dass lediglich 30 % der Experten in der Branchenkombination „Chemie & Medizintechnik" ein Zukunftsfeld der Region sehen, obwohl die Unternehmenslandschaft dies gut unterstützen könnte. Gerade im Bereich Pharmazie, Gesundheitswesen und der Entwicklung von neuen Medikamenten sollte ein hohes Interesse und Zukunftspotenzial stecken.

[515] Quelle: Eigene Darstellung.

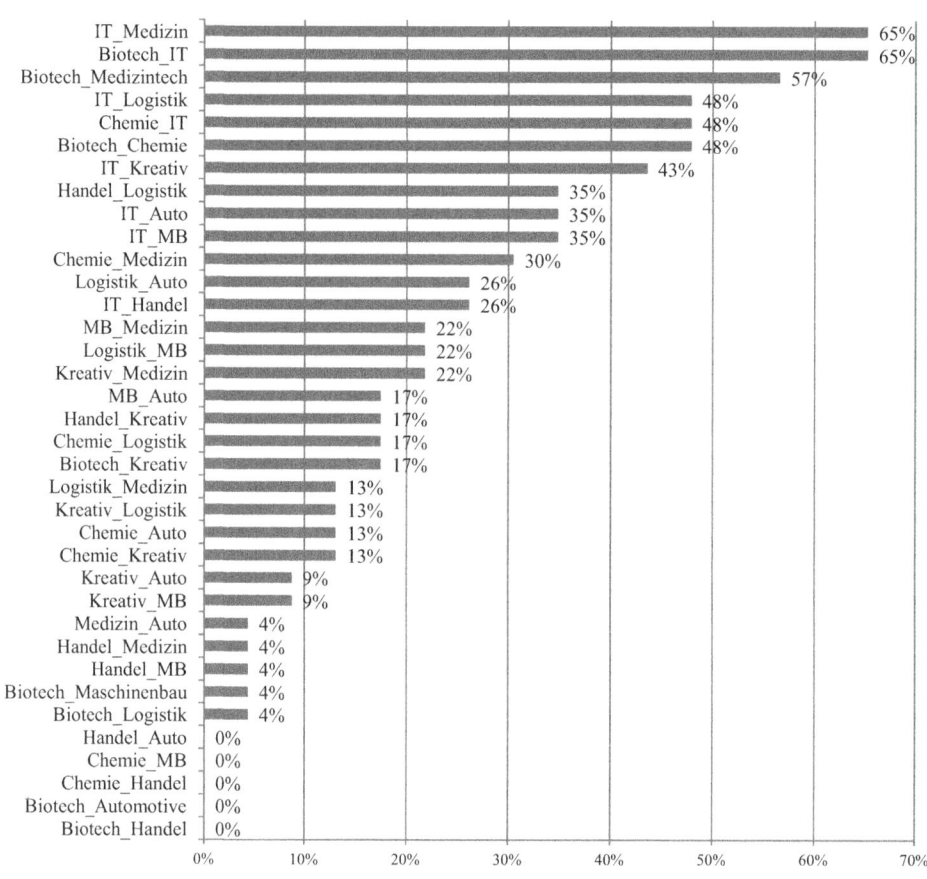

Abbildung 23: Zukunftsfähige Branchenkombinationen.[516]

Nachfolgend sollen die Bereiche, denen die Experten ein hohes Zukunftspotenzial beimessen, näher analysiert werden. Hierzu zählen insbesondere die Informationstechnologie, die Medizintechnik sowie die Biotechnologie. Wie aus Abbildung 22 erkennbar ist, kann durch die Matrixdarstellung jede Branchenkombination zweimal markiert werden. Da jedoch nicht sichergestellt werden kann, dass die Experten bewusst beide oder nur eine Möglichkeit markiert haben, um eine eventuelle Wirkungsrichtung der Branchenkombination herauszustellen, wird die Tabelle nachfolgend in zweifacher Hinsicht ausgewertet. Zunächst werden die Ergebnisse ohne Berücksichtigung der Wirkungsrichtung dargestellt. Somit ist die Reihenfolge der Nennung nicht relevant. Um eine Gewichtung der Ergebnisse, bzw. die Verzerrung dieser zu vermeiden, werden Doppelnennungen nicht berücksichtigt. Es wird folglich nur eine Branchenkombination gewertet, auch wenn der Experte beide Kombinationsmöglichkeiten markiert hat.

---

[516] Quelle: Ergebnisse der Delphi-Studie; eigene Darstellung.

Die Informationstechnologie als wichtigste Querschnittbranche

Sowohl die Einschätzung der Experten hinsichtlich der zukünftigen Bedeutung der IT-Branche als auch die Auswertungen der offenen Frage haben gezeigt, dass dieser eine sehr große Bedeutung beizumessen ist. Die Experten sehen die Stärken der IT-Branche vor allem als Querschnittbranche in Kombination mit anderen Wirtschaftsbereichen. In Tabelle 37 sind daher die Auswertungen zur Informationstechnologie als Querschnittbranche dargestellt. Die Ergebnisse spiegeln die qualitativen Aussagen eindeutig wider.

Branchenkombination	Nennungen absolut	Relative Häufigkeit
IT + Biotechnologie	15	65 %
IT + Medizintechnologie	15	65 %
IT + Logistik	11	48 %
IT + Chemie	11	48 %
IT + Kreativcluster	10	43 %
IT + Automotive	8	35 %
IT + Maschinenbau	8	35 %
IT + Handel	6	26 %

Tabelle 37: Informationstechnologie als Querschnittbranche.[517]

65 % aller befragten Experten messen den Kombinationen IT + Biotechnologie sowie IT + Medizintechnik eine große Relevanz für die Zukunft bei. Knapp die Hälfte (48 %) sieht in der Kombination IT und Logistik bzw. IT und Chemie ein weiteres Zukunftsfeld. Überraschend sind die Ergebnisse für das Kreativcluster, das in der Metropolregion Rhein-Neckar vor allem durch die Popakademie bekannt ist. Immerhin 43 % der Experten erachten es als notwendig, in Zukunft vermehrt in die Vernetzung der beiden Branchen „Informationstechnologie" und „Kreativcluster" zu investieren.

Da die Informationstechnologie nicht als eine sogenannte „Schwerpunktbranche" deklariert werden kann – also eine Branche, die durch andere Branchen unterstützt wird – findet der zweite Schritt der Analyse, der Einbezug der Wirkungsrichtung, für diesen Wirtschaftszweig nicht statt. Diese Einschätzung bestätigen auch die Kommentare der Experten, welche die Informationstechnologie als sogenannte „Querschnittbranche" identifizieren und postulieren, dass alle anderen Branchen mit dieser vernetzt werden sollten.

---

[517] Quelle: Ergebnisse der Delphi-Befragung; eigene Darstellung.

Die Biotechnologie – bereits ein Spitzencluster in der MRN

Zusätzlich zur IT-Branche wird auch der Biotechnologie eine große zukünftige Relevanz für die Metropolregion Rhein-Neckar zugeschrieben. Daher werden in diesem Abschnitt mögliche Branchenkombinationen diskutiert, die gemäß Expertenmeinung zukünftiges Potenzial aufweisen. Wie bereits dargestellt, hat die Metropolregion mit der Biotechnologie bereits einen Spitzenclusterwettbewerb des Bundesministeriums für Bildung und Forschung gewinnen können.[518] Die zukünftige Relevanz dieser Branche wird auch seitens der Experten bestätigt, wie die nachfolgenden Ergebnisse zeigen (vgl. Tabelle 38).

Branchenkombination	Nennungen absolut	Relative Häufigkeit
Biotech + IT	15	65%
Biotech + Medizintechnologie	13	57%
Biotech + Chemie	11	48%
Biotech + Kreativcluster	4	17%
Biotech + Maschinenbau	1	4%
Biotech + Logistik	1	4%
Biotech + Automotive	0	0%
Biotech + Handel	0	0%

Tabelle 38: Relevanz der Biotechnologie (keine Wirkungsrichtung).[519]

Im Gegensatz zur Informationstechnologie kann bei der Biotechnologie ein eindeutiger Schwerpunkt einer möglichen Förderung identifiziert werden. Vor allem die Kombinationen „Biotech & IT", „Biotech + Medizintechnik" sowie „Biotech + Chemie" scheinen ein großes zukünftiges Potenzial zu besitzen. Kombinationen mit den Branchen Maschinenbau, Logistik, Automotive oder Handel können hingegen vernachlässigt werden.

Um diese Ergebnisse zu konkretisieren, wird im nächsten Schritt untersucht, ob die Experten auch den Zusammenschluss mehrerer Branchen als sinnvoll und zukunftsfähig ansehen. Für die Branche der Biotechnologie kann festgestellt werden, dass je neun Experten (39 %) den Kombinationen „Biotechnologie + Chemie + Medizintechnik" und „Biotechnologie + IT + Medizintechnik" eine großes zukünftiges Potenzial beimessen. Sechs Experten (26 %) sehen im Zusammenschluss der Biotechnologie mit den Branchen Chemie, IT und Medizintechnik eine zukunftsweisende cross-sektorale Verknüpfung.

Im zweiten Schritt der Analyse soll nun unterstellt werden, dass die Experten sich bewusst für eine Wirkungsrichtung der Branchenkombinationen entschieden haben, es für sie folglich einen Unterschied darstellt, ob die Biotechnologie mit der Medizintechnik vernetzt wird oder umge-

---

[518] Vgl. hierzu die Ausführungen in Kapitel 3.4.
[519] Quelle: Ergebnisse der Delphi-Studie, eigene Darstellung.

kehrt. Es wird davon ausgegangen, dass die erstgenannte Branche den Schwerpunkt darstellt, der durch die Kombinationsbranche unterstützt, bzw. dessen Prozesse mit Hilfe der anderen Branche (oder Teilen dieser) optimiert werden können. Im Vergleich zur Auswertung ohne unterstellte Wirkungsrichtung haben sich die Ergebnisse lediglich geringfügig verändert. Alle drei bereits oben genannten Kombinationen scheinen auch bei einer unterstellten, aber nicht verifizierbaren Wirkungsrichtung, eine sehr große zukünftige Bedeutung zu besitzen. Auch bei der Betrachtung der Mehrfachkombinationen kann ein ähnliches, leicht abgeschwächtes Ergebnis festgestellt werden. Die Kombination „Biotech + Chemie + Medizintechnik" sehen, trotz Unterstellung der Wirkungsrichtung, immerhin noch acht (vorher neun) Experten als zukünftig relevantes Cluster an.

Die Medizintechnik

Neben der Biotechnologie wird ebenfalls die Medizintechnik als eine Branche mit zukünftigem Potenzial für die Region angesehen. In Kombination mit der Informationstechnologie ist die Medizintechnik die am häufigsten genannte Branchenkombination, was deren Bedeutung unterstreicht. Ebenso bestätigt die Häufigkeit der Nennungen zur Medizintechnik allgemeine gesellschaftspolitische Trends, wie den demographischen Wandel sowie das gestiegene Gesundheitsbewusstsein. Das enorme Potenzial dieser Branche zeigt sich außerdem in weiteren cross-sektoralen Verbindungen, die in Tabelle 39 zusammenfassend dargestellt sind.

Zusätzlich zur Kombination mit der IT-Branche scheint eine Verknüpfung mit der Biotechnologie von großer Bedeutung zu sein, was den Auswertungen zur Biotechnologie entspricht. Im Bereich der Medizintechnik ist es ebenfalls möglich, den Schwerpunkt für eine (regionale) Förderung zu identifizieren. Im Gegensatz zur Biotechnologie werden jedoch alle Branchenkombinationen von mindestens einem Experten als ein potenzielles Zukunftscluster genannt.

Branchenkombination	Nennungen absolut	Relative Häufigkeit
Medizintechnik + IT	15	65%
Medizintechnik + Biotech	13	57%
Medizintechnik + Chemie	7	31%
Medizintechnik + Kreativcluster	5	22%
Medizintechnik + Maschinenbau	5	22%
Medizintechnik + Logistik	3	13%
Medizintechnik + Automotive	1	4%
Medizintechnik + Handel	1	4%

Tabelle 39: Relevanz der Medizintechnik.[520]

---

[520] Quelle: Ergebnisse der Delphi-Studie, eigene Darstellung.

Analog zur Analyse der Biotechnologie soll nun auch im Bereich der Medizintechnik unterstellt werden, dass sich die Experten bewusst für eine Wirkungsrichtung der Branchenkombinationen entschieden haben, also die Medizintechnik als Treiberbranche ansehen. Vergleichbar mit den Ergebnissen der Biotechnologie können auch mit einer unterstellten Wirkungsrichtung bei der Medizintechnik keine nennenswerten Unterschiede festgestellt werden. Die Kombination mit der Informationstechnologie stellt weiterhin die bedeutendste Branchenkombination dar. Auch ist eine Kombination mit der Biotechnologie empfehlenswert. Inwieweit die anderen Branchen in ein neues Zukunftscluster mit eingebunden werden sollten, ist von der jeweiligen Fragestellung abhängig und für den Einzelfall zu überprüfen.

4.4 Zusammenfassung: Erfolgskritische Standortfaktoren und Zukunftsbranchen

Im Rahmen der qualitativen Delphi-Befragung wurden regionale Experten aus Wirtschaft und Wissenschaft aufgefordert, die unternehmensrelevanten Standortfaktoren hinsichtlich heutigen und zukünftigen Bedeutung und deren derzeitigen Bedingungen für den regionalen Arbeitsmarkt der MRN zu beurteilen. Die Auswertungen zeigen, dass gerade solche Standortfaktoren, die eine direkte Auswirkungen auf den regionalen Arbeitsmarkt besitzen, durchweg erfolgskritische Faktoren darstellen. Sowohl das quantitative Arbeitskräfteangebot als auch die Qualifikation der Arbeitskräfte sind von den Auswirkungen des Megatrends des demografischen Wandels unmittelbar betroffen. Durch den Rückgang der Geburtenrate wird sich das Erwerbspersonenpotenzial in Zukunft weiter verringern und somit weniger Personen dem regionalen Arbeitsmarkt zur Verfügung stehen. Umso wichtiger muss es für die Region sein, gut ausgebildete Kräfte zu halten und auch die Migration in die Region zu fördern. Welche Faktoren einen Einfluss auf den Anteil der Hochqualifizierten am Arbeits- und Wohnort besitzen, wird in den anschließenden ökometrischen Analysen getestet. Die dort identifizierten Faktoren bilden den Ausgangspunkt der handlungspolitischen Implikationen zur Steigerung der regionalen Attraktivität für Hochqualifizierte.

Auch die Faktoren der öffentlichen Hand stellen zum Großteil erfolgskritische Faktoren in Bezug auf die unternehmerische Standortwahl dar. Besonders kritisch werden die Steuerbelastung am Standort, durch die neue Unternehmensansiedlungen erschwert werden können sowie die Dauer von Genehmigungsverfahren gesehen. Gerade in Zeiten der Spitzenclusterwettbewerbe und eines raschen technologischen Fortschritts ist es für die Wettbewerbsfähigkeit einer Region wichtig, neue Verfahren schnell implementieren und entwickeln zu können. Eng hiermit ist die F&E-Infrastruktur der Region verbunden, deren regionale Bedeutung seitens der Experten als groß eingestuft wird. Da die Ausstattung der Region – bedingt durch die 21 Hochschulen und zahlreichen Forschungseinrichtungen – als gut erachtet wird, stellt dieser Standortfaktor keinen limitierenden dar.

Die größten zukünftigen Potenziale sehen die Experten in den Bereichen Logistik, Medizintechnik, Biotechnologie und Informationstechnologie, aber auch dem Kreativcluster. Diese Branchen werden aus Sicht der Expertengruppe langfristig einen sehr großen Bedeutungszuwachs in der Metropolregion Rhein-Neckar erfahren. Starke Bedeutungsverluste sind hingegen im Maschinenbau und der Automotive Branche zu erwarten. Langfristig wird diesen beiden Branchen nur noch eine „mittlere" Bedeutung für die MRN zugeschrieben. Nahezu unverändert wird die Relevanz der Chemiebranche eingeschätzt, der sowohl heute als auch langfristig über 90 % der Experten mindestens eine große Bedeutung beimessen. Die zukünftigen Entwicklungschancen sehen die regionalen Experten in einer engeren Verknüpfung unterschiedlicher Branchen mit der Informationstechnologie. Am häufigsten genannt wurden Verbindungen zwischen der Biotechnologie bzw. der Medizintechnik mit der IT-Branche. Aber auch Verbindungen zwischen IT und Logistik sowie IT und Chemie wird großes zukünftiges Potenzial beigemessen. Diese Ergebnisse und die Aussage eines Experten, es solle besser in die Nachhaltigkeit der bereits bestehenden Spitzencluster denn in weitere investiert werden, deuten darauf hin, dass die Region ihre Kräfte in den genannten Bereichen bündeln sollte und vor allem eine engere Verknüpfung zwischen den Branchen zu avancieren ist.

5 Attraktivität der Region für Hochqualifizierte und Selbstständige – Ökonometrische Analyse der Einflussfaktoren

5.1 Methodisches Vorgehen und Datengrundlage

5.1.1 Bestimmung der Untersuchungsregion – Grundlagen regionaler Arbeitsmärkte[521]

Insbesondere Großstädte nehmen eine ökonomische Schlüsselrolle für die Regionalentwicklung ein, da sich in ihnen mehr als ein Drittel aller Arbeitsplätze befindet.[522] Ein regionaler Arbeitsmarkt wird jedoch nicht ausschließlich durch das Arbeitsmarktzentrum charakterisiert, sondern ebenfalls durch das meist als Wohnstandort genutzte Umland, aus dem die Arbeitnehmer in das Zentrum einpendeln. Eine wesentliche Herausforderung bei der Analyse regionaler Fragestellungen besteht somit in der vollständigen Erfassung der Untersuchungsregion. Für eine solche räumliche und funktionale Verflechtung besitzen politische Grenzen kaum eine Bedeutung. Zusammenhängende Wirtschaftsräume wie die Metropolregion Rhein-Neckar sind bundesländerübergreifend gewachsen.

Ein falsch abgegrenzter oder nicht vollständig erfasster Raumausschnitt führt zu Messfehlern und Fehlinterpretationen bei statistischen Analysen, da die tatsächlichen Verflechtungen falsch oder gar nicht erfasst werden. Dieses „Area-Unit-Problem"[523] äußert sich statistisch durch räumliche Autokorrelation.[524] Aus diesem Grund nutzt eine sinnvolle Regionsabgrenzung die Verwaltungsebene lediglich als sekundärstatistische und wendet Verfahren an, die auf dem Homogenitätskriterium und dem Funktionalitätskriterium basieren.[525] So entstehen verflochtene Wirtschaftsräume (Funktionalregionen), deren Randgebiete um einzelne Regionen mit weitgehend ähnlicher (homogener) Raumstruktur korrigiert werden.[526]

Pendlerbewegungen bilden Relationen zwischen Arbeits- und Wohnort ab und ermöglichen eine funktionale Abgrenzung einer Arbeitsmarktregion, welche die gestellten Anforderungen erfüllt.[527] Dabei hilft die Berechnung von Assoziationskoeffizienten,[528] die die Richtung der Auspendlerstruktur zweier Orte vergleichen und die funktionalen Verflechtungen innerhalb einer Untersuchungsregion identifizieren. Die Assoziationskoeffizienten (hier am Beispiel zwischen den Orten 1 und 2) sind bestimmt durch:

$$r_{21} = r_{12} = \frac{\sum_{j=1}^{n} v_{1j} \cdot v_{2j}}{\sqrt{\sum_{j=1}^{n} v_{1j}^2 \cdot \sum_{j=1}^{n} v_{2j}^2}}.$$

---

[521] Dieser Abschnitt ist entnommen aus Deschermeier/Müller (2012), S. 9-10.
[522] Vgl. Adam et al. (2005), S. 417.
[523] Vgl. Anselin (1988), S. 26.
[524] Vgl. Eckey et al. (2006b), S. 548.
[525] Vgl. Bathelt/Glückler (2005), S. 45-46.
[526] Vgl. Eckey et al. (2006a).
[527] Vgl. Klemmer (1975), S. 34; Kropp/Schwengler (2008), S. 5.
[528] Vgl. Eckey et al. (2006a), S. 302.

Hierbei bezeichnet v_{1j} die Anzahl an Personen, die von Kreis 1 in Kreis j einpendeln. Analog hierzu gibt v_{2j} die Anzahl an Personen an, die von Kreis 2 in Kreis j einpendeln. Der Zähler repräsentiert somit das Produkt der Auspendler beider Kreise, das über alle Kreise der drei Bundesländer aufsummiert wird. Der Nenner dient lediglich der Normierung, sodass der Wertebereich der Assoziationskoeffizienten zwischen Null und Eins liegt. Je größer die Werte sind, umso ähnlicher sind sich die beiden Kreise hinsichtlich ihrer Auspendlerstruktur. Alle paarweisen Kombinationen der Raumeinheiten bilden die Elemente der symmetrischen $n \times n$-Matrix R der Assoziationskoeffizienten:[529]

$$R = \begin{bmatrix} 1 & r_{1,2} & \cdots & r_{1,n} \\ r_{2,1} & 1 & \cdots & r_{2,n} \\ \vdots & \vdots & \ddots & \vdots \\ r_{n,1} & r_{n,2} & \cdots & 1 \end{bmatrix}.$$

Die Assoziationskoeffizienten lassen sich mittels einer Faktorenanalyse[530] zu funktionalen Arbeitsmarktregionen verdichten, indem jeder Kreis einem extrahierten Faktor zugeordnet wird.

5.1.2 Faktorenanalyse

Um mögliche Einflussfaktoren auf den Anteil der Hochqualifizierten am Arbeits- und Wohnort sowie auf Selbstständige zu identifizieren, wird die umfangreiche Datenbasis der INKAR-Datenbank[531] ausgewertet. Aufgrund der großen Variablenanzahl und der Notwendigkeit einer sparsamen Spezifikation der Regressionsmodelle ist eine Reduktion der Dimension der Daten notwendig. Die Datenverdichtung wird mittels einer Faktorenanalyse durchgeführt und die einzelne Merkmale zu Gruppen beziehungsweise Themenfeldern (Faktoren) zusammengefasst. Die Verwendung einer Faktorenanalyse hat hierbei den Vorteil, dass kein theoretisches Modell unterstellt, sondern ein exploratorisches Vorgehen bei der Datenreduktion verwendet wird.[532] Durch den Zusammenschluss einzelner hochkorrelierter Variablen wird zum einen die Anzahl dieser für das anschließende Regressionsmodell verringert und weiterhin die Interpretierbarkeit der Ergebnisse verbessert. Um die für eine Faktorenanalyse sinnvollen Variablen zu identifizieren, ist somit in einem ersten Schritt eine Korrelationsanalyse durchzuführen.

Welche Variablen sich grundlegend für eine Faktorenanalyse eignen, wird nach dem Ausschluss nicht signifikanter Variablen mithilfe des **Kaiser-Meyer-Olkin-Kriteriums** (KMO) festgelegt. Die hierfür verwendete Prüfgröße „measure of sampling adequacy (MSA)" aus der Anti-Image-

---

[529] Vgl. Eckey et al. (2006a), S. 302.
[530] Vgl. Klemmer, (1975), S.40-45 zur Methodik der Faktorenanalyse. Vergleiche auch die Ausführungen in Abschnitt 5.1.2.
[531] Vgl. Abschnitt 3.1.2.
[532] Vgl. Backhaus et al. (2008), S. 324. Soweit nicht anders genannt, beziehen sich die weiteren Ausführungen zur Faktorenanalyse auf Backhaus et al. (2008), S. 330-360.

Korrelationsmatrix stellt ein Maß für die Zusammengehörigkeit der Variablen dar.[533] Neben dem Kriterium des MSA werden zusätzlich die Werte der **Kommunalitäten** bei der Aufnahme der Variablen in den Faktor berücksichtigt. Diese geben den Anteil der Varianz einer Variablen an, der durch den Faktor erklärt wird.[534] Fällt der Anteil zu gering aus, so ist in Erwägung zu ziehen, die entsprechende Variable von der Faktorenanalyse auszuschließen. Der Ausschluss von nicht geeigneten Variablen – sowohl auf Basis des KMO als auch bedingt durch zu geringe Kommunalitäten – erfolgt sequentiell, was mehrere Faktorenanalysen erforderlich macht. Einzelne Merkmale, die nicht in die Berechnung des finalen Index einfließen, müssen im Rahmen der Regressionsanalyse auf ihren Erklärungsgehalt überprüft werden.

Die Anzahl der Faktoren eines Themenfeldes bestimmt sich nach dem **Kaiser-Kriterium**, das somit das Abbruchkriterium der Faktorenextraktion darstellt. Hierfür werden alle Faktoren mit einem Eigenwert größer Eins als zu extrahierende Faktoren ausgewählt. Der Eigenwert gibt an, wie hoch der „Varianzerklärungsbeitrag eines Faktors im Hinblick auf die Varianz aller Variablen"[535] ist. Faktoren, die weniger Varianz erklären als eine einzelne Variable weisen folglich einen Eigenwerte kleiner eins auf.

5.1.3 Räumliche Ökonometrie

5.1.3.1 Räumliche Abhängigkeit[536]

Bis Anfang der 1990er Jahren wurden Fragen mit räumlichem Bezug in der VWL weitestgehend ausgeklammert. Isard unterstellte einigen Ökonomen ein „wonderland of no spatial dimension"[537] zu untersuchen. Räumliche Modellierungen haben jedoch insbesondere durch die Räumliche Ökonometrie[538] an Popularität gewonnen und Einzug in die Regionalforschung gehalten.[539] In dieser Teildisziplin der Ökonometrie enthalten die Regressionsmodelle Nachbarschaftsmatrizen, die die räumliche Struktur der Untersuchungsregion abbilden. Auf diese Weise können in Regressionsmodellen grenzüberschreitende Einflüsse der eingehenden Variablen nachgewiesen und quantifiziert werden.

Formal äußern sich diese Einflüsse in einem funktionalen Zusammenhang eines betrachteten Merkmals zwischen den Teilräumen der Untersuchungsregion. Diese räumliche Abhängigkeit folgt aus dem geographischen Prinzip der Nähe,[540] das eine grundsätzliche Verflechtung zwischen Regionen unterstellt, die umso stärker wirkt, je geringer die Distanz ist.[541] Solche Zusam-

---

[533] Kaiser/Rice sehen einen MSA-Wert kleiner 0,5 als nicht empfehlenswert an, sodass Variablen mit solch geringen Werten nicht in die Faktorenanalyse mit aufgenommen werden sollten. Einen Wert von größer 0,8 beurteilen sie als „wünschenswert" (vgl. Kaiser/Rice (1974)).
[534] Vgl. Backhaus et al. (2008), S. 347-348.
[535] Backhaus et al. (2008), S. 353.
[536] Dieser Abschnitt ist entnommen aus Deschermeier/Müller (2012), S. 4-6.
[537] Isard (1956), S. 25.
[538] Vgl. Anselin (1988).
[539] Vgl. Roberts/Setterfield (2007), S. 1.
[540] Vgl. Tobler (1970).
[541] Vgl. Bathelt/Glückler (2005), S. 48-49.

menhänge müssen in einer Analyse durch die Methoden der räumlichen Ökonometrie berücksichtigt werden, da räumliche Abhängigkeiten räumliche Autokorrelation erzeugen[542] und einen Verstoß gegen das Gauss-Markov-Theorem darstellen,[543] das unter anderem auf der Annahme unabhängiger Beobachtungen basiert. Die Grundidee räumlicher Modellierung ist es, eine Nachbarschaftsmatrix zur Berechnung räumlicher Lags zu nutzen.[544] Dieser Ansatz basiert auf der Zeitreihenanalyse, die Lag-Operatoren zur Verknüpfung mehrerer Zeitpunkte durch vorgegebene zeitliche Abstände nutzt. Ein räumlicher Lag entspricht einer normierten „Schrittlänge" und regelt den Zusammenhang zwischen einer Region mit ihrer unmittelbaren Nachbarschaft (Lag erster Ordnung).[545] Der wesentliche Unterschied zur Zeitreihenanalyse besteht darin, dass die räumlichen Lags Verknüpfungen in verschiedenen Richtungen abbilden (bspw. Norden, Süden, Osten und Westen), während sich die Dimension „Zeit" nur in eine Richtung entwickelt.

Die räumliche Struktur der Untersuchungsregion wird durch die Nachbarschaftsmatrix W^* abgebildet, deren Elemente w_{ij}^* paarweise das Nachbarschaftsverhältnis zwischen Region i und Region j kodieren:[546]

$$W^* = \begin{bmatrix} w_{11}^* & \cdots & w_{1n}^* \\ \vdots & \ddots & \vdots \\ w_{n1}^* & \cdots & w_{nn}^* \end{bmatrix}. \tag{1}$$

Im einfachsten Fall gibt ein Element durch eine binäre Kodierung an, ob zwei Regionen benachbart sind $(w_{ij}^* = 1)$ oder nicht $(w_{ij}^* = 0)$. Per Definition kann eine Region nicht mit sich selbst benachbart sein, weswegen die Elemente der Hauptdiagonalen eine Null aufweisen. Die so erstellte Nachbarschaftsmatrix wird anschließend zeilenweise normiert, um die Interpretation der Ergebnisse zu erleichtern. Hierbei wird jedes Element durch die Zeilensumme dividiert, sodass die Zeilensumme der normierten Nachbarschaftsmatrix Eins ergibt:[547]

$$w_{ij} = \frac{w_{ij}^*}{\sum_{j=1}^n w_{ij}^*}. \tag{2}$$

---

[542] Vgl. Eckey et al. (2006b), S. 548.
[543] Vgl. Eckey et al. (2001), S. 40-48.
[544] Vgl. Anselin (2010), S. 6.
[545] Analog hierzu erfasst ein räumlicher Lag zweiter Ordnung die Kreise, die an die unmittelbaren Nachbarschaft der betrachteten Region angrenzen.
[546] Neben dieser Spezifikation kann die Nachbarschaftsmatrix auch für eine höhere Ordnung formuliert werden.
[547] Vgl. Anselin (1988), S. 23 und Eckey et al. (2006b), S. 552-553.

5.1.3.2 Räumliche Heterogenität[548]

Neben der beschriebenen räumlichen Abhängigkeit muss die Verteilung des zu erklärenden Merkmals im Raum untersucht werden. Denn auch lokale Konzentrationen bzw. räumliche Nichtstationaritäten[549] verhindern den Einsatz der traditionellen ökonometrischen Methoden. Diese räumliche Heterogenität[550] stellt eine zweite Quelle für Verzerrungen dar. Ob räumliche Nichtstatio-naritäten vorliegen, kann mit Hilfe der Local Indicators of Spatial Association (kurz LISA) untersucht werden.[551] Die beiden LISA-Statistiken lokaler Moran und Getis-Ord testen die zu erklärende Variable auf lokale Konzentrationen. Der lokale Moran-Koeffizient:

$$I_i = \frac{(y_i-\overline{y})\sum_{j=1}^{n} w_{ij}(y_j-\overline{y})}{\sum_{j=1}^{n}(y_j-\overline{y})^2/n} \tag{3}$$

identifiziert lokale Cluster, deren Reichweite sowie Ausreißer. Der Zähler misst hierbei das Kreuzprodukt aus der Abweichung des Wertes einer Variable Y in der betrachteten Region (i) vom Mittelwert und der durchschnittlichen Abweichung aller Nachbarregionen. Der Nenner dient der Normierung und stellt die durchschnittliche Abweichungsquadratsumme des betrachteten Merkmals dar.[552] Hohe positive Werte der Teststatistik deuten darauf hin, dass die Ausprägungen in der i-ten Region und deren Nachbarn vom Mittelwert abweichen. Es handelt sich um eine lokale räumliche Nichtstationarität. Eine Unterscheidung in über- oder unterdurchschnittliche Werte ist mit dieser Teststatistik jedoch nicht möglich. Negative Werte des lokalen Moran-Koeffizienten bedeuten, dass sich die Abweichung einer Region von der durchschnittlichen Abweichung der benachbarten Regionen unterscheidet. Entweder weist die betrachtete Region eine positive und ihre Nachbarn negative Ausprägung auf oder umgekehrt. Werte nahe Null weisen darauf hin, dass die Region und ihre Nachbarn statistisch nicht vom globalen Durchschnitt abweichen.

Die Getis-Ord-Statistik charakterisiert die gefundenen Cluster in Hot Spots oder Cold Spots. Diese Konzentration besonders niedriger bzw. besonders hoher Werte der endogenen Variablen können mit Hilfe dieser zweiten LISA-Statistik identifiziert werden:

$$G_i = \frac{\sum_{j \neq i} w_{ij}(d) y_i}{\sum_{j \neq i} y_j} \tag{4}$$

---

[548] Dieses Kapitel ist entnommen aus Deschermeier/Müller (2012), S. 6-7.
[549] Vgl. Kosfeld et al. (2007), S. 157.
[550] Vgl. Anselin (2010), S. 3.
[551] Vgl. Anselin (1995), S. 98; Kosfeld et al. (2007), S. 158.
[552] Vgl. im Folgenden Kosfeld et al. (2007), S 158-159.

Die Prüfgröße unterstellt hierbei eine kritische Distanz (d) zwischen zwei Regionen, die sich meist durch die Entfernung oder die Fahrtzeit zwischen diesen ergibt. Dabei wird die Summe der y-Werte des betrachteten Merkmals der direkten Nachbarn auf die Summe der y-Werte aller anderen Kreise der Untersuchungsregion bezogen. Der zu analysierende Kreis selbst fließt somit nicht in die Berechnung ein. Im vorliegenden Fall wird auf die Festlegung eines kritischen Distanzwertes verzichtet. Die Distanz zweier Kreise bestimmt sich durch deren gemeinsame Grenze, sodass als binäre Matrix $w_{ij}(d)$ die zuvor beschriebene Nachbarschaftsmatrix w_{ij} verwendet wird.

5.1.3.3 Modelle der räumlichen Ökonometrie[553]

Der regionsübergreifende Einfluss der Standortfaktoren und die daraus resultierende räumliche Abhängigkeit erfordern Modelle, die die räumlichen Verflechtungen der Untersuchungsregion explizit berücksichtigen. Im Rahmen der Modellspezifikation müssen diese Einflüsse in einen mathematischen bzw. ökonometrischen Zusammenhang überführt werden. Ausgangspunkt der Überlegung ist das lineare Regressionsmodell:

$$Y = X\beta + \varepsilon. \qquad (5)$$

Hierbei bezeichnet Y einen Vektor des Anteils der Hochqualifizierten an den Erwerbstätigen, X eine Matrix der unterschiedlichen Standortfaktoren, β den Vektor der Koeffizienten von X und ε einen Vektor identisch normalverteilter Fehlerterme.

Verzerrungen durch räumliche Heterogenität und räumliche Abhängigkeiten äußern sich in korrelierten Fehlertermen (ε) des Regressionsmodells. Ob dies der Fall ist, bestimmt der globale Moran-Test (Moran's I). Dieser überprüft, ob die einzelnen lokalen Autokorrelationen im Mittel positiv oder negativ ausfallen.[554] Er bildet somit die Summe über alle Koeffizienten ab und lässt sich wie folgt berechnen:

$$I = \frac{\sum_{i=1}^{n}(y_i-\overline{y})\sum_{j=1}^{n}w_{ij}(y_j-\overline{y})}{\sum_{j=1}^{n}(y_j-\overline{y})^2} \qquad (6)$$

Hohe positive (negative) Werte der Teststatistik deuten darauf hin, dass benachbarte Regionen systematisch über- oder unterdurchschnittliche Werte aufweisen.[555] Identifiziert der Test für die unterstellte Nullhypothese „keine räumliche Autokorrelation" jedoch eine signifikante Korrelati-

---

[553] Dieses Kapitel ist entnommen aus Deschermeier/Müller (2012), S. 7-9.
[554] Vgl. Cliff/Ord (1973), S. 99-100.
[555] Vgl. Eckey et al. (2006b), S. 551-552.

on, muss das lineare Regressionsmodell (3) um eine räumliche Perspektive erweitert werden. Dies geschieht sowohl durch die Verwendung einer Nachbarschaftsmatrix als auch durch ein angepasstes Schätzverfahren.

Im einfachsten Fall unterliegen ausschließlich die erklärenden Variablen räumlicher Abhängigkeit. Die Erweiterung von (3) um einen Spatial Lag erster Ordnung in den exogenen Variablen und unter der Verwendung einer zeilenweise normierten Nachbarschaftsmatrix W führt zu:

$$Y = X\beta + \mu W X + \varepsilon. \tag{7}$$

Hierbei stellt μ den Parametervektor für den Lag der exogenen Variablen dar. Es ist möglich, sowohl alle als auch einzelne exogenen Variablen im nachbarschaftlichen Zusammenhang zu betrachten. Modell (7) kann mit der Methode der kleinsten Quadrate (OLS) geschätzt werden.

Neben dieser einfachen Möglichkeit, räumliche Strukturen in einem Regressionsmodell zu integrieren, existieren zwei weitere Alternativen, wenn ein Moran Test auch für (7) räumliche Abhängigkeiten identifiziert. Inhaltlich ist eine funktionale Beziehung der abhängigen Variablen zwischen einer Region und ihren Nachbarregionen beispielsweise aufgrund kreisübergreifender Wirtschaftsräume denkbar. Diesen Zusammenhang bildet das Spatial-Lag-Modell ab:

$$Y = \rho W Y + X\beta + \varepsilon. \tag{8}$$

Der Term $\rho W Y$ gibt hierbei die durchschnittlichen Werte der abhängigen Variablen der Nachbarregionen an.

Darüber hinaus können nicht beobachtbare Einflüsse eine räumliche Autokorrelation verursachen. In diesem Fall hilft ein stochastischer Prozess, um für eine räumliche Zufallsvariable die Modelldefekte zu beseitigen. Die von räumlicher Abhängigkeit betroffenen Fehlerterme aus (5) beziehungsweise (8) gehen als Spatial Lag in das Modell ein, werden aber nicht interpretiert. Sie bilden lediglich den nicht beobachtbaren räumlichen Zusammenhang ab:

$$Y = X\beta + \lambda W \varepsilon + u. \tag{9}$$

Hierbei kennzeichnet λ den räumlichen autoregressiven Parametervektor und u einen Vektor identisch und gleichverteilter Fehlerterme. Das Spatial-Lag-Modell (8) und das Spatial-Error-Modell (9) erfordern eine Maximum-Likelihood- Schätzung.[556]

---

[556] Neben diesen Modellvariationen sind auch Mischformen denkbar, so können sowohl das Spatial-Lag-Modell als auch das Spatial-Error-Modell um einen Spatial Lag in den exogenen Variablen erweitert werden.

Die Auswahl der geeigneten Modelle im Rahmen der nachfolgenden Analysen erfolgt auf Basis des Akaikes Informationskriteriums (engl.: Akaike's Information Criterion, AIC), das die Güte des Modells widerspiegelt und unter Berücksichtigung des robusten Lagrange-Multiplier-(LM)(error) – beziehungsweise LM-(lag)-Tests[557] als gängigen Spezifikationstests. Die Berechnungen der ökonometrischen Modelle und Testverfahren erfolgen mit dem Statistikprogramm R und dem Zusatzpaket „spdep" von Bivand.[558]

5.1.4 Datengrundlage[559]

Um die Untersuchungsregion auf Grundlage sekundärstatistischer Pendlerverflechtungen abzugrenzen, werden die Daten der Bundesagentur für Arbeit verwendet.[560] Diese beinhalten Informationen über die Anzahl der sozialversicherungspflichtig Beschäftigten am Wohn- und Arbeitsort sowie die Anzahl der Ein- und Auspendler[561] für alle 96 Kreise der drei Bundesländer Rheinland-Pfalz, Hessen und Baden-Württemberg. Auf dieser Datengrundlage werden die Assoziationskoeffizienten berechnet.

Der Großteil der in der nachfolgenden ökonometrischen Analyse verwendeten Variablen wurde der INKAR-Datenbank des Bundesinstituts für Bau-, Stadt-, und Raumforschung von 2010 entnommen. Diese Datenbank enthält „regionalstatistische Daten zu nahezu allen gesellschaftlich bedeutsamen Themenfeldern wie Bildung, Soziales, Demografie, Wirtschaft, Wohnen und Umwelt"[562]. Die Daten der Version von 2010 beziehen sich auf das Jahr 2008.

Der Anteil der Hochqualifizierten an der sozialversicherungspflichtig beschäftigten Bevölkerung berechnet sich aus den Variablen „Sozialversicherungspflichtig Beschäftigte am Arbeitsort (Wohnort) nach Geschlecht, Nationalität und Art der Ausbildung" und der Gesamtzahl der sozialversicherungspflichtig Beschäftigten eines Stadt- beziehungsweise Landkreises. Diese Daten stammen aus der „Regionaldatenbank Deutschland" des Statistischen Bundesamtes.[563]

Um eine sparsame Spezifikation der ökonometrischen Modelle zu gewährleisten, müssen die Merkmale eines gemeinsamen Themenfeldes durch eine Faktorenanalyse zu einem Index verdichtet werden. Diese Berechnungen wurden im Statistikprogramm SPSS vorgenommen. Die Bestimmung des Index zur „Bildung" basiert auf den Informationen der INKAR-Variablen „Gymnasiasten; Schüler mit Hochschulreife (Abitur) und Studierende (Universität; FH; weiblich und Ausländer)". Zur Erstellung des Index „Erreichbarkeit" werden Informationen zur Erreichbarkeit von Autobahnen, Flughäfen ICE/IC Bahnhöfen, Mittel- und Oberzentren sowie europäi-

---

[557] Vgl. Anselin (1988), S. 32-36; Anselin (2003), S. 11-13.
[558] Vgl. Bivand (2002). Das Paket kann über die Programmkonsole kostenlos nachgerüstet werden.
[559] Teile dieses Kapitels sind entnommen aus Deschermeier/Müller (2012), S. 12-13.
[560] Vgl. Statistik der Bundesagentur für Arbeit (2011).
[561] Unter Pendlern werden sozialversicherungspflichtig Beschäftigte verstanden, deren Wohn- und Arbeitsorte sich voneinander unterscheiden (vgl. Statistik der Bundesagentur für Arbeit 2011).
[562] Bundesinstitut für Bau-, Stadt- und Raumforschung (2010).
[563] Vgl. Statistisches Bundesamt (2011).

schen Agglomerationsräumen verdichtet. Die Variable „Lebensqualität" basiert auf dem Index von Büttner/Ebertz.[564]

5.2 Abgrenzung der Untersuchungsregion[565]

Den Kern der Untersuchungsregion bildet die Europäische Metropolregion Rhein-Neckar mit ihren 15 Stadt- und Landkreisen. Da diese Region das Ergebnis politischer Verhandlungen ist und deren Zusammenschluss in einem Staatsvertrag bestimmt wurde,[566] bildet sie nicht zwingend den wirtschaftlich verflochtenen funktionalen Arbeitsmarkt ab, sondern ähnelt einer administrativen Einheit mit politisch gezogenen Grenzen. Für eine empirische Analyse ist eine funktionale Abgrenzung der Region jedoch unumgänglich, da die Pendlerbewegungen auch über die Grenzen der Metropolregion hinaus stattfinden. Es gibt Menschen, die außerhalb der Region wohnen, aber innerhalb arbeiten und umgekehrt. Während die Analyse der Hochqualifizierten am Arbeitsort auf Basis der 15 Kreise der Metropolregion Rhein-Neckar erfolgt, erfordert eine Analyse der Hochqualifizierten am Wohnort die Abgrenzung des Pendlereinzugsgebietes der MRN. Dies geschieht in einem dreistufigen Verfahren:

1) **Pendlerbereitschaft**: Die maximale Bereitschaft für den Weg vom Wohn- zum Arbeitsort beträgt 60 Minuten.
2) **Funktionalitätskriterium**: Es handelt sich bei den betrachteten Kreisen um funktionale Arbeitsmärkte.
3) **Kennziffermethode (Homogenitätskriterium)**: Kreise funktionaler Arbeitsmärkte, die nicht Teil der MRN sind, werden in die Untersuchungsregion aufgenommen, sofern mindestens 5 % der Auspendler dieser Kreise in einen Kreis der MRN einpendeln.

Pendlerbereitschaft

In der Literatur gilt eine einfache Fahrtzeit zum Arbeitsplatz zwischen 45 und 60 Minuten als akzeptabel.[567] Um das potenzielle Einzugsgebiet der MRN abzugrenzen, wird der Höchstwert dieser Spanne unterstellt. Alle Kreise, die binnen 60 Minuten mit dem Pkw vom Arbeitsmarktzentrum um die drei Oberzentren Heidelberg, Mannheim und Ludwigshafen erreichbar sind, zählen zum Einzugsgebiet der Metropolregion. Durch die Zeitrestriktion erweitert sich die Untersuchungsregion von den 15 Kreisen der MRN auf insgesamt 37.[568] Eine Untersuchungsregion, deren Abgrenzung ausschließlich auf der Fahrzeit zum Arbeitsmarktkern der MRN basiert, kann jedoch Kreise enthalten, die einem anderen funktionalen Arbeitsmarkt außerhalb des tatsächlich

---

[564] Vgl. Büttner/Ebertz (2007); Büttner/Ebertz (2009).
[565] Der nachfolgende Abschnitt ist in Teilen entnommen aus Deschermeier/Müller (2012), S. 10-11 und 14-15.
[566] Vgl. Landtag von Baden-Württemberg (2005).
[567] Vgl. Eckey et al. (2006a), S. 301.
[568] Vgl. Tabelle Tab. A 34 im Anhang.

verflochtenen Wirtschaftsraumes angehören und somit zwar ein potenzielles, jedoch kein reales Einzugsgebiet darstellen.

Funktionalitätskriterium

Gerade die an die MRN angrenzende, bzw. in den Kreisen Bergstraße und Worms sich überschneidende Metropolregion Rhein-Main stellt einen großen Wirtschaftsraum dar, dessen Kreise teilweise innerhalb 60 Minuten vom Kern der MRN aus zu erreichen sind (beispielsweise Frankfurt am Main, Mainz oder Darmstadt). Um die aus einer solch ungenauen Abgrenzung resultierende räumliche Autokorrelation zu vermeiden, erfordert eine adäquate Abgrenzung das Funktionalitätskriterium. Hierfür müssen die funktional verflochtenen Wirtschaftsräume der drei Bundesländer Rheinland-Pfalz, Hessen und Baden-Württemberg identifiziert werden. Um die Untersuchungsregion funktional einzugrenzen, werden daher die regionalen Arbeitsmärkte der drei Europäischen Metropolregionen Rhein-Main, Rhein-Neckar und Stuttgart bestimmt. Die identifizierten funktionalen Räume können sich hierbei von den politisch festgelegten Regionen unterscheiden. Zur Bestimmung dieser Wirtschaftsräume werden zunächst die Assoziationskoeffizienten aller 96 Kreise der drei Bundesländer berechnet und die Auspendlerstrukturen durch eine anschließende Faktorenanalyse miteinander verglichen. In Abbildung 24 sind die hierdurch identifizierten funktionalen Arbeitsmärkte der drei Metropolregionen dargestellt.

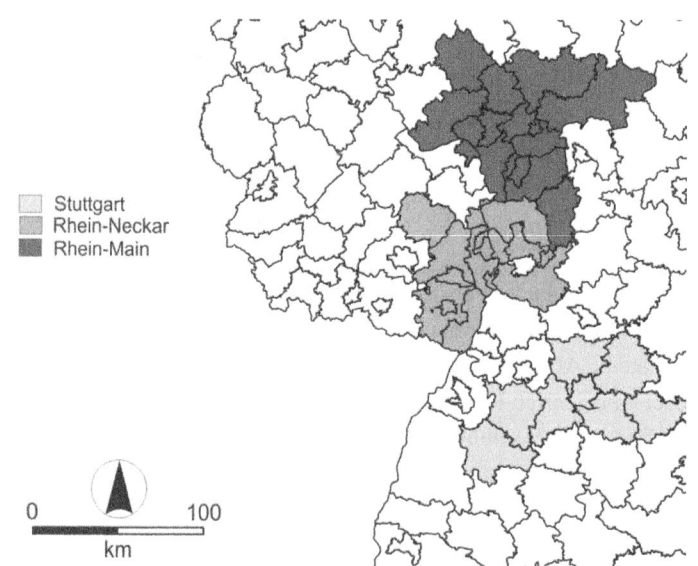

Abbildung 24: Die Funktionalräume der Regionen Rhein-Main, Rhein-Neckar und Stuttgart.[569]

---

[569] Vgl. Statistik der Bundesagentur für Arbeit (2011), eigene Berechnung und Darstellung. Entnommen aus Deschermeier/Müller (2012), S. 14.

Die Analyse der Assoziationskoeffizienten zeigt eine funktionale Verbundenheit innerhalb der politischen Grenzen der Metropolregionen. Obwohl die beiden Kreise „Bergstraße" und „Worms" politisch gesehen Bestandteile beider Metropolregionen (Rhein-Main und Rhein-Neckar) sind, weisen sie eine eindeutige Verflechtung mit der Metropolregion Rhein-Neckar auf. Auffällig ist, dass weder die Stadt Heidelberg noch der Neckar-Odenwaldkreis, die beide zum politischen Raum der MRN gehören, durch das Funktionalitätskriterium diesem regionalen Arbeitsmarkt zugeordnet werden. Hierfür zählt zur funktional abgegrenzten Region neben den restlichen Kreisen der MRN zusätzlich der pfälzische Donnersbergkreis. So entspricht das Gebiet der Metropolregion Rhein-Neckar bis auf drei Ausnahmen einem funktionalen Arbeitsmarkt.

Durch die Anwendung des Funktionalitätskriteriums würden die folgenden neun Kreise der Metropolregion Rhein-Main nicht in die Untersuchungsregion mit aufgenommen werden: Frankfurt am Main, Darmstadt, Darmstadt-Dieburg, Offenbach Landkreis, Offenbach Stadtkreis, Groß-Gerau, der Odenwaldkreis und der Main-Taunus-Kreis.

Kennziffernmethode (Homogenitätskriterium)

Um eine Pendlerverflechtung dieser Kreise mit einem Kreis der Metropolregion Rhein-Neckar sicher auszuschließen, wird die endgültige Untersuchungsregion im dritten Schritt mit der Kennziffernmethode festgelegt. Jeder der oben genannten Kreise wird auf einen Mindestanteil von fünf Prozent aller Auspendler zu einem der Kreise der MRN geprüft. Dieser dritte Schritt zeigt deutlich, dass die zuvor genannten Kreise des Rhein-Main-Gebietes keinerlei Verflechtungen zur Metropolregion-Rhein-Neckar aufweisen und folglich nicht in die Untersuchungsregion mit aufgenommen werden.[570] Durch die Kennziffernmethode wird weiterhin geprüft, ob Kreise, die weder zum Wirtschaftsraum der Metropolregion Rhein-Neckar noch einem anderen angehören, dennoch eine gewisse Orientierung zur MRN aufweisen. Dies ist gegeben, sofern mindestens fünf Prozent[571] der Auspendler eines solchen Kreises in einen beliebigen Kreis der MRN einpendeln. In diesem Fall wird der Kreis in die Untersuchungsregion mit aufgenommen. Es handelt sich hierbei um Randgebiete eines Wirtschaftsraumes oder zweier regionaler Arbeitsmärkte, die nicht überschneidungsfrei abgrenzbar sind. Die 28 Kreise und kreisfreien Städte der Untersuchungsregion können Tabelle 40 entnommen werden.

Die abgegrenzte Untersuchungsregion bildet den Ausgangspunkt für die weiteren Analysen. Im nachfolgenden Abschnitt werden die deskriptiven Ergebnisse der Verteilung der beiden endogenen Variablen „Hochqualifizierte" und „Selbstständige" dargestellt.

---

[570] Die relevanten Daten sind den Tabellen Tab. A 35 bis Tab. A 37 im Anhang zu entnehmen.
[571] Vgl. Eckey et al. (2006a), S. 301.

Bundesland	Stadt- und Landkreise
Rheinland-Pfalz	Alzey-Worms, Bad-Dürkheim, Donnersbergkreis, Germersheim, Frankenthal, Kaiserslautern (Stadt), Kaiserslautern (Land), Landau, Ludwigshafen, Mainz-Bingen, Neustadt a. d. W., Rhein-Pfalz-Kreis, Speyer, Südliche Weinstraße, Worms
Baden-Württemberg	Baden-Baden, Enzkreis, Heidelberg, Heilbronn (Stadt), Heilbronn (Land), Karlsruhe (Stadt), Karlsruhe (Land), Mannheim, Neckar-Odenwald-Kreis, Pforzheim, Rastatt, Rhein-Neckar-Kreis
Hessen	Bergstraße

Tabelle 40: Die Untersuchungsregion.[572]

5.3 Räumliche Verteilung der Hochqualifizierten und Selbstständigen

5.3.1 Regionale Verteilung der Hochqualifizierten[573]

Eine empirische Untersuchung auf Kreisebene erfordert statistische Testverfahren auf räumliche Abhängigkeit und Heterogenität sowie gegebenenfalls die Anwendung von Methoden der räumlichen Ökonometrie. Aus diesem Grund müssen die Daten zunächst einer explorativen Analyse räumlicher Daten unterzogen werden. Ausgangspunkt hierfür bilden die Verteilungen der Hochqualifizierten am Arbeits- und Wohnort der Metropolregion Rhein-Neckar. Für die genauere Bestimmung der Verteilung helfen anschließend die LISA-Statistiken.

Die Anteile der Hochqualifizierten an allen sozialversicherungspflichtig Beschäftigten in den Kreisen der Metropolregion ist in Abbildung 25 dargestellt. Die Verteilung der Hochqualifizierten am Arbeitsort ist durch erhebliche Unterschiede zwischen den einzelnen Kreisen gekennzeichnet. Vor allem in den drei Oberzentren Mannheim, Heidelberg und Ludwigshafen, also dem Kern der MRN, sind die Werte mit 9,5 % (Ludwigshafen), 9,9 % (Mannheim) und 14,4 % (Heidelberg) überdurchschnittlich hoch. Die geringsten Werte können für den Rhein-Pfalz-Kreis (1,3 %), Bad Dürkheim (1,7 %) und die Südliche Weinstraße (1,7 %) festgestellt werden. In Bezug auf den Wohnort sind die Hochqualifizierten homogener zwischen den einzelnen Kreisen verteilt. Einziger Ausreißer ist der Kreis Heidelberg, der einen Anteil an Hochqualifizierten von über 29 % aufweist. Diese Ergebnisse zeigen deutlich, dass es sowohl Anzeichen für räumliche Ballungen (im Kern der MRN) als auch für Ausreißer (Heidelberg) gibt, die mit den LISA-Statistiken auf statistische Signifikanz überprüft werden müssen.

---

[572] Quelle: Eigene Darstellung.
[573] Das Kapitel ist entnommen aus Deschermeier/Müller (2012), S. 15-17.

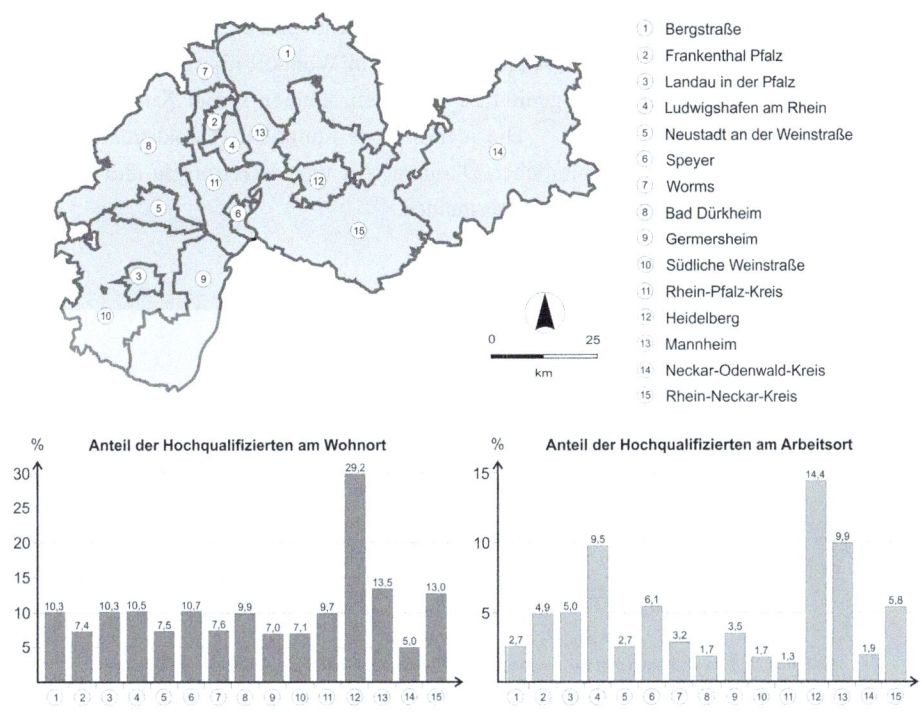

Abbildung 25: Anteil der Hochqualifizierten an den sozialversicherungspflichtig Beschäftigten.[574]

Neben dem ökonomischen Kernraum (Arbeitsort) stellt die Metropolregion Rhein-Neckar einen attraktiven Wohnort für Hochqualifizierte dar. Die Oberzentren Heidelberg, Mannheim und Ludwigshafen sind durch eine hohe Erreichbarkeit gekennzeichnet, die eine hervorragende Anbindung an andere Wirtschaftsräume aufweisen. Somit werden nicht alle in der MRN wohnhaften Hochqualifizierten dort auch arbeiten. Ziel der zweiten Analyse ist deshalb die Identifikation von Bestimmungsfaktoren, die für die Wohnortwahl von Hochqualifizierten von Bedeutung sind. Als Untersuchungsregion dient dabei die um ihr potenzielles Einzugsgebiet erweiterte MRN (vgl. Tabelle 40). Welches ökonometrische Verfahren zu wählen ist, hängt unter anderem auch davon ab, ob räumliche Abhängigkeiten in Bezug auf die Verteilung der Hochqualifizierten existieren. Diese können mit dem Moran-Test identifiziert werden. Der Moran-Scatterplot (vgl. Abbildung 26) stellt die Anteile der Hochqualifizierten am Wohn- und Arbeitsort in Relation zum Durchschnitt der direkten Nachbarn dar.

Insbesondere der Scatterplot für den Arbeitsort deutet auf räumliche Abhängigkeit hin, da ein funktionaler Zusammenhang zwischen der Ausprägung eines Kreises und dem Durchschnitt der direkten Nachbarn erkennbar ist. Im Vergleich zu ihren direkten Nachbarn weist Heidelberg signifikant überdurchschnittliche Werte – sowohl in Bezug zum Arbeits- als auch zum Wohnort –

---

[574] Quellen: Bundesinstitut für Bau-, Stadt- und Raumforschung (2011); in Anlehnung an Deschermeier/Müller (2012), S. 16.

auf und wird von den LISA-Statistiken als Hot-Spot[575] identifiziert.[576] Gleichzeitig kann auch Mannheim mit Bezug auf den Anteil Hochqualifizierter am Wohnort als ein solcher identifiziert werden. Um dieser räumlichen Heterogenität zu begegnen, können binäre Kontrollvariablen in das Modell mit aufgenommen werden.[577] Die identifizierte räumliche Autokorrelation erfordert die Anwendung der Methoden der räumlichen Ökonometrie, um Verzerrungen und Fehlinterpretationen in der ökonometrischen Analyse zu vermeiden.

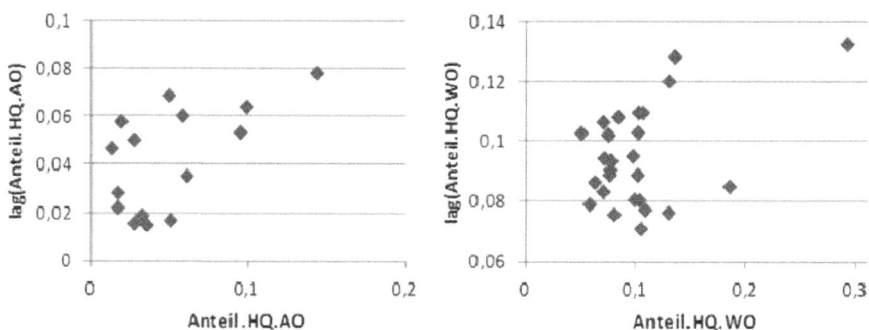

Abbildung 26: Moran Scatterplot für den Anteil der Hochqualifizierten am Arbeits- und Wohnort.[578]

5.3.2 Regionale Verteilung der Selbstständigen

In Analogie zu den deskriptiven Auswertungen der Hochqualifizierten wird auch für die Selbstständigen in der Region zunächst deren Verteilung analysiert. Der Anteil der Selbstständigen bezieht sich hierbei auf die Anzahl der Erwerbstätigen im entsprechenden Kreis. In Abbildung 27 ist die Verteilung der Selbstständigen innerhalb der 15 Kreise der MRN dargestellt.

Anders als im Falle der Hochqualifizierten weist die Verteilung der Selbstständigen keinen erkennbaren Ausreißer auf. Erstaunlich sind die niedrigen Werte für das ökonomische Zentrum der MRN, wenn man bedenkt, dass gerade Mannheim im NUI Ranking seit dem Jahr 2006 dort regelmäßig sehr gute Positionen einnimmt.[579] Wie die Analyse der Pendlerverflechtungen gezeigt hat, sind jedoch gerade die drei Städte Mannheim, Heidelberg und Ludwigshafen durch einen positiven Pendlersaldo, also einen Überschuss an Einpendlern, gekennzeichnet. Die Einpendler werden bei der Berechnung des Anteils der Selbstständigen ebenfalls berücksichtigt, da es sich

---

[575] Um einen statistisch signifikanten Hot Spot oder Cold Spot handelt es sich genau dann, wenn der Betrag der Teststatistik größer oder gleich 1,6 ist. Ein positives Vorzeichen der Teststatistik entspricht einem Hot Spot, während ein negatives einen Cold Spot anzeigt. Zur Signifikanzprüfung werden die jeweiligen Beträge der Teststatistik mit dem kritischen Wert verglichen.
[576] Vgl. Tabellen Tab. A 38 und Tab. A 39 im Anhang für die Moran-Koeffizienten und die Getis-Ord-Statistiken.
[577] Vgl. Anselin (1999).
[578] Quelle: Eigene Darstellung auf Basis der Daten der INKAR-Datenbank und des Statistischen Bundesamtes. Entnommen aus Deschermeier/Müller (2012), S. 16.
[579] Vgl. hierzu die Ausführungen in Kapitel 3.2.2.

um deren Arbeitsort handelt. Sie fließen folglich in die Anzahl der Erwerbstätigen im Kreis mit ein. Die Wahl dieser Bezugsgröße lässt sich über den Arbeitsort als räumlichen Indikator begründen. So erklären sich auch die hohen Anteile an Selbstständigen in den ländlichen Gebieten der MRN, wie beispielsweise der Südlichen Weinstraße (17,6 %), Bad Dürkheim (15,9 %) oder dem Rhein-Pfalz-Kreis (15,5 %). Diese Kreise sind durch eine geringere Dichte an (großen) Arbeitgebern und folglich auch durch einen negativen Pendlersaldo gekennzeichnet.

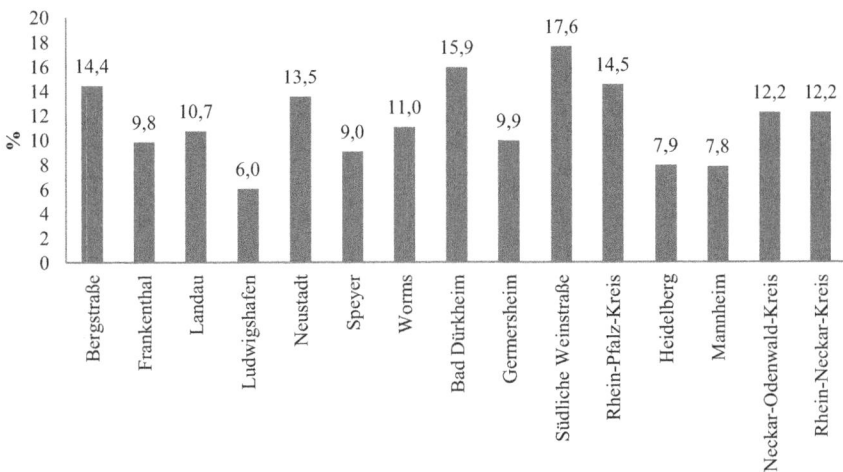

Abbildung 27: Anteil der Selbstständigen an allen Erwerbstätigen in den Kreisen der MRN.[580]

Um den Effekt der Einpendler auszuschließen, wird zusätzlich die Verteilung der Selbstständigen am Wohnort dargestellt. Hierbei wird unterstellt, dass der Arbeitsort in den meisten Fällen auch dem Wohnort der Selbstständigen entspricht, sodass Pendlerverflechtungen eine untergeordnete Rolle einnehmen. Als Bezugsgröße für das Wohnortkonzept werden die sozialversicherungspflichtig Beschäftigten am Wohnort herangezogen. Diese stellen ein Näherungsmaß zu den Erwerbstätigen am Wohnort dar, die ebenfalls geringfügig Beschäftigte und mithelfende Familienangehörige umfassen würden, jedoch auf Basis des Wohnortes nicht vorliegen. Der Anteil der Selbstständigen am Wohnort lässt sich wie folgt berechnen:

$$\frac{Anzahl\ Selbstständige\ (SB)\ in\ Kreis_i}{Anzahl\ SB\ in\ Kreis_i + Anzahl\ sozialversicherungspflichtig\ Beschäftigter\ in\ Kreis_i}.$$

Es ist zu beachten, dass durch die Bezugsgröße der sozialversicherungspflichtig Beschäftigten die Anzahl der Beschäftigten um die Zahl der geringfügig Beschäftigten untererfasst wird. Obwohl

---

[580] Quellen: Bundesinstitut für Bau-, Stadt- und Raumforschung (2011); eigene Darstellung.

lediglich 65-85 % aller Erwerbstätigen erfasst werden, wird diese Bezugsgröße „als Maß der dem Arbeitsmarkt zur Verfügung stehenden Arbeitsplätze verwendet."[581]

Auch mit Bezug auf die sozialversicherungspflichtig Beschäftigten kann kein offensichtlicher Ausreißer für die 15 Kreise der Metropolregion festgestellt werden (Vgl. Abbildung 28). Vor allem die Anteile der Selbstständigen in den städtischen Gebiete wie Heidelberg, Mannheim, Ludwigshafen, aber auch Landau sind im Vergleich zum Anteil der Selbstständigen an allen Erwerbstätigen erheblich größer. So weist beispielsweise Mannheim einen Anteil 14,5 % (zuvor 7,8 %), Heidelberg einen Anteil von 17,7 % (zuvor 7,9 %) und Landau einen Anteil an Selbstständigen von 17,9 % (zuvor lediglich 10,7 %) auf. Dieses Ergebnis verdeutlicht, dass der Anteil der Selbstständigen in den ländlichen Gebieten der MRN nicht signifikant größer ist als in den städtischen Gebieten der Region. Die regionale Verteilung der Selbstständigen reagiert vielmehr sehr sensibel auf die zugrunde liegende Bezugsgröße und wird durch die Anzahl der Einpendler in den Stadtkreisen erheblich beeinflusst.

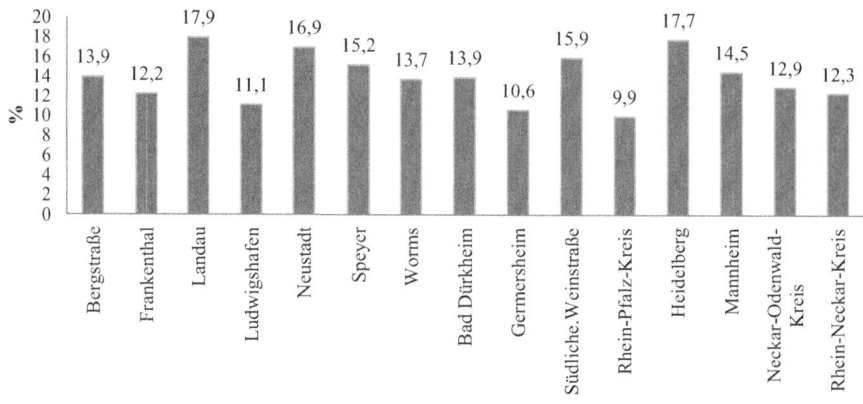

Abbildung 28: Anteil der Selbstständigen an den sozialversicherungspflichtig Beschäftigten.[582]

Ob eine räumliche Abhängigkeit zwischen dem Anteil der Selbstständigen im betrachteten Kreis und dem Durchschnitt der direkten Nachbarn besteht, zeigt der Moran-Scatterplot. Dieser ist sowohl für das Arbeitsort- als auch Wohnortkonzept in Abbildung 29 dargestellt.

Der Moran-Scatterplot weist weder für den Anteil der Selbstständigen an den Erwerbstätigen noch an den sozialversicherungspflichtig Beschäftigten auf räumliche Abhängigkeiten hin. Mit Bezug auf die sozialversicherungspflichtig Beschäftigten zeigt der Moran-Scatterplot einen Ausreißer (Landau), dessen Signifikanz jedoch nicht vom lokalen Moran-Test bestätigt werden kann. Auch die Getis-Ord-Statistk identifiziert die Stadt Landau weder als Hot Spot noch als Cold Spot,

---

[581] Bundesinstitut für Bau-, Stadt- und Raumforschung (2011).
[582] Quellen: Bundesinstitut für Bau-, Stadt- und Raumforschung (2011), eigene Darstellung.

sodass für einen möglichen räumlichen Effekt dieses Kreises im ökonometrischen Modell nicht kontrolliert werden muss.

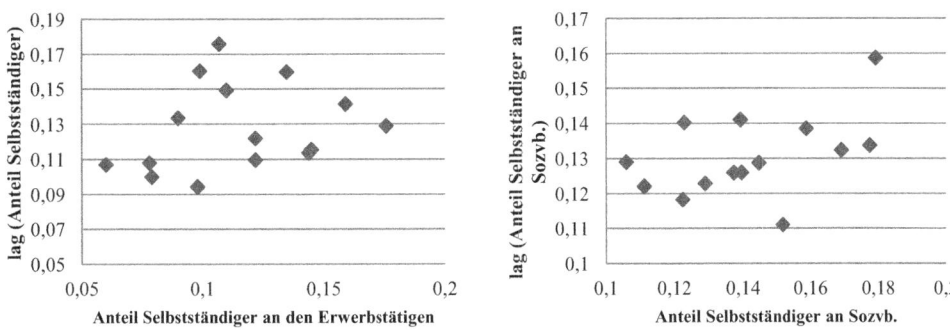

Abbildung 29: Moran Scatterplots für den Anteil der Selbstständigen.[583]

5.4 Die Arbeits- und Wohnortwahl Hochqualifizierter – Identifikation wichtiger Einflussfaktoren

5.4.1 Verdichtung der Datengrundlage zu den Faktoren Bildung und Erreichbarkeit

Faktor „Bildung"

Im Rahmen der deskriptiven Auswertungen konnte gezeigt werden, dass sich die Hochqualifizierten nicht gleichmäßig im Raum verteilen. Insbesondere mit Bezug auf den Arbeitsort ist eine Ballung in den ökonomischen Zentren der Metropolregion Rhein-Neckar zu beobachten. In Anlehnung an die theoretischen Überlegungen des Abschnittes 2.2.1 ist davon auszugehen, dass neben dem Vorhandensein großer Arbeitgeber auch das Bildungsangebot des entsprechenden Kreises einen Einfluss auf den Anteil der Hochqualifizierten am Arbeitsort besitzt. Als erster Faktor wird somit ein „Bildungsfaktor" extrahiert. Die hierzu in der INKAR-Datenbank vorhandenen Bildungsvariablen sind:[584]

- **Gymnasiasten:** Anteil der Schüler an Gymnasien an allen Schülern (in %).
- **Schüler mit Hochschulreife (Abitur):** Anteil der Schulabgänger mit einer Hochschulreife an allen Schulabgängern (in %).
- **Studierende:** Studierende an wissenschaftlichen Hochschulen und Fachhochschulen je 1.000 Einwohner.

---

[583] Quelle: Eigene Darstellung auf Basis der Daten der INKAR-Datenbank und des Statistischen Bundesamtes.
[584] Vgl. Bundesinstitut für Bau-, Stadt und Raumforschung (2011).

- **Studierende an Fachhochschulen:** Studierende an FHs je 1.000 Einwohner.
- **Weibliche Studierende (Studierende (w)):** Anteil der Frauen an allen Studierenden (in %).
- **Ausländische Studierende (Studierende (ausl.)):** Anteil der ausländischen Studierenden an allen Studierenden (in %).

Die Ergebnisse der Korrelationsanalyse[585] zeigen, dass die Variablen „Gymnasiasten", „Schulabgänger mit Abitur", „Studierende" und „Studierende an Fachhochschulen" signifikant positiv miteinander korreliert sind, wenngleich die Variable „Studierende an FH" im Vergleich zu den restlichen Korrelationen recht geringe Werte aufweist. Da diese Variable zumindest auf dem 5 %-Niveau signifikant mit der Anzahl der Studierenden korreliert, wird sie in die weiteren Auswertungen mit aufgenommen. Nicht signifikant sind hingegen die Variablen „weibliche Studierende" und „ausländische Studierende". Sie werden von der nachfolgenden Faktorenanalyse ausgeschlossen.

Die Auswertung der Anti-Image Matrix und des darin abgebildeten MSA-Wertes bestätigen die Ergebnisse der vorherigen Korrelationsanalyse. Die Werte schwanken hierbei zwischen 0,516 für die Variable „Studierende an Fachhochschulen" und 0,581 für die Variable „Studierende". Die MSA-Werte liegen somit knapp über den Mindestanforderungen und die Variablen können als prinzipiell geeignet für eine Faktorenanalyse angesehen werden. Da durch die Faktorenanalyse insgesamt zwei Faktoren extrahiert werden und auf den zweiten Faktor lediglich die Anzahl der Studierenden an Fachhochschulen lädt, wird eine weitere Faktorenanalyse ohne diese Variable durchgeführt. Die Werte der Anti-Image-Matrix haben sich hierdurch verbessert. In Tabelle 41 sind die Kommunalitäten und Faktorladungen des Bildungsfaktors zusammenfassend dargestellt.

Es ist zu erkennen, dass die Werte der Kommunalitäten für alle Variablen recht hoch sind. Der Faktor „Bildung" erklärt somit über 53 % der Varianz der Variablen „Studierende", 85 % der Variablen „Gymnasiasten" und sogar knapp 93 % der Varianz der Variablen „Schulabgänger mit Abitur". Auch die Faktorwerte sind mit 0,73 für die Studierenden und je über 0,92 für die beiden anderen Variablen sehr hoch. Die erklärte Gesamtvarianz des Bildungsfaktors beträgt über 77 %, sodass auf eine hohe Güte dieses Faktors geschlossen werden kann.

Variablen	Kommunalitäten	Faktorladung
Gymnasiasten	0,850	0,922
Schulabgänger mit Abitur	0,929	0,964
Studierende	0,532	0,730

Tabelle 41: Ergebnisse der Faktorenanalyse zum Bildungsfaktor.[586]

---

[585] Vgl. Tab. A 40 im Anhang.
[586] Quelle: Bundesinstitut für Bau, Stadt- und Raumforschung (2011), eigene Berechnungen und Darstellung.

Faktor „Erreichbarkeit"

Sowohl die theoretischen Überlegungen als auch die identifizierten Pendlerverflechtungen in der MRN lassen vermuten, dass die Infrastruktur einen Einfluss auf die Arbeits- und Wohnortwahl von Hochqualifizierten und auf die Standortwahl von Selbstständigen besitzt. Die zu diesem Themenbereich verfügbaren Variablen in der INKAR-Datenbank umfassen:[587]

- **die Erreichbarkeit von Autobahnen:** durchschnittliche Pkw-Fahrtzeit von einem Kreis zum nächsten Autobahnanschluss (in Minuten).
- **die Erreichbarkeit von Flughäfen:** durchschnittliche Pkw-Fahrtzeit zum nächsten internationalen Flughafen (innerhalb Deutschlands) (in Minuten).
- **die Erreichbarkeit von ICE/IC-Bahnhöfen:** durchschnittliche Pkw-Fahrtzeit zum nächsten ICE/IC-Bahnhof (in Minuten).
- **die Erreichbarkeit von Mittel- und Oberzentren:** durchschnittliche Pkw-Fahrtzeit zum nächsten Mittel- oder Oberzentrum (in Minuten).
- **die Erreichbarkeit von europäischen Agglomerationszentren:** durchschnittliche Reisezeit zu allen 41 Agglomerationszentren in Europa im kombinierten Pkw/Luftverkehr (in Minuten).
- **die Erreichbarkeit von Agglomerationszentren mittels PKW-Verkehr:** durchschnittliche Pkw-Fahrtzeit zu den nächsten drei von 36 Agglomerationszentren in Deutschland und dem benachbarten Ausland (in Minuten).
- **die Erreichbarkeit von Agglomerationszentren mittels Bahnverkehr:** durchschnittliche Bahn-Reisezeit zu den nächsten drei von 36 Agglomerationszentren in Deutschland und dem benachbarten Ausland (in Minuten).

Auf Grundlage der Ergebnisse der Korrelationsanalyse[588] wird die Variable „Erreichbarkeit von Flughäfen", die lediglich zur Variablen „Erreichbarkeit von Bahnhöfen" eine signifikante Korrelation aufweist, von der weiteren Analyse ausgeschlossen.[589] Die restlichen Variablen weisen paarweise hoch signifikante Korrelationen auf, sodass sie in die Faktorenanalyse mit einfließen. Die Werte der Anti-Image-Matrix bestätigen die Tauglichkeit der einzelnen Variablen für eine Faktorenanalyse. Diese liegen zwischen 0,613 für die Variable „Erreichbarkeit von Agglomerationszentren im Bahnverkehr" und 0,896 für die „Erreichbarkeit von Mittelzentren". In Tabelle 42 sind die Kommunalitäten und Faktorladungen der einzelnen Variablen zusammenfassend dargestellt.

Mit einer Kommunalität von 0,442 weist die Erreichbarkeit von Mittelzentren den geringsten Wert auf, der sich jedoch für die Faktorenanalyse eignet, zumal die Ladung mit 0,665 eine recht

---

[587] Quelle: Bundesinstitut für Bau-, Stadt- und Raumforschung (2011).
[588] Vgl. Tabelle Tab. A 41 im Anhang.
[589] Es ist jedoch zu beachten, dass die Anbindung zum Flughafen Frankfurt/Main mittels Bahnverkehr und Auto – zumindest vom Kern der MRN – sehr gut ausgebaut ist.

hohe darstellt. Auch die anderen Variablen weisen sehr hohe Faktorladungen auf, sodass auch dem Faktor Erreichbarkeit eine hohe Güte unterstellt werden kann.

Variablen	Kommunalitäten	Faktorladung
Mittelzentren	0,442	0,665
Oberzentren	0,556	0,746
Autobahn	0,719	0,848
Bahn	0,618	0,786
Erreichbarkeit Agglomerationszentren (Pkw)	0,580	0,813
Erreichbarkeit Agglomerationszentren (Bahn)	0,552	0,743

Tabelle 42: Ergebnisse der Faktorenanalyse zum Faktor Erreichbarkeit.[590]

5.4.2 Einflussfaktoren auf den Anteil der Hochqualifizierten am Arbeits- und Wohnort[591]

Die in der Voruntersuchung durch die LISA-Statistiken identifizierte räumliche Abhängigkeit erfordert die Integration der räumlichen Struktur der Untersuchungsregion in das Regressionsmodell. Die Spezifikation der Modelle erfolgt durch den gängigen Ansatz:[592] Zunächst wird ein Basismodell ohne Spatial-Lags geschätzt und dessen Residuen mit dem Moran Test auf räumliche Autokorrelation getestet.[593] Falls Die Nullhypothese „keine Autokorrelation" verworfen wird, folgt eine Erweiterung des Modells. Die erforderliche Modellform ergibt sich aus der Anwendung der Lagrange Multiplier Teststatistik.[594] Diese Testreihe ermöglicht die Wahl zwischen dem Spatial-Error- und Spatial-Lag-Modell.[595] In Tabelle 43 sind die Ergebnisse dieser Teststatistiken für den Anteil der Hochqualifizierten am Arbeits- und Wohnort dargestellt.

	Spatial-Lag-Modell	Spatial-Error-Modell
Modell Arbeitsort	LMlag = 9,9818 p-value = 0,00166	LMerr = 0,5755 p-value = 0,4481
Modell Wohnort	LMlag = 1,8415 p-value = 0,1748	LMerr = 5,9217 p-value = 0,01496

Tabelle 43: Lagrange Multiplier Test zur Modellspezifikation für die Modelle am Arbeits- und Wohnort.[596]

---

[590] Quelle: Bundesinstitut für Bau, Stadt-und Raumforschung (2011), eigene Berechnungen und Darstellung.
[591] Das vorliegende Kapitel ist entnommen aus Deschermeier/Müller (2012), S. 18-24.
[592] Vgl. Florax et al. (2003), S. 558.
[593] Vgl. Anselin (2003), S. 10-11.
[594] Vgl. Anselin (2003), S. 11-13.
[595] Vgl. die Ausführungen in Abschnitt 5.1.3.3.
[596] Quelle: Eigene Berechnung und Darstellung.

Für das Modell zum Anteil der Hochqualifizierten am Arbeitsort empfiehlt der Test ein Spatial-Lag-Modell (p-Wert von 0,00166), während das Modell für den Wohnort unbeobachteten räumlichen Einflüssen unterliegt und ein Spatial-Error-Modell erfordert (p-Wert von 0,01496).[597] Die folgende Darstellung der Schätzergebnisse werden auf Basis der in Kapitel 2.2.1 erarbeiteten Systematik der Einflussfaktoren in die Themenfelder „Wirtschaftsindikatoren", „Aspekte der Lebensqualität", „F&E-Infrastruktur" und „räumliche Bezüge" gegliedert. Zusätzlich wird aufgrund der Modellspezifikation das Themenfeld „Interaktionsterme" mit aufgenommen, um die Interpretierbarkeit der Ergebnisse zu erleichtern.

Nachfolgend sind die Ergebnisse des Spatial-Lag Modells für den Anteil der Hochqualifizierten am Arbeitsort dargestellt (vgl. Tabelle 44).

Merkmal	Schätzer
Konstante	3,302754**
Wirtschaftsindikatoren	
Einpendler	0,173409**
Auspendler	-0,145717**
Ausbildungsplatzwanderer	0,024580**
F&E-Infrastruktur	
F&E-Beschäftigte	0,037149**
Interaktionsterme	
Interaktion Stadtkreis und ALQ	-0,277943**
Räumliche Bezüge	
Dummy Heidelberg	2,039002**
Rho (Hochqualifizierte im Nachbarkreis)	0,24045**
AIC	18,148, (AIC for lm: 33,035)

**signifikant auf Niveau 0,01.

Tabelle 44: Einflussfaktoren auf den Anteil der Hochqualifizierten am Arbeitsort.[598]

Ökonomischen Erklärungsfaktoren prägen die Ergebnisse für das Modell zum Anteil der Hochqualifizierten am Arbeitsort. So bestätigen die geschätzten Parameter der Pendlerverflechtung die deskriptiven Auswertungen und zeigen, dass Hochqualifizierte vor allem in den ökonomischen Zentren der MRN arbeiten. Die Zahl der Einpendler weist einen signifikant positiven, die der Auspendler einen signifikant negativen Zusammenhang zum Anteil der Hochqualifizierten am Arbeitsort auf. Einen weiteren Wirtschaftsindikator stellen die Ausbildungsplatzwanderer dar.

---

[597] Sollte die Prüfgröße sowohl für das Spatial-Lag als auch das Spatial-Error-Modell signifikant sein, müssen die robusten Testvarianten geschätzt werden (vgl. Anselin (2003), S. 10-13). Für die Modelle am Arbeits- und Wohnort liefert der Lagrange-Multiplier Test jedoch bereits eindeutige Ergebnisse.
[598] Quellen: Bundesinstitut für Bau-, Stadt-und Raumforschung (2011), eigene Berechnungen.

Diese berechnen sich aus der Differenz aus Ein- und Auswanderern im Alter zwischen 18 und 25 Jahren und dienen als Näherungsmaß für junge Menschen, die aufgrund ihrer Ausbildung oder ihres Studiums den Wohnort wechseln. Hierdurch werden Disparitäten in den Erwerbsmöglichkeiten verdeutlicht.[599] Mit einem Überschuss an Ausbildungsplatzzuwanderern von 8,5 % im Jahr 2008 weist Heidelberg den größten positiven Binnenwanderungssaldo in dieser Altersgruppe auf. Aber auch Mannheim (+6,1 %) und Ludwigshafen (+2,3 %) können einen positiven Saldo aufweisen. Der Neckar-Odenwald-Kreis (-2,8 %), Bad Dürkheim (-2,6 %), Südliche Weinstraße (-2,4 %) und der Rhein-Pfalz-Kreis (-2,3 %) müssen hingegen die größten relativen Abgänge der 18- bis unter 25-Jährigen verzeichnen. Der signifikant positive Effekt dieser Variable belegt, dass die MRN hinsichtlich der Bildungsmöglichkeiten, insbesondere für junge Arbeitnehmer, gute Bedingungen aufweist. Aufgrund der Standorte der (Fach-)Hochschulen (insbesondere in Heidelberg und Mannheim) und der hohen Zentralität nutzen die Ausbildungsplatzwanderer die (Innen-)Städte meist als ersten eigenen Wohnort und häufig auch als Arbeitsort.[600]

Bezüglich der Forschungs- und Entwicklungsinfrastruktur ist für den Anteil der F&E-Beschäftigten ein signifikant positiver Zusammenhang zur abhängigen Variablen der Hochqualifizierten am Arbeitsort zu beobachten, der als realisierte Nachfrage der F&E-Branche nach dieser Qualifikation interpretiert werden kann. Vor allem in Ludwigshafen ist der Anteil der F&E-Beschäftigten an allen sozialversicherungspflichtig Beschäftigten mit 6 % sehr hoch. Auch der Rhein-Neckar-Kreis (5,1 %) und Heidelberg (2,1 %) weisen verhältnismäßig hohe Werte auf. Der Rhein-Neckar-Kreis zählt aufgrund seiner Unternehmenslandschaft – durch große Arbeitgeber wie beispielsweise SAP AG, Heidelberger Druckmaschinen AG, HeidelbergCement AG, MLP Finanzdienstleistungen AG, Unternehmensgruppe Freudenberg und die Rudolf Wild GmbH und Co.KG – ebenfalls zum (erweiterten) ökonomischen Zentrum der MRN. Mit einem Anteil Hochqualifizierter am Arbeitsort von 5,8 % weist der Rhein-Neckar-Kreis zudem den fünftgrößten Wert (nach Heidelberg, Mannheim, Ludwigshafen und Speyer) auf.

Im Rahmen der Modellspezifikation wurde für die Variable „Arbeitslosenquote" räumliche Abhängigkeit in Stadtkreisen identifiziert, weshalb das Modell als Kontrollvariable einen Interaktionsterm zwischen der binären Variable Stadtkreis und der Arbeitslosenquote enthält. Die Werte der Arbeitslosenquote in den Landkreisen sind deutlich niedriger (beispielsweise Bad Dürkheim 4,3% oder Rhein-Pfalz-Kreis 4,4%) als in den Stadtkreisen und insbesondere im Vergleich zu den Oberzentren. Aufgrund der Wirtschaftsstruktur ist der Anteil der Hochqualifizierten in den Stadtteilen besonders hoch. Heidelberg weist mit 29,2% einen Extremwert auf, bei einer vergleichsweise niedrigen Arbeitslosenquote von 6,7% und stellt somit einen Ausreißer im Vergleich zu den anderen Oberzentren dar, deren Arbeitslosenquoten deutlich höhere Werte annehmen (Ludwigshafen 10,2% und Mannheim 8,4%). Der Regressionskoeffizient weist deshalb einen signifikant negativen Zusammenhang zum Anteil der Hochqualifizierten am Arbeitsort auf.

---

[599] Vgl. Bundesinstitut für Bau-, Stadt-und Raumforschung (2011).
[600] Vgl. Meng/Schmitz-Veltin/West (2008), S. 110; West/Deschermeier (2011), S. 127-128.

Der Extremwert des Anteils an Hochqualifizierten in Heidelberg äußerte sich in der Voruntersuchung durch die LISA-Statistiken als räumliche Heterogenität, die durch eine eigene Variable korrigiert wird. Der Parameterschätzer der binären Variable „Dummy Heidelberg" weist einen auf dem 1 %-Niveau signifikant positiven Effekt auf den Anteil der Hochqualifizierten am Arbeitsort auf. In Heidelberg befindet sich beispielsweise der Kern des 2008 durch das BMBF als Spitzencluster ausgezeichnete Cluster BioRN. Durch die räumliche und teilweise auch institutionelle Nähe zwischen dem Cluster, attraktiven Arbeitgebern für Hochqualifizierte und der Heidelberger Universität entstehen Standortvorteile, die das Image der Stadt als Wissensstadt prägen. Dieses Image hilft umgekehrt, Heidelberg für Zuwanderer attraktiv erscheinen zu lassen.

Abschließend kann festgestellt werden, dass keine Spatial Lags in exogenen Variablen eine Signifikanz aufweisen, jedoch der Spatial Lag in der zu erklärenden Variable (Koeffizient Rho) hoch signifikant ist. Je höher also der durchschnittliche Anteil der Hochqualifizierten der direkten Nachbarn ist, desto höher ist er in einer betrachteten Region. Dieser Zusammenhang zeigt deutlich die Konzentration der ökonomischen Aktivität in den drei Oberzentren der Metropolregion Rhein-Neckar.

Neben den Einflussfaktoren auf den Anteil der Hochqualifizierten am Arbeitsort, die fast ausschließlich den harten, ökonomischen Faktoren zugeordnet werden können, ist es zudem wichtig, Faktoren zu identifizieren, die potenziell einen Einfluss auf die Wahl des Wohnortes von Hochqualifizierten besitzen. Hierzu wird ein Spatial-Error-Modell der Hochqualifizierten am Wohnort geschätzt, dessen Ergebnisse in Tabelle 45 dargestellt sind.

Die deskriptiven Analysen zeigten, dass Hochqualifizierten am Wohnort zwar homogener verteilt sind als am Arbeitsort, jedoch auch am Wohnort Ausreißer und folglich räumliche Heterogenität zu beobachten sind. Diese Ergebnisse werden durch den signifikant negativen Effekt des Parameters „keine Großstadt" bestätigt, der zeigt, dass der Anteil der Hochqualifizierten in Stadtkreisen signifikant höher ist als im ländlich geprägten Umland. Auch Geppert/Gornig weisen darauf hin, dass der Anteil an Hochqualifizierten in den Oberzentren der deutschen Agglomerationen in den letzten Jahren deutlich angestiegen ist. Der Effekt bildet allerdings keinen kausalen Zusammenhang ab, sondern entsteht durch die dominierenden Ausreißer. So sind beispielsweise die Werte auch im Landkreis Bad Dürkheim (9,9%) oder dem Rhein-Pfalz-Kreis (9,7) sehr hoch.[601]

Die industrielle Prägung der Kreise der Metropolregion insbesondere bei den Oberzentren ist sehr heterogen (Ludwigshafen: 42,5%; Mannheim 25,5%; Heidelberg 14,4%). Der schwach signifikante negative Parameterschätzer der Industriequote belegt, dass Hochqualifizierte eher die Kreise als Wohnort wählen, die eine geringe industrielle Prägung aufweisen. Dies trifft sowohl auf das Oberzentrum Heidelberg zu, als auch auf verschiedene umliegende Landkreise mit relativ hohen Anteilen an Hochqualifizierten am Wohnort, wie beispielsweise der Rhein-Pfalz-Kreis mit einer Industriequote von 6,8%. Denn die durch die Industrie verursachten negativen externen Effekte, wie beispielsweise ein hohes Verkehrsaufkommen, das sich in Lärm und Staus äußert, eine

---

[601] Vgl. Geppert/Gornig (2010).

hohe Bebauungsdichte und somit fehlendes Bauland oder fehlende Grünflächen zur Erholung senken die Lebensqualität und lassen eine Stadt als Wohnort unattraktiver wirken.

Merkmal	Schätzer
Wirtschaftsindikatoren	
Beschäftigtenquote	0,00662109**
Industriequote	-0,00073319°
Einpendler	-0,00072788**
Faktor Erreichbarkeit	-0,01573606**
Aspekte der Lebensqualität	
Lebensqualitäts-Index	0,00051312**
Keine Großstadt	-0,06575055**
F&E-Infrastruktur	
Faktor Bildung	0,03084784**
Interaktionsterme	
Stadtkreis und Arbeitslosenquote	-0,00314184*
Räumliche Bezüge	
Dummy Heidelberg	0,13717242**
Lebensqualität im Nachbarkreis	-0,00060971**
Hochqualifizierte im Nachbarkreis	0,46181013**
Lambda	-0,95041*
AIC	-162,37

**signifikant auf Niveau 0,01; *signifikant Niveau 0,05; °signifikant Niveau 0,1.
Tabelle 45: Einflussfaktoren auf den Anteil der Hochqualifizierten am Wohnort.[602]

Gute wirtschaftliche Rahmenbedingungen und eine niedrige Arbeitslosenquote haben hingegen einen positiven Einfluss auf die Attraktivität einer Region. So zeigt der geschätzte Effekt des Wirtschaftsindikators „Beschäftigtenquote" einen auf dem 1 %-Niveau signifikant positiven, der Interaktionsterm, der durch die binäre Variable Stadtkreis und die Arbeitslosenquote gebildet wird, hingegen einen auf dem 5 %-Niveau signifikant negativen Zusammenhang zum Anteil der Hochqualifizierten am Wohnort. Mit einer Arbeitslosenquote von 6,7 % in Heidelberg und 7,1 % in Karlsruhe weisen diese Städte die höchsten Anteile an Hochqualifizierten von über 29 % in Heidelberg und 18,5 % in Karlsruhe auf. Dem entgegen stehen für das Oberzentrum Ludwigshafen allerdings eine Arbeitslosenquote von über 10 % und ein geringer Anteil an Hochqualifizierten von 7,5 %. Die Extremwerte in Heidelberg und Karlsruhe übersteigen jedoch diesen Effekt deutlich, was in dem (leicht) signifikanten negativen Regressionskoeffizient resultiert. Dieses

---

[602] Quellen: Eigene Berechnungen und Darstellung.

Ergebnis steht zugleich im Einklang mit dem signifikant negativen Effekt der Industriequote, die in Ludwigshafen mit 42,5 % deutlich höher ist als in Heidelberg (14,4 %) und Karlsruhe (15,9 %).

Der signifikant negative Effekt des Faktors Erreichbarkeit auf den Anteil der Hochqualifizierten am Wohnort zeigt, dass diese Personengruppe eher in Kreisen (oder deren direkten Nachbarn) mit einer guten Verkehrsanbindung wohnt. Da die in den Faktor einfließenden Variablen wie Erreichbarkeit von Autobahnen, Bahnhöfen und Agglomerationszentren in der Einheit „Entfernung als Fahrtzeit in Minuten" angegeben werden, ist ein geringer Wert dieses Faktors gleichbedeutend mit einer hohen Erreichbarkeit. Der signifikant negative Zusammenhang spiegelt folglich die Präferenz für gut ausgebaute Infrastruktur, eine gute Anbindung an den ÖPNV und eine hohe Zentralität wider.

Im Bereich der F&E-Infrastruktur weist der generierte Bildungsfaktor einen signifikant positiven Schätzer auf dem 1 %-Niveau auf. Wie in Kapitel 3.3.3 gezeigt wurde, besitzt knapp ein Drittel der in der F&E-Branche beschäftigten Personen eine hohe Qualifikation. Der signifikant positive Einfluss der Beschäftigten in der F&E-Branche deutet darauf hin, dass die Gruppe der Hochqualifizierten ihre Wohnortwahl mitunter auch vom Arbeitgeber und somit vom Arbeitsort abhängig macht. Der generierte Bildungsfaktor, dessen höchste Ladung die Anzahl der Studierenden darstellt, weist einen auf dem 1%-Niveau signifikant positiven Schätzer auf. Den Universitätsstädten kommt somit eine besondere Bedeutung für die Regionalentwicklung zu, da sie einerseits die zukünftigen Fachkräfte ausbilden, andererseits verkörpern studentisch geprägte Städte wie beispielsweise Heidelberg ein besonderes Image, sowohl für die sesshaften als auch die transitorischen Hochqualifizierten.

Die Analyse der räumlichen Verteilung der Hochqualifizierten mit den LISA-Statistiken hat Heidelberg als „Hot Spot" und somit als Quelle für räumliche Heterogenität identifiziert, was die Aufnahme eines Korrekturterms in das Modell notwendig macht, um die räumlichen Zusammenhänge der Untersuchungsregion ohne Verzerrungen erklären zu können. Wie aufgrund der vorherigen Analysen zu erwarten war, weist die binäre Variable „Dummy Heidelberg" einen auf dem 1 %-Niveau signifikant positiven Einfluss auf den Anteil der Hochqualifizierten am Wohnort auf. Dieses Ergebnis zeigt analog zu den deskriptiven Statistiken und den Effekten der bereits diskutierten Wirtschaftsindikatoren, dass der Anteil der Hochqualifizierten am Wohnort in Heidelberg signifikant höher ist als in den restlichen Kreisen der Untersuchungsregion.

Neben dem Einfluss der ökonomischen Faktoren zeigen die Ergebnisse, dass auch die Lebensqualität im betrachteten Kreis einen Einfluss auf den Anteil der Hochqualifizierten besitzt. Die Lebensqualität bestimmt sich aus dem „Index der Lebensqualität" von Büttner/Ebertz,[603] der unter anderem Größen wie Erholungsflächen, Sonnenscheindauer und Kriminalität beinhaltet und weist einen hoch signifikant positiven Effekt auf den Anteil der Hochqualifizierten am Wohnort auf. Die größten Index-Werte der Stadtkreise weisen hierbei Baden-Baden (230 Punkte), Heidelberg

---

[603] Vgl. Büttner/Ebertz (2007); Büttner/Ebertz (2009).

(213 Punkte), Karlsruhe (217 Punkte), Neustadt an der Weinstraße (191 Punkte) und Landau (190 Punkte) auf. Betrachtet man diese Stadtkreise näher, so kann ebenfalls festgestellt werden, dass sich diese durch einen hohen Anteil an Hochqualifizierten und eine geringe Arbeitslosenquote auszeichnen. Den geringsten Wert des Lebensqualitätsindex weist Ludwigshafen (114 Punkte) auf. Aber auch Mannheim liegt mit einem Wert von 156 Punkten unter dem Median von 184 Punkten. Im nationalen Vergleich liegt Heidelberg an dritter Stelle, noch vor München (187 Punkte), Stuttgart (183 Punkte) oder Frankfurt (176).

Durch den drohenden Fachkräftemangel verändert sich der Arbeitsmarkt: Hochqualifizierte können zukünftig vermehrt auch nicht ökonomische Präferenzen bei der Arbeitsplatzwahl realisieren,[604] was bedeutet, dass Standortvorteile zukünftig regional realisiert werden.[605] So grenzen beispielsweise an das durch eine geringe Lebensqualität gekennzeichnete Ludwigshafen mehrere Kreise an, die wesentlich höhere Werte aufweisen und somit attraktiver als Wohnstandort sind. Der Spatial Lag erster Ordnung weist deshalb einen signifikant negativen Zusammenhang zum Anteil der Hochqualifizierten am Wohnort auf.

Als zweiter räumlicher Zusammenhang fließt der Spatial Lag erster Ordnung der zu erklärenden Variable, also der Anteil der Hochqualifizierten im Nachbarkreis, in das Modell mit ein, der einen auf dem 1 %-Niveau signifikant positiven Effekt auf den Anteil der Hochqualifizierten am Wohnort aufweist. Dieses Resultat bestätigt die deskriptiven Ergebnisse, die auf eine räumliche Konzentration der Hochqualifizierten in der Untersuchungsregion und somit auf eine räumliche Heterogenität der Verteilung und räumlichen Abhängigkeiten hinweisen.

Zusammenfassung

Die Ergebnisse der ökonometrischen Schätzungen haben gezeigt, dass vor allem die drei Bereiche „Wirtschaft", „Lebensqualität" und „Wissenschaft/Bildung" einen entscheidenden Einfluss auf den Anteil der Hochqualifizierten am Arbeits- und Wohnort besitzen. Deutlich wird vor allem, dass sich Hochqualifizierte eher in städtischen Gebieten niederlassen, die sich durch einen höheren Dienstleistungsanteil auszeichnen und in denen die Lebensqualität – gemessen durch den „Quality of Life Index" – vergleichsweise hoch ist. Auch die Ausstattung mit Bildungseinrichtungen und die benachbarter Kreise haben Einfluss auf den Anteil der Hochqualifizierten.

5.4.3 Einflussfaktoren auf den Anteil der Selbstständigen

Wie die theoretische Diskussion des Kapitels 2.1.4.3 gezeigt hat, können neben den Hochqualifizierten auch die Selbstständigen zu einer prosperierenden Regionalentwicklung beitragen. Da sich Selbstständige – anders als Hochqualifizierte – ihren Wohnort nicht auf Basis ihres Arbeitgebers aussuchen und davon ausgegangen wird, dass sich in den meisten Fällen Wohn- und Ar-

---

[604] Vgl. Einem, v. (2009), S. 60.
[605] Vgl. Lowack (2007), S. 130-131.

beitsort entsprechen, ist eine Erweiterung der 15 Kreise der Metropolregion-Rhein-Neckar als Untersuchungsregion nicht notwendig. Ebenso wie bei den Hochqualifizierten wird auch für die Selbstständigen zwischen dem Arbeits- und dem Wohnortkonzept unterschieden. Dieses bezieht sich hierbei jedoch nicht auf die Abgrenzung der Region, sondern auf die Wahl der jeweiligen Bezugsgröße (vgl. 5.3.2).

Auf Basis der deskriptiven Auswertungen wurde vermutet, dass für den Anteil der Selbstständigen an allen Erwerbstätigen (Arbeitsortkonzept) keine räumliche Abhängigkeit vorliegt, was durch den Moran-Test bestätigt wird. Die nachfolgende Schätzung erfolgt somit durch das einfache lineare Regressionsmodells (OLS). Die Ergebnisse sind in Tabelle 46 dargestellt.[606]

Merkmal	Schätzer (OLS)
Konstante	45,27437***
Wirtschaftsindikatoren	
Industriequote	-0,38043***
Lebensqualität	
Index der Lebensqualität	-0,07896**
Nicht Stadtkreis	3,68283***
Interaktionsterme	
Interaktion Nicht-Stadtkreis und Erreichbarkeit (im Nachbarkreis)	-9,56417*
Räumliche Bezüge	
F&E-Beschäftigte im Nachbarkreis	-0,05237*
Arbeitslosenquote im Nachbarkreis	-3,00499*
R²	0,9521
Adjusted R²	0,9161
F-Statistik	p-Wert: 7,315e-05
Moran I (H0: keine Autokorrelation)	p-Wert: 0,6619

***signifikant auf Niveau 0,001; **signifikant auf Niveau 0,01; *signifikant auf Niveau 0,05; °signifikant auf Niveau 0,1.

Tabelle 46: Einflussfaktoren auf den Anteil der Selbstständigen an allen Erwerbstätigen.[607]

Während für die Gruppe der Hochqualifizierten festgestellt werden kann, dass der Anteil dieser vor allem in städtischen Gegenden signifikant größer ist, die durch eine niedrigere Arbeitslosigkeit und gute Beschäftigungsmöglichkeiten gekennzeichnet sind, weist die binäre Variable „Nicht Stadtkreis" einen signifikant positiven Effekt auf den Anteil der Selbstständigen am Arbeitsort auf. Mit Bezug auf alle Erwerbstätigen ist der Anteil der Selbstständigen in Landkreisen signifi-

---

[606] Zur Validierung der Schätzergebnisse wurden zusätzlich ein Spatial-Lag-Modell sowie ein Spatial-Error-Modell geschätzt. Die Ergebnisse entsprechen denen der linearen Regression und weisen keine räumliche Autokorrelation auf. Der Lag in der endogenen Variable ist ebenfalls nicht signifikant.
[607] Quellen: Bundesinstitut für Bau-, Stadt- und Raumforschung (2011), eigene Berechnungen.

kant größer als in den Stadtkreisen der MRN. Erklärt werden kann dieses Ergebnis durch die regionalen Pendlerverflechtungen. Da gerade die Stadtkreise durch einen Überschuss an Einpendlern gekennzeichnet sind – und folglich auch die Anzahl der Erwerbstätigen höher ist – weisen die Selbstständigen einen relativ geringeren Anteil auf als in den Landkreisen der MRN. Dieses Resultat impliziert somit nicht, dass Selbstständige vor allem in den Landkreisen der Region arbeiten, sondern beschreibt die Wirtschaftsstruktur der Region.[608]

Der Wirtschaftsindikator „Industriequote" weist einen signifikant negativen Effekt auf den Anteil Selbstständiger am Arbeitsort auf. In Verbindung mit der Variablen „nicht Stadtkreis" zeigt dieses Ergebnis, dass der Anteil der Selbstständigen an allen Erwerbstätigen vor allem in weniger verdichteten Gebieten, die sich zudem durch einen geringen Industrieanteil auszeichnen, signifikant größer ist. Eine Übersicht über die Anteile der Selbstständigen mit Bezug auf Stadt und Landkreise sowie auf die Industriequote kann Tabelle 47 entnommen werden.

Kreis der MRN	Stadtkreis	Industriequote	Anteil Selbstständiger an den Erwerbstätigen
Bergstraße	Nein	11,9 %	14,4 %
Frankenthal	Ja	22,9 %	9,8 %
Landau	Ja	11,5 %	10,7 %
Ludwigshafen	Ja	42,5 %	6,0 %
Neustadt	Ja	9,3 %	13,5 %
Speyer	Ja	19,6 %	9,0 %
Worms	Ja	16,4 %	11,0 %
Bad Dürkheim	Nein	9,1 %	15,9 %
Germersheim	Nein	25,5 %	9,9 %
Südliche Weinstraße	Nein	10,5 %	17,6 %
Rhein-Pfalz-Kreis	Nein	6,8 %	14,5 %
Heidelberg	Ja	14,4 %	7,9 %
Mannheim	Ja	25,5 %	7,8 %
Neckar-Odenwald-Kreis	Nein	18,6 %	12,2 %
Rhein-Neckar-Kreis	Nein	14,6 %	12,2 %

Tabelle 47: Anteil der Selbstständigen an allen Erwerbstätigen mit Bezug auf Stadtkreise und Industriequoten.[609]

Vor allem die Stadtkreise Ludwigshafen, Mannheim und Frankenthal weisen einen sehr hohen Industrieanteil bei gleichzeitig geringem Anteil Selbstständiger auf. Im Gegensatz hierzu sind der Rhein-Pfalz-Kreis, Bad-Dürkheim und der Landkreis Südliche Weinstraße geprägt durch eine geringe Industriequote und einen hohen Anteil Selbstständiger. Der signifikant negative Effekt der Industriequote wirkt jedoch nicht nur mit Bezug auf Stadtkreise. So kann beispielsweise für

---

[608] So ist die MRN durch einen nicht unerheblichen Anteil an Landwirten (bspw. Südlichen Weinstraße) geprägt.
[609] Quelle: Bundesinstitut für Bau-, Stadt- und Raumforschung (2011).

den Landkreis Germersheim eine recht hohe Industriequote von 25,5 % bei gleichzeitig geringem Anteil an Selbstständigen (9,9 %) beobachtet werden. Dieses Resultat steht ebenfalls im Einklang mit den Pendlerverflechtungen der Region, da vor allem in die industriestarken Städte wie Mannheim und Ludwigshafen eingependelt wird, in denen große Arbeitgeber angesiedelt sind.

Im Bereich der Lebensqualität weist der Lebensqualitätsindex einen signifikant negativen Effekt auf den Anteil der Selbstständigen auf. Dieser ist insbesondere in den Stadtkreisen Heidelberg (213 Punkte), Landau (190 Punkte) und Speyer (184 Punkte) vergleichsweise hoch, die durch einen geringen Anteil Selbstständiger geprägt sind. Durch dieses Resultat kann ebenfalls der signifikant positive Effekt der binären Variable „nicht Stadtkreis" bestätigt werden, der zeigt, dass der Anteil an Selbstständigen am Arbeitsort in den ländlichen Gebieten signifikant größer ist als in den Stadtkreisen der MRN.

Als Interaktionsterm wird die Kombination der binären Variable „nicht-Stadtkreis" mit dem extrahierten Faktor „Erreichbarkeit" als Spatial Lag in das Modell mit aufgenommen. Dieser Term weist einen auf dem 5 %-Niveau signifikant negativen Schätzer auf. Je schneller der Nachbarkreis erreichbar ist, desto höher ist der Anteil der Selbstständigen im betrachteten Kreis. Zu beachten ist, dass der Faktor Erreichbarkeit mit zunehmender Fahrtzeit (in Minuten) und folglich schlechterer Erreichbarkeit steigt. Dieses Ergebnis zeigt, dass auch für die Selbstständigen die Verkehrsinfrastruktur eine Rolle bei der Standortwahl spielt.

Zur Modellierung der räumlichen Struktur werden die Effekte der direkten Nachbarn mit Bezug auf die Beschäftigten in Forschungs- und Entwicklungseinrichtungen sowie die Arbeitslosenquote aufgenommen. Beide Parameterschätzer weisen einen signifikant negativen Einfluss auf den Anteil der Selbstständigen auf. Der Anteil der Selbstständigen ist demnach umso geringer, je höher die Arbeitslosenquote des Nachbarkreises bzw. je höher der dortige Anteil an Beschäftigten in der F&E-Branche ist. Eine hohe Arbeitslosenquote bei gleichzeitig hohem Anteil an F&E-Beschäftigten kann insbesondere für die Stadtkreise Ludwigshafen (ALQ: 10,2 %; F&E: 6,02 %), Mannheim (ALQ: 8,4 %; F&E: 1,13 %), Heidelberg (ALQ: 6,7 %; F&E: 2,1 %) und Frankenthal (ALQ: 8,3 %, F&E: 1,06 %) festgestellt werden, in denen auch der Anteil der Selbstständigen am Arbeitsort außerdem sehr gering ist. Der negative Schätzer gibt an, dass gerade in deren Nachbarkreisen der Anteil Selbstständiger signifikant geringer ist als in den anderen Kreisen der Region. Dieses Ergebnis beschreibt die Struktur der MRN und bestätigt den signifikant positiven Effekt der binären Variable „Nicht-Stadtkreis", da gerade die genannten vier Stadtkreise gleichzeitig auch deren Nachbarkreise darstellen. So grenzt Ludwigshafen beispielsweise an Frankenthal, Mannheim und den Rhein-Pfalz-Kreis und Frankenthal an Ludwigshafen, Mannheim und den Rhein-Pfalz-Kreis an.[610]

Da der Anteil der Selbstständigen mit Bezug auf alle Erwerbstätigen gerade in den Oberzentren der Metropolregion Rhein-Neckar – Heidelberg, Mannheim und Ludwigshafen – durch eine gro-

---

[610] Die direkten Nachbarn des Stadtkreises Heidelberg sind Mannheim und der Rhein-Neckar-Kreis; die Nachbarn von Mannheim sind Frankenthal, Ludwigshafen, Heidelberg, Rhein-Neckar-Kreis und Rhein-Pfalz-Kreis.

ße Anzahl an Einpendlern verzerrt wird, ist eine weitere Schätzung mit Bezug auf die sozialversicherungspflichtig Beschäftigten am Wohnort notwendig. Durch die Wahl dieser Bezugsgröße wird der Anteil der Selbstständigen in einem Kreis auf Basis einer Personengruppe berechnet, die ein sogenanntes „Normalarbeitsverhältnis" innehaben. Unberücksichtigt bleiben hierbei Personen, die einer geringfügigen Beschäftigung nachgehen sowie mithelfende Familienangehörige. Da der Moran-Test auch für dieses Modell keine Autokorrelation in den Residuen nachweist, wird die Schätzung mittels OLS durchgeführt. Die Ergebnisse sind in Tabelle 48 dargestellt.

Merkmal	Schätzer (OLS)
Konstante	5,45232
F&E-Infrastruktur	
Faktor Bildung	1,94203***
F&E-Beschäftigte	-0,02995°
Räumliche Bezüge	
Selbstständige im Nachbarkreis	0,64882*
R^2	0,8693
Adjusted R^2	0,8336
F-Statistik	p-Wert: 3,673e-05
Moran I (H0: keine Autokorrelation)	p-Wert: 0,9395

***signifikant auf Niveau 0,001; **signifikant auf Niveau 0,01; *signifikant auf Niveau 0,05; °signifikant auf Niveau 0,1.
Tabelle 48: Einflussfaktoren auf den Anteil der Selbstständigen an den sozialversicherungspflichtig Beschäftigten.[611]

Auffällig ist der auf dem 0,1 %-Niveau hoch signifikante Effekt des Bildungsfaktors auf den Anteil der Selbstständigen am Wohnort. Dieses Ergebnis weist darauf hin, dass der Anteil der Selbstständigen am Wohnort vor allem in Kreisen, die ein großen Bildungsangebot aufweisen, sehr hoch ist. Insbesondere trifft dies auf die Stadtkreise Heidelberg, Landau, Speyer und Neustadt an der Weinstraße zu.[612] Vor allem der Anteil an Gymnasiasten (bezogen auf alle Schüler) ist in den genannten Kreisen überdurchschnittlich hoch. So weist Heidelberg einen Anteil von 41,4 %, Landau von 44,6 %, Neustadt von 46,4 % und Speyer von knapp 51 % auf. Zudem kann für Heidelberg und Landau mit 218 bzw. 140 Studierenden pro 1.000 Einwohner die mit Abstand höchste Dichte an Studierenden in der Metropolregion Rhein-Neckar festgestellt werden.[613]

Als weiterer Indikator der F&E-Infrastruktur weist der Anteil der Beschäftigten in der F&E-Branche einen schwach signifikant negativen Effekt auf den Anteil der Selbstständigen am Wohnort auf. Insbesondere Speyer (0,07 %), Landau (0,05 %) und Neustadt (0,47 %) weisen ei-

---

[611] Quellen: Bundesinstitut für Bau-, Stadt- und Raumforschung (2011), eigene Berechnungen.
[612] Die Verteilung der Selbstständigen am Wohnort kann Abbildung 28 entnommen werden.
[613] Sowohl der Anteil der Gymnasiasten als auch Studierende pro 1.000 Einwohner sind – neben weiteren Bildungsvariablen – in den extrahierten Bildungsfaktor eingeflossen.

nen sehr geringen Anteil an F&E-Beschäftigten bei gleichzeitig hohem Anteil an Selbstständigen auf. Bezogen auf die sozialversicherungspflichtig Beschäftigten sind in Ludwigshafen mit über 6 % der größte und im Rhein-Neckar-Kreis mit 5,1 % der zweitgrößter Beschäftigtenanteil in der F&E-Branche zu beobachten. In beiden Kreisen ist der Anteil der Selbstständigen am Wohnort vergleichsweise gering. Als räumlicher Lag fließt der nachbarschaftliche Effekt der endogenen Variablen in das Modell ein. Der auf dem 5 %-Niveau signifikante Schätzer deutet auf eine räumliche Konzentration der Selbstständigen am Wohnort hin.

5.5 Zusammenfassung

Die theoretische Diskussion des zweiten Kapitels hat gezeigt, dass sowohl Hochqualifizierte als auch Selbstständige einen wertvollen Beitrag zu einer prosperierenden Regionalentwicklung beitragen können. Um für diese Ressourcen attraktiv zu sein, wurden in diesem Kapitel Faktoren identifiziert, die einen Einfluss auf den Anteil der Hochqualifizierten und Selbstständigen am Arbeits- und Wohnort besitzen. Notwendig ist hierzu zunächst die funktionale Abgrenzung der Untersuchungsregion, die mittels der drei Kriterien Pendlerbereitschaft, Funktionalitätskriterium und Kennziffermethode erfolgte.

Die Analyse der Verteilung von Hochqualifizierten hat ergeben, dass sogenannte Hot Spots existieren. Hierunter werden Kreise verstanden, die im Vergleich zu ihren direkten Nachbarn einen überdurchschnittlich hohen Anteil an Hochqualifizierten aufweisen. Um einer räumlichen Verzerrung zu begegnen, wurden diese Informationen in die ökonometrischen Modelle mit aufgenommen. Die Datengrundlage zur Identifikation der Faktoren, die einen Einfluss auf den Anteil der Hochqualifizierten und Selbstständigen in den einzelnen Kreisen der MRN besitzen, bilden die INKAR-Daten des Bundesinstitut für Bau, Stadt-und Raumforschung. Die ökonometrischen Modelle zeigen, welche Faktoren potenziell einen Einfluss auf den Anteil der Hochqualifizierten und Selbstständigen am Arbeits- und Wohnort besitzen. Während für Hochqualifizierte am Arbeitsort insbesondere der Bereich „Wirtschaft" einen positiven Einfluss aufweist, kann für den Wohnort ein signifikant positiver Einfluss der Bereiche „Bildung" und „Lebensqualität" nachgewiesen werden. Deutlich wurde zudem, dass der Anteil Hochqualifizierter vor allem in städtischen Gebiete, die sich durch einen hohen Dienstleistungsanteil und eine hohe Lebensqualität auszeichnen signifikant höher.

Bereits die Verteilung der Selbstständigen zeigt deutliche Unterschiede zu der Verteilung der sozialversicherungspflichtig beschäftigten Hochqualifizierten auf. Während mit Bezug auf alle Erwerbstätigen der Anteil der Selbstständigen insbesondere in ländlichen Kreisen mit einer geringen Industriedichte hoch ist, scheinen Hochqualifizierte als Arbeitsorte die Stadtkreise der MRN zu bevorzugen. Da gerade die Stadtkreise der MRN durch eine große Anzahl an Einpendlern gekennzeichnet sind, reduziert sich der relative Anteil der Selbstständigen, gemessen an allen Beschäftigten, da sich in den Stadtkreisen große Arbeitgeber und folglich auch viele Angestellte häufen. Der Anteil der Selbstständigen am Arbeitsort wird durch die Pendlerstrukturen erheblich beeinflusst. Bezogen auf die sozialversicherungspflichtig Beschäftigten weist vor allem der generierte Bildungsfaktor einen signifikant positiven Einfluss auf den Anteil der Selbstständigen auf, was ebenfalls für die Hochqualifizierten am Wohnort gezeigt werden konnte. Während für die Gruppe der Hochqualifizierten auch die Lebensqualität am Wohnort einen entscheidenden Faktor darstellt, kann ein solcher Effekt für die Selbstständigen nicht festgestellt werden.

Auf Basis der in diesem und den vorangegangenen Kapiteln vorgestellten Ergebnisse werden nachfolgend Implikationen für die Akteure der Metropolregion Rhein-Neckar zur Steigerung der regionalen Attraktivität für die wettbewerbsrelevanten Ressourcen abgeleitet. Die Struktur des sechsten Kapitels folgt hierbei der in Kapitel 1 dargestellten Systematik. Zunächst werden mit Bezug auf die Gruppe der Hochqualifizierten, die seitens der Expertenbefragung einen erfolgskritischen Inputfaktor darstellen, Implikationen zur Attraktivitätssteigerung der MRN abgeleitet. Da das Humankapital in den regionalen Transformations- und Produktionsprozess einfließt, ist weiterhin die regionale Attraktivität für Unternehmen und Selbstständige relevant.

6 Implikationen zur Steigerung der regionalen Attraktivität der MRN

6.1 Steigerung der regionalen Attraktivität für den Inputfaktor Humankapital

Im Zuge des demografischen Wandels wird sich sowohl die Alters- als auch die Bevölkerungsstruktur verändern, was vor allem auf dem Arbeitsmarkt zu spüren sein wird.[614] Aus diesem Grund sind sowohl die Regionalplaner aber auch Unternehmen gezwungen, Lösungsstrategien für eine älter werdende Bevölkerung und Belegschaft zu entwickeln. Im Rahmen einer bundesweiten Analyse zur Entwicklung des Bevölkerungspotenzials landet der Kreis Karlsruhe, zu dem in diesem Ranking der Kreis Germersheim gezählt wird, von insgesamt 147 Plätzen auf dem 25. Platz, Mannheim auf dem 33. und Ludwigshafen sogar nur auf Platz 56.[615] Umso wichtiger muss es für die Region sein, gut ausgebildete Kräfte in der MRN zu halten und auch die Migration in die Region zu fördern. Auch die Analyse der kritischen unternehmensrelevanten Standortfaktoren zeigt, dass vor allem das quantitative Arbeitskräfteangebot, die Qualifikation der Arbeitskräfte und die Attraktivität der Region für Fach- und Führungskräfte zukünftig einen großen Einfluss auf den regionalen Arbeitsmarkt der MRN besitzen werden. Um Maßnahmen zur Attraktivitätssteigerung abzuleiten, wurden Faktoren identifiziert, die einen Einfluss auf den Anteil der Hochqualifizierten am Arbeits- und Wohnort aufweisen und folglich die Wohn- bzw. Arbeitsortwahl dieser Personengruppe beeinflussen können.

Mit dem Ziel, die Attraktivität der Region für Fach- und Führungskräfte zu steigern, verweist die Metropolregion Rhein-Neckar auf ihrer Homepage unter der Rubrik „Internationale Fach- und Führungskräfte"[616] auf das von der MRN GmbH koordinierte Netzwerk „Internationale Fach- und Führungskräfte in der MRN", das vor allem zur Informationstransparenz beitragen soll. Ein reiner Informationsaustausch und die Hilfestellung bei behördlichen Fragen sowie Fragen der „Dual Career" sind wichtig, reichen jedoch kaum aus, um die Attraktivität einer Region nachhaltig zu steigern. Auch Growe identifiziert neben den Handlungsfeldern, „Wissensinfrastruktur", „kreative Interaktion", und „regionale Einstellung" die hochqualifizierten Arbeitskräfte als Ressourcen, die zu einer besseren Nutzung des Wissens in einer Metropolregion beitragen. Sie weist darauf hin, dass das Ziel einer regionalen Attraktivität für Hochqualifizierte von den Metropolregionen zwar als wichtig erkannt wird, jedoch keine konkreten Maßnahmen zur Attraktivitätssteigerung für Hochqualifizierte genannt werden.[617]

Für die Gruppe der Hochqualifizierten konnte gezeigt werden, dass vor allem die Bereiche „Wirtschaft", „Wissenschaft und Bildung" sowie die „Lebensqualität" einen entscheidenden Einfluss auf den Anteil der Hochqualifizierten am Arbeits- und Wohnort besitzen. Diese drei Bereiche sollten somit verstärkt in den Fokus der regionalen Akteure rücken, um die Attraktivität der MRN für Hochqualifizierte zu steigern. Hierbei ist zu beachten, dass sich die Aktivitäten sowohl auf

---

[614] Vgl. MEA (2008), S. 3.
[615] Vgl. Losse (2011), S. 78.
[616] Vgl. Metropolregion Rhein-Neckar (2011f).
[617] Vgl. Growe (2009), S. 331.

bereits in der Region Ansässigen als auch auf Externe beziehen müssen. Ziel sollte sein, das in der Region gut ausgebildete Humankapital an diese zu binden und weiterhin gut ausgebildete Kräfte in die Region zu „locken". Eggers et al. betonen in diesem Zusammenhang, dass vor allem durch geeignete Marketingmaßnahmen der Wettbewerb um Hochqualifizierte positiv beeinflusst werden kann.[618] Auch Andersén weist darauf hin, dass neben der Fähigkeit, die regionalen Ressourcen zu nutzen, auch die Fähigkeit vorhanden sein muss, deren Endprodukt zu vermarkten.[619] Bezogen auf die Regionalentwicklung ist unter dem Endprodukt die Wirtschaftlichkeit zu verstehen, die durch die Nutzung der Humanressourcen im Produktionsprozess erzielt wird. Um die regionale Attraktivität für Hochqualifizierten zu steigern, ist in einem ersten Schritt zu prüfen, inwiefern die Marketingmaßnahmen der MRN mit Bezug auf die Wirtschaftskraft der Region weiter ausgebaut werden können.

Die größten Anteile Hochqualifizierter – sowohl am Arbeits- als auch am Wohnort – können für die städtischen Gebiete der MRN, die sich gleichzeitig durch einen höheren Dienstleistungsanteil und eine hohe Lebensqualität auszeichnen, beobachtet werden. Diese Attribute treffen im Besonderen auf Heidelberg zu, wo auch die höchsten Anteile Hochqualifizierter am Arbeits- und Wohnort nachgewiesen werden können. Während für Hochqualifizierte am Arbeitsort vorwiegend ökonomische Kriterien einen Einfluss aufweisen, steht für den Anteil dieser am Wohnort insbesondere die Lebensqualität im Vordergrund. Welche Faktoren genau zu einer steigenden Lebensqualität beitragen, kann auf Basis des zugrundeliegenden Index der Lebensqualität nicht überprüft werden. Den regionalen Akteuren ist daher zu empfehlen, die Faktoren, die einen Einfluss auf die Lebensqualität besitzen, zu bestimmen und in Maßnahmen für eine erwünschte Regionalentwicklung zu überführen. Hierzu ist eine differenzierte Analyse der Stärken und Schwächen der Metropolregion Rhein-Neckar im Vergleich zu anderen Metropolen auf nationaler aber auch internationaler Ebene durchzuführen. Um die Attraktivität der Region gerade auch für internationale Fach- und Führungskräfte zu steigern, ist ferner der Ansatz von Florida zur kreativen Klasse zu überdenken, die seiner Meinung nach einen Standort dann als attraktiv erachtet, wenn die „drei T's": Technologie, Talent und Toleranz[620] in einer Region vorhanden sind bzw. Toleranz gelebt wird. Um ein detaillierteres Bild der Präferenzen von Hochqualifizierten zu erhalten, ist es weiterhin notwendig, diese Gruppe detaillierter zu analysieren und die Präferenzen direkt zu erfragen.

Die Ergebnisse der Delphi-Studie weisen auf einen überdurchschnittlichen Bedeutungszuwachs der Branche der Informationstechnologie hin. Vor allem die Bedeutung der IT als Querschnittbranche zu den Bereichen Biotechnologie, Medizintechnik und Chemie wird von den Experten mehrfach erwähnt, sodass zukünftig eine bessere Vernetzung mit diesen Branchen angestrebt werden muss. Hierzu sind gerade in diesen Branchen hochqualifizierte Arbeitskräfte notwendig, deren quantitatives Angebot von den Experten aus der IT-Branche jedoch als nicht ausreichend

---

[618] Vgl. Eggers et al. (2009), S. 52.
[619] Vgl. Andersén (2011), S. 90-91. Es handelt sich hierbei um seine Erweiterung des VRIO Frameworks von Barney/Hesterly im Rahmen des RBV.
[620] Vgl. Florida (2005); Florida (2010).

erachtet wird. Insbesondere in diesen Bereichen ist es notwendig, alternative Wege zu finden, um den Bedarf an (hoch-) qualifizierten Arbeitskräften langfristig zu sichern. Hierzu müssen auch die bisher vernachlässigten Gruppen stärker in das Erwerbsleben eingebunden werden. In erster Linie handelt es sich hierbei um die Gruppe der 55-64-Jährigen, die nicht selten die Möglichkeiten einer Frühverrentung in Betracht ziehen sowie um Frauen.[621] In Bezug auf die Beschäftigung älterer Arbeitnehmer bedeutet dies für die Unternehmen, auch eine auf die Bedürfnisse dieser Personengruppe ausgerichtete Firmenpolitik zu betreiben. Beispielsweise könnten Mentoren-Programme durchgeführt werden, sodass das erworbene Humankapital an die jüngere Generation weitergegeben werden kann. In der Metropolregion Rhein-Neckar wird ein ähnlicher Ansatz verfolgt, der jedoch nicht primär auf die Förderung und Zusammenarbeit unterschiedlicher Generationen abzielt. Es handelt sich hierbei um das sogenannte „Cross-Mentoring", ein organisationsübergreifendes Konzept zur Talentförderung und Personalentwicklung.[622]

Zur Förderung der Erwerbstätigkeit von Frauen muss den damit verbundenen Schwierigkeiten der Vereinbarkeit von Familie und Beruf begegnet werden.[623] Wenngleich in den ökonometrischen Schätzungen ein signifikanter Einfluss der Kinderbetreuung auf den Anteil der Hochqualifizierten nicht nachgewiesen werden kann, ist davon auszugehen, dass auch für diese Beschäftigtengruppe die regionalen Betreuungsmöglichkeiten nicht unbedeutend sind. Gerade in Zeiten des demografischen Wandels und eines drohenden Fachkräftemangels sind sowohl Kommunen als auch Unternehmen angehalten, die Erwerbstätigkeit von Frauen zu fördern und ihnen die Möglichkeit zu geben, Kind und Karriere zu vereinen. Auch wenn die in der Region ansässigen Großunternehmen häufig Betreuungsplätze – sei es in kommunalen Kindergärten oder firmeneigenen – anbieten, ist die Anzahl dieser Plätze meist sehr begrenzt. Neben der bloßen Bereitstellung von Betreuungsplätzen ist weiterhin die Zuteilung eines Kindergartenplatzes zu überdenken. Dieser ist in der Regel an den Wohnort der Familie gebunden, sodass eine freie Kindergartenwahl beispielsweise in der Nähe des Arbeitsortes nicht möglich ist. In einigen Gemeinden der Region wurde das Verfahren der Zuteilung von Kindergartenplätzen jedoch gelockert, sodass es möglich ist, ebenfalls Kinder aufzunehmen, deren Eltern in dieser Gemeinde arbeiten – aber nicht wohnen.[624]

Neben der Erhöhung der Frauenerwerbstätigkeit oder der Erwerbstätigkeit älterer Personen können ebenfalls qualifizierte Zuwanderer die Entwicklungen des demografischen Wandels abmildern. Es ist jedoch anzunehmen, dass der Fachkräftebedarf vieler Unternehmen nur durch eine Intensivierung der betrieblichen und überbetrieblichen Ausbildung sowie durch lebenslange Wei-

---

[621] Vgl. Busch/Flüter-Hoffmann (2009), S. 18-19.
[622] Vgl. Metropolregion Rhein-Neckar (2011i).
[623] Im Rahmen der Regionalpolitik gibt es in der MRN seit dem Jahr 1999 das Forum „Vereinbarkeit von Beruf und Familie". Ziel des Forums ist hierbei die Schaffung familiengerechter Rahmenbedingungen in der Arbeitswelt. Vgl. Metropolregion Rhein-Neckar (2011j).
[624] „Vertreter aus Bammental, Dossenheim, Edingen-Neckarhausen, Eppelheim, Heidelberg, Ladenburg, Leimen, Mannheim, Neckargemünd, Nussloch, Schönau, Schriesheim, Schwetzingen Weinheim und Wilhelmsfeld, Wiesloch, sowie der Rhein-Neckar-Kreis haben seit Jahresbeginn gemeinsam die Vereinbarung für die Metropolregion Rhein-Neckar (MRN) ausgearbeitet. Initiator des Arbeitskreises waren das Forum „Vereinbarkeit Beruf und Familie" der Metropolregion Rhein-Neckar und die Stadt Heidelberg" (Bündnis für Familie Heidelberg (2008)).

terbildung gedeckt werden kann.[625] Um Kommunen und Unternehmen die Informationsbeschaffung in Bezug auf das Thema „Demografischer Wandel" zu erleichtern, wurde von der Metropolregion Rhein-Neckar die „Regionalstrategie Demografischer Wandel" mit den Zielen der Transparenz, Vernetzung unterschiedlicher Akteure sowie des gemeinsamen abgestimmten Handelns ins Leben gerufen.[626]

6.2 Steigerung der regionalen Attraktivität für Unternehmen und Selbstständige

6.2.1 Implikationen für Unternehmen im Allgemeinen

Die Identifikation erfolgskritischer Standortfaktoren für Unternehmen fand auf Basis einer qualitativen Expertenbefragung regionaler Akteure aus Wirtschaft, Wissensschaft und Politik statt. Hierbei wurden Faktoren des Arbeitsmarktes, der öffentlichen Hand und der F&E-Infrastruktur analysiert. Unter den Faktoren des Arbeitsmarktes sind das quantitative Arbeitskräfteangebot, die Qualifikation der Arbeitskräfte und die Attraktivität der Region für Fach- und Führungskräfte subsumiert, die bereits ausführlich im Zusammenhang mit der Steigerung der regionalen Attraktivität für den Inputfaktor Humankapital diskutiert wurden (vgl. Kapitel 6.1).

Faktoren der öffentlichen Hand

Neben diesen Faktoren haben vor allem auch die Faktoren der öffentlichen Hand einen Einfluss auf die unternehmerische Standortwahl. Der erste analysierte Faktor der öffentlichen Hand ist die Beurteilung der **Steuerbelastung am Standort**. Wie aufgrund der hohen Hebesätze in den Städten Mannheim und Heidelberg zu erwarten war, werden die derzeitigen Bedingungen von über 70 % der Befragten als mittelmäßig und knapp 30 % als schlecht wahrgenommen. Gleichzeitig erachtet das Gros der Experten die heutige und zukünftige Bedeutung jedoch als sehr wichtig. Die Einschätzung der Experten hinsichtlich der derzeitigen Bedingungen zeigen die Handlungsnotwendigkeit für die regionalen Akteure auf. Da die Höhe der Steuerbelastung mitunter ausschlaggebend für die Standortentscheidung eines Unternehmens sein kann,[627] sollte geprüft werden, ob sich die vergleichsweise hohen Hebesätze der Gewerbesteuer negativ auf Unternehmensansiedlungen ausgewirkt haben oder ob Unternehmen in Gemeinden mit einer geringeren Steuerbelastung abgewandert sind. In diesem Fall sollte ferner analysiert werden, welche wirtschaftlichen Auswirkungen eine eventuelle Senkung des Hebesatzes nach sich ziehen würde. Würden sich die einzelnen kreisfreien Städte für eine Steuersenkung entscheiden oder könnte für die gesamte Metropolregion als administrativer Wirtschaftsraum ein einheitlicher Steuersatz festgelegt werden, so ist dies publik zu machen und als Standortvorteil und folglich auch Wettbewerbsvorteil einzuset-

---

[625] Vgl. Bundesministerium für Umwelt (2008), S. 9.
[626] Vgl. Metropolregion Rhein-Neckar (2011h).
[627] Vgl. Egeln et al. (1996), S. 21-27. Eine vergleichende Übersicht findet sich in Steil (1999), S. 125.

zen. Auf lange Sicht kann ein solcher Schritt zu einem positiven Image der Region führen, was wiederum den wichtigsten weichen Standortfaktor darstellt.[628]

Der zweite zu beurteilende Faktor ist die Bedeutung **regionaler Förderprogramme**. Die Ergebnisse der Expertenbefragung verdeutlichen, dass derzeit zwar kein akuter Handlungsbedarf besteht, jedoch im Hinblick auf die Sicherung wichtiger Fachkräfte zu überlegen ist, bereits bestehende Maßnahmen, wie sie beispielsweise die BASF SE mit ihrem Ausbildungsverbund ergreift, weiter auszubauen. Hierdurch können einerseits die Qualität der Ausbildung gesichert und andererseits die kleinen Unternehmen in der Region unterstützt werden. Krumm et al. schlagen einige Fördermöglichkeiten vor, die auf regionaler Ebene gut umsetzbar sind. Hierzu zählen die Förderung von Betriebskindergärten, die Subventionierung von Gebäuden oder Flächen und die Stundung der Gewerbesteuer.[629] Im Rahmen der innovativen Existenzförderung wirkt die Metropolregion Rhein-Neckar GmbH am Aufbau eines „Business Angel Netzwerks" mit.[630] Weiterhin hat die Metropolregion Rhein-Neckar als Informations- und Netzwerkplattform die „Wirtschaftsförderung" als zentrale Anlaufstelle für Investoren eingeführt.[631]

Als dritten Faktor der öffentlichen Hand sollten die Experten die **Dauer von Genehmigungsverfahren** hinsichtlich ihrer Bedeutung und der derzeitigen Bedingungen beurteilen. Da bereits heute fast alle Experten diesem Standortfaktor eine große bis sehr große Bedeutung zuschreiben, muss die Dauer von Genehmigungsverfahren als erfolgskritischer Faktor bei der Standortwahl von Unternehmen betrachtet werden. Um in Zeiten einer sich wandelnden Arbeitswelt und einem schnell voranschreitenden technologischen Wandel wettbewerbsfähig zu bleiben, ist dringend anzuraten, die unterschiedlichen Verfahren zur Vergabe von Genehmigungen auf Ineffizienzen zu überprüfen und eine Verfahrensbeschleunigung anzustreben. In Deutschland existieren meist keine gesetzlichen Vorschriften hinsichtlich der Dauer von Genehmigungsverfahren, da den Behörden eine zügige Fallbearbeitung unterstellt wird und der Gefahr einer nicht ausreichenden Bearbeitungszeit vorgebeugt werden soll.[632] Gleichwohl ist im Hinblick auf die Attraktivität der Region für Unternehmen und Investoren und somit für die regionale Wettbewerbsfähigkeit auf eine schnellstmögliche – aber dennoch sorgfältige – Bearbeitung zu achten.

Ein weiterer wichtiger Standortfaktor für Unternehmen mit Blick auf die öffentliche Hand stellt **die Serviceorientierung der kommunalen Verwaltung** dar. Diesem wird bereits heute von über drei Viertel der regionalen Experten eine große Bedeutung beigemessen, die zukünftig weiter steigen wird. Bedenklich sind daher die Ergebnisse zu den derzeitigen Bedingungen in Bezug auf die Unternehmensnähe der Verwaltung, die immerhin von einem Viertel der Experten als schlecht erachtet werden. Es ist daher dringend anzuraten, die Schwächen in Bezug auf die Unternehmensnähe der Verwaltung zu analysieren und Möglichkeiten zur effizienteren Gestaltung

---

[628] Vgl. Grabow (2005), S. 47.
[629] Vgl. Krumm et al. (2007), S. 65.
[630] Vgl. Metropolregion Rhein-Neckar (2012b).
[631] Vgl. Metropolregion Rhein-Neckar (2011g).
[632] Vgl. Ramsauer (2008), S. 268.

zu erarbeiten. Durch den Status einer Modellregion für E-Governance[633] ist bereits ein wichtiger Schritt zu mehr Serviceorientierung und einer wirtschaftsorientierten Verwaltung getan.

F&E-Infrastruktur

Die regionale Bedeutung der F&E-Infrastruktur wird seitens der Experten als groß eingestuft, was aufgrund der Ausstattung der Region mit zahlreichen Hochschulen und Forschungseinrichtungen[634] nicht verwundert. Da die Experten ebenfalls die Ausstattung mit Forschungseinrichtungen als gut erachten, stellt der Faktor „F&E-Infrastruktur" keinen limitierenden dar. Die Bedeutung der Nähe zu Betrieben der eigenen und fremder Branchen, die gerade im Hinblick auf die Clusteraktivitäten der Region von großer Bedeutung sein sollte, wird von den Experten als „mittel" eingestuft. Die Einschätzung der derzeitigen Bedingungen lässt auch in diesem Fall darauf schließen, dass kein akuter Handlungsbedarf vorliegt. Auch wenn die Ergebnisse zur Ausgestaltung der F&E-Infrastruktur zeigen, dass die Region in diesem Bereich sehr gut aufgestellt ist, darf sie keinesfalls vernachlässigt werden. Durch die Clusterinitiativen in der Region tritt vor allem die Notwendigkeit einer engen Kooperation zwischen Unternehmen, aber auch zwischen Wirtschaft und Wissenschaft in den Vordergrund. Daher ist es für die weitere Stärkung der Innovationsstärke der Metropolregion Rhein-Neckar von entscheidender Bedeutung, diese Netzwerke zu stärken und auszubauen. Hierfür muss die Region zum einen attraktiv für Betriebe, zum anderen aber auch attraktiv für hochqualifiziertes Humankapital sein, um die Abwanderung strategisch wertvoller Ressourcen zu vermeiden.

Zukunftsbranchen und Profilschärfung der MRN

Um zukünftig wettbewerbsfähig zu bleiben, ist es nach Andersén notwendig, einen internen Fit zwischen den bereits vorhandenen Ressourcen und den hinzukommenden herzustellen. Für die Regionalentwicklung der MRN bedeutet dies, dass vor allem die wirtschaftlichen Schwerpunkte der Region gestärkt und ausgebaut werden sollten. Die Experten erachten vor allem Kombinationen mit der Branche der Informationstechnologie als zukünftige Potenziale der Metropolregion Rhein-Neckar. Besonders häufig werden die Kombinationen zwischen IT und Biotechnologie, IT und Medizintechnik und IT und Chemie genannt. Auffällig hierbei ist, dass es sich sowohl bei der Biotechnologie als auch bei der Medizintechnik um bereits etablierte Cluster in der Region handelt und die Chemiebranche eine lange Historie in der MRN vorzuweisen hat. Einen weiteren Schwerpunkt sieht die MRN im Bereich Automotive, in dem sie mit den angrenzenden Bundesländern Kooperationen aufgebaut. Nach Ansicht der Experten verliert aber gerade dieser Bereich zukünftig an Bedeutung. Diese Ergebnisse und die Aussage eines Experten, es solle besser in die Nachhaltigkeit der bereits bestehenden Spitzencluster als in weitere investiert werden, zeigen,

---

[633] Vgl. Bundesregierung (2011b).
[634] Genannt seien hier beispielsweise: Deutsches Krebsforschungszentrum (DKFZ), ZEW, MEA, GESIS-Leibniz Institut für Sozialwissenschaften und die Max-Planck-Gesellschaft.

dass die Region ihre Kräfte in den genannten Bereichen bündeln sollte und vor allem eine engere Verknüpfung zwischen den genannten Branchen zu avancieren ist. Mit Bezug auf den Auf- und Ausbau neuer Cluster ist dringend darauf zu achten, dass die dort generierten Wettbewerbsvorteile nicht zu Nachteilen in anderen Bereichen führen.[635]

6.2.2 Implikationen für Selbstständige im Besonderen

Neben den Hochqualifizierten können vor allem auch Selbstständige und Unternehmensgründer das regionale Wachstum positiv beeinflussen und werden im Allgemeinen als „Triebfeder für Wettbewerbsfähigkeit und Wachstum von Volkswirtschaften" angesehen.[636] Welche Faktoren einen Einfluss auf den Anteil der Selbstständigen besitzen, wurde mithilfe der ökonometrischen Verfahren analysiert. Für diese Personengruppe trägt sowohl ein großes Angebot an Bildungseinrichtungen sowie eine gut ausgebaute Verkehrsinfrastruktur zu einer erhöhten regionalen Attraktivität bei.

Allerdings ist zu beachten, dass die räumliche Verteilung der Selbstständigen mit der jeweiligen Bezugsgröße erheblich schwankt und somit auch die ökonometrischen Ergebnisse lediglich als Hinweis angesehen werden können. Auf Basis des vorliegenden sekundärstatistischen Datenmaterials ist es folglich sehr schwierig, geeignete Maßnahmen für die Attraktivitätssteigerung der Region mit Bezug auf Selbstständige abzuleiten. Welche Faktoren im Einzelnen zur Standortwahl beitragen, muss zukünftig vor allem auch qualitativ erörtert werden. Hierzu ist es notwendig, die Gruppe der Selbstständigen differenzierter zu analysieren und sie direkt nach ihren Präferenzen zu befragen. Weiterhin ist zu überlegen, wie innovative Gründungswillige seitens der regionalen Akteure unterstützt werden können. Neben einer finanziellen Unterstützung könnte beispielsweise über Beratungsleistungen oder Unterstützung im Rahmen der Ideenvermarktung nachgedacht werden. Im Bereich der Wirtschaftsförderung fungiert die MRN als zentrale Anlaufstelle und bietet u. a. Unterstützung in den Bereichen der Vermittlung von Kooperationspartnern und bei der Gewerbeimmobiliensuche.[637]

---

[635] Vgl. Andersén (2011), S. 93-94.
[636] Vgl. Parker (2004); van Praag/Versloot (2007), S. 377.
[637] Vgl. Metropolregion Rhein-Neckar (2011g).

7 Schlussbetrachtung

Den Ausgangspunkt der vorliegenden Arbeit bildet die Zielsetzung der Europäischen Metropolregion Rhein-Neckar „bis 2025 als eine der attraktivsten und wettbewerbsfähigsten Regionen in Europa bekannt und anerkannt zu sein."[638] Wie zu Beginn der Arbeit gezeigt wurde, nimmt die Metropolregion Rhein-Neckar in vergleichenden nationalen und internationalen Studien in den meisten der analysierten Bereiche lediglich eine mittlere Positionierung ein. Um zukünftig Wettbewerbsvorteile gegenüber anderen Regionen erzielen zu können, muss die Region daher sowohl Unternehmen als auch hochqualifizierte Personen an sich binden. Hierzu wurden erfolgskritische Faktoren identifiziert, die einen Einfluss auf die regionalen Ressourcen Humankapital, Unternehmen und Selbstständige besitzen. Auf Basis der Identifikation dieser Einflussfaktoren konnten weiterhin Implikationen zur zukünftigen Regionalentwicklung abgeleitet werden.

Vor allem die Humanressourcen und hier im Besonderen die Gruppe der Hochqualifizierten tragen zu einer prosperierenden Regionalentwicklung bei und sichern so die Wettbewerbsfähigkeit einzelner Unternehmen und einer ganzen Region. Die Nachfrage nach dieser strategisch wertvollen Ressource wird – bedingt durch den Strukturwandel und die erwartete demographische Entwicklung – bei einem gleichzeitigen Rückgang der erwerbsfähigen Bevölkerung weiter steigen. Um in diesem „Wettbewerb um kluge Köpfe"[639] bestehen zu können, müssen Anreize für zuwandernde (hochqualifizierte) Erwerbstätige geschaffen werden. Hierzu wurde mit Methoden der räumlichen Ökonometrie geprüft, welche Faktoren den Anteil der Hochqualifizierten an den sozialversicherungspflichtig Beschäftigten auf Kreisebene am Arbeits- und Wohnort bestimmen. Die Analyse am Wohnort erforderte die Abgrenzung des potenziellen Pendlereinzugsgebietes der Region, da dieser Wirtschaftsraum aus dem ökonomischen Zentrum um die drei Oberzentren Mannheim, Heidelberg und Ludwigshafen und dem als Wohnstandort genutzten Umland besteht, aus dem Erwerbstätige, auch von außerhalb der MRN, einpendeln. Eine besondere Bedeutung bei der Abgrenzung erfuhren die Randgebiete der Untersuchungsregion, um Überschneidungen mit den Wirtschaftsräumen Rhein-Main und Stuttgart zu vermeiden. In die Auswertungen am Arbeitsort flossen ausschließlich Kreise ein, die innerhalb der MRN liegen, das Pendlereinzugsgebiet spielte keine Rolle.

Die Ergebnisse der ökonometrischen Schätzungen haben gezeigt, dass vor allem Merkmale aus den drei Bereichen „Wirtschaft", „Lebensqualität" und „Wissenschaft/Bildung", die die MRN als „Markenzeichen"[640] zur Positionierung nutzt, einen entscheidenden Einfluss auf den Anteil der Hochqualifizierten aufweisen.[641] Allerdings taucht diese Einteilung aktuell nicht mehr prominent in den Veröffentlichungen der

---

[638] Vgl. Metropolregion Rhein-Neckar (2011d).
[639] Vgl. Buch et al. (2010), S. 1.
[640] Vgl. Lowack (2007), S. 132; Metropolregion Rhein-Neckar (2009a).
[641] Die nachfolgenden Abschnitte sind entnommen aus Deschermeier/Müller (2012), S. 24-25.

Metropolregion Rhein-Neckar auf.[642] Die vorliegenden Ergebnisse rechtfertigen jedoch einen größeren Marketing-Fokus. So prägen Merkmale aus dem Bereich „Wirtschaft" den regionalen Arbeitsmarkt während insbesondere die „Lebensqualität" als Maß für attraktives Wohnen steht. Das Themenfeld „Bildung" erweist sich sowohl in den Auswertungen am Wohn- als auch am Arbeitsort als relevanter Einfluss.

Der Anteil am Arbeitsort hängt wesentlich von ökonomischen Faktoren ab und ist das Ergebnis einer realisierten Nachfrage des regionalen Arbeitsmarktes. Der Großteil der wirtschaftlichen Aktivität der MRN konzentriert sich in den drei Oberzentren Mannheim, Heidelberg und Ludwigshafen und dem Rhein-Neckar-Kreis. Die Anteile in Heidelberg (14,4%) und Mannheim (9,9%) weisen die höchsten Werte auf und zeigen den rechtsrheinischen F&E-Schwerpunkt der Wirtschaftsstruktur. Darüber hinaus verdeutlichen die Ergebnisse die attraktive Position der MRN auf Arbeitsplatzwanderer und junge Erwerbstätige.

Bei der Analyse am Wohnort stellt insbesondere die Lebensqualität den maßgeblichen Einfluss auf den Anteil der Hochqualifizierten dar. Dieser Effekt lässt sich auch über Kreisgrenzen hinweg als Spatial Lag nachweisen. Da Hochqualifizierte zunehmend auch nicht ökonomische Präferenzen bei der Arbeitsplatzwahl realisieren können, stellen sie hohe Ansprüche an die „Qualität und die Authentizität des Stadtbilds"[643]. Da Standortvorteile jedoch zunehmend auch regional realisiert werden, verdeutlichen die Ergebnisse eine zentrale Stärke des regionalen Bündnisses der verschiedenen Akteure als Metropolregion: denn neben historischen Schätzen wie beispielsweise das Weltkulturerbe Kloster Lorsch oder der Speyerer Dom existiert ein breites kulturelles Veranstaltungsangebot, das auch im Vergleich zu anderen deutschen Metropolregionen äußerst attraktiv ist. Dadurch entstehen positive externe Effekte, die auf die ganze Region ausstrahlen und verkörpern ein Image, das einen nachhaltigen Wettbewerbsvorteil sichert und die negativen externen Effekte ökonomischer Aktivitäten ausgleichen kann. Dieser regionale Fokus sollte im Marketing der einzelnen (industriell geprägten) Städte zentraler positioniert werden.

Mit Bezug auf die Standortwahl von Unternehmen wurden die drei Themenfelder „Arbeitsmarkt", „öffentliche Hand" und „F&E-Infrastruktur" identifiziert, deren kritische Erfolgsfaktoren im Rahmen einer zweistufigen Expertenbefragung eruiert wurden. Vor allem die Standortfaktoren, denen eine direkte Auswirkung auf den regionalen Arbeitsmarkt zuzuschreiben ist, stellen in der MRN durchweg erfolgskritische Faktoren dar. Dies trifft im Besonderen auf das qualitative Arbeitskräfteangebot und die Faktoren der öffentlichen Hand zu. Während die Region eine gute Ausstattung mit Forschungseinrichtungen und Universitäten aufweisen kann, werden die Faktoren der öffentlichen Hand und hier insbesondere die Steuerbelastung am Standort sowie die Dauer von Genehmigungsverfahren sehr kritisch beurteilt.

Zu beachten ist, dass keine abschließende Analyse der erfolgskritischen Standortfaktoren stattgefunden hat, da beispielsweise die Verkehrsinfrastruktur nicht durch die Expertenbefragung erfasst

---

[642] Vgl. beispielsweise Metropolregion Rhein-Neckar (2011e)
[643] Spinnen (2011), S. 140.

wird. Die dargestellte Relevanz der unternehmerischen Standortfaktoren ist das Ergebnis einer nicht repräsentativen Expertenbefragung auf regionaler Ebene. Es wurde bei der Auswahl der Expertengruppe zwar auf einen ausgewogenen Branchenmix und auf unterschiedliche Tätigkeitsfelder der Experten geachtet, jedoch können die Ergebnisse nicht verallgemeinert werden. Durch den engen regionalen Fokus liefern sie dennoch wichtige Hinweise für die regionalen Akteure in Bezug auf erfolgskritische Standortfaktoren und die derzeitigen regionalen Standortbedingungen.

In Analogie zur Gruppe der Hochqualifizierten wurde auch für die Selbstständigen mittels Methoden der räumlichen Ökonometrie geprüft, welche Faktoren einen Einfluss auf die Standortwahl der Unternehmensgründer besitzen. Nicht berücksichtigt wurde in diesem Zusammenhang jedoch das Motiv, das hinter der Selbstständigkeit steckt. Obwohl dieses für die nachhaltige ökonomische Entwicklung einer Region von entscheidender Bedeutung ist, lässt die derzeitige Datenlage eine Analyse kaum zu.

Das Erreichen der regionalen Zielsetzung der Europäischen Metropolregion Rhein-Neckar hängt somit maßgeblich von den Fähigkeiten der Region ab, deren Attraktivität für Hochqualifizierte, Unternehmen und Selbstständige zu steigern. Neben den bereits genannten Maßnahmen müssen auch die aktuellen Initiativen und Projekte, beispielsweise im Rahmen des Netzwerkes „Vitaler Arbeitsmarkt"[644] evaluiert und im Erfolgsfall konsequent fortgeführt werden. Zukünftiger Forschungsbedarf besteht zudem in der Identifikation der Faktoren, die die Lebensqualität bestimmen. Diese müssen anschließend in Maßnahmen für eine erwünschte Regionalentwicklung überführt werden. Zur Sicherstellung der Nachhaltigkeit regionaler Gründungsaktivitäten sollte zukünftig auch deren zugrundeliegenden Motive besondere Berücksichtigung erfahren, was qualitative Studien bedingt.

---

[644] Vgl. Metropolregion Rhein-Neckar (2011e), S. 10-13.

Anhang
Anhang zu Kapitel 1

Indikatoren zur Positionierung Europäischer Metropolregionen in Deutschland
Bevölkerungskonzentration
Bevölkerung insgesamt 2006
Bevölkerungsdichte 2006
Anteil der Bevölkerung in Großstädten (> 500.000 Einwohner) 2006 in %
Anteil der Bevölkerung in zentralen, städtisch geprägten Räumen 2006 in %
Bevölkerungsdynamik
Bevölkerungsentwicklung 1997-2006 in %
Bevölkerungsentwicklung 2006-2025 in %
Wanderungssaldo 2003-2006 je 1.000 Einwohner im Jahresdurchschnitt (JD)
Wanderungssaldo 2003-2006 der 18- unter 25-jährigen Frauen je 1.000 im JD
Entwicklung der Zahl der unter 18-Jährigen 2006-2025 in %
Entwicklung der Zahl der 65-Jährigen und älteren 2006-2025 in %
Wirtschaftliche Konzentration
Sozialversicherungspflichtig Beschäftigte insgesamt 2006
Arbeitslosenquote JD 2006
Bruttoinlandsprodukt 2006 in Mio. Euro
BIP je Erwerbstätigen in Euro 2006
Anteil der Beschäftigten mit Fachhochschul-/Hochschulabschluss an den Beschäftigten insgesamt in 2006
Anteil der Einpendler der Region an allen Beschäftigten 2006 in %
Haushaltseinkommen – Verfügbares Einkommen privater Haushalte 2005 in Euro je Einwohner
Wirtschaftliche Dynamik
Entwicklung der Zahl der sozialversicherungspflicht Beschäftigten 1997-2006 in %
Entwicklung der Arbeitslosenquote 1997-2006 in %-Punkten
Entwicklung des BIP 1997-2006 in %
Großforschungseinrichtungen 2008
Universitäre Sonderforschungsbereiche 2008
Excellenz-Initiative 1. Und 2. Runde; Anzahl Bewilligungen in allen drei Förderlinien
Patentanmeldungen 2000-2005 je 100.000 Einwohner 2005
F&E-Personal 2005 in Vollzeitäquivalenten
Entwicklung des Haushaltseinkommens 1997-2005 in %
Umweltqualität
Anteil der Siedlungs- und Verkehrsfläche an der Gesamtfläche 2004 in %
Fahrleistung auf Bundesfernstraßen, außerorts, 2005 je km^2
Fahrleistung auf Bundesfernstraßen, außerorts, 2005 je Einwohner
Anteil unzerschnittener Räume an der Gesamtfläche 2005 in %
Anteil Naturschutzgebiete an der Gesamtfläche 2005 in %
Anteil Landschaftsschutzgebiete an der Gesamtfläche 2005 in %
Anteil FFH-Gebiete an der Gesamtfläche 2006 in %

Tab. A 1: Indikatoren zur Positionierung Europäischer Metropolregionen in Deutschland.
Quelle: Bundesinstitut für Bau-, Stadt- und Raumforschung (2009), S. 5.

Kreistyp	Erklärung
SGB II-Typ 1	Städte in Westdeutschland mit durchschnittlicher Arbeitsmarktlage, hohem BIP pro Kopf und überdurchschnittlich hohem Anteil an Langzeitarbeitslosen
SGB II-Typ 2	Städte in Westdeutschland mit überdurchschnittlicher Arbeitsmarktlage und hohem BIP pro Kopf
SGB II-Typ 3	Städte in Westdeutschland (Ausnahme Berlin) mit unterdurchschnittlicher Arbeitsmarktlage und sehr hohem Anteil an Langzeitarbeitslosen
SGB II-Typ 4	Städte vorwiegend in Ostdeutschland mit schlechter Arbeitsmarktlage und sehr hohem Anteil an Langzeitarbeitslosen
SGB II-Typ 5	Vorwiegend städtisch geprägte Gebiete in Westdeutschland mit durchschnittlicher Arbeitsmarktlage und hohem Anteil an Langzeitarbeitslosen
SGB II-Typ 6	Ländliche Gebiete in Westdeutschland mit durchschnittlichen Rahmenbedingungen
SGB II-Typ 7	Vorwiegend ländliche Gebiete in West- und Ostdeutschland mit unterdurchschnittlicher Arbeitsmarktlage
SGB II-Typ 8	Ländliche Gebiete in Westdeutschland mit guter Arbeitsmarktlage und hoher saisonaler Dynamik
SGB II-Typ 9	Ländliche Gebiete in Westdeutschland mit sehr guter Arbeitsmarktlage, saisonaler Dynamik und sehr niedrigem Anteil an Langzeitarbeitslosen
SGB II-Typ 10	Ländliche Gebiete in Westdeutschland mit sehr guter Arbeitsmarktlage und niedrigem Anteil an Langzeitarbeitslosen
SGB II-Typ 11	Vorwiegend ländliche Gebiete in Ostdeutschland mit schlechter Arbeitsmarktlage und niedrigem BIP pro Kopf
SGB II-Typ 12	Vorwiegend ländliche Gebiete in Ostdeutschland mit sehr schlechter Arbeitsmarktlage, sehr niedrigem BIP pro Kopf und hohem Anteil an Langzeitarbeitslosen

Tab. A 2: Erklärung der siedlungsstrukturellen Kreistypen.
Quelle: Rüb/Werner (2007), S. 23.

Anhang zu Kapitel 3

	1999	2000	2001	2002	2003	2004	2005	2006	2007	2008	2009
Bergstraße	227	249	205	130	167	169	160	160		162	165
Frankenthal	71	72	83	96	88	65	64	78	56	74	60
Landau	66	83	63	132	54	91	82	81	74	96	67
Ludwigshafen	245	234	299	219	322	254	210	206	264	231	171
Neustadt	61	77	62	90	79	37	47	44	30	45	33
Speyer	65	69	77	58	72	55	51	31	38	40	44
Worms	73	90	96	90	79	86	66	96	87	56	64
DÜW	105	120	103	90	73	86	73	98	103	90	86
Germersheim,	128	128	124	119	149	117	90	122	105	97	55
SÜW	82	113	117	104	101	91	74	69	68	65	65
RPK	59	97	69	89	77	77	54	52	40	58	55
Heidelberg	86	68	97	64	62	73	106	71	59	48	43
Mannheim	327	335	338	270	290	316	296	268	286	242	211
NOK	114	177	184	177	167	149	152	158	161	161	149
RNK	416	392	392	405	403	376	400	318	342	291	298
Gesamt	**2.125**	**2.304**	**2.309**	**2.133**	**2.183**	**2.042**	**1.925**	**1.852**	**1.713**	**1.756**	**1.566**

Tab. A 3: Schulabgänger nach Kreisen - ohne Hauptschulabschluss.
Quellen: Statistische Ämter des Bundes und der Länder (2011).

	1999	2000	2001	2002	2003	2004	2005	2006	2007	2008	2009
Bergstraße	646	605	727	673	608	631	640	666	722	696	678
Frankenthal	198	232	212	217	225	235	186	187	217	230	241
Landau	156	131	140	168	96	125	153	198	180	208	159
Ludwigshafen	599	612	558	563	540	605	525	620	629	646	611
Neustadt	154	182	168	154	131	170	173	161	173	138	135
Speyer	182	184	204	192	196	208	206	180	164	173	158
Worms	282	302	279	325	255	305	283	300	300	323	280
DÜW	301	379	322	286	352	342	238	323	250	317	303
Germersheim,	401	428	368	440	389	368	383	391	362	439	384
SÜW	330	349	323	323	309	330	341	364	335	310	335
RPK	352	388	321	369	346	344	393	372	338	435	368
Heidelberg	298	288	284	283	388	293	305	260	335	290	288
Mannheim	990	997	989	1.001	995	915	903	937	959	1.012	1.098
NOK	689	673	720	717	694	709	730	737	720	716	733
RNK	1.345	1.508	1.556	1.647	1.640	1.580	1.618	1.723	1.625	1.771	1.747
Gesamt	**6.923**	**7.258**	**7.171**	**7.358**	**7.164**	**7.160**	**7.077**	**7.419**	**7.309**	**7.704**	**7.518**

Tab. A 4: Schulabgänger nach kreisen - mit Hauptschulabschluss.
Quellen: Statistische Ämter des Bundes und der Länder (2011).

	1999	2000	2001	2002	2003	2004	2005	2006	2007	2008	2009
Bergstraße	943	987	1.064	1.055	1.110	1.137	1.107	1.045	1.121	1.150	1.187
Frankenthal	166	208	209	201	213	244	207	198	226	187	235
Landau	237	233	227	300	284	255	303	272	268	317	364
Ludwigshafen	494	481	527	576	554	535	430	461	523	493	449
Neustadt	170	172	152	162	161	171	167	154	141	141	139
Speyer	205	192	227	260	258	311	252	216	243	251	292
Worms	302	319	371	403	345	331	305	327	334	349	342
DÜW	315	289	271	365	408	427	411	442	436	487	510
Germersheim,	328	339	415	472	499	520	497	498	518	613	576
SÜW	379	360	367	439	446	495	411	509	509	494	488
RPK	317	340	378	341	375	426	378	385	437	541	632
Heidelberg	306	328	374	377	379	381	389	355	406	390	389
Mannheim	648	843	905	947	941	899	901	905	949	1.084	1.059
NOK	435	527	464	560	561	530	594	610	631	670	638
RNK	1.299	1.649	1.761	1.855	1.725	1.802	1.820	1.766	1.978	2.020	2.063
Gesamt	**6.544**	**7.267**	**7.712**	**8.313**	**8.259**	**8.464**	**8.172**	**8.143**	**8.720**	**9.187**	**9.363**

Tab. A 5: Schulabgänger nach Kreisen - mit Mittlerer Reife.
Quellen: Statistische Ämter des Bundes und der Länder (2011).

	1999	2000	2001	2002	2003	2004	2005	2006	2007	2008	2009
Bergstraße	805	858	836	818	837	881	864	842	822	802	804
Frankenthal	152	217	214	186	212	256	224	214	206	231	212
Landau	252	258	271	262	318	307	305	312	354	280	326
Ludwigshafen	422	367	387	391	368	429	397	443	395	370	379
Neustadt	268	254	253	249	265	245	222	254	253	257	279
Speyer	291	294	332	356	337	355	394	373	367	395	392
Worms	225	243	244	269	261	254	242	259	297	243	267
DÜW	163	138	152	154	172	223	240	247	237	269	272
Germersheim,	145	159	141	144	160	156	130	169	188	193	207
SÜW	169	155	162	152	147	178	147	148	147	253	244
RPK	87	87	106	91	77	82	89	120	141	138	122
Heidelberg	605	565	615	629	668	679	633	658	712	680	680
Mannheim	719	732	706	739	688	762	767	732	856	683	746
NOK	254	284	289	292	337	380	374	368	372	348	353
RNK	955	1.013	1.040	1.089	1.157	1.249	1.214	1.207	1.197	1.083	1.134
Gesamt	**5.512**	**5.624**	**5.748**	**5.821**	**6.004**	**6.436**	**6.242**	**6.346**	**6.544**	**6.225**	**6.417**

Tab. A 6: Schulabgänger nach Kreisen – mit Hochschulreife.
Quellen: Statistische Ämter des Bundes und der Länder (2011).

Branche	Anzahl der Beschäftigten im sekundären Sektor					
	1999	2001	2003	2005	Differenz (1999-2005)	Wachstum (1999-2005)
Nahrung	7.804	7.469	7.029	6.603	-1.201	-15,39%
Textil & Leder	980	991	859	627	-353	-36,02%
Chemie	1.956	2.057	2.130	1.975	19	0,97%
FMB	6.470	7.064	6.606	5.955	-515	-7,96%
Verarb. Gewerbe & Bergbau	27.030	27.981	26.615	25.579	-1.451	-5,37%
Energie & Wasser	1.099	1.122	1.137	1.064	-35	-3,18%
Baugewerbe	24.726	24.164	22.156	20.034	-4.692	-18,98%

Tab. A 7: Beschäftigte im sekundären Sektor der MRN (ohne Großbetriebe).
Quelle: Betriebs-Historik Panel, eigene Berechnungen und Darstellung.

Branche	Anzahl der Beschäftigten im sekundären Sektor					
	1999	2001	2003	2005	Differenz (1999-2005)	Wachstum (1999-2005)
Nahrung	12.271	11.806	11.140	11.084	-1.187	-9,67%
Textil & Leder	2.061	1.944	1.792	1.452	-609	-29,55%
Chemie	57.029	56.709	55.181	51.049	-5.980	-10,49%
FMB	29.045	29.870	28.020	29.258	213	0,73%
Verarb. Gewerbe & Bergbau	51.408	50.991	47.985	44.077	-7.331	-14,26%
Energie & Wasser	6.248	6.044	5.995	5.994	-254	-4,07%
Baugewerbe	27.753	26.866	24.170	21.452	-6.301	-22,70%

Tab. A 8: Beschäftigte im sekundären Sektor der MRN (mit Großbetrieben).
Quelle: Betriebs-Historik Panel, eigene Berechnungen und Darstellung.

Kreistyp	1999	2000	2001	2002	2003	2004	2005
Kreistyp I							
Primär	701	746	683	651	567	502	469
Sekundär	14.942	14.960	15.057	14.331	14.612	14.350	12.798
Tertiär	64.665	68.812	69.297	68.317	68.040	71.869	68.586
Kreistyp II							
Primär	1.494	1.511	1.391	1.421	1.381	1.519	1.555
Sekundär	33.054	33.856	33.049	31.368	30.558	30.525	28.480
Tertiär	71.524	75.789	77.016	77.823	77.865	83.312	78.648
Kreistyp III							
Primär	1.244	1.323	1.380	1.386	1.430	1.576	1.593
Sekundär	12.512	12.782	12.889	12.520	12.492	13.171	12.444
Tertiär	34.430	35.408	36.079	35.787	35.643	38.475	37.568
Kreistyp IV							
Primär	254	264	268	237	192	237	240
Sekundär	6.817	7.125	6.975	6.659	6.286	6.303	5.884
Tertiär	9.785	10.034	10.329	10.283	10.465	11.074	10.619
Kreistyp VI							
Primär	122	108	103	110	123	122	121
Sekundär	2.553	2.668	2.692	2.495	2.325	2.238	1.999
Tertiär	8.038	8.041	8.463	8.226	8.189	8.390	8.217

Tab. A 9: Beschäftigung nach Sektoren in den einzelnen Kreistypen der MRN.
Quelle: Betriebs-Historik Panel, eigene Berechnungen und Darstellung.

Branche	Anzahl der Beschäftigten im tertiären Sektor					
	1999	2001	2003	2005	Differenz (1999-2005)	Wachstum (1999-2005)
Handel	57.731	59.353	57.393	57.211	-520	-0,90%
Gastgewerbe	13.459	14.351	14.225	15.545	2086	15,50%
Verkehr	12.779	12.953	13.230	13.035	256	2,00%
Nachrichtenübermittlung	2.207	2.974	3.076	3.230	1023	46,35%
Kredit- und Versicherungsg.	6.941	7.139	6.879	6.666	-275	-3,96%
Grundstücke	6.639	6.877	6.147	6.606	-33	-0,50%
Datenverarbeitung	3.910	4.955	4.469	4.481	571	14,60%
F & E	1.038	1.438	1.474	1.272	234	22,54%
Wirtschaftl. DL	24.378	28.137	29.043	30.471	6093	24,99%
Öffentliche Verwaltung	10.677	10.747	10.643	9.949	-728	-6,82%
Erziehung & Unterricht	8.782	8.978	8.800	8.443	-339	-3,86%
Gesundheitswesen	24.943	26.849	28.009	28.313	3370	13,51%
Öff. & priv. DL	14.982	16.457	16.818	18.420	3438	22,95%

Tab. A 10: Beschäftigte im tertiären Sektor der MRN (ohne Großbetriebe).
Quelle: Betriebs-Historik Panel, eigene Berechnungen und Darstellung.

Branche	Anzahl der Beschäftigten im tertiären Sektor					
	1999	2001	2003	2005	Differenz (1999-2005)	Wachstum (1999-2005)
Handel	69.811	71.628	70.215	67.509	65.367	68.136
Gastgewerbe	14.222	15.389	15.602	15.377	15.170	17.274
Verkehr	14.904	15.463	15.376	15.275	15.163	15.834
Nachrichtenübermittlung	4.507	4.995	5.014	5.110	5.047	5.267
Kredit- und Versicherungsg.	13.999	14.502	14.685	14.500	13.742	13.950
Grundstücke	6.825	7.086	7.026	6.685	6.423	7.211
Datenverarbeitung	11.845	13.461	15.054	16.148	16.342	16.011
F & E	3.647	3.630	3.476	3.659	3.741	3.759
Wirtschaftl. DL	39.410	43.683	44.034	43.380	44.173	47.374
Öffentliche Verwaltung	23.620	23.964	24.374	25.057	24.160	24.621
Erziehung & Unterricht	18.226	18.009	18.195	18.345	18.161	18.603
Gesundheitswesen	42.220	41.767	43.230	44.277	44.558	46.141
Öff. & priv. DL	19.103	19.679	20.733	20.714	21.847	24.108

Tab. A 11: Beschäftigte im tertiären Sektor der MRN (mit Großbetrieben).
Quelle: Betriebs-Historik Panel, eigene Berechnungen und Darstellung.

Kreis	2001	2002	2003	2004	2005	2006	2007	2008
Bergstraße	6,6	6,8	6,6	7,4	7,5	7,6	7,7	7,8
Frankenthal	4,6	5,3	5,2	5,1	6,2	5,7	5,0	5,2
Landau	6,5	6,7	7,0	7,0	7,0	6,9	7,1	7,2
Ludwigshafen	4,6	5,0	5,4	5,3	5,5	5,7	5,9	6,0
Neustadt	8,2	8,8	9,9	9,5	9,3	10,3	10,1	9,9
Speyer	5,2	5,2	5,3	5,1	5,2	5,1	5,2	5,8
Worms	6,0	6,0	6,1	6,3	6,4	5,7	5,8	4,7
Bad Dürkheim	5,8	5,9	5,9	5,8	6,2	6,0	5,7	5,7
Germersheim	4,6	4,7	4,6	4,5	4,6	4,7	4,2	3,9
Südliche Weinstraße	3,5	3,8	3,6	3,6	3,8	3,4	3,7	3,6
Rhein-Pfalz-Kreis	5,0	4,7	4,8	5,0	4,7	4,8	5,4	5,4
Heidelberg	12,6	12,5	12,7	12,0	12,1	12,3	12,6	12,8
Mannheim	8,5	8,9	9,2	8,5	8,5	8,6	8,5	8,8
Neckar-Odenwald-Kreis	3,6	3,7	3,8	4,8	4,9	4,7	4,7	4,7
Rhein-Neckar-Kreis	12,8	13,9	14,1	15,0	15,7	16,6	17,1	17,0

Tab. A 12: Anteile der Beschäftigung im Bereich unternehmensbezogenen Dienstleistungen nach Jahren und Kreisen.
Quelle: Bundesinstitut für Bau-, Raum- und Stadtforschung (2011).

Anhang zu Kapitel 4

Fragebogen zur Delphi-Studie

Die Bedeutung der verwendeten Megatrends	
Megatrends	**Erklärung**
1. Demografischer Wandel	Unter dem „demografischen Wandel" versteht man die zunehmende Alterung und Schrumpfung der (westlichen) Gesellschaft sowie einen anwachsenden Migrationsstrom.
2. Boomende Gesundheit	In jüngster Zeit ist ein gestiegenes Gesundheitsbewusstsein sowie eine zunehmende Selbstverantwortung zu erkennen. Ferner fällt unter diesen Megatrend die Sparte der „Neuen Nahrungsmittel", wie Functional Food oder Gen Food.
3. Frauen auf dem Vormarsch	Hierunter versteht man die Integration der Frauen im Erwerbsleben sowie die zunehmende Bedeutung „weiblicher Soft Skills". Ferner fällt in diesen Bereich das Thema der „Work-Life-Balance".
4. Digitales Leben	Dieser Megatrend umfasst sowohl den Bereich „Virtuelle Realität" als auch virtuelle Business-Welten.
5. IT-Revolution	Hierunter werden die fortschreitenden Neurowissenschaften, der Bereich der künstlichen Intelligenz sowie die Robotik verstanden. Auch die Bereiche „Überwachung und Kontrolle" sowie die allgemeine IT-Unterstützung / IT-basierte Lösungen sind in diesem Trend subsumiert.
6. Business Ökosysteme	Der Trend der Business Ökosysteme beschreibt die Auflösung der Grenzen von Branchen, Märkten und Unternehmen und somit das Entstehen offener Systeme und Netzwerke.
7. Wandel der Arbeitswelt	Die fortschreitende Automatisierung sowie die Dynamisierung und Flexibilisierung der Arbeit und Arbeitsstrukturen werden als „Wandel der Arbeitswelt" bezeichnet. Hierunter fällt ferner der Wandel vom Produktionssektor über den Servicesektor hin zum Wissenssektor.
8. Klimawandel und Umweltbelastung	Hierunter versteht man die wachsende CO_2-Belastung sowie den globalen Temperaturanstieg. Weiterhin umfasst dieser Trend die steigende Verantwortung der Unternehmen sowie den Bereich der „sauberen Technologien".

Allgemeiner Teil der Delphi-Befragung

Frage 1: Wie groß ist die Bedeutung der folgenden Megatrends für die MRN?
Bitte unterscheiden Sie bei Ihrer Prognose zwischen der mittelfristigen sowie der langfristigen Perspektive.

Megatrends	Heute					Mittelfristig (in 5 Jahren)					Langfristig (in 10 Jahren)				
	Sehr gering	Gering	Mittel	Groß	Sehr groß	Sehr gering	Gering	Mittel	Groß	Sehr groß	Sehr gering	Gering	Mittel	Groß	Sehr groß
1. Demografischer Wandel	O	O	O	O	O	O	O	O	O	O	O	O	O	O	O
2. Boomendes Gesundheitswesen	O	O	O	O	O	O	O	O	O	O	O	O	O	O	O
3. Frauen auf dem Vormarsch	O	O	O	O	O	O	O	O	O	O	O	O	O	O	O
4. Digitales Leben	O	O	O	O	O	O	O	O	O	O	O	O	O	O	O
5. IT-Revolution	O	O	O	O	O	O	O	O	O	O	O	O	O	O	O
6. Business Ökosysteme	O	O	O	O	O	O	O	O	O	O	O	O	O	O	O
7. Wandel der Arbeitswelt	O	O	O	O	O	O	O	O	O	O	O	O	O	O	O
8. Klimawandel & Umweltbelastung	O	O	O	O	O	O	O	O	O	O	O	O	O	O	O

Abb. A 1: Fragebogen zur Delphi-Studie
Quelle: Eigene Darstellung.

Allgemeiner Teil der Delphi-Befragung

Frage 2: Wie groß ist die Bedeutung der folgenden Wirtschaftsbereiche für die MRN heute und in Zukunft?
Bitte unterscheiden Sie bei Ihrer Prognose zwischen der mittelfristigen und der langfristigen Perspektive.

	Heute					Mittelfristig (in 5 Jahren)					Langfristig (in 10 Jahren)				
	Sehr gering	Gering	Mittel	Groß	Sehr groß	Sehr gering	Gering	Mittel	Groß	Sehr groß	Sehr gering	Gering	Mittel	Groß	Sehr groß
Chemie	O	O	O	O	O	O	O	O	O	O	O	O	O	O	O
Maschinenbau	O	O	O	O	O	O	O	O	O	O	O	O	O	O	O
Fahrzeugbau / Automotiv	O	O	O	O	O	O	O	O	O	O	O	O	O	O	O
Handel	O	O	O	O	O	O	O	O	O	O	O	O	O	O	O
Medizintechnik	O	O	O	O	O	O	O	O	O	O	O	O	O	O	O
Biotechnologie	O	O	O	O	O	O	O	O	O	O	O	O	O	O	O
Informationstechnologie	O	O	O	O	O	O	O	O	O	O	O	O	O	O	O
Logistik	O	O	O	O	O	O	O	O	O	O	O	O	O	O	O
Kreativcluster (Pop, Event, Medien,...)	O	O	O	O	O	O	O	O	O	O	O	O	O	O	O

Allgemeiner Teil der Delphi-Befragung

Frage 3: Wie groß ist die Bedeutung der folgenden Standortfaktoren für Unternehmen heute und in Zukunft?

Standortfaktoren	Bedeutung heute					Bedeutung in Zukunft				
	Sehr gering	Gering	Mittel	Groß	Sehr groß	Sehr gering	Gering	Mittel	Groß	Sehr groß
1. Arbeitsmarktbedingungen										
• Qualifikation der Arbeitskräfte	O	O	O	O	O	O	O	O	O	O
• Quantitatives Arbeitskräfteangebot	O	O	O	O	O	O	O	O	O	O
• Attraktivität der Region für Fach-/ und Führungskräfte	O	O	O	O	O	O	O	O	O	O
2. Faktoren der öffentlichen Hand										
• Höhe der Steuerbelastung am Standort	O	O	O	O	O	O	O	O	O	O
• Regionale Förderprogramme	O	O	O	O	O	O	O	O	O	O
• Dauer von Genehmigungsverfahren	O	O	O	O	O	O	O	O	O	O
• Umweltschutzauflagen	O	O	O	O	O	O	O	O	O	O
• Service-Orientierung / Unternehmensnähe	O	O	O	O	O	O	O	O	O	O
3. F & E Infrastruktur										
• Nähe zu Hochschulen (Uni / FH / u.a.)	O	O	O	O	O	O	O	O	O	O
• Nähe zu Forschungseinrichtungen	O	O	O	O	O	O	O	O	O	O
• Nähe zu Betrieben der eigenen Branche	O	O	O	O	O	O	O	O	O	O
• Nähe zu Betrieben anderer Branchen	O	O	O	O	O	O	O	O	O	O

Fortsetzung Abb. A 1: Fragebogen zur Delphi-Studie.

Allgemeiner Teil der Delphi-Befragung

Frage 4: Wie schätzen Sie die derzeitige Situation der folgenden Standortfaktoren ein?
(Bedingungen sind derzeit seht gut ... mittel ... sehr schlecht)

Standortfaktoren	Bedingungen				
	Sehr gut	Gut	Mittel	Schlecht	Sehr schlecht
1. Arbeitsmarktbedingungen					
• Qualifikation der Arbeitskräfte	O	O	O	O	O
• Quantitatives Arbeitskräfteangebot	O	O	O	O	O
• Attraktivität der Region für Fach-/ und Führungskräfte	O	O	O	O	O
2. Faktoren der öffentlichen Hand					
• Höhe der Steuerbelastung am Standort	O	O	O	O	O
• Regionale Förderprogramme	O	O	O	O	O
• Dauer von Genehmigungsverfahren	O	O	O	O	O
• Umweltschutzauflagen	O	O	O	O	O
• Service-Orientierung / Unternehmensnähe	O	O	O	O	O
3. F & E Infrastruktur					
• Nähe zu Hochschulen (Uni / FH / u.a.)	O	O	O	O	O
• Nähe zu Forschungseinrichtungen	O	O	O	O	O
• Nähe zu Betrieben der eigenen Branche	O	O	O	O	O
• Nähe zu Betrieben anderer Branchen	O	O	O	O	O

Zukunftscluster

Frage 1: Ziel dieses Teils des Fragebogens ist es, herauszufinden, welche cross-sektoralen Verbindungen in der Region existieren, um sie als Cluster zu fördern und zu etablieren.
Hierzu bitten wir Sie in einem ersten Schritt die Bereiche zu nennen, die Ihrer Meinung nach Potenzial sowie eine ausreichende Schlagkraft für ein weiteres Spitzencluster in der Metropolregion Rhein-Neckar besitzen.

_____

_____

_____

_____

Fortsetzung Abb. A 1: Fragebogen zur Delphi-Studie.

Zukunftscluster

Frage 2: Zusätzlich zu Ihren Ausführungen in Frage 1 bitten wir Sie nun, die Branchen-Kombinationen zu markieren, die Ihrer Meinung nach in Zukunft enger zusammenarbeiten müssten, um sich als zukünftige Cluster in der Region etablieren zu können.

	Biotechnologie	Chemie	IT	Handel	Kreativcluster	Logistik	Maschinenbau	Automotive	Medizintechnik
Biotechnologie		O	O	O	O	O	O	O	O
Chemie	O		O	O	O	O	O	O	O
IT	O	O		O	O	O	O	O	O
Handel	O	O	O		O	O	O	O	O
Kreativcluster	O	O	O	O		O	O	O	O
Logistik	O	O	O	O	O		O	O	O
Maschinenbau	O	O	O	O	O	O		O	O
Automotive	O	O	O	O	O	O	O		O
Medizintechnik	O	O	O	O	O	O	O	O	

Angaben zur Person

Abschließend bitten wir Sie, Angaben zu Ihrer derzeitigen Tätigkeit zu machen.

- ☐ Universität / Fachhochschule
- ☐ Öffentlicher Dienst außerhalb der Hochschule
- ☐ Private Einrichtung
- ☐ Wirtschaft
- ☐ Sonstige: (Bitte nennen)

Vielen Dank für Ihre Unterstützung!

Bei Rückfragen können Sie sich jederzeit an

Frau Eva Müller, Tel. 0621 / 181-1507, e-Mail: eva.mueller@bwl.uni-mannheim.de wenden.

Wir bitten Sie, den ausgefüllten Fragebogen bis spätestens 22.05.2009 an die untenstehende Adresse zu senden:

Anschrift:

Lehrstuhl und Seminar für Allg. Betriebswirtschaftslehre,

Personalwesen und Arbeitswissenschaft

Prof. Dr. Walter A. Oechsler

Schloss / 68131 Mannheim

Fortsetzung Abb. A 1: Fragebogen zur Delphi-Studie.

	Bedeutung heute	Bedeutung zukünftig	Bedingungen heute	
Sehr gering	0,00 %	0,00 %	0,00 %	Sehr schlecht
Gering	0,00 %	4,76 %	17,39 %	Schlecht
Mittel	23,81 %	28,57 %	21,74 %	Mittel
Groß	66,67 %	52,38 %	47,83 %	Gut
Sehr groß	9,52 %	14,29 %	13,04 %	Sehr gut
Median	1	1	1	Median

Tab. A 13: Expertenmeinungen zum Arbeitskräfteangebot – Ergebnisse der ersten Befragungsrunde.
Quelle: Ergebnisse der Delphi-Studie, eigene Darstellung.

	Bedeutung heute	Bedeutung zukünftig	Bedingungen heute	
Sehr gering	0,00 %	0,00 %	4,35 %	Sehr schlecht
Gering	0,00 %	0,00 %	0,00 %	Schlecht
Mittel	4,55 %	4,55 %	21,74 %	Mittel
Groß	68,18 %	27,27 %	65,22 %	Gut
Sehr groß	27,27 %	68,18 %	8,70 %	Sehr gut
Median	1	1	1	Median

Tab. A 14: Expertenmeinungen zur Qualifikation der Arbeitskräfte – Ergebnisse der ersten Befragungsrunde.
Quelle: Ergebnisse der Delphi-Studie, eigene Darstellung.

	Bedeutung heute	Bedeutung zukünftig	Bedingungen heute	
Sehr gering	0,00 %	0,00 %	0,00 %	Sehr schlecht
Gering	0,00 %	0,00 %	17,39 %	Schlecht
Mittel	13,64 %	4,55 %	34,78 %	Mittel
Groß	68,18 %	45,45 %	21,74 %	Gut
Sehr groß	18,18 %	50,00 %	26,09 %	Sehr gut
Median	1	1,5	0	Median

Tab. A 15: Expertenmeinungen zur Attraktivität der Region – Ergebnisse der ersten Befragungsrunde.
Quelle: Ergebnisse der Delphi-Studie, eigene Darstellung.

	Bedeutung heute	Bedeutung zukünftig	Bedingungen heute	
Sehr gering	0,00 %	0,00 %	0,00 %	Sehr schlecht
Gering	4,55 %	0,00 %	38,10 %	Schlecht
Mittel	36,36 %	18,18 %	52,38 %	Mittel
Groß	31,82 %	40,91 %	9,52 %	Gut
Sehr groß	27,27 %	40,91 %	0,00 %	Sehr gut
Median	1	1	0	Median

Tab. A 16: Expertenmeinungen zur Steuerbelastung am Standort – Ergebnisse der ersten Befragungsrunde.
Quelle: Ergebnisse der Delphi-Studie, eigene Darstellung.

	Bedeutung heute	Bedeutung zukünftig	Bedingungen heute	
Sehr gering	0,00 %	0,00 %	0,00 %	Sehr schlecht
Gering	9,52 %	13,64 %	18,18 %	Schlecht
Mittel	47,62 %	40,91 %	59,09 %	Mittel
Groß	38,10 %	36,36 %	22,73 %	Gut
Sehr groß	4,76 %	9,09 %	0,00 %	Sehr gut
Median	0	0	0	Median

Tab. A 17: Expertenmeinungen zu regionalen Förderprogrammen – Ergebnisse der ersten Befragungsrunde.
Quelle: Ergebnisse der Delphi-Studie, eigene Darstellung.

	Bedeutung heute	Bedeutung zukünftig	Bedingungen heute	
Sehr gering	0,00 %	0,00 %	0,00 %	Sehr schlecht
Gering	0,00 %	0,00 %	35,00 %	Schlecht
Mittel	18,18 %	9,09 %	45,00 %	Mittel
Groß	31,82 %	36,36 %	20,00 %	Gut
Sehr groß	50,00 %	54,55 %	0,00 %	Sehr gut
Median	1,5	2	0	Median

Tab. A 18: Expertenmeinungen zur Dauer von Genehmigungsverfahren – Ergebnisse der ersten Befragungsrunde.
Quelle: Ergebnisse der Delphi-Studie, eigene Darstellung.

	Bedeutung heute	Bedeutung zukünftig	Bedingungen heute	
Sehr gering	0,00 %	0,00 %	0,00 %	Sehr schlecht
Gering	4,55 %	0,00 %	10,00 %	Schlecht
Mittel	22,73 %	31,82 %	70,00 %	Mittel
Groß	45,45 %	31,82 %	20,00 %	Gut
Sehr groß	27,27 %	36,36 %	0,00 %	Sehr gut
Median	1	1	0	Median

Tab. A 19: Expertenmeinungen zum Thema Umweltschutzauflagen – Ergebnisse der ersten Befragungsrunde.
Quelle: Ergebnisse der Delphi-Studie, eigene Darstellung.

	Bedeutung heute	Bedeutung zukünftig	Bedingungen heute	
Sehr gering	0,00 %	0,00 %	0,00 %	Sehr schlecht
Gering	9,09 %	0,00 %	28,57 %	Schlecht
Mittel	22,73 %	13,64 %	38,10 %	Mittel
Groß	45,45 %	40,91 %	33,33 %	Gut
Sehr groß	22,73 %	45,45 %	0,00%	Sehr gut
Median	1	1	0	Median

Tab. A 20: Expertenmeinungen zum Serviceorientierung der Verwaltung – Ergebnisse der ersten Befragungsrunde.
Quelle: Ergebnisse der Delphi-Studie, eigene Darstellung.

	Bedeutung heute	Bedeutung zukünftig	Bedingungen heute	
Sehr gering	4,55 %	4,55 %	4,35 %	Sehr schlecht
Gering	0,00 %	0,00 %	4,35 %	Schlecht
Mittel	27,27 %	9,09 %	8,70 %	Mittel
Groß	40,91 %	45,45 %	43,48 %	Gut
Sehr groß	27,27 %	40,91 %	39,13 %	Sehr gut
Median	1	1	1	Median

Tab. A 21: Expertenmeinungen zur Nähe zu Hochschulen – Ergebnisse der ersten Befragungsrunde.
Quelle: Ergebnisse der Delphi-Studie, eigene Darstellung.

	Bedeutung heute	Bedeutung zukünftig	Bedingungen heute	
Sehr gering	4,55 %	4,55 %	4,35 %	Sehr schlecht
Gering	0,00 %	0,00 %	4,35 %	Schlecht
Mittel	27,27 %	13,64 %	13,04 %	Mittel
Groß	40,91 %	45,45 %	47,83 %	Gut
Sehr groß	27,27 %	36,36 %	30,43 %	Sehr gut
Median	1	1	1	Median

Tab. A 22: Expertenmeinungen zur Nähe zu F&E-Einrichtungen – Ergebnisse der ersten Befragungsrunde.
Quelle: Ergebnisse der Delphi-Studie, eigene Darstellung.

	Bedeutung heute	Bedeutung zukünftig	Bedingungen heute	
Sehr gering	4,55 %	4,55 %	0,00 %	Sehr schlecht
Gering	18,18 %	9,09 %	8,70 %	Schlecht
Mittel	50,00 %	45,45 %	21,74 %	Mittel
Groß	13,64 %	22,73 %	52,17 %	Gut
Sehr groß	13,64 %	18,18 %	17,39 %	Sehr gut
Median	0	0	1	Median

Tab. A 23: Expertenmeinungen zur Nähe zu Betrieben der eigenen Branche – Ergebnisse der ersten Befragungsrunde.
Quelle: Ergebnisse der Delphi-Studie, eigene Darstellung.

	Bedeutung heute	Bedeutung zukünftig	Bedingungen heute	
Sehr gering	4,55 %	4,55 %	0,00 %	Sehr schlecht
Gering	9,09 %	9,09 %	4,35 %	Schlecht
Mittel	63,64 %	50,00 %	39,13 %	Mittel
Groß	18,18 %	31,82 %	43,48 %	Gut
Sehr groß	4,55 %	4,55 %	13,04 %	Sehr gut
Median	0	0	1	Median

Tab. A 24: Expertenmeinungen zur Nähe zu Betrieben fremder Branche – Ergebnisse der ersten Befragungsrunde.
Quelle: Ergebnisse der Delphi-Studie, eigene Darstellung.

Relative Häufigkeiten	heute	mittelfristig	langfristig
sehr gering	0,00%	0,00%	0,00%
gering	0,00%	7,14%	7,14%
mittel	7,14%	0,00%	0,00%
groß	50,00%	64,29%	64,29%
sehr groß	42,86%	28,57%	28,57%
Mittelwert	1,36	1,14	1,14
Median	1	1	1
Varianz	0,40	0,59	0,59
Standabweichung	0,63	0,77	0,77

Tab. A 25: Bedeutung der Chemiebranche (Runde 2).
Quelle: Ergebnisse der Delphi-Studie, eigene Darstellung.

Relative Häufigkeiten	heute	mittelfristig	langfristig
sehr gering	0,00%	0,00%	0,00%
gering	0,00%	0,00%	7,14%
mittel	35,71%	42,86%	57,14%
groß	50,00%	50,00%	28,57%
sehr groß	14,29%	7,14%	7,14%
Mittelwert	0,79	0,64	0,36
Median	1	1	0
Varianz	0,49	0,40	0,55
Standabweichung	0,70	0,63	0,74

Tab. A 26: Bedeutung des Maschinenbaus (Runde 2).
Quelle: Ergebnisse der Delphi-Studie, eigene Darstellung.

Relative Häufigkeiten	heute	mittelfristig	langfristig
sehr gering	0,00%	0,00%	0,00%
gering	0,00%	7,14%	14,29%
mittel	35,71%	50,00%	50,00%
groß	57,14%	35,71%	28,57%
sehr groß	7,14%	7,14%	7,14%
Mittelwert	0,71	0,43	0,29
Median	1	0	0
Varianz	0,37	0,57	0,68
Standabweichung	0,61	0,76	0,83

Tab. A 27: Bedeutung des Bereichs Automotive (Runde 2).
Quelle: Ergebnisse der Delphi-Studie, eigene Darstellung.

Relative Häufigkeiten	heute	mittelfristig	langfristig
sehr gering	0,00%	0,00%	0,00%
gering	7,14%	0,00%	0,00%
mittel	42,86%	42,86%	64,29%
groß	42,86%	50,00%	21,43%
sehr groß	7,14%	7,14%	14,29%
Mittelwert	0,50	0,64	0,50
Median	1	1	0
Varianz	0,58	0,40	0,58
Standabweichung	0,76	0,63	0,76

Tab. A 28: Bedeutung des Handels (Runde 2).
Quelle: Ergebnisse der Delphi-Studie, eigene Darstellung.

Relative Häufigkeiten	heute	mittelfristig	langfristig
sehr gering	0,00%	0,00%	0,00%
gering	21,43%	7,14%	0,00%
mittel	57,14%	21,43%	21,43%
groß	21,43%	57,14%	50,00%
sehr groß	0,00%	14,29%	28,57%
Mittelwert	0,00	0,79	1,07
Median	0	1	1
Varianz	0,46	0,64	0,53
Standabweichung	0,68	0,80	0,73

Tab. A 29: Bedeutung der Medizintechnik (Runde 2).
Quelle: Ergebnisse der Delphi-Studie, eigene Darstellung.

Relative Häufigkeiten	heute	mittelfristig	langfristig
sehr gering	0,00%	0,00%	0,00%
gering	21,43%	7,14%	0,00%
mittel	57,14%	28,57%	14,29%
groß	21,43%	42,86%	50,00%
sehr groß	0,00%	21,43%	35,71%
Mittelwert	0,00	0,79	1,21
Median	0	1	1
Varianz	0,46	0,80	0,49
Standabweichung	0,68	0,89	0,70

Tab. A 30: Bedeutung der Biotechnologie (Runde 2).
Quelle: Ergebnisse der Delphi-Studie, eigene Darstellung.

Relative Häufigkeiten	heute	mittelfristig	langfristig
sehr gering	0,00%	0,00%	0,00%
gering	0,00%	0,00%	0,00%
mittel	71,43%	14,29%	0,00%
groß	28,57%	78,57%	78,57%
sehr groß	0,00%	7,14%	21,43%
Mittelwert	0,29	0,93	1,21
Median	0	1	1
Varianz	0,22	0,23	0,18
Standabweichung	0,47	0,47	0,43

Tab. A 31: Bedeutung der Informationstechnologie (Runde 2).
Quelle: Ergebnisse der Delphi-Studie, eigene Darstellung.

Relative Häufigkeiten	heute	mittelfristig	langfristig
sehr gering	0,00%	0,00%	0,00%
gering	7,14%	0,00%	0,00%
mittel	64,29%	21,43%	21,43%
groß	28,57%	78,57%	64,29%
sehr groß	0,00%	0,00%	14,29%
Mittelwert	0,21	0,79	0,93
Median	0	1	1
Varianz	0,34	0,18	0,38
Standabweichung	0,58	0,43	0,62

Tab. A 32: Bedeutung der Logistikbranche (Runde 2).
Quelle: Ergebnisse der Delphi-Studie, eigene Darstellung.

Relative Häufigkeiten	heute	mittelfristig	langfristig
sehr gering	0,00%	0,00%	0,00%
gering	50,00%	21,43%	14,29%
mittel	35,71%	50,00%	50,00%
groß	14,29%	21,43%	28,57%
sehr groß	0,00%	7,14%	7,14%
Mittelwert	-0,36	0,14	0,29
Median	-1	0	0
Varianz	0,55	0,75	0,68
Standabweichung	0,74	0,86	0,83

Tab. A 33: Bedeutung der Kreativwirtschaft (Runde 2).
Quelle: Ergebnisse der Delphi-Studie, eigene Darstellung.

Anhang zu Kapitel 5

Bundesland	Kreise und kreisfreie Städte
Rheinland-Pfalz	Alzey-Worms, Bad-Dürkheim, Donnersbergkreis, Frankenthal, Germersheim, Kaiserslautern (Stadt), Kaiserslautern (Land), Landau, Ludwigshafen am Rhein, Mainz, Mainz-Bingen, Neustadt a. d. W, Rhein-Pfalz-Kreis, Speyer, Südliche Weinstraße, Worms
Baden-Württemberg	Baden-Baden, Enzkreis, Heidelberg, Heilbronn (Stadt), Heilbronn (Land), Karlsruhe (Stadt), Karlsruhe (Land), Mannheim, Neckar-Odenwald-Kreis, Pforzheim, Rastatt, Rhein-Neckar-Kreis
Hessen	Bergstraße, Darmstadt, Darmstadt-Dieburg, Frankfurt am Main, Groß-Gerau, Main-Taunus-Kreis, Odenwaldkeis, Offenbach am Main (Stadt), Offenbach Landkreis, Wiesbaden

Tab. A 34: Stadt- und Landkreise der Metropolregion auf Basis einer 60-minütigen Pendlerbereitschaft.
Quelle: Eigene Darstellung.

	Einpendler	Darmstadt	Frankfurt a. M.	Offenbach (Stadt)	Wiesbaden	Bergstraße
Auspendler	27.710.487	48.978	233.406	38.703	91.449	89.998
Bergstraße	62.616	1,47%	0,11%	0,14%	0,11%	44,62%
FT	15.549	0,07%	0,01%	0,01%	0,01%	0,45%
Landau	19.207	0,01%	0,00%	0,01%	0,00%	0,01%
LU	88.423	0,17%	0,07%	0,07%	0,08%	2,05%
NW	15.545	0,01%	0,01%	0,01%	0,01%	0,04%
Speyer	23.112	0,03%	0,01%	0,02%	0,01%	0,16%
Worms	28.604	0,11%	0,02%	0,02%	0,06%	1,55%
DÜW	27.582	0,04%	0,00%	0,01%	0,01%	0,13%
Germersheim	39.978	0,02%	0,01%	0,01%	0,01%	0,06%
SÜW	23.958		0,00%		0,00%	0,05%
RPK	23.973	0,03%	0,01%	0,01%	0,01%	0,23%
HD	79.542	0,32%	0,10%	0,04%	0,06%	2,61%
MA	165.481	0,64%	0,26%	0,15%	0,19%	16,13%
NOK	40.208		0,00%	0,01%		0,09%
RNK	143.139	0,42%	0,10%	0,09%	0,11%	10,17%

Tab. A 35: Anbindungskoeffizienten MRN – Hessen.
Quelle: Eigene Berechnungen.

	Einpendler	Darmstadt-Dieburg	Groß-Gerau	Main-Taunus-Kreis	Odenwald-kreis	Offenbach (Land)
Auspendler	27.710.487	101.102	93.021	83.075	32.254	119.719
Bergstraße	62.616	2,14%	0,95%	0,12%	4,04%	0,21%
FT	15.549	0,08%	0,03%	0,01%		0,01%
Landau	19.207		0,01%	0,00%	0,00%	0,00%
LU	88.423	0,17%	0,11%	0,06%	0,12%	0,05%
NW	15.545	0,01%	0,01%			0,01%
Speyer	23.112	0,02%	0,01%	0,01%	0,01%	0,02%
Worms	28.604	0,16%	0,14%	0,04%	0,06%	0,02%
DÜW	27.582	0,02%	0,04%	0,01%	0,02%	0,01%
Germersheim	39.978	0,00%	0,01%		0,00%	0,02%
SÜW	23.958	0,01%	0,01%	0,00%		0,01%
RPK	23.973	0,02%	0,02%	0,01%	0,03%	0,01%
HD	79.542	0,21%	0,08%	0,07%	0,74%	0,08%
MA	165.481	0,57%	0,47%	0,19%	0,61%	0,45%
NOK	40.208	0,01%	0,01%		0,48%	0,01%
RNK	143.139	0,38%	0,19%	0,11%	2,61%	0,10%

Fortsetzung Tab. A 35: Anbindungskoeffizienten MRN – Hessen.
Quelle: Eigene Berechnungen.

	Einpendler	FT	KL (Stadt)	Landau	LU	MZ	NW	Speyer	WO
Auspendler	27.710.487	15.815	30.373	14.399	53.267	68.145	17.250	17.327	28.057
Bergstraße	62.616	1,4%	0,1%	0,1%	1,2%	0,1%	0,3%	0,5%	5,8%
FT	15.549	34,2%	0,2%	0,3%	2,5%	0,0%	0,7%	0,8%	2,5%
Landau	19.207	0,2%	0,1%	44,5%	0,2%	0,0%	3,6%	1,1%	0,1%
LU	88.423	24,8%	1,3%	3,2%	52,9%	0,2%	11,7%	10,7%	6,7%
NW	15.545	0,5%	0,6%	2,9%	0,5%	0,0%	40,1%	1,0%	0,2%
Speyer	23.112	1,1%	0,4%	2,0%	1,5%	0,0%	3,3%	48,1%	0,3%
Worms	28.604	3,0%	0,2%	0,1%	0,9%	0,3%	0,3%	0,3%	51,6%
DÜW	27.582	3,6%	1,1%	1,2%	1,4%	0,0%	10,6%	1,1%	1,5%
Germersheim	39.978	0,3%	0,2%	9,9%	0,4%	0,0%	2,2%	3,3%	0,1%
SÜW	23.958	0,3%	0,4%	17,1%	0,3%	0,0%	5,2%	0,8%	0,1%
RPK	23.973	6,0%	0,3%	0,8%	4,9%	0,0%	3,2%	7,9%	1,8%
HD	79.542	0,9%	0,2%	0,2%	1,5%	0,1%	0,5%	1,6%	0,5%
MA	165.481	12,8%	1,4%	1,8%	20,6%	0,2%	5,6%	7,5%	7,2%
NOK	40.208	0,0%			0,0%			0,0%	0,0%
RNK	143.139	1,8%	0,2%	0,6%	3,0%	0,1%	1,4%	5,6%	1,6%

Tab. A 36: Anbindungskoeffizienten MRN – Rheinland-Pfalz.
Quelle: Eigene Berechnungen.

Einpendler		AZ-WO	DÜW	Donners-bergkreis	Germers-heim	KL (Land)	SÜW	RPK	MZ-BI
Auspendler	27.710.487	46.011	45.376	27.239	47.266	36.146	37.646	54.175	74.423
Bergstraße	62.616	1,4%	0,6%	0,5%	0,1%	0,1%	0,1%	0,8%	0,2%
FT	15.549	0,8%	3,8%	1,1%	0,2%	0,2%	0,2%	4,5%	0,1%
Landau	19.207	0,0%	0,8%	0,1%	4,6%	0,1%	17,7%	0,6%	0,0%
LU	88.423	2,5%	19,8%	5,4%	3,3%	1,5%	4,5%	29,3%	0,3%
NW	15.545	0,2%	5,9%	0,3%	0,8%	0,6%	4,6%	1,2%	0,0%
Speyer	23.112	0,2%	2,0%	0,4%	4,1%	0,4%	2,1%	9,3%	0,0%
Worms	28.604	12,1%	1,4%	2,6%	0,1%	0,1%	0,1%	1,4%	0,8%
DÜW	27.582	1,0%	35,7%	6,4%	0,4%	1,2%	1,5%	3,1%	0,1%
Germersheim	39.978	0,0%	0,7%	0,1%	45,1%	0,1%	13,3%	1,4%	0,0%
SÜW	23.958	0,0%	1,2%	0,4%	4,3%	0,3%	35,4%	0,6%	0,0%
RPK	23.973	0,5%	4,5%	0,8%	1,2%	0,3%	1,0%	20,5%	0,1%
HD	79.542	0,2%	0,6%	0,2%	0,4%	0,1%	0,3%	1,3%	0,1%
MA	165.481	2,3%	9,0%	2,4%	1,9%	0,9%	2,0%	13,8%	0,4%
NOK	40.208	0,0%	0,0%	0,0%	0,0%		0,0%	0,0%	0,0%
RNK	143.139	0,5%	1,4%	0,4%	1,0%	0,2%	0,6%	3,1%	0,1%

Fortsetzung Tab. A 36: Anbindungskoeffizienten MRN – Rheinland-Pfalz.
Quelle: Eigene Berechnungen.

Einpendler		Heilbronn (Stadt)	Heilbronn	BAD	KA (Stand)	KA (Land)	Rastatt
Auspendler	27.710.487	40.841	123.246	17.102	96.912	156.095	85.585
Bergstraße	62.616	0,0%	0,1%	0,0%	0,1%	0,1%	0,0%
FT	15.549				0,0%	0,0%	
Landau	19.207	0,0%	0,0%	0,1%	0,2%	0,1%	0,0%
LU	88.423	0,0%	0,0%	0,1%	0,2%	0,3%	0,1%
NW	15.545	0,0%	0,0%	0,0%	0,0%	0,0%	0,0%
Speyer	23.112	0,0%	0,0%		0,1%	0,2%	0,0%
Worms	28.604	0,0%	0,0%	0,0%	0,0%	0,0%	0,0%
DÜW	27.582	0,0%	0,0%		0,0%	0,0%	0,0%
Germersheim	39.978	0,0%	0,0%	0,3%	1,5%	1,0%	1,0%
SÜW	23.958	0,0%	0,0%		0,2%	0,1%	0,1%
RPK	23.973	0,0%	0,0%		0,0%	0,1%	0,0%
HD	79.542	0,2%	0,3%	0,2%	0,5%	1,2%	0,1%
MA	165.481	0,2%	0,2%	0,3%	0,9%	1,5%	0,3%
NOK	40.208	0,4%	1,0%		0,0%	0,0%	0,0%
RNK	143.139	0,6%	1,8%	0,3%	1,0%	3,8%	0,2%

Tab. A 37: Anbindungskoeffizienten MRN – Baden-Württemberg.
Quelle: Eigene Berechnungen.

	Einpendler	HD	MA	NOK	RNK	Pforzheim	Enzkreis
Auspendler	27.710.487	41.149	101.771	51.245	187.968	39.513	70.492
Bergstraße	62.616	1,1%	2,6%	0,3%	2,6%	0,0%	0,0%
FT	15.549	0,2%	0,7%		0,2%	0,0%	0,0%
Landau	19.207	0,0%	0,1%	0,0%	0,0%	0,0%	0,0%
LU	88.423	1,8%	6,6%	0,1%	1,8%	0,0%	0,0%
NW	15.545	0,1%	0,1%		0,1%	0,0%	0,0%
Speyer	23.112	0,3%	0,5%	0,0%	0,6%		0,0%
Worms	28.604	0,1%	0,5%	0,0%	0,1%		0,0%
DÜW	27.582	0,1%	0,5%	0,1%	0,1%		
Germersheim	39.978	0,1%	0,2%	0,0%	0,2%	0,2%	0,1%
SÜW	23.958	0,0%	0,1%	0,0%	0,1%	0,0%	0,0%
RPK	23.973	0,2%	0,8%	0,0%	0,3%	0,0%	0,0%
HD	79.542	59,5%	4,2%	2,0%	18,7%	0,1%	0,1%
MA	165.481	7,8%	64,6%	1,0%	14,7%	0,2%	0,1%
NOK	40.208	0,2%	0,1%	64,3%	0,9%	0,0%	0,0%
RNK	143.139	16,6%	7,6%	6,6%	46,7%	0,2%	0,2%

Fortsetzung Tab. A 37: Anbindungskoeffizienten MRN – Baden-Württemberg.
Quelle: Eigene Berechnungen.

Kreise	Lokaler Moran	p-Wert	Getis Ord
Bergstraße	-0,004304267	0,4207750948	0,1532149
Frankenthal	0,034915647	0,3903470570	-0,1873648
Landau	0,010182550	0,4493593262	-0,6146623
Ludwigshafen/Rhein	0,035887615	0,3893708237	-0,1909459
Neustadt/Weinstraße	0,021912431	0,4034715510	-0,5660206
Speyer	0,002172904	0,4365290453	0,2064862
Worms	0,060928770	0,3644766230	-0,2794015
Bad Dürkheim	0,044315134	0,3651560851	-0,7905941
Germersheim	0,258626610	0,2368446687	-0,6387903
Südliche Weinstraße	0,130100354	0,2541862716	-0,6592052
Rhein-Pfalz-Kreis	0,031552226	0,3216438503	-1,4237330
Heidelberg	1,683770048	**0,0000694233**	**2,5590499**
Mannheim	0,225879558	0,1459736691	1,3881791
Neckar-Odenwald-Kreis	-0,452338221	0,7237654152	0,3731203
Rhein-Neckar-Kreis	0,202791554	0,1655203164	1,4829323

Tab. A 38: Lokale Moran-Koeffizienten und Getis-Ord-Statistik für den Anteil der Hochqualifizierten am Arbeitsort.
Quelle: Eigene Auswertungen. (Fett markierte Werte sind signifikant zum 5%-Niveau)

Kreise	Lokaler Moran	p-Wert	Getis-Ord
Bergstraße	0,012011404	0,4492665	0,44828732
Frankenthal	-0,029853335	0,4935977	0,05927199
Kaiserslautern Stadt	-0,030599998	0,4953514	-0,58677663
Landau	-0,066576578	0,5149681	-0,60982551
Ludwigshafen/Rhein	-0,027750137	0,4917235	0,05455492
Neustadt/Weinstraße	-0,009649645	0,4756057	-0,41514295
Speyer	0,030536246	0,4400021	0,38676359
Worms	0,067754630	0,3926440	-0,31963935
Alzey-Worms	0,101489165	0,3593726	-0,45901284
Bad Dürkheim	0,010031423	0,4290745	-1,34618506
Donnersbergkreis	0,408421658	0,1598223	-0,86497354
Germersheim	-0,092592238	0,5646446	0,28670393
Kaiserslautern Kreis	0,233265118	0,2729632	–0,57003407
Südliche Weinstraße	0,072813879	0,3737940	-0,33585072
Rhein-Pfalz-Kreis	0,005887201	0,4181471	-0,45712600
Mainz Bingen	-0,327365389	0,6438783	-0,47861097
Heilbronn ST	0,227098250	0,3685983	-0,52930407
Heilbronn KR	0,122015920	0,3206204	-0,60819251
Baden Baden	-0,091636510	0,5276506	-0,47105191
Karlsruhe Stadt	-0,585329990	0,8896988	-0,47386235
Karlsruhe Kreis	0,003354843	0,4390500	0,23422531
Rastatt	0,066595080	0,4084547	-0,27549679
Heidelberg	2,945250003	**3,357211e-08**	**2,03652475**
Mannheim	0,473198129	**0,04940780**	**1,74821452**
Neckar-Odenwald-Kreis	-0,069754651	0,5236142	0,03599139
Rhein-Neckar-Kreis	0,285789115	0,1101269	1,51768150
Pforzheim	0,229732712	0,3673369	-0,37609700
Enzkreis	-0,064085465	0,5280304	0,34901815

Tab. A 39: Lokale Moran-Koeffizienten für den Anteil der Hochqualifizierten am Wohnort. Quelle: Eigene Auswertungen. (Fett markierte Werte sind signifikant zum 5%-Niveau)

	Gymnasiasten	Abitur	Studie-rende	Stud. (FH)	Stud. (weibl.)	Stud. (ausl.)
Gymnasiasten	1					
Abitur	0,921**	1				
Studierende	0,442*	0,570**	1			
Stud. (FH)	0,185	0,184	0,421*	1		
Stud. (w)	-0,151	-0,172	-0,011	-0,565*		
Stud. (ausl.)	-0,366	-0,237	-0,124	-0,078	0,060	1

*Korrelation ist auf Niveau 0,05 (2seitig) signifikant; **Korrelation ist auf Niveau 0,01 (2seitig) signifikant.

Tab. A 40: Korrelationsmatrix der Bildungsvariablen.
Quelle: Bundesinstitut für Bau, Stadt-und Raumforschung (2011) (INKAR), eigene Berechnungen und Darstellung.

	Mittelzentrum	Oberzentrum	BAB	Bahn	Aggl. (PkW)	Aggl. (Bahn)
Mittelzentren	1					
Oberzentren	0,558**	1				
Autobahn	0,618**	0,706**	1			
Bahn	0,488**	0,576**	0,732**	1		
Aggl. Pkw	0,459*	0,582**	0,647**	0,578**	1	
Aggl. Bahn	0,495**	0,451*	0,486**	0,617**	0,815**	1

*Korrelation ist auf Niveau 0,05 (2seitig) signifikant; **Korrelation ist auf Niveau 0,01 (2seitig) signifikant.

Tab. A 41: Korrelationsmatrix der Erreichbarkeitsvariablen.
Quelle: Bundesinstitut für Bau, Stadt-und Raumforschung (2011) (INKAR), eigene Berechnungen und Darstellung.

Literaturverzeichnis

Adam, B. (2006): Europäische Metropolregionen in Deutschland – Perspektiven für das nächste Jahrzehnt; in: KAS-Publikationen Kommunalpolitik, Nr. 34, Wesseling.

Adam, B. / Göddecke-Stellmann, J. (2002): Metropolregionen – Konzepte, Definitionen und Herausforderungen; in: Informationen zur Raumentwicklung, Nr. 9, S. 513-525.

Adam, B. / Göddecke-Stellmann, J. / Heidbrink, I. (2005): Metropolregionen als Forschungsgegenstand – Aktueller Stand, erste Ergebnisse und Perspektiven; in: Informationen zur Raumentwicklung, Heft 7, S. 417-430.

Aichholzer, G. / Tichy, G. (1998): Technologie-Delphi I – Konzept und Überblick, Institut für Technikfolgen-Abschätzung der Österreichischen Akademie der Wissenschaften, Wien.

Alchian, A.A. / Demsetz, H. (1972): Production, Information Costs, and Economic Organization; in: The American Economic Review, Nr. 5, S. 777-795.

Altenmeyer-Bartscher, D. (2009): Region als Vision; in: Hey, M. / Engert, K. (Hrsg.): Komplexe Regionen – Regionenkomplexe – Multiperspektivische Ansätze zur Beschreibung regionaler und urbaner Dynamiken, Wiesbaden, S. 27-52.

Ammon, U. (2005): Delphi-Befragung; in: Kühl, S. / Strodtholz, P. / Taffertshofer, A. (Hrsg.): Quantitative Methoden der Organisationsforschung – Ein Handbuch, Wiesbaden, S. 458-476.

Andersén, J. (2011): Strategic resources and firm performance; in: Management Decision, Nr. 1, S. 87–98.

Anselin, L. (1988): Spatial econometrics: Methods and Models, Dordrecht.

Anselin, L. (1995): Local Indicators of Spatial Association; in: Geographical Analysis, Heft 2, S. 93-115.

Anselin, L. (1999): Spatial Econometrics; online verfügbar unter http://www.csiss.org/learning_resources/content/papers/baltchap.pdf, zuletzt aktualisiert am 30.03.1999, zuletzt geprüft am 22.03.2012.

Anselin, L. (2003): An Introduction to Spatial Regression Analysis in R; online verfügbar unter http://geodacenter.asu.edu/system/files/spdepintro.pdf, zuletzt abgerufen am 22.3.2012.

Anselin, L. (2010): Thirty years of Spatial Econometrics; in: Papers in Regional Science, Nr. 1, S. 3-25.

Arntz, M. (2009): What Attracts Human Capital? Understanding the Skill Composition of Interregional Job Matches in Germany; in: Regional Studies, Nr. 4, S. 423-441.

Augier, M. / Teece, D.J. (2008): Strategy as Evolution with Design – The Foundations of Dynamic Capabilities and the Role of Managers in the Economic System; in: Organization Studies, S. 1187-1208.

Automotive Cluster Rhein-Main-Neckar (2012): Automotive Cluster Rhein-Main-Neckar; online verfügbar unter http://www.automotive-cluster.org, zuletzt geprüft am 07.03.2012.

Backes-Gellner, U. (2000): Wettbewerbsfaktor Fachkräfte – Rekrutierungschancen und -probleme von kleinen und mittleren Unternehmen; in: Schriften zur Mittelstandsforschung, Nr. 85, Wiesbaden.

Backhaus, K. / Erichson B. / Plinke, W./ Weiber, R. (2008): Multivariate Analysemethoden – Eine anwendungsorientierte Einführung, 12. Aufl., Berlin.

Barney, J.B. (1991): Firm Resources and Sustained Competitive Advantage; in: Journal of Management, Nr. 1, S. 99-120.

Barney, J.B. / Wright, P.M. (1998): On Becoming a Strategic Partner – The Role of Human Resources in Gaining Competitive Advantage; in: Human Resource Management, Nr. 1, S. 31-46.

Barney, J.B. (2007): Gaining and sustaining competitive advantage, 3. Aufl., New Jersey.

Barney, J.B. / Hesterly, W.S. (2010): Strategic management and competitive advantage – Concepts and cases, 3. Aufl., New Jersey.

Barreto, I. (2010): Dynamic Capabilities – A Review of Past Research and an Agenda for the Future; in: Journal of Management, Heft 1, S. 256-280.

BASF SE (2008): Der BASF Ausbildungsverbund - Eine Initiative für die Region, online verfügbar unter http://www.karriere.basf.com/igp/Career/de_DE/portal/abv_content/content/abv/index, zuletzt aktualisiert am 28.01.2010, zuletzt geprüft am 21.08.2011.

BASF SE (2012): Über BASF – Mitarbeiter, online verfügbar unter http://www.basf.com/group/ueber-basf/employees, zuletzt aktualisiert am 08.02.2012, zuletzt geprüft am 07.03.2012.

Bathelt, H./ Glückler, J. (2005): Wirtschaftsgeographie - Ökonomische Beziehungen in räumlicher Perspektive, 2. Aufl., Stuttgart.

Becker, G. (1975): Human capital – A Theoretical and Empirical Analysis, with special Reference to Education, 2. Aufl., New York.

Bellmann, L. / Kölling, A. / Lahner, M. (2002): Determinanten der Arbeitsnachfrage; in: Kleinhenz, G. (Hrsg.): IAB-Kompendium Arbeitsmarkt- und Berufsforschung, BeitrAB 250, S. 265-275.

Berg, L. van den / Braun, E. / Winden, W. van (2002): Growth clusters in European metropolitan cities – A comparative analysis of cluster dynamics in the cities of Amsterdam, Eindhoven, Helsinki, Leipzig, Lyons, Manchester, Munich, Rotterdam and Vienna, Aldershot.

Berlemann, M. / Tilgner, J. (2007): Determinanten der innerdeutschen Standortwahl von Unternehmen – Ergebnisse einer empirischen Analyse; in: ifo Dresden berichtet, Nr. 3/2007, S. 14-22.

Berry, C.R. / Glaeser, E.L. (2005): The divergence of human capital levels across cities; in: Papers in Regional Science, Nr. 3, S. 407-444.

Bertelsmann Stiftung (Hrsg.) (2002): Neue Strategien gegen den Fachkräftemangel; online abrufbar unter www.bertelsmann-stiftung.de/cps/rde/xbcr/SID-71649A67-AB95 A6DD/bst/xcms_bst_dms_13742_13743_2.pdf, zuletzt aktualisiert am 02.07.2002, zuletzt abgerufen am: 09.03.2012.

Berthold, N. / Kullas, M. / Müller, A. (2007): Die Bundesländer im Standortwettbewerb 2007 – Einkommen - Beschäftigung – Sicherheit, herausgegeben von Bertelsmann-Stiftung, Gütersloh.

BioRN Cluster Management GmbH (2012): BioRN – Auszeichnung zum Spitzencluster, online abrufbar unter http://www.biorn.org/de/biorn-cluster/, zuletzt geprüft am 07.03.2012.

Bivand, R. (2002): Spatial Econometrics functions in R – classes and methods; in: Journal of Geographical Systems, Heft 4, S. 405-421.

BK Guilini GmbH (2012): Business Units; online verfügbar unter http://www.bk-giulini.com/index. php, zuletzt geprüft am 07.03.2012.

Blanchflower, D.G. (2000): Self-employment in OECD countries; in: Labor Economics, Nr. 7, S. 471-505.

Blien, U. / Bogai, D. / Fuchs, S. (2007): Die regionale Arbeitsmarktforschung des IAB – Aufbau, Leitbild und Forschungsperspektiven, Nürnberg.

Blien, U. / Maier, G. (2008): The starting Point; in: Blien, U. / Maier, G. (Hrsg.): The Economics of Regional Clusters – Networks, Technology and Policy, S. 1–11.

Blien, U. / Maierhofer, E. / Vollkommer, D. / Wolf, K. (2003): Determinanten der Regionalentwicklung in Ostdeutschland; in: Blien, U. (Hrsg.): Die Entwicklung der ostdeutschen Regionen, S. 1–66.

Blotevogel, H.H. (1999): Zur Neubewertung der Region für die Regionalentwicklung; in: Blotevogel, H.H. (Hrsg.): Europäische Einflüsse auf die Raum- und Regionalentwicklung am Beispiel des Naturschutzes, der Agenda 2000 und des regionalen Milieus, Hannover, S. 44-60.

Blotevogel, H.H. (2002): Deutsche Metropolregionen in der Vernetzung; in: Informationen zur Raumentwicklung, Nr. 6/7, S. 345-351.

Blotevogel, H.H. / Danielzyk, R. (2009): Leistungen und Funktionen von Metropolregionen; in: Knieling, J. (Hrsg.): Metropolregionen – Innovationen, Wettbewerb, Handlungsfähigkeit, Hannover, S. 22-29.

Blume, T. (2009): Die ökonomischen Effekte regionaler Kooperationen – Theorie und Empirie am Beispiel monozentrischer Regionen in Westdeutschland, Marburg.

Bode, A. (2011): Regionale Vernetzung als Beitrag zum Unternehmenserfolg – Entwicklung und Management von Cluster-Initiativen; in: Zeitschrift für Management, Nr. 2, S. 143-169.

Bögenhold, D. / Leicht, R. (1991): The Decline and Rise of Self-Employment; in: Work, Employment & Society, Nr. 2, S. 223-239.

Bögenhold, D. (1987): Der Gründerboom – Realität u. Mythos d. neuen Selbständigkeit, Frankfurt/Main.

Borg, I. (2003): Führungsinstrument Mitarbeiterbefragung – Theorien, Tools und Praxiserfahrungen, 3. Aufl., Göttingen.

Borgmann, B. / Braunerhjelm, P. (2010): Entrepreneurship and local growth – comparison of the US and Sweden; in: Karlsson, C. / Johansson, B. / Stough, R. (Hrsg.): Entrepreneurship and regional development – Local processes and global patterns, Cheltenham/Northampton, S. 67-91.

Borrmann, C. / Jungnickel, R. / Keller, D. (2007): Standort Deutschland – abgeschlagen im Wettbewerb um Hochqualifizierte?; in: Wirtschaftsdienst, Nr. 2, S. 127-134.

Börsch-Supan, A. / Wilke, C.B. (2009): Zur mittel- und langfristigen Entwicklung der Erwerbstätigkeit in Deutschland; in: Zeitschrift für Arbeitsmarktforschung, Nr. 1, S. 29-48.

Brandt, A. / Krätke, S. / Hahn, C. / Borst, R. (2008): Metropolregionen und Wissensvernetzung – Eine Netzwerkanalyse innovationsbezogener Kooperationen in der Metropolregion Hannover-Braunschweig-Göttingen, Berlin.

Brixy, U. / Fritsch, M. (2002): Die Betriebsdatei der Beschäftigtenstatistik der Bundesanstalt für Arbeit; in: Fritsch, M. (Hrsg.): Das Gründungsgeschehen in Deutschland – Darstellung und Vergleich der Datenquellen, Heidelberg, S. 55-77.

Brixy, U. / Niese, M. (2003): The determinants of regional differences in new firm formation in West-Germany; Paper prepared for presentation on the 43rd Congress of the European Regional Studies Association (ERSA) 27-31 August 2003 at the University of Jyväskylä (Finland).

Brosi, W. / Krekel, E.M. / Ulrich, J.G. (1999): Delphi als ein Planungsinstrument der Berufsbildungsforschung? – Erste Ergebnisse einer BIBB-Studie; in: Berufsbildung in Wissenschaft und Praxis, Nr. 6, S. 11-16.

Brosi, W. / Krekel, E.M. / Ulrich, J.G. (2003): Delphi-Erhebung zur Identifikation von Forschungs- und Entwicklungsaufgaben in der beruflichen Aus- und Weiterbildung; in: Brosi, W. / Krekel, E.M. / Ulrich, J.G. (Hrsg.): Sicherung der beruflichen Zukunft durch Forschung und Entwicklung – Ergebnisse einer Delphi-Befragung, Bielefeld, S. 15-49.

Brown, B. / Cochran, S. / Dalkey, N. (1969): The Delphi Method, II – Structure of Experiments; Memorandum RM-5957-PR, Santa Monica.

Buch, T. / Hamann, S. / Niebuhr, A. (2010): Wanderungsbilanzen deutscher Metropolen – Der Wettbewerb um kluge Köpfe nimmt zu; in: IAB-Kurzbericht, Nr. 16/2010.

Büchel, F. / Frick, J.R. / Wite, J.C. (2002): Regionale und berufliche Mobilität von Hochqualifizierten – Ein Vergleich Deutschland – USA; in: Bellmann, L. / Velling, J. (Hrsg.): Arbeitsmärkte für Hochqualifizierte, Nürnberg, S. 207-247.

Bundesinstitut für Bau, Stadt-und Raumforschung (2009): Positionierung Europäischer Metropolregionen in Deutschland; in: BBSR-Berichte Kompakt, Nr. 3/2009, Bonn.

Bundesinstitut für Bau-, Stadt-und Raumforschung (2010): INKAR 2010; online verfügbar unter http://www.bbsr.bund.de/cln_015/nn_68334/BBSR/DE/Veroeffentlichungen/INKAR/Ausgaben/INKAR2010.html, zuletzt aktualisiert am 6.12.2010, zuletzt geprüft am 8.8.2011.

Bundesinstitut für Bau-, Stadt-und Raumforschung (2011): INKAR - Indikatoren und Karten zur Raum- und Stadtentwicklung – Version 2010: Statistische Ämter des Bundes und der Länder.

Bundesinstitut für Bau-, Stadt- und Raumforschung (2012): Siedlungsstrukturelle Kreistypen; online abrufbar unter http://www.bbsr.bund.de/cln_032/nn_1067242/BBSR/DE/Raumbeobachtung /Downloads/downloads__node.html?__nnn=true, zuletzt aktualisiert am 13.02.2012, zuletzt geprüft am 22.03.2012.

Bundesministerium für Bildung und Forschung (2007): Deutschlands Spitzencluster – Mehr Innovation. Mehr Wachstum. Mehr Beschäftigung, Bonn/Berlin.

Bundesministerium für Bildung und Forschung (2010): Deutschlands Spitzencluster – Germany's Leading-Edge Clusters, Bonn/Berlin.

Bundesministerium für Forschung und Technologie (1993): Deutscher Delphi-Bericht zur Entwicklung von Wissenschaft und Technik, Bayreuth.

Bundesministerium für Raumordnung, Bauwesen und Städtebau (Hrsg.) (1995): Raumordnungspolitischer Handlungsrahmen – Beschluß der Ministerkonferenz für Raumordnung in Düsseldorf am 8. März 1995, Bonn.

Bundesministerium für Umwelt, Naturschutz und Reaktorsicherheit (Hrsg.) (2008): Megatrends der Nachhaltigkeit – Unternehmensstrategie neu denken, 2. Aufl., Berlin.

Bundesministerium für Wirtschaft und Technologie (Hrsg.) (2007): Einfach Gründen – Einfach Gründen? Unkompliziert und zügig starten, Berlin.

Bundesministerium für Wirtschaft und Technologie, (2010): Existenzgründungen in Deutschland; in: Gründerzeiten – Informationen zur Existenzgründung und –sicherung, Nr. 1, Berlin.

Bundesregierung (2011a): Der Spitzencluster-Wettbewerb – Mehr Innovation. Mehr Wachstum; online verfügbar unter http://www.hightech-strategie.de/de/468.php, zuletzt aktualisiert am 16.08.2011, zuletzt geprüft am 16.09.2011.

Bundesregierung (2011b): Metropolregion Rhein-Neckar als Modellregion für E-Government; online verfügbar unter http://www.verwaltung-innovativ.de/nn_1978474/DE/Regierungsprogramm/metropolregion/metropolregion__node.html?__nnn=true, zuletzt aktualisiert am 13.05.2011, zuletzt geprüft am 04.11.2011.

Bündnis für Familie Heidelberg (2008): Freie Kindergartenwahl – Überörtliche Vereinbarung unterzeichnet, online verfügbar unter http://www.familie-heidelberg.de/bffh/print-112-407-1212-1362.html, zuletzt geprüft am 07.11.2011.

Büning, N. / Marchelewski, F. (2009): Die Generation Y und ihre Wünsche; in: Personalmagazin, Nr. 10/09, S. 58-59.

Busch, J. / Flüter-Hoffmann, C. (2009): Demografischer Wandel und veränderte Altersstrukturen in Unternehmen; in: Armutat, S. (Hrsg.): Lebensereignisorientiertes Personalmanagement – Eine Antwort auf die demografische Herausforderung; Grundlagen, Handlungshilfen, Praxisbeispiele, Bielefeld, S. 15-28.

Buttler, F. / Tessaring, M. (1993): Humankapital als Standortfaktor; in: Mitteilungen aus der Arbeitsmarkt- und Berufsforschung (MittAB), Nr. 4, S. 467-476.

Büttner, T. / Ebertz, A. (2007): Lebensqualität in den Regionen – Erste Ergebnisse für Deutschland; in: Ifo Schnelldienst, Nr. 15/2007, S. 13-19.

Büttner, T. / Ebertz, A. (2009): Quality of life in the regions – results for German Counties; in: The Annals of Regional Science, Nr. 1, S. 89-112.

Caliendo, M. / Kritikos, A. / Steiner, V. / Weißner, F. (2007): Existenzgründungen – Unterm Strich ein Erfolg; in: IAB-Kurzbericht, Nr. 10/2007.

Chadwick, C. / Dabu, A. (2009): Human Resources, Human Resource Management, and the Competitive Advantage of Firms – Toward a More Comprehensive Model of Causal Linkages; in: Organization Science, Nr. 1, S. 253-272.

Chandler, A.D. (1990): Scale and Scope – The dynamics of industrial capitalism, 2. Aufl., Cambridge.

Cliff, A.D. / Ord, J.K. (1973): Spatial autocorrelation, London.

Commercial Vehicle Cluster (2012): Der Commercial Vehicle Cluster – Zusammen an die Spitze; online abrufbar unter http://www.cv-cluster.com/, zuletzt geprüft am 07.03.2012.

Cornett, A.P. (2010): Innovation and entrepreneurship in Danish regional policy; in: Karlsson, C. / Johansson, B. / Stough, R. (Hrsg.): Entrepreneurship and regional development – Local processes and global patterns, Cheltenham/Northampton, S. 238-265.

Cuhls, K. / Oertzen, J. von / Kimpeler, S. (2007): Zukünftige Informationstechnologie für den Gesundheitsbereich; in: MFG Stiftung Baden-Württemberg (Hrsg.), Fazit-Schriftenreihe, Band 6, Stuttgart.

Cyphert, F.R. / Gant, W.L. (1970): The Delphi Technique – A Tool for Collecting Opinions in Teacher Education; in: Journal of Teacher Education, Nr. 3, S. 417-425.

Dahl, M.S. / Pedersen, C.Ø.R. (2004): Knowledge flows through informal contacts in industrial clusters – myth or reality?; in: Research Policy, Nr. 10, S. 1673-1686.

Dalkey, N. / Brown, B. / Cochran, S. (1969): The Delphi Method, III – Use of Self Ratings to Improve Group Estimates; RM-6115-PR, Santa Monica.

Deschermeier, P. / Müller, E.M. (2012): Hochqualifizierte als Determinanten der Regionalentwicklung – Eine Analyse am Beispiel der MRN; erscheint in: Working Paper Series, Universität Mannheim, Department of Economics.

Deutscher Bundesrat (2010): Allgemeine Verwaltungsvorschrift zur Anwendung des Gewerbesteuerrechts (Gewerbesteuer-Richtlinien 2009 - GewStR 2009); Drucksache 52/10 vom 03.02.2010.

Deutscher Industrie- und Handelskammertag (2010): Realsteuer-Hebesätze deutscher Städte über 50.000 Einwohner – Baden Württemberg; online verfügbar unter http://www.dihk.de/presse/meldungen/meldung012636, zuletzt aktualisiert am 07.07.2010, zuletzt geprüft am 21.08.2011.

Dicken, P. / Lloyd, P. (1999): Standort und Raum – Theoretische Perspektiven in der Wirtschaftsgeographie, Stuttgart.

Dierickx, I. / Cool, K. (1989): Asset Stock Accumulation and Sustainability of Competitive Advantage; in: Management Science, Nr. 12, S. 1504-1513.

Dohse, D. (2005): Clusterorientierte Technologiepolitik in Deutschland – Konzepte und Erfahrungen; in: Technikfolgeabschätzung - Theorie und Praxis, Nr. 1, S. 33-41.

Donegan, M. / Drucker, J. / Goldstein, H. / Lowe, N. / Malizia, E. (2008): Which Indicators explain Metropolitan Economic Performance best? Traditional or Creative Class; in: Journal of the American Planning Association, Nr. 2, S. 180-195.

Döring, T. / Aigner, B. (2010): Standortwettbewerb, unternehmerische Entscheidung und lokale Wirtschaftsförderung – Zum Stand der theoretischen und empirischen Forschung aus ökonomischer Sicht, in: Korn, T. / van Beek, G. d. / Fischer, E. (Hrsg.): Aktuelle Herausforderungen in der Wirtschaftsförderung - Chancen und Perspektiven in einer sich wandelnden Welt, Lohmar, S. 13-50.

Dundler, A. / Stamm, M. / Adler, S. (2006): Das Betriebs-Historik-Panel - BHP 1.0 - Handbuch-Version 1.0.0.; in: FDZ Datenreport, Nr. 3/2006.

Ebertz, A. (2008): Die Wohnortwahl privater Haushalte und die Bewertung lokaler Standortfaktoren in den sächsischen Gemeinden; in: ifo Dresden berichtet, Nr. 5/2008, S. 14-22.

Eckey, H.F. / Kosfeld, R. / Dreger (2001): Ökonometrie – Grundlagen-Methoden-Beispiele, 2. Aufl., Wiesbaden.

Eckey, H.F. / Kosfeld, R. / Türck, M. (2006a): Abgrenzung deutscher Arbeitsmarktregionen; in: Raumforschung und Raumordnung, Nr. 4, S. 299-309.

Eckey, H.F. / Kosfeld, R. / Türck, M. (2006b): Räumliche Ökonometrie; in: WiSt Wirtschaftswissenschaftliches Studium, Heft 10, S. 548-554.

Egeln, J. / Erbsland, M. / Hügel, A / Schmidt, P. (1996): Der Wirtschaftsstandort Vorderpfalz im Rhein-Neckar-Dreieck – Standortfaktoren, Neugründungen, Beschäftigungsentwicklung; in: ZEW-Dokumentationen, Nr. 96-07, Mannheim.

Egeln, J. / Grimpe, C. / Heneric, O. / Niefert, M. / Eckert, T. / Meng, R. (2009): Die Rhein-Neckar-Region im Vergleich zu ausgewählten deutschen und europäischen Metropolregionen; in: ZEW Wirtschaftsanalysen, Band 90, Baden-Baden.

Egeln, J. / Licht, G. / Steil, F. (1997): Firm foundations and the role of financial constraints; in: Small Business Economics, Nr. 2, S. 137-150.

Eggers, F. / Farsky, M. / Zenker, S. (2009): Der Preis einer Stadt – Wie viel ein Spreewald im Kampf um Talente wert ist; in: Planung & Analyse, Nr. 1/2009, S. 49-52.

Egle, F. (2008): Arbeitsmarkt und Beschäftigung; in: Egle, F. / Nagy, M. (Hrsg.): Arbeitsmarktintegration – Grundsicherung – Fallmanagement – Zeitarbeit – Arbeitsvermittlung, 2. Aufl., Wiesbaden, S. 1-92.

Einem, E. von (2009): Wissensabsorption – die Stadt als Magnet; in: disP - The Planning Review, Heft 2, S. 48-69.

Eisenhardt, K.M. / Martin, J.A. (2000): Dynamic Capabilities – What are they?; in: Strategic Management Journal, Heft 10/11, S. 1105-1121.

Ellison, G. / Glaeser, E.L. (1999): The Geographic Concentration of Industry – Does Natural Advantage Explain Agglomeration?; in: The American Economic Review, Nr. 2, S. 311-316.

Enderle, K. (2008): Generation Y - Frech, frei, fordernd; in: Personalmagazin, Nr. 12, S. 12-14.

Eraydın, A. (2003): Dynamics and Agents of Regional Growth – The Performance of SME Clusters in Europe; in: Fingleton, B. / Eraydın, A. / Paci, R. (Hrsg.): Regional economic growth, SMEs and the wider Europe, Aldershot, S. 103-125.

Europäische Kommission (2001): Verordnung (EG) Nr. 29/2002 der Kommission vom 19. Dezember 2001 zur Änderung der Verordnung (EWG) Nr. 3037/90 des Rates betreffend die statistische Systematik der Wirtschaftszweige in der Europäischen Gemeinschaft in der Fassung vom Amtsblatt der Europäischen Gemeinschaft.

Eurostat (2008): NACE Rev. 2 – Statistische Systematik der Wirtschaftszweige in der Europäischen Gemeinschaft. (Allgemeine und Regionalstatistiken), online verfügbar unter http://epp.eurostat.ec.europa.eu/cache/ITY_OFFPUB/KS-RA-07-015/DE/KS-RA-07-015-DE.PDF, zuletzt aktualisiert am 22.07.2008, zuletzt geprüft am 23.07.2011.

Farhauer, O. / Granato, N. (2006): Regionale Arbeitsmärkte in Westdeutschland – Standortfaktoren und Branchenmix entscheidend für Beschäftigung; in: IAB Kurzbericht, Nr. 4, Nürnberg.

Festing, M. / Royer, S. / Steffen, C. (2010): Können Unternehmen durch Cluster Wettbewerbsvorteile realisieren? – Eine ressourcenbasierte Analyse des Uhrenclusters Glashütte; in: Zeitschrift für Management, Nr. 2, S. 165-185.

Fischer, G. / Wahse, J. / Dahms, V. / Frei, M. / Riedmann, A. / Janik, F. (2007): Standortbedingungen und Beschäftigung in den Regionen West- und Ostdeutschlands – Ergebnisse des IAB-Betriebspanels 2006; in: IAB Forschungsbericht, Nr. 5/2007, Nürnberg.

Fischer-Krapohl, I. (2009): Migrantenökonomie – Stärken in der Stadt; in: Gottwald, M. / Löwer, M. (Hrsg.): Demografischer Wandel – Herausforderungen und Handlungsansätze in Stadt und Region, Münster, S. 107-122.

Florax, R.J. / Folmer, H. / Rey, S.J. (2003): Specification searches in spatial econometrics – the relevance of Hendy's methodology; in: Regional Science an Urban Economics, Heft 5, S. 557-579.

Florida, R. (2002): The Economic Geography of Talent; in: Annals of the Association of American Geographers, Nr. 4, S. 743-755.

Florida, R. (2004): The Rise of the Creative Class – and how it's transforming work, leisure, community, and everyday life, New York.

Florida, R. (2005): Cities and the creative class, New York

Florida, R. (2007): The flight of the creative class – The new global competition for talent, New York.

Florida, R. / Mellander, C.P. / Stolarick, K. (2010): Talent, technology and tolerance in Canadian regional development; in: The Canadian Geographer, Nr. 3, S. 277-304.

Foss, N.J. (1996): Higher-order industrial Capabilities and competitive advantage; in: Industry & Innovation, Nr. 1, S. 1-20.

Franz, W. (2006): Arbeitsmarktökonomik, 6. Aufl., Heidelberg.

Freiling, J. (2001): Resource-based View und ökonomische Theorie – Grundlagen und Positionierung des Ressourcenansatzes, Wiesbaden.

Freiling, J. (2006): Entrepreneurship – Theoretische Grundlagen und unternehmerische Praxis, München.

Fritsch, M. / Brixy, U. (2004): The Establishment File of the German Social Insurance Statistics; in: Schmollers Jahrbuch, S. 183-190.

Fuchs, J. / Söhnlein, D. / Weber, B. (2011): Projektion des Arbeitskräfteangebots bis 2050 – Rückgang und Alterung sind nicht mehr aufzuhalten; in: IAB-Kurzbericht, Nr. 16/2011.

Gausemeier, J. / Kinkel, S. (2008): Strategische Technologieplanung mit Zukunfts-Szenarien – Methoden, Hilfsmittel, Beispiele, Frankfurt am Main.

Geppert, K. / Gornig, M. (2010): Mehr Jobs, mehr Menschen: Die Anziehungskraft der großen Städte wächst, in: Wochenbericht des DIW Berlin, Nr. 19, S. 2-10.

Giner, J.M. / Santa Maria, M.J. (2002): Territorial systems of small firms in Spain – an analysis of productive and organizational characteristics in industrial districts; in: Entrepreneurship & Regional Development, Nr. 3, S. 211-228.

Glaeser, E.L. (1999): Learning in Cities; in: Journal of Urban Economics, S. 254-277.

Glaeser, E.L. / Saiz, A. (2004): The Rise of the Skilled City; in: Brookings-Wharton Papers on Urban Affairs, S. 47-105.

Goldstone, J.A. (2009): Engineering Culture, Innovation, and Modern Wealth Creation; in: Karlsson, C. / Stough, R. / Johansson, B. (Hrsg.): Entrepreneurship and innovations in functional regions, Cheltenham/Northampton S. 21-47.

Goodman, C.M. (1987): The Delphi technique – a critique; in: Journal of advanced nursing, Nr. 6, S. 729-734.

Grabow, B. (2005): Weiche Standortfaktoren in Theorie und Empirie – ein Überblick; in: Thießen, F. / Cernavin, O. / Führ, M. / Kaltenbach, M. (Hrsg.): Weiche Standortfaktoren – Erfolgsfaktoren regionaler Wirtschaftsentwicklung; in: Interdisziplinäre Beiträge zur regionalen Wirtschaftsforschung, Volkswirtschaftliche Schriften, Heft 541, Berlin, S. 37-52.

Grabow, B. / Becker, A. (2009): Metropolregionen – Quellen und Mündungen von Wanderungsströmen; in: Knieling, J. (Hrsg.): Metropolregionen – Innovationen, Wettbewerb, Handlungsfähigkeit, Hannover, S. 270-299.

Grieco, D. (2007): The Entrepreneurial Decision – Theories, Determinants and Constraints; in: Serie Economia e Impresa, Liuc Papers, Nr. 207.

Gries, W.H. (2000): The CONVAIR Foresight Exercise in Information Communication Technology and Implications for the Foresight Process; in: Häder, M. / Häder, S. (Hrsg.): Die Delphi-Technik in den Sozialwissenschaften – Methodische Forschungen und innovative Anwendungen, Wiesbaden, S. 33-41.

Grömling, M. / Haß, H.J. (2009): Globale Megatrends und Perspektiven der deutschen Industrie, Köln.

Grossman, G.M. / Helpman, E. (1991): Trade, knowledge spillovers, and growth; in: European Economic Review, Nr. 2, S. 517-526.

Growe, A. (2009): Wissensallianzen und regionale Wissenskonzepte als Bausteine zur Nutzung von Wissen in Metropolregionen; in: Matthiesen, U. / Mahnken, G. (Hrsg.): Das Wissen der Städte – Neue stadtregionale Entwicklungsdynamiken im Kontext von Wissen, Milieus und Governance, Wiesbaden, S. 323-342.

Haas, A. / Möller, J. (2001): Qualifizierungstrends und regionale Disparitäten – Eine Untersuchung auf Grundlage der IAB-Beschäftigungsstichprobe aus der Beschäftigtenstatistik; in: Mitteilungen aus Arbeitsmarkt und Berufsforschung, Nr. 2, S. 139-151.

Häder, M. / Häder, S. (1994): Ergebnisse einer experimentellen Studie zur Delphi-Methode; in: ZUMA-Arbeitsbericht, Nr. 94/05, Mannheim.

Häder, M. / Häder, S. (1998): Neuere Entwicklungen bei der Delphi-Methode – Literaturbericht II; in: ZUMA-Arbeitsbericht, Nr. 98/05, Mannheim.

Häder, M. / Häder, S. (2000): Die Delphi-Methode als Gegenstand methodischer Forschung; in: Häder, M. / Häder, S. (Hrsg.): Die Delphi-Technik in den Sozialwissenschaften – Methodische Forschungen und innovative Anwendungen, Wiesbaden, S. 11-31.

Häder, M. (1996): Zur Evaluation der Delphi-Technik – Eine Ergebnisübersicht; in: ZUMA-Arbeitsbericht, Nr. 96/02, Mannheim.

Häder, M. (2000): Die Expertenauswahl bei Delphi-Befragungen; in: ZUMA How-to-Reihe, Nr. 5, Mannheim.

Häder, M. (2009): Delphi-Befragungen – Ein Arbeitsbuch, 2. Aufl., Wiesbaden.

Hashimoto, M. (1981): Firm-Specific Human Capital as Shared Investment; in: American Economic Review, Nr. 3, S. 475-482.

Hatch, N.W. / Dyer, J.H. (2004): Human Capital and learning as a source of sustainable competitive advantage; in: Strategic Management Journal, S. 1155-1178.

Hervás-Olivier, J.L. / Albors-Garrigós, J. (2007): Do clusters capabilities matter? An empirical application of the resource-based view in clusters; in: Entrepreneurship and Regional Development, Nr. 19, S. 113-136.

Hessel, K. (2011): Rede der Bayerischen Staatssekretärin für Wirtschaft, Infrastruktur, Verkehr und Technologie anlässlich der Eröffnung der START-Messe 2011, am 6. Mai 2011, Nürnberg.

Hessisches Statistisches Landesamt (2010): Erwerbstätige in den kreisfreien Städten und Landkreisen der Bundesrepublik Deutschland 1991 bis 2008; in: Arbeitskreis „Erwerbstätigenrechnung des Bundes und der Länder" (Hrsg.): Erwerbstätigenrechnung, Reihe 2, Band 1; online verfügbar unter http://www.statistik-hessen.de/erwerbstaetigenrechnung, zuletzt geprüft am 07.08.2011.

Hörmann, C. (2007): Die Delphi-Methode in der Studiengangsentwicklung - Entwicklung und Erprobung eines Modells zur empirisch gestützten Studiengangsentwicklung, Weingarten.

Huselid, M.A. (1995): The Impact of Human Resource Management Practices on Turnover, Productivity, and Corporate Financial Performance; in: The Academy of Management Journal, Nr. 3, S. 635-672.

Initiativkreis Europäische Metropolregionen in Deutschland (IKM) (2011): Mitglieder; online verfügbar unter http://www.deutsche-metropolregionen.org/index.php?id=45, zuletzt geprüft am 10.10.2011.

Innovation Lab – Forum Organic Electronics (2012): Cluster & Wertschöpfungskette; online verfügbar unter http://www.innovationlab.de/de/forschung/forumoe/ueber-den-spitzencluster/wertschoepfungskette-clusterpartner/, Stand: 01.01.2009, zuletzt geprüft am 03.03.2012.

Institut für Mittelstandsforschung (2010a): NUI-Regionenranking des IfM Bonn - Neue Unternehmerische Initiative in den Regionen Deutschlands; online verfügbar unter http://www.ifm-bonn.org/index.php?id=609, zuletzt aktualisiert am 30.11.2010, zuletzt geprüft am 29.08.2011.

Institut für Mittelstandsforschung (2010b): NUI Regionenmarketing 2010; online verfügbar unter http://www.ifm-bonn.org/assets/documents/NUI-Regionenranking-2010.pdf, zuletzt aktualisiert am 06.12.2011, zuletzt geprüft am 08.03.2012.

Institut für Technikfolgen-Abschätzung der Österreichischen Akademie der Wissenschaften (1998): Technologie-Delphi 1 – Konzept und Überblick, Wien.

International Labour Organisation (ILO) (1982): Resolution concerning statistics of the economically active population, employment, unemployment and underemployment, adopted by the Thirteenth International Conference of Labour Statisticians.

Isard, W. (1956): Location and Space Economy, Cambidge.

Jacobs, D. / De Man, A.P. (1996): Clusters, Industrial Policy and Firm Strategy – A Menu Approach; in: Technology Analysis & Strategic Management, Nr. 4, S. 425-437.

Jahr, V. / Schomburg, H. / Teichler, U. (2002): Mobilität von Hochschulabsolventinnen und -absolventen in Europa; in: Bellmann, L. / Velling, J. (Hrsg.): Arbeitsmärkte für Hochqualifizierte, Nürnberg, S. 317-345.

Kaiser, H. / Rice, J. (1974): Little Jiffy, Mark IV; in: Educational and Psychological Measurement, S. 111–117.

Ketels, C. (2004): European Clusters; in: Structural Change in Europe 3 – Innovative City and Business Regions.

Ketels, C. (2008): Clusterentwicklung als Element lokaler und regionaler Wirtschaftsentwicklung – internationale Erfahrungen; in: Floeting, H. (Hrsg.): Cluster in der kommunalen und regionalen Wirtschaftspolitik – Vom Marketingbegriff zum Prozessmanagement, Berlin, S. 41-54.

Klemmer, P. / Kraemer, D. (1975): Regionale Arbeitsmärkte – Ein Abgrenzungsvorschlag für die Bundesrepublik Deutschland; in: Klemmer, P. (Hrsg.): Beiträge zur Struktur- und Konjunkturforschung, Band I, Bochum.

Knieling, J. (Hrsg.) (2009): Metropolregionen – Innovationen, Wettbewerb, Handlungsfähigkeit, Hannover; in: Metropolregionen und Raumentwicklung, Teil 3.

Kosfeld, R. / Eckey, H.F. / Türck, M. (2007): LISA (Local Indicators of Spatial Association); in: WiSt Wirtschaftswissenschaftliches Studium, Heft 3, S. 157-162.

Koster, S. / Karlsson, C. (2010): New firm formation and economic development in a globalizing economy; in: Karlsson, C. / Johansson, B. / Stough, R. (Hrsg.): Entrepreneurship and regional development - Local processes and global patterns, Cheltenham/Northampton, S. 44-66.

Kreibich, R. (2000): Herausforderungen und Aufgaben für die Zukunftsforschung in Europa; in: Steinmüller, K. / Kreibich, R. / Zöpel, C. (Hrsg.): Zukunftsforschung in Europa – Ergebnisse und Perspektiven, Baden-Baden, S. 9-35.

Kropp, P. / Schwengler, B. (2008): Abgrenzung von Wirtschaftsräumen auf der Grundlage von Pendlerverflechtungen – Ein Methodenvergleich; in: IAB-Discussion Paper, Nr. 41/2008.

Krugman, P. (1991): Increasing Returns and Economic Geography; in: Journal of Political Economy, Nr. 3, S. 483-499.

Krugman, P. (1998): What's new about the New Economic Geography?; in: Oxford Review of Economic Policy, Nr. 2, S. 7-17.

Krumm, R. / Rosemann, M. / Strotmann, H. (2007): Regionale Standortfaktoren und ihre Bedeutung für die Arbeitsplatzdynamik und die Entwicklung von Industriebetrieben in Baden-Württemberg; in: IAW (Hrsg.): IAW-Forschungsberichte, Nr. 67, Tübingen.

Kulke, E. (2009): Wirtschaftsgeographie, Stuttgart.

Lado, A.A. / Boyd, N.G. / Wright, P. / Kroll, M. (2006): Paradox and Theorizing within the Resource-Based View; in: Academy of Management Review, Nr. 1, S. 115-131.

Landtag von Baden-Württemberg (2005): Beschlussempfehlung und Bericht des Wirtschaftsausschusses zu der Mitteilung der Landesregierung vom 17. Mai 2005 – Drucksache 13/4346; Drucksache 13/4387 vom 14.06.2005.

Lanford, H.W. (1972): Technological forecasting methodologies – a synthesis, New York.

Lichtblau, K. / Neligan, A. / Richter, I. (2005): Erfolgsfaktoren von M+E-Clustern in Deutschland; in: IW-Trends – Vierteljahresschrift zur empirischen Wirtschaftsforschung, Nr. 2, S. 31-43.

Liebel, H.J. / Oechsler, W.A. (1994): Handbuch Human Resource Management, Wiesbaden.

Linstone, H.A. / Turoff, M. (Hrsg.) (1975): The Delphi method – Techniques and applications, London.

Lockett, A. / Thompson, S. / Morgenstern, U. (2009): The development of the resource-based view of the firm – A critical appraisal; in: International Journal of Management Reviews, Nr. 1, S. 9-28.

Loo, R. (2002): The Delphi method – a powerful tool for strategic management; in: Policing: An international journal of Police Strategies and Management, Nr. 4, S. 762-769.

Losse, B. (2011): Städte und Regionen – Lockruf des Südens; in: Wirtschaftswoche Global, Nr. 1/2011, S. 74-81.

Lowack, W.R. (2007): Die Europäische Metropolregion Rhein-Neckar – Auftrag, Vision und Umsetzung; in: Umweltwirtschaftsforum, Nr. 3, S. 130-135.

Lucas, R.A., Jr. (1988): On the Mechanics of Economic Development; in: Journal of Monetary Economics, Nr. 1, S. 3-42.

Mahoney, J.T. / Pandian, J.R. (1992): The Resource-Based View within the conversation of Strategic Management; in: Strategic Management Journal, Nr. 5, S. 363-380.

Maier, G. / Tödtling, F. (2006): Regional- und Stadtökonomik 1 – Standorttheorie und Raumstruktur, 4. Aufl., Wien/New York.

Malmberg, A. / Sölvell, Ö. / Zander, I. (1996): Spatial Clustering, Local Accumulation of Knowledge and Firm Competitiveness; in: Geografiska Annaler, Series B, Human Geography, Nr. 2, S. 85-97.

Mangan, J. (1983): The Intra-Organizational Flow of Labour Services; in: Edwards, J. / Leek, C. / Loveridge, R. / Lumley, R. / Mangan, J. / Silver, M. (Hrsg.): Manpower planning – Strategy and techniques in an organizational context, Chichester, S. 35-48.

Marshall, A. (1890): The Principles of Economics , London.

Maskell, P. / Malmberg, A. (1999): Localised learning and industrial competitiveness; in: Cambridge Journal of Economics, Nr. 2, S. 167-185.

MEA - Mannheim Research Institute for the Economics of Aging (2008): Der Demografische Wandel – Konsequenzen für die Deutsche Volkswirtschaft; in: policy brief Nr. 4, Mannheim.

Meincke, A. (2008): Wettbewerb, Kooperation und regionale Netzwerke; in: Böcher, M. / Krott, M. / Tränkner, S. (Hrsg.): Regional Governance und integrierte ländliche Entwicklung – Ergebnisse der Begleitforschung zum Modell- und Demonstrationsvorhaben "Regionen Aktiv", Wiesbaden, S. 69-108.

Meißner, A. / Becker, F.G. (2007): Competition for Talents; in: WiSt, Heft 8, S. 394-399.

Mellander, C. / Palmberg, J. (2010): Household migration and attractiveness in consumer service supply; in: Karlsson, C. / Johansson, B. / Stough, R. (Hrsg.): Entrepreneurship and regional development - Local processes and global patterns, Cheltenham/Northampton, S. 148-171.

Meng, R. / Schmitz-Veltin, A. / West, C. (2008): Wohnen in der Stadt? – Wohnwünsche intraurban wachsender Haushalte und potenzieller Reurbanisierer am Beispiel der Stadt Mannheim; in: Maretzke, S. (Hrsg.): Städte im demografischen Wandel - Wesentliche Strukturen und Trends des demografischen Wandels in den Städten Deutschlands, Materialen zur Bevölkerungswissenschaft, Nr. 125, Wiesbaden, S. 103-112.

Metropolregion Rhein-Neckar (2009a): Das Jahr 2008 - Gemeinschaftliche Regionalentwicklung in der Metropolregion Rhein-Neckar, Mannheim.

Metropolregion Rhein-Neckar (2009b): Welche Brisanz haben nach den vorliegenden Prognosen die Auswirkungen des demografischen Wandels in der Metropolregion Rhein-Neckar?; online verfügbar unter http://www.demografie-mrn.de/fileadmin/user_upload/Demographie/Leistsystem/Demografischer_Wandel/Bevoelkerungsprognose_fuer_die_MRN.pdf, zuletzt aktualisiert am 01.09.2010, zuletzt geprüft am 10.03.2012.

Metropolregion Rhein-Neckar (2011a): 10 Gründe in der MRN zu investieren; online verfügbar unter http://www.m-r-n.com/start/investieren-wirtschaften/10-gruende-in-der-mrn-zu-investieren.html, zuletzt aktualisiert am 18.07.2011, zuletzt geprüft am 19.07.2011.

Metropolregion Rhein-Neckar (2011b): Wirtschafts-, Arbeitsmarkt- und Sozialmonitoring (WIAS); online verfügbar unter http://arbeitsmarktmonitoring-rhein-neckar.de/, zuletzt geprüft am 21.07.2011.

Metropolregion Rhein-Neckar (2011c): Cluster Energie & Umwelt; online verfügbar unter http://www.m-r-n.com/start/regionalplanung-entwicklung/gemeinschaftliche-regionalentwick lung/wirtschaftsfoerderung/cluster-energie-umwelt.html, zuletzt aktualisiert am 29.06.2011, zuletzt geprüft am 23.07.2011.

Metropolregion Rhein-Neckar (2011d): Gemeinsam die Zukunft der Region gestalten; online verfügbar unter http://www.m-r-n.com/start/regionalplanung-entwicklung.html, zuletzt aktualisiert am 11.07.2011, zuletzt geprüft am 10.10.2011.

Metropolregion Rhein-Neckar (2011e): Seit fünf Jahren in Bewegung – Jahresbericht 2010 - zur gemeinschaftlichen Regionalentwicklung, Mannheim.

Metropolregion Rhein-Neckar (2011f): Internationale Fach- und Führungskräfte; online verfügbar unter http://www.m-r-n.com/start/regionalplanung-entwicklung/gemeinschaftliche-regionalentwicklung/arbeitsmarkt/internationale-fach-fuehrungskraefte.html, zuletzt aktualisiert am 07.10.2011, zuletzt geprüft am 09.10.2011.

Metropolregion Rhein-Neckar (2011g): Wirtschaftsförderung & Service; online verfügbar unter http://www.m-r-n.com/start/investieren-wirtschaften/wirtschaftsfoerderung-service.html, zuletzt aktualisiert am 07.10.2011, zuletzt geprüft am 09.10.2011.

Metropolregion Rhein-Neckar (2011h): Regionalstrategie Demografischer Wandel; online verfügbar unter http://leitsystem-demografie.m-r-n.com/home.html, zuletzt aktualisiert am 12.08.2011, zuletzt geprüft am 14.08.2011.

Metropolregion Rhein-Neckar (2011i): Regionalplanung und -entwicklung – Cross Mentoring; online verfügbar unter http://www.m-r-n.com/start/regionalplanung-entwicklung/gemeinschaftliche-regionalentwicklung/arbeitsmarkt/cross-mentoring.html, zuletzt aktualisiert am 07.10.2011, zuletzt geprüft am 09.10.2011.

Metropolregion Rhein-Neckar (2011j): Vereinbarkeit Beruf & Familie; online verfügbar unter http://www.m-r-n.com/start/regionalplanung-entwicklung/gemeinschaftliche-regionalent wicklung/arbeitsmarkt/vereinbarkeit-beruf-familie.html, zuletzt aktualisiert am 07.10.2011, zuletzt geprüft am 09.10.2011.

Metropolregion Rhein-Neckar (2011k): Branchenschwerpunkte – Chemie; online verfügbar unter http://www.m-r-n.com/start/investieren-wirtschaften/branchenschwerpunkte/chemie.html, zuletzt aktualisiert am 30.11.2011, zuletzt geprüft am 03.03.2012.

Metropolregion Rhein-Neckar (2011l): Branchenschwerpunkte – Life Science; online verfügbar unter http://www.m-r-n.com/start/investieren-wirtschaften/branchenschwerpunkte/lifesciences.html, zuletzt aktualisiert am 30.11.2011, zuletzt geprüft am 03.03.2012.

Metropolregion Rhein-Neckar (2012a): Branchenschwerpunkte – Automotive; online verfügbar unter http://www.m-r-n.com/start/investieren-wirtschaften/branchenschwerpunkte /automotive.html, zuletzt aktualisiert am 01.02.2012, zuletzt geprüft am 03.03.2012.

Metropolregion Rhein-Neckar (2012b): Existenzgründung; online verfügbar unter http://www.m-r-n.com/start/regionalplanung-entwicklung/gemeinschaftliche-regionalentwicklung

/wirtschaftsfoerderung/existenzgruendung.html, zuletzt aktualisiert am 08.02.2012, zuletzt geprüft am 22.03.2012.

Michaels, E. / Handfield-Jones, H. / Axelrod, B. (2006): The War For Talent, Boston.

Ministerium für Finanzen und Wirtschaft Baden Württemberg (2012): Clusterdatenbank Baden-Württemberg – Übersicht Clusterdatenbank Rhein-Neckar; online abrufbar unter http://www. clusterdatenbank-bw.de/datenbank/cluster_list?lregionen:list=Rhein-Neckar , zuletzt geprüft am 04.03.2012.

Mitroff, I.A. / Turoff, M. (1975): Philosophical and Methodological Foundations of Delphi; in: Linstone, H. A. / Turoff, M. (Hrsg.): The Delphi method – Techniques and applications, London, S. 17-36.

Mohr, H. (2002): Räumliche Mobilität von Hochschulabsolventen; in: Bellmann, L. / Velling, J. (Hrsg.): Arbeitsmärkte für Hochqualifizierte, Nürnberg, S. 249-277.

Molina-Morales (2001): European industrial districts – Influence of geographic concentration on performance of the firm; in: Journal of International Management, Nr. 4, S. 277-294.

Morgan, K. (1997): The Learning Region – Institutions, Innovation and Regional Renewal; in: Regional Studies, Nr. 5, S. 491-503.

Müller, K. / Fauth, T. / Straatmann, T. (2011): Authentische Arbeitgebermarke; in: Personal, Nr. 1, S. 22-24.

Murry, J.W. / Hammons, J.O. (1995): Delphi – A Versatile Methodology for Conducting Qualitative Research; in: The Review of Higher Education, Nr. 4, S. 423-436.

Nählinder, J. (2010): Knowledge intensive business services as gazelles – implications of size on innovation; in: Karlsson, C. / Johansson, B. / Stough, R. (Hrsg.): Entrepreneurship and regional development – Local processes and global patterns, Cheltenham/Northampton, S. 172-194.

Nelson, R.R. (1991): Why do firms differ and how does it matter; in: Strategic Management Journal, S. 61-74.

Nerlinger, E. (1997): Unternehmensgründungen in Hight-Tech Industrien – Analysen auf Basis des ZEW-Gründungspanels (West), in: Kühl, J. / Lahner, M. / Wagner, J. (Hrsg.): Die Nachfrageseite des Arbeitsmarktes - Ergebnisse aus Analysen mit deutschen Firmenpaneldaten, Nürnberg.

Newbert, S.L. (2007): Empirical Research on the Resource-Based View of the Firm – An Assessment and Suggestions for Future Research; in: Strategic Management Journal, Nr. 2, S. 121-146.

Niebuhr, A.; Stiller, S. (2004): Zur Bedeutung von Standortfaktoren – Was macht einen Standort attraktiv für qualifiziere Arbeitskräfte und Kapital?; in: Hönekopp, E. / Jungnickel, R. / Straub-haar, T. (Hrsg.): Internationalisierung der Arbeitsmärkte, Nürnberg, S. 233-257.

Niebuhr, A. / Stiller, S. (2003): Standortqualität Norddeutschlands auf dem Prüfstand; in: Wirtschaftsdienst, Nr. 4, S. 265-269.

Noll, S. / Wießner, F. (2011): Erfolg von Existenzgründungen aus der Arbeitslosigkeit – manchmal ist ein Indikator nicht genug; in: Wirtschaftsdienst, Nr. 6, S. 428-430.

Oechsler, W.A. / Müller, E.M. (2010): Arbeitsmarkt und Beschäftigung in der Metropolregion Rhein-Neckar; in: Schriftenreihe Arbeit und Bildung des Heinrich-Vetter-Forschungsinstituts e.V., Band 2, Frankfurt am Main.

Oertzen, J. von / Cuhls, K. / Kimpeler, S. (2006): Wie nutzen wir Informations- und Kommunikationstechnologien im Jahr 2020? – Ergebnisse einer Delphi-Befragung; in: MFG Stiftung Baden-Württemberg (Hrsg.), Fazit-Schriftenreihe, Band 3, Stuttgart.

Oliveira Wilk, E. de / Fensterseifer, J.E. (2003): Use of resource-based view in industrial cluster strategic analysis; in: International Journal of Operations & Production Management, Nr. 9, S. 995-1009.

Ono, R. / Wedemeyer D.J. (1994): Assessing the Validity of the Delphi Technique; in: Futures, Nr. 3, S. 289-304.

Oppenländer, K.H. (2007): Regionen als Wachstumsmotor – Was leisten Cluster für Innovationen?, Wüstenrot Stiftung, Ludwigsburg.

Pack, J. / Buck, H. / Kistler, E. / Mendius, H.G. / Morschhäuser, M. / Wolff, H. (2000): Zukunftsreport demographischer Wandel – Innovationsfähigkeit in einer alternden Gesellschaft, herausgegeben von Bundesministerien für Bildung und Forschung, Bonn.

Parker, S.C. (2004): The economics of self-employment and entrepreneurship, Cambridge.

Parment, A. (2009): Die Generation Y – Mitarbeiter der Zukunft - Herausforderungen und Erfolgsfaktoren für das Personalmanagement, Wiesbaden.

Penrose, E. (2009): The theory of the growth of the firm, 4. Aufl., Oxford.

Peteraf, M.A. (1993): The Cornerstone of Competitive Advantage – A Resource-Based View; in: Strategic Management Journal, Nr. 3, S. 179-191.

Pfeiffer, F. / Göggel, K. / Gräb, J. (2006): Selbständigkeit in Europa 1991 - 2003 – Empirische Evidenz mit Länderdaten; in: ZEW Discussion Paper, Nr. 06-015, Mannheim.

Polanyi, M. (1985): Implizites Wissen – the tacit dimension, Frankfurt am Main.

Pollmann-Schult, M. (2009): Geschlechterunterschiede in den Arbeitswerten – eine Analyse für die alten Bundesländer 1980-2000; in: Zeitschrift für Arbeitsmarktforschung, Nr. 2, S. 140-154.

Porter, M.E. (1993): Nationale Wettbewerbsvorteile – Erfolgreich konkurrieren auf dem Weltmarkt, Sonderausgabe, Wien.

Porter, M.E. (1998): Clusters and the new Economics of Competition; in: Harvard Business Review, S. 77-90.

Porter, M.E. (2000): Location, Competition, and Economic Development – Local Clusters in a Global Economy; in: Economic Development Quarterly, Nr. 1, S. 15-34.

Porter, M.E. / Stern, S. (2001): National Innovative Capacity, The Global Competitiveness Report 2001-2002; New York.

Poschke, M. (2008): Who becomes an entrepreneur? Occupational choice and the firm size distribution; in: IZA Discussion Paper, Nr. 3816, Bonn.

Poschke, M. (2010): Entrepreneurs out of Necessity – A Snapshot; in: IZA Discussion Paper, Nr. 4893, Bonn.

Powell, T.C. (2001): Competitive Advantage – Logical and Philosophical Considerations; in: Strategic Management Journal, Nr. 9, S. 875-888.

Praag, C.M. van / Versloot, P.H. (2007): What is the value of entrepreneurship? – A review of recent research; in: Small Business Economics, Nr. 4, S. 351-382.

Priebs, A. (2006): Metropolregionen als Instrumente der Raumordnung und Raumentwicklung; in: Gans, P. / Nachtkamp, H.H. (Hrsg.): Die Bedeutung der Metropolregion für Wohnen, Leben und Arbeit, Mannheim, S. 3-11.

Priem, R.L. / Butler, J.E. (2001): Is the Resource Based "View" a useful Perspective for Strategic Management Research?; in: Academy of Management Review, Nr. 1, S. 22-40.

Ramsauer, U. (2008): Kommentar zu Georg von Wangenheim – Beschleunigung von Genehmigungsverfahren; in: German Working Papers in Law and Economics, Nr. 15.

Raschig GmbH (2012): Wir sind Raschig – Ein traditionell starkes, innovatives Team; online abrufbar unter http://www.raschig.de/, zuletzt geprüft am 07.03.2012.

Rauch, J.E. (1993): Productivity Gains from Geographic Concentration of Human Capital – Evidence from the Cities; in: Journal of Urban Economics, Nr. 3, S. 380-400.

Reinberg, A. / Hummel, M. (2002): Zur langfristigen Entwicklung des qualifikationsspezifischen Arbeitskräfteangebots und -bedarfs in Deutschland – Empirische Befunde und aktuelle Projektergebnisse; in: Mitteilungen aus der Arbeitsmarkt- und Berufsforschung (MittAB), Nr. 4, S. 580-600.

Rhein-Chemie GmbH (2012): Rhein-Chemie – Fortschritt im Fokus – For a World in Motion; online abrufbar unter http://www.rheinchemie.com/de/startseite.html, zuletzt geprüft am 07.03.2012.

Roberts, M.; Setterfield, M. (2007): Endogenous regional growth – a critical survey; in: Cambridge Centre for Economic and Public Policy Working Papers Series, WP 01-07.

Rohr-Zänker, R. (2001): Wie attraktiv ist die Peripherie für Führungskräfte? – Zuwanderung hochqualifizierter Arbeitskräfte in peripheren Regionen - am Beispiel der Weser-Ems-Region; in: Zeitschrift für Wirtschaftsgeographie, Nr. 2, S. 85-102.

Romer, P.M. (1990): Endogenous Technological Change; in: Journal of Political Economy, Nr. 5, S. 71-102.

Rosenfeld, M.T. / Franz, P. / Roth, D. (2005): Was bringt die Wissenschaft für die Wirtschaft in einer Region? – Regionale Innovations-, Wachstums- und Einkommenseffekte von öffentlichen Hochschulen und Forschungseinrichtungen am Beispiel der Region Halle, Baden-Baden.

Rosenfeld, S.A. (1997): Bringing business clusters into the mainstream of economic development; in: European Planning Studies, Nr. 1, S. 3-23.

Rüb, F. / Werner, D. (2007): Typisierung von SGB II Trägern; in: IAB-Forschungsbericht, Nr. 1/2007, Nürnberg.

Rumelt, R.P. (1984): Towards a Strategic Theory of the Firm; in: Lamb, R.B. (Hrsg.): Competitive strategic management, New Jersey, S. 556-570.

Rumelt, R.P. (1987): Theory, Strategy, and Entrepreneurship; in: Teece, D.J. (Hrsg.): The competitive challenge – Strategies for industrial innovation and renewal, Cambridge, S. 137-158.

Sackman, H. (1975): Summary Evaluation of Delphi; in: Policy Analysis, Nr. 4, S. 693-718.

Schätzl, L. (2003): Wirtschaftsgeographie 1 – Theorie, 9. Aufl., Paderborn.

Schiel, S. / Schröder, H. (2003): Die Durchführung des Experten – Delphi zur Erhebung von Forschungs- und Entwicklungsvorschlägen in der beruflichen Aus- und Weiterbildung; in: Brosi, W. / Krekel, E.M. / Ulrich, J.G. (Hrsg.): Sicherung der beruflichen Zukunft durch Forschung und Entwicklung – Ergebnisse einer Delphi-Befragung, Bielefeld, S. 237-250.

Schirmer, F./Ziesche, K. (2010): Dynamic Capabilities – Das Dilemma von Stabilität und Dynamik aus organisationspolitischer Perspektive; in: Barthel, E. / Hanft, A. / Hasebrook, J. (Hrsg.): Integriertes Kompetenzmanagement im Spannungsfeld von Innovation und Routine. Münster/New York/München/Berlin, S. 13-41.

Schmitz, G. (2005): Metropolregion Rhein-Neckar – Modellregion für einen kooperativen Föderalismus; in: Raumforschung und Raumordnung, Nr. 5, S. 360-366.

Schmitz-Veltin, A. (2009): Demografischer Wandel in Deutschland – Vielfalt der Regionen; in: Gottwald, M. / Löwer, M. (Hrsg.): Demografischer Wandel – Herausforderungen und Handlungsansätze in Stadt und Region, Münster, S. 11-26.

Schmude, J. (2003): Standortwahl und Netzwerke von Unternehmensgründern; in: Dowling, M.J. / Drumm, H.J. (Hrsg.): Gründungsmanagement – Vom erfolgreichen Unternehmensstart zu dauerhaftem Wachstum, 2. Aufl., Berlin, S. 291-304.

Schroers, H.G. (1995): Regionsspezifische Standortfaktoren und Entwicklung des Arbeitsplatzangebotes – Eine vergleichende Analyse von zwei Landkreisen der Bundesrepublik Deutschland als Grundlage zur Planung wirtschaftspolitischer Maßnahmen im ländlichen Raum; zugleich Dissertation (Kassel), Kiel.

Seeger, T. (1979): Die Delphi-Methode – Expertenbefragung zwischen Prognose und Gruppenmeinungsbildungsprozessen - überprüft am Beispiel von Delphi-Befragungen im Gegenstandsbereich Information und Dokumentation, Freiburg.

Sölvell, Ö. (2009): Clusters – Balancing Evolutionary and Constructive Forces, 2. Aufl., Stockholm.

Spengler, A. (2007): Das Betriebs-Historik-Panel 1975-2005 – Handbuch-Version 2.0.; in: FDZ Datenreport, Nr. 4/2007, Nürnberg.

Spinnen, B. (2011): Mit Wissen erfolgreich im Standortwettbewerb; in: Lisowski, R. et al.: Wissensbasierte Stadtentwicklung - 16 Beispiele aus der Praxis, Essen, S. 138-141.

Stadt Mannheim (2011): Beschlussvorlage, Nr. 686/2011, Haushaltssatzung 2012/2013; online verfügbar unter: http://www.mannheim.de/sites/default/files/news/20244/vorlage_haushaltssatzung_2012_13.pdf, zuletzt geprüft am 25.02.2012.

Stam, E. (2007): Why Butterflies don't Leave – Locational Behaviour of Entrepreneurial Firms; in: Economic Geography, Nr. 1, S. 27-50.

Statistik der Bundesagentur für Arbeit (2011): Sozialversicherungspflichtig Beschäftigte (SvB) am Arbeitsort (AO) und am Wohnort (WO), Frankfurt.

Statistische Ämter des Bundes und der Länder (2009): Auswirkungen auf Kindertagesbetreuung und Schülerzahlen im Bund und in den Ländern; in: Demografischer Wandel in Deutschland, Heft 3, Wiesbaden.

Statistische Ämter des Bundes und der Länder (2011): Regionaldatenbank Deutschland; online verfügbar unter: https://www.regionalstatistik.de/genesis/online/logon, zuletzt geprüft am 26.07.2011.

Statistisches Bundesamt (2002): Klassifikation der Wirtschaftszweige, Ausgabe 1993 (WZ 93); online verfügbar unter http://www.statistikportal.de/statistik-portal/klassiWZ93.pdf, zuletzt aktualisiert am 18.11.2010, zuletzt geprüft am 03.03.2012.

Statistisches Bundesamt (2005): Erwerbstätige in den Volkswirtschaftlichen Gesamtrechnungen; online verfügbar unter http://www.destatis.de/jetspeed/portal/cms/Sites/destatis/Internet/DE/Presse/abisz/Erwerbstaetige,templateId=renderPrint.psml, zuletzt aktualisiert am 13.6.2005, zuletzt geprüft am 9.8.2011.

Statistisches Bundesamt (2009): Bevölkerung Deutschlands – 12. koordinierte Bevölkerungsvorausberechnung, Wiesbaden.

Statistisches Bundesamt (2011): Regionaldatenbank Deutschland, online abrufbar unter https://www.regionalstatistik.de/genesis/online/logon, zuletzt geprüft am 23.03.2012.

Statistisches Landesamt Baden-Württemberg (2004): Forschungs- und Entwicklungsmonitor Baden-Württemberg, Stuttgart.

Statistisches Landesamt Baden-Württemberg (2011): Indikatoren zum Thema »Erwerbstätigkeit« - Selbstständigenquote; online verfügbar unter http://www.statistik-bw.de/ArbeitsmErwerb/Indikatoren/ET_selbststQuote.asp, zuletzt aktualisiert am 16.06.2011, zuletzt geprüft am 17.09.2011.

Steffy, B.D. / Maurer, S.D. (1988): Conceptualizing and Measuring the Economic Effectiveness of Human Resource Activities; in: Academy of Management Review, Nr. 2, S. 271-286.

Steil, F. (1999): Determinanten regionaler Unterschiede in der Gründungsdynamik – Eine empirische Analyse für die neuen Bundesländer; ZEW Wirtschaftsanalysen, Band 34, Baden-Baden.

Teece, D.J. / Pisano, G. / Shuen, A. (1997): Dynamic Capabilities and Strategic Management; in: Strategic Management Journal, Nr. 7, S. 509-533.

Teece, D.J. (2007): Explicating Dynamic Capabilities – The Nature and Microfoundations of (Sustainable) Enterprise Performance; in: Strategic Management Journal, Heft 13, S. 1319-1350.

Teufer, S. (1999): Die Bedeutung des Arbeitgeberimage bei der Arbeitgeberwahl – theoretische Analyse und empirische Untersuchung bei high potentials, Wiesbaden.

Thurik, A.R. / Carree, M.A. / Stel, A. van / Audretsch, D.B. (2008): Does self-employment reduce unemployment?; in: Journal of Business Venturing, Nr. 6, S. 673-686.

Tidona, C. (2008): Biotechnologie-Cluster Rhein-Neckar Neue Strategie für eine Spitzenposition in Europa, Deutsche Clusterkonferenz, Präsentation.

Tobler, W.R. (1970): A computer movie simulating urban growth in the Detroit region; in: Economic Geography, Nr. 2, S. 234-240.

Trost, A. (2009): Employer Branding – Arbeitgeber positionieren und präsentieren, Köln.

Ulrich, J.G. / Heinke, R. / Schneider, M. (2003): Beteiligung an beruflicher Bildung; in: Brosi, W. / Krekel, E.M. / Ulrich, J.G. (Hrsg.): Sicherung der beruflichen Zukunft durch Forschung und Entwicklung – Ergebnisse einer Delphi-Befragung, Bielefeld, S. 53-99.

Universität Mannheim (2011). Zahlen & Geschichte – Studierendenstatistik; online verfügbar unter http://www.uni-mannheim.de/1/universitaet/profil/zahlen_geschichte/index.html, zuletzt geprüft am 28.10.2011.

Vorgrimler, D. / Wübben, D. (2003): Die Delphi-Methode und ihre Eignung als Prognoseinstrument; in: Statistisches Bundesamt (Hrsg.): Wirtschaft und Statistik, Nr. 8, Wiesbaden.

Wagner, K. / O'Mahony, M. / Paulssen, M. (1997): Standortfaktor – Humankapital in Deutschaland und die Aufholjagd der britischen Industrie; in: Zeitschrift für Betriebswirtschaft, Nr. 9, S. 947-970.

Weidig, I. / Hofer, P. / Wolff, H. (1999): Arbeitslandschaft 2010 nach Tätigkeiten und Tätigkeitsniveau; in: Beiträge zur Arbeitsmarkt- und Berufsforschung, Band 227.

Wernerfelt, B. (1984): A Resource-based View of the Firm; in: Strategic Management Journal, Nr. 2, S. 171-180.

West, C. / Deschermeier, P. (2011): Value Orientation, Locational Choice and Residential Satisfaction – a Spatial Econometric Analysis; in: Koch, A. / Mandl, P. (Hrsg.): Modeling and Simulating Urban Processes, Berlin.

White, M. / Braczyk, H.J. / Ghobadian, A. / Niebuhr, J. (1988): Small firm's innovation – Why regions differ, London.

Windsperger, J. (2006): A Resource-based View of the Competitive Advantages of Cities – Empirical Results in Advantages for Headquarters in Vienna for Central Europe; in: SSE Journal of Economics and Business, S. 20-31.

Woellner Group (2012): Die Woellner Group und ihre Unternehmen – zwei strategische Geschäftsfelder; online abrufbar unter http://www.woellner-group.de/de/index.php?nid=3, zuletzt geprüft am 07.03.2012.

Woudenberg, F. (1991): An Evaluation of Delphi; in: Technological Forecasting and Social Change, S. 131-150.

Wright, P.M. / Dunford, B.B. / Snell, S.A. (2001): Human resources and the resource based view of the firm; in: Journal of Management, Nr. 6, S. 701-721.

Wright, P.M. / McMahan, G.C. (1992): Theoretical Perspectives for Strategic Human Resource Management; in: Journal of Management, Nr. 2, S. 295-320.

Wright, P.M. / McMahan, G.C. / McWilliams A. (1994): Human resources and sustained competitive advantage: a resource-based perspective; in: International Journal of Human Resource Management, Nr. 2, S. 301-326.

Yamarik, S. (2011): Human capital and state-level economic growth - what is the contribution of schooling?; in: The Annals of Regional Science, Nr. 1, S. 195-211.

Z_punkt GmbH - The Foresight Company (2008): Megatrends; online verfügbar unter http://www.z-punkt.de/fileadmin/be_user/D_Publikationen/D_Arbeitspapiere/Die_20_wichtigsten_Megatrends_x.pdf, zuletzt aktualisiert am 25.04.2008, zuletzt geprüft am 29.08.2011.

The manufacturer's authorised representative in the EU is Springer Nature Customer Service Centre GmbH, Europaplatz 3, 69115 Heidelberg, Germany. If you have any concerns regarding our products, please contact ProductSafety@springernature.com

Printed and bound by CPI Group (UK) Ltd, Croydon, CR0 4YY
25/03/2026
02078216-0011